GRUNDRISSE DES RECHTS

Ulrich Foerste · Insolvenzrecht

Insolvenzrecht

von

Dr. Ulrich Foerste
o. Professor an der Universität Osnabrück

6., überarbeitete und erweiterte Auflage 2014

C.H.BECK

www.beck.de

ISBN 978 3 406 66842 5

Wilhelmstraße 9, 80801 München
Druck und Bindung: Nomos Verlagsgesellschaft
In den Lissen 12, 76547 Sinzheim

Satz: Thomas Schäfer, www.schaefer-buchsatz.de

Gedruckt auf säurefreiem, alterungsbeständigem Papier
(hergestellt aus chlorfrei gebleichtem Zellstoff)

Vorwort

Das Insolvenzrecht kommt nicht zur Ruhe: Das Gesetz zur weiteren Erleichterung der Sanierung von Unternehmen vom 07.12.2011 (ESUG; BGBl. I S. 2582) hat die Insolvenzordnung erheblich geändert. Der Weg zur Restschuldbefreiung ist sogar neu strukturiert worden (Gesetz zur Verkürzung des Restschuldbefreiungsverfahrens und zur Stärkung der Gläubigerrechte vom 15.07.2013, BGBl. I S. 2379). Beide Reformen haben vielfältige Ergänzungen nötig gemacht; die Darstellung der Restschuldbefreiung ist auch insgesamt erweitert worden. Daneben waren wichtige Gerichtsentscheidungen zum Insolvenzrecht einzuarbeiten. Rechtsprechung und Schrifttum konnten bis April 2014 berücksichtigt werden, freilich wieder nur in dem der Konzeption des Buches entsprechenden Maße.

Für wertvolle Hilfe danke ich meinen Assistenten, Frau Assessorin *Yvonne Richter*, Frau Assessorin *Saskia Rolfes* und Herrn Assessor *Dennis Deitermann*, ferner Frau *Anne Brockmann* und Herrn *Jan-Peji Parvez* als studentischen Mitarbeitern.

Für Hinweise und Anregungen bin ich weiterhin dankbar (Adresse: Prof. Dr. Ulrich Foerste, Universität Osnabrück, Fachbereich Rechtswissenschaften, Heger-Tor-Wall 14, 49069 Osnabrück; ufoerste@uos.de).

Osnabrück, im Juni 2014 *Ulrich Foerste*

Aus dem Vorwort zur 1. Auflage (2003)

Für Studierende ist das Insolvenzrecht nicht leicht zu erschließen. Großenteils enthält es nämlich „nur" Sonderregeln gegenüber dem Schuld- und Sachenrecht des BGB. Auch Gesellschafts- und Arbeitsrecht werden modifiziert, vor allem aber das Zwangsvollstreckungsrecht. Schon diese Rechtsgebiete sind dem Lernenden oft noch nicht (oder nicht mehr) gleichermaßen präsent. Dann kann die zusätzliche

Konfrontation mit dem Insolvenzrecht entmutigen. Das ist bedauerlich, jedoch eigentlich vermeidbar.

An den Universitäten ist Insolvenzrecht zwar kaum mehr Pflichtstoff, wohl aber Wahlfach. Es dürfte den Praktiker, zumal Rechtsanwälte, künftig auch zunehmend beschäftigen. Dazu trägt die wirtschaftliche Entwicklung bei. Im übrigen sind Verbraucherinsolvenzverfahren und Restschuldbefreiung attraktiver geworden, so dass vermutlich immer weniger Raum für traditionelle Zwangsvollstreckung bleiben wird.

So komplex das Insolvenzrecht ist und so eigen es mitunter wirkt, es läßt sich doch erklären. Auch die vorliegende Schrift soll in erster Linie verständlich machen, nämlich über die Grundlagen an die Besonderheiten heranführen und die wirtschaftlichen Hintergründe erläutern. Die Details mehren sich daher erst mit fortschreitender Lektüre; erspart werden konnten sie nicht! Dieser Grundriss ist Frucht einer Vorlesung, die sich seit einigen Jahren an Studenten, aber auch an Absolventen und Praktiker (im Magisterstudiengang „Wirtschaftsstrafrecht“) wendet.

Inhaltsübersicht

7. Kapitel. Feststellung der Insolvenzforderungen

8. Kapitel. Verwertung und Verteilung der Masse

9. Kapitel. Beendigung des Insolvenzverfahrens

10. Kapitel. Insolvenzplan

11. Kapitel. Restschuldbefreiung

12. Kapitel. Besondere Verfahren

13. Kapitel. Spezielle Fragen

Inhaltsverzeichnis

13. Kapitel. Spezielle Fragen

Abkürzungs- und Literaturverzeichnis

Die *Literatur* ist im Folgenden nur aufgeführt, soweit sie nicht in Literaturempfehlungen vor den Textabschnitten besonders genannt wird.

a. A.	anderer Ansicht
a. a. O.	am angegebenen Ort
a. E.	am Ende
a. F.	alte Fassung
a. M.	anderer Meinung
abgedr.	abgedruckt
abl.	ablehnend
Abl. (EG)	Amtsblatt
Abs.	Absatz
abw.	abweichend
AcP	Archiv für die civilistische Praxis
AG	Aktiengesellschaft; Die Aktiengesellschaft (Zeitschrift); Amtsgericht
AktG	Aktiengesetz
allg. M.	allgemeine Meinung
Alt.	Alternative
Amtl. Begr.	Begründung zum Regierungsentwurf der Insolvenzordnung, BT-Drs. 12/2443
Amtl. Begr. EGInsO	Begründung zum Regierungsentwurf des Einführungsgesetzes zur Insolvenzordnung, BT-Drs. 12/3803
Amtl. Begr. InsO-ÄndG	Begründung zum Regierungsentwurf eines Gesetzes zur Änderung der Insolvenzordnung, BT-Drs. 14/5680
Amtl. Begr. IntInsR	Begründung zum Regierungsentwurf des Gesetzes zur Neuregelung des Internationalen Insolvenzrechts, BT-Drs. 15/16
AnfG	Anfechtungsgesetz
Anh.	Anhang
Anm.	Anmerkung
AnwBl.	Anwaltsblatt
AO	Abgabenordnung
arg.	argumentum
Art.	Artikel
Aufl.	Auflage

ausf.	ausführlich
BA	Bundesagentur für Arbeit
BAG	Bundesarbeitsgericht
BayObLG	Bayerisches Oberstes Landesgericht
BayObLGZ	Entscheidungen des Bayerischen Obersten Landesgerichts in Zivilsachen
BB	Der Betriebsberater
BBodSchG	Gesetz zum Schutz vor schädlichen Bodenveränderungen und zur Sanierung von Altlasten
Bd.	Band
Becker	*Chr. Becker,* Insolvenzrecht, 3. Aufl., 2010
Begr.	Begründung
BetrAVG	Gesetz zur Verbesserung der betrieblichen Altersvorsorge
BetrVG	Betriebsverfassungsgesetz
BFH	Bundesfinanzhof
BGB	Bürgerliches Gesetzbuch
BGBl.	Bundesgesetzblatt
BGH	Bundesgerichtshof
BGHZ	Entscheidungen des Bundesgerichtshofs in Zivilsachen
BMF	Bundesministerium der Finanzen
Bork	*R. Bork*, Einführung in das Insolvenzrecht, 7. Aufl., 2014
BNotO	Bundesnotarordnung
BRAO	Bundesrechtsanwaltsordnung
Bsp.	Beispiel
BT-Drs.	Bundestags-Drucksache
BVerfG	Bundesverfassungsgericht
BVerfGE	Entscheidungen des Bundesverfassungsgerichts
BVerwG	Bundesverwaltungsgericht
BZRG	Bundeszentralregistergesetz
bzw.	beziehungsweise
ca.	circa
d. h.	das heißt
DB	Der Betrieb
DDR	Deutsche Demokratische Republik
ders.	derselbe
DGVZ	Deutsche Gerichtsvollzieher-Zeitung
dies.	dieselbe, dieselben
Diss.	Dissertation
DStR	Deutsches Steuerrecht
DZWiR	Deutsche Zeitschrift für Wirtschaftsrecht

EDV	Elektronische Datenverarbeitung
EG	Europäische Gemeinschaft(en)
EGBGB	Einführungsgesetz zum Bürgerlichen Gesetzbuch
EGGVG	Einführungsgesetz zum Gerichtsverfassungsgesetz
EGInsO	Einführungsgesetz zur Insolvenzordnung
EGZPO	Gesetz, betreffend die Einführung der Zivilprozessordnung
Ehricke/Biel	*Ehricke/Biel*, Prüfe dein Wissen. Insolvenzrecht, 2008
Einl.	Einleitung
einschr.	einschränkend
ESUG	Gesetz zur weiteren Erleichterung der Sanierung von Unternehmen
EU	Europäische Union
EuGVÜ	EWG-Übereinkommen über die gerichtliche Zuständigkeit und die Vollstreckung gerichtlicher Entscheidungen in Zivil- und Handelssachen vom 27.09.1968
EuGVVO	Verordnung (EG) Nr. 44/2001 des Rates über die gerichtliche Zuständigkeit und die Anerkennung und Vollstreckung von Entscheidungen in Zivil- und Handelssachen vom 22.12.2000
EuInsVO	Europäische Verordnung über Insolvenzverfahren
EUV	Vertrag über die Europäische Union vom 07.02.1992, i. d. F. durch den Vertrag von Lissabon vom 13.12.2007
EWiR	Entscheidungen zum Wirtschaftsrecht
f.	folgende / folgender
FamFG	Gesetz über das Verfahren in Familiensachen und in den Angelegenheiten der freiwilligen Gerichtsbarkeit
FamRZ	Zeitschrift für das gesamte Familienrecht
ff.	folgende
FK/*Bearbeiter*	*Wimmer* (Hrsg.), Frankfurter Kommentar zur Insolvenzordnung, 7. Aufl., 2013
Fn.	Fußnote
FS	Festschrift
GBO	Grundbuchordnung
GbR	Gesellschaft bürgerlichen Rechts
GenG	Genossenschaftsgesetz
GesO	Gesamtvollstreckungsordnung (außer Kraft)
GG	Grundgesetz
ggf.	gegebenenfalls
GKG	Gerichtskostengesetz
GmbH	Gesellschaft mit beschränkter Haftung

GmbHG	Gesetz betreffend die Gesellschaften mit beschränkter Haftung
GmbHR	GmbH-Rundschau
GmS-OGB	Gemeinsamer Senat der Obersten Gerichtshöfe des Bundes
Gottwald/*Bearbeiter*	*Gottwald* (Hrsg.), Insolvenzrechts-Handbuch, 4. Aufl., 2010
Gruchot	Beiträge zur Erläuterung des Deutschen Rechts (begründet von Gruchot)
GRUR	Gewerblicher Rechtsschutz und Urheberrecht
GS	Gedächtnisschrift
GVG	Gerichtsverfassungsgesetz
h. L.	herrschende Lehre
h. M.	herrschende Meinung
Häsemeyer	*Häsemeyer*, Insolvenzrecht, 4. Aufl., 2007
HGB	Handelsgesetzbuch
HK/*Bearbeiter*	*Kreft* (Hrsg.), Heidelberger Kommentar zur Insolvenzordnung, 6. Aufl., 2011
Hrsg.	Herausgeber
Hs.	Halbsatz
i. d. R.	in der Regel
im. Erg.	im Ergebnis
i. E.	im Einzelnen
i. H. v.	in Höhe von
insb.	insbesondere
i. R.	im Rahmen
i. S. d.	im Sinne des/der
i. V. m.	in Verbindung mit
inkl.	inklusive
InsO	Insolvenzordnung
InsVV	Insolvenzrechtliche Vergütungsverordnung
InVO	Insolvenz und Vollstreckung (Zeitschrift)
IO	österreichische Insolvenzordnung
IPR	Internationales Privatrecht
IPRax	Praxis des Internationalen Privat- und Verfahrensrechts
i. Ü.	im Übrigen
JA	Juristische Arbeitsblätter
Jaeger/*Bearbeiter*, KO	*Jaeger*, Konkursordnung, 9. Aufl., ab 1977 (soweit nichts anderes vermerkt, ist aus dieser Aufl. zitiert); 8. Aufl., 1958 ff.

Jaeger/*Bearbeiter*, InsO	Jaeger, Insolvenzordnung, Großkommentar, *Henckel/Gerhardt*, (Hrsg.), Bd. 1, 2004; Bd. 2, 2007; Bd. 3, 2014; Bd. 4, 2008
Jauernig/Berger	*Jauernig/Berger*, Zwangsvollstreckungs- und Insolvenzrecht, 23. Aufl., 2010
JR	Juristische Rundschau
JuS	Juristische Schulung
JZ	Juristenzeitung
Keller	*Keller*, Insolvenzrecht, 2006
KfH	Kammer für Handelssachen
Kfz	Kraftfahrzeug
KG	Kammergericht; Kommanditgesellschaft
KO	Konkursordnung (außer Kraft)
K/P/B/*Bearbeiter*	*Kübler/Prütting/Bork* (Hrsg.), Kommentar zur Insolvenzordnung (Loseblatt), Stand: Februar 2014
krit.	kritisch
KS/*Bearbeiter*	*Arbeitskreis für Insolvenzwesen e. V.*, Kölner Schrift zur Insolvenzordnung 3. Aufl., 2009
KSchG	Kündigungsschutzgesetz
K. Schmidt/*Bearbeiter*	*K. Schmidt* (Hrsg.), Insolvenzordnung, 18. Aufl., 2013
KTS	Zeitschrift für Insolvenzrecht – Konkurs, Treuhand, Sanierung
KV	Kostenverzeichnis (Anlage 1 zum Gerichtskostengesetz)
LAG	Landesarbeitsgericht
lat.	lateinisch
LG	Landgericht
lit.	litera
LMK	Lindenmaier-Möhring, Kommentierte BGH-Rechtsprechung
LS	Leitsatz
m.	mit
m. a. W.	mit anderen Worten
m. w. N.	mit weiteren Nachweisen
MDR	Monatsschrift für Deutsches Recht
Medicus/Petersen	*Medicus/Petersen*, Bürgerliches Recht, 24. Aufl., 2013
MiZi	Anordnung über Mitteilung in Zivilsachen vom 01.06.1998
MoMiG	Gesetz zur Modernisierung des GmbH-Rechts und zur Bekämpfung von Missbräuchen, BT-Drs. 16/6140

MünchKomm/*Bearbeiter*	*H.-P. Kirchhof/Eidenmüller/Stürner* (Hrsg.), Münchener Kommentar zur Insolvenzordnung, Bd. 1 (§§ 1–79), Bd. 2 (§§ 80–216), 3. Aufl., 2013, Bd. 3 (§§ 217–259), 3. Aufl., 2014
MünchKomm-ZPO/*Bearbeiter*	*Krüger/Rauscher* (Hrsg.), Münchener Kommentar zur Zivilprozessordnung, Bd. 2 (§§ 355–1024), 4. Aufl., 2012
Motive zur KO	Motive zu dem Entwurf einer Konkursordnung (z. B. in: *Hahn*, Die gesammten Materialien zur Konkursordnung, 1881, Neudruck 1983 [dort Originalseitenzahlen neben dem Text!])
MuSchG	Mutterschutzgesetz
Nerlich/Römermann/*Bearbeiter*	*Nerlich/Römermann* (Hrsg.), Insolvenzordnung, (Loseblatt) Stand Juli 2013
Nds.SOG	Niedersächsisches Gesetz über die öffentliche Sicherheit und Ordnung
NJW	Neue Juristische Wochenschrift
NJW-RR	NJW-Rechtsprechungs-Report Zivilrecht
Nr.	Nummer
NZA	Neue Zeitschrift für Arbeits- und Sozialrecht
NZG	Neue Zeitschrift für Gesellschaftsrecht
NZI	Neue Zeitschrift für Insolvenzrecht
o.	oben
OHG	offene Handelsgesellschaft
OLG	Oberlandesgericht
OVG	Oberverwaltungsgericht
PAO	Patentanwaltsordnung
ProdHaftG	Produkthaftungsgesetz
RdA	Recht der Arbeit (Zeitschrift)
Rechtsausschuss	Beschlussempfehlung und Bericht des Rechtsausschusses des Deutschen Bundestages zu dem Regierungsentwurf einer Insolvenzordnung, BT-Drs. 12/7302
RegE	Regierungsentwurf
RG	Reichsgericht
RGBl.	Reichsgesetzblatt
RGZ	Entscheidungen des Reichsgerichts in Zivilsachen
Rn.	Randnummer

Rpfleger	Der Deutsche Rechtspfleger
RPflG	Rechtspflegergesetz
Rspr.	Rechtsprechung
RVG	Rechtsanwaltsvergütungsgesetz
S.	Satz; Seite
s.	siehe
s. o.	siehe oben
s. u.	siehe unten
SchKG	Bundesgesetz über Schuldbefreiung und Konkurs (Schweiz)
Scholz/*Bearbeiter*	Kommentar zum GmbH-Gesetz, 10. Aufl., 2010
SGB	Sozialgesetzbuch
Smid	*Smid*, Grundzüge des Insolvenzrechts, 4. Aufl., 2002
sog.	sogenannte
StBerG	Steuerberatungsgesetz
StGB	Strafgesetzbuch
str.	streitig
StVG	Straßenverkehrsgesetz
u.	und; unten
u. a.	unter anderem
u. a. m.	und anderes mehr
u. Ä.	und Ähnliches
u. U.	unter Umständen
überw. M.	überwiegende Meinung
Uhlenbruck/*Bearbeiter*	Insolvenzordnung, 13. Aufl., 2010
umstr.	umstritten
UmwG	Gesetz über die Umwandlung von Kapitalgesellschaften und bergrechtlichen Gewerkschaften
UrhG	Urheberrechtsgesetz
USt.	Umsatzsteuer
usw.	und so weiter
v. a.	vor allem
VerglO	Vergleichsordnung (außer Kraft)
VersR	Zeitschrift für Versicherungsrecht, Haftungs- und Schadensrecht
vgl.	vergleiche
VIA	Verbraucherinsolvenz aktuell (Beilage zur Zeitschrift NZI)
VuR	Verbraucher und Recht (Zeitschrift)
WEG	Wohnungseigentumsgesetz

WG	Wechselgesetz
WM	Wertpapier-Mitteilungen
WPO	Wirtschaftsprüferordnung
WuB	Entscheidungssammlung zum Wirtschafts- und Bankrecht mit Anmerkungen
z. B.	zum Beispiel
z. T.	zum Teil
z. Z.	zur Zeit
ZBB	Zeitschrift für Bankrecht und Bankwirtschaft
ZGR	Zeitschrift für Unternehmens- und Gesellschaftsrecht
ZInsO	Zeitschrift für das gesamte Insolvenzrecht
ZIP	Zeitschrift für Wirtschaftsrecht
ZPO	Zivilprozessordnung
ZRP	Zeitschrift für Rechtspolitik
zust.	zustimmend
zutr.	zutreffend
ZVG	Gesetz über die Zwangsversteigerung und Zwangsverwaltung
ZVI	Zeitschrift für Verbraucher-Insolvenzrecht
ZWE	Zeitschrift für Wohnungseigentumsrecht
ZZP	Zeitschrift für Zivilprozess

Paragraphen ohne Gesetzesangabe sind solche der InsO.

1. Kapitel. Grundlagen

§ 1. Zweck des Insolvenzverfahrens

Literatur: *Gaul*, Rechtsverwirklichung durch Zwangsvollstreckung aus rechtsgrundsätzlicher und rechtsdogmatischer Sicht, ZZP 112 (1999), 135 ff.; *Holzer*, Krisenerkennung bei insolvenzgefährdeten Unternehmen aus Sicht der gerichtlichen Praxis, NZI 2005, 308 ff.; *Uhlenbruck*, Zur Geschichte des Konkurses, DZWiR 2007, 1 ff.; *Windel*, Der insolvenzrechtliche Gleichbehandlungsgrundsatz und seine Auswirkungen auf die Abwicklung schwebender Austauschverträge, Jura 2002, 230 ff.

I. Einführung

1. Begriff der Insolvenz

Ein Schuldner ist insolvent, wenn seine Gläubiger aus seinem Vermögen nicht befriedigt werden können. Er ist also entweder zahlungsunfähig (§ 17 InsO) oder überschuldet (§ 19), oft auch zahlungsunfähig *und* überschuldet. Man nennt dies **materielle Insolvenz.** Dafür genügt es, dass einem einzigen Gläubiger, z. B. einem Großgläubiger, nicht (vollständig) gezahlt werden kann. Meist haben insolvente Schuldner aber viele Gläubiger, ein großes Unternehmen vielleicht Tausende. Hören diese Gläubiger auch nur gerüchteweise von Zahlungsunfähigkeit ihres Schuldners, so werden viele zu ihm eilen, um selber noch eine Leistung durchzusetzen, bevor das Vermögen gänzlich erschöpft ist, oder um wenigstens dafür zu sorgen, dass konkurrierende Gläubiger nicht bessergestellt werden. Die Insolvenz wird daher auch als *Konkurs* bezeichnet (lat. *concursus* = Zusammenströmen), und die Konkursordnung, die am 01.01.1999 von der Insolvenzordnung abgelöst wurde, nannte den Schuldner noch „Gemeinschuldner" (gemeinschaftlicher Schuldner). Demgegenüber ist **formelle Insolvenz** die Insolvenz im engeren Sinne: die *Eröffnung des Insolvenzverfahrens* durch das Insolvenzgericht. Sie setzt voraus, dass die materielle Insolvenz festgestellt ist. 1

2. Insolvenzverfahren in Deutschland

2 Insolvenzen sind leider nicht nur Randerscheinungen. Im Jahre 2012 sollen sie volkswirtschaftliche Schäden i. H. v. 38,5 Mrd. € verursacht haben, allein bei der öffentlichen Hand i. H. v. 12,3 Mrd. €; 346.000 Arbeitsplätze wurden vernichtet oder gefährdet. Die Zahl der Insolvenzverfahren hat sich in den letzten Jahrzehnten vervielfacht, spiegelt freilich oft auch die wirtschaftliche Entwicklung:

	Gesamtinsolvenzen	**Unternehmensinsolvenzen**
1960	2.958	2.358
1970	4.201	2.716
1980	9.140	6.315
1990	13.271	8.730
2000	41.780	27.930
2010	169.840	32.060
2011	159.580	30.120
2012	150.810	28.720
2013	141.900	26.300

In neuerer Zeit häufen sich vor allem die Verbraucherinsolvenzen. Das hängt damit zusammen, dass zahlungsunfähige Personen sich seit 1999 von ihren Schulden befreien lassen können, wenn sie u. a. ein Insolvenzverfahren durchlaufen. Anfangs mussten sie noch wenigstens die Kosten dieses Verfahrens aufbringen. Aber auch diese Hürde ist weitgehend entfallen. Überdies wächst die Zahl der zahlungsunfähigen Verbraucher rasch.

3 Die **Ursachen einer Insolvenz** sind vielschichtig. Bei den *Konsumenten* spielen Arbeitslosigkeit und Scheidungen eine wichtige Rolle. Defizite beim Umgang mit Geld, Verlockungen der bargeldlosen Zahlung (EC- und Kreditkarten) sowie das Schwinden früherer Tugenden („Erst sparen, dann kaufen!“) kommen hinzu.

In *Unternehmen* überwiegen Managementfehler (z. B. falsche Markteinschätzung, verspätete Reaktion auf Marktänderungen oder Konkurrenten, Vernachlässigung von Kostenentwicklung bzw. Automatisierung oder ein unkluger Unternehmenszusammenschluss), wie überhaupt eine eher optimistische als vorsichtige Grundhaltung gefährlich zu sein scheint. Probleme drohen solchen Unternehmen, die den deutschen Lohnkosten bzw. Sozialabgaben trotz ständiger Verschärfung des internationalen Wettbewerbs für arbeitsintensive Produktion oder gar für anspruchsvolle Technologie nicht (ebenfalls!)

ausweichen, sei es durch Rationalisierung, sei es durch Auslagerung der Fertigung. Der Niedergang kann aber auch schicksalhaft sein, z. B. bei Insolvenz wichtiger Kunden, bei Konjunktureinbrüchen und Naturkatastrophen. Ein konstantes Dilemma der mittelständischen deutschen Wirtschaft ist die knappe **Eigenkapitalquote** (dazu *K. Schmidt*, JZ 1984, 771 ff.). In Unternehmen mit 100–1.000 Mitarbeitern liegt sie z. Z. immerhin zwischen 20 % und 30 %. Dennoch bleibt die Abhängigkeit von Fremdfinanzierung (Bankkrediten) hoch; entsprechend gering ist die Fähigkeit, bei erheblicher Belastung durch Zins und Tilgung geschäftliche Einbrüche in schlechter Konjunktur zu verkraften.

Neuerdings wird auch noch die **Fremdfinanzierung schwieriger**: Der Mittelstand konnte jahrzehntelang erwarten, Kredit auf Basis zurückhaltender Bonitätsprüfung und Renditeerwartung zu erhalten. Heute achten die Kreditinstitute mehr auf ihre Gewinnmargen – sie sind in Deutschland eher niedrig – und entsprechend stärker auf Ausfallrisiken, d. h. auf die Bonität des Kunden. Hierzu sind Banken und Sparkassen auch deshalb gezwungen, weil sie ausgereichte Kredite ihrerseits mit ihrem (teuren) Eigenkapital unterlegen müssen: Früher war jeder Kredit, unabhängig vom Ausfallrisiko, mit 8 % Eigenkapital zu unterlegen. Entsprechend wenig differierten oft auch die Konditionen (z. B. Zinssätze) der jeweiligen Kreditvergabe. So mancher „schlechte" Kredit wurde daher von „guten" Krediten (an Schuldner besserer Bonität) mitgetragen, m. a. W. „quer subventioniert". Seit dem 01.01.2008 ist ein Kredit dagegen umso stärker mit Eigenkapital zu unterlegen, je schlechter z. B. die Bonität des Schuldners ist (Vorschläge des Basler Bankenausschusses: „Basel II"). Dies zwingt die Kreditinstitute zu gründlicher Bonitätsprüfung und rigiderer Klassifizierung. Es wird Kredite an „schlechte" Schuldner (zumindest) verteuern und solche an sichere Schuldner – tendenziell größere Unternehmen – (vielleicht) verbilligen. Auch für die strengeren Vorgaben von „Basel III" (in der EU maßgebend seit 01.01.2014) wird diskutiert, ob sie die Kreditgewährung an den Mittelstand erschweren.

II. Gemeinschaftliche Befriedigung der Gläubiger

Der Gesetzgeber hätte Insolvenzfälle mit mehreren Gläubigern 4
theoretisch nicht gesondert regeln müssen. Er hätte darauf bauen können, dass die Gläubiger trotz unzureichender Solvenz versuchen würden, ihre Rechte individuell mit gerichtlicher Hilfe zu verfolgen und per Einzelzwangsvollstreckung (§§ 704 ff. ZPO) durchzusetzen. Dann wäre noch befriedigt worden, wer die Vollstreckung rechtzeitig einleitete; verspätete Gläubiger hätten eben Pech gehabt. Manche

Gläubiger hätten vielleicht durch besondere Beziehungen zum Schuldner (Freundschaft, geschäftliche Verbundenheit usw.) oder durch Druck erreicht, dass sie aus dem immer knapper werdenden Vermögen mit Vorrang bedacht werden. Auch das hätte der Gesetzgeber hinnehmen können. Er hat sich jedoch anders entschieden, nämlich für **Sonderregeln** – teils strafrechtlich (§ 283c StGB), vor allem aber vollstreckungsrechtlich:

5 Wird ein Insolvenzverfahren eröffnet, so sollen die Gläubiger *gemeinschaftlich* befriedigt werden (§ 1 S. 1). Dementsprechend sind die Rechtsverhältnisse des Schuldners geordnet abzuwickeln; das dann verbleibende gesamte Vermögen wird verteilt. Man nennt dies auch Gesamtvollstreckung. Im Kern ist das Insolvenzrecht also **Vollstreckungsrecht** eigener Art. Für die gemeinschaftliche Befriedigung aus dem Schuldnervermögen („Insolvenzmasse" oder einfach „Masse") sorgt ein Insolvenzverwalter, der die Masse zuvor verwertet. Um dies zu erleichtern, kann der Verwalter bestimmte vom Schuldner eingegangene Rechtsverhältnisse beenden oder beeinflussen, z. B. schwebende Kauf-, Miet-, Pacht- und Arbeitsverträge (§§ 103 ff.). Insofern enthält die Insolvenzordnung auch **Schuld- bzw. Arbeitsrecht**. Dass auf diese Weise das Gesamtvermögen verwertet werden kann, hat einen großen Vorteil: Es besteht die Chance, deutlich mehr Erlös zu erzielen, als bei Einzelzwangsvollstreckungen – dem Verkauf einzelner Vermögensstücke – erzielbar wäre.

III. Gleichbehandlung der Gläubiger

1. Rückblick: Das Reihenfolgeprinzip der ZPO

6 Außerhalb des Insolvenzrechts dominiert das Reihenfolgeprinzip (auch: Prioritäts- oder Präventionsprinzip). Der ihm eigene Gedanke „Wer zuerst kommt, der zuerst mahlt" ist sehr alt (*Wacke*, JA 1981, 94 ff.). Schon nach Sachenrecht erwirbt nur der Ersterwerber Eigentum (§ 929 BGB), ein Faustpfandrecht (§ 1209 BGB) oder eine Hypothek (§ 879 BGB) mit Vorrang; verlieren kann er sein Recht allenfalls an Gutgläubige. Auch in der Zwangsvollstreckung erhält den besseren Rang und wird vorrangig befriedigt, wer als Erster vollstreckt, z. B. zuerst ein Pfandsiegel am Pkw anbringen lässt (§§ 804 III, 808 I ZPO), den Beschluss über die Lohnpfändung dem Arbeitgeber zustellen lässt (§ 829 III ZPO), eine Zwangshypothek eintragen

lässt (§§ 10 I Nr. 4, 11 I ZVG) bzw. – als ungesicherter Gläubiger – die Beschlagnahme des Grundstücks erreicht, das versteigert werden soll (§§ 10 I Nr. 5, 11 II, 22 ZVG). Wer dagegen einen schlechteren Rang erhält, deshalb nicht mehr (ganz) befriedigt wird und auch nicht auf anderes Vermögen zugreifen kann, geht leer aus. Man spricht vom **Wettlauf der Gläubiger**.

Hierzu kann es aus mehreren Gründen kommen: Vielleicht weiß ein Gläubiger nicht, dass die finanzielle Lage seines Schuldners bedrohlich ist, und kümmert sich deshalb nicht um eine Zwangsvollstreckung. Vielleicht hatte er noch nicht einmal einen Vollstreckungstitel erwirkt (Urteil, Vollstreckungsbescheid usw.), der Voraussetzung jedweder Einzelzwangsvollstreckung ist (§§ 704, 794 ZPO). Das wiederum kann daran liegen, dass der Gläubiger den nötigen Kostenvorschuss (§ 12 GKG) nicht aufbringen konnte. Zudem können Zivilprozesse Jahre dauern, vom Schuldner gar noch verzögert werden. Denkbar ist aber auch, dass der Gläubiger seinen Vollstreckungstitel nicht nutzte, weil er den Schuldner für vermögenslos hielt, während andere Gläubiger einen Informationsvorsprung hatten.

Als Leitidee des Vollstreckungsrechts war das Reihenfolgeprinzip 7
allerdings **früher umstritten**. Bis 1879 folgten ihm im deutschen Reich nur einige Partikularrechte. Auch ausländische Prozessrechte weisen beschlagnahmte Vermögensstücke überwiegend allen oder mehreren Gläubigern zwecks Befriedigung zu. Bei Beratung der Zivilprozessordnung wurde gegen das Präventionsprinzip vorgebracht, es sei ungerecht, da die Rechtzeitigkeit einer Vollstreckung oft vom Zufall abhänge. Z. B. erführen Ortsfremde oft zu spät von Liquiditätsproblemen des Schuldners. Dennoch entschied man sich nach langen, von Leidenschaft zeugenden Debatten für den Prioritätsgrundsatz: Wer die Solvenz seines Schuldners aufmerksam prüfe, müsse begünstigt werden. Sonst hole derjenige, der die Beschlagnahme veranlasst und das Vermögensstück vielleicht überhaupt entdeckt habe, für weitere Gläubiger nur „die Kastanien aus dem Feuer". Ohne Priorität würde es auch zu Überpfändungen kommen, denn ein Gläubiger, dem das erste Pfandstück nicht vorbehalten bleibe, werde vorsorglich auf weitere Güter zugreifen (näher *Gaul*, ZZP 112 [1999], 135, 153 ff. m. w. N.).

2. Gläubigergleichbehandlung im Insolvenzrecht

Der freie Wettlauf der Gläubiger nach dem Reihenfolgeprinzip en- 8
det **mit der Insolvenzeröffnung**: Nun bezieht die Gesamtvoll-

streckung alle Gläubiger ein (Rn. 5). Sie soll ihnen aber auch im gleichen Maße zugute kommen (sog. „par conditio creditorum"). Bei Verteilung des Schuldnervermögens erhält jeder Gläubiger daher gleich viel, in dem Sinne, dass auf jede Forderung soviel entfällt, wie dem Verhältnis aller Forderungen zu allen Schulden – der Aktiva zu den Passiva – entspricht.

Beispiel: Summieren sich die Forderungen z. B. auf 100.000,– € und das Schuldnervermögen auf (netto) 7.000,– €, so erhalten die Gläubiger jeweils „eine Quote" von 7 %. Hat Gläubiger G von dem Schuldner 2.000,– € zu fordern, so muss ihm der Insolvenzverwalter also nur 140,– € auszahlen.

Diese **quotale Befriedigung** ist die Leitidee des Insolvenzrechts. Zum Ausdruck kommen sollte sie in dem Prinzip „gemeinschaftlicher" Befriedigung (vgl. Motive zur KO, S. 17 f.). Deutlicher wird sie in § 39 I („nach dem Verhältnis ihrer Beträge"), § 191 I 2 und noch in § 226 I. Das Ziel der Gleichbehandlung wird zudem mehrfach abgesichert: Nach der Insolvenzeröffnung ist eine Zwangsvollstreckung für einzelne Insolvenzgläubiger ausgeschlossen (§ 89). Verhindern musste der Gesetzgeber aber auch willkürliche Bevorzugungen bestimmter Gläubiger durch den Schuldner, überhaupt Vermögensverschiebungen. Der Schuldner verliert daher die Verwaltungs- und Verfügungsmacht über sein Vermögen, meist an einen Insolvenzverwalter (§§ 21 f., 80 ff.); insofern wird das Sachenrecht ergänzt.

9 Andererseits wird die Gläubigergleichbehandlung stark ausgedehnt: Sie kann, falls das Insolvenzverfahren eröffnet wird, **weit zurückwirken** – in einen Zeitraum, in dem nach Zivilprozessrecht scheinbar noch der Wettlauf der Gläubiger eröffnet war:

- Im Rahmen der sog. *Insolvenzanfechtung* (§§ 129 ff.) ist der Insolvenzverwalter ermächtigt, zahlreiche Handlungen zu neutralisieren, die vor Eröffnung des Verfahrens erfolgten und die Gesamtheit der Gläubiger benachteiligen. In der Regel geht es um Begünstigungen des Schuldners (Vermögensverschiebungen) oder um Begünstigungen bestimmter Gläubiger vor den anderen (Befriedigung oder Sicherung in der sog. Krisenzeit).
- Ergänzend sorgt die sog. *Rückschlagsperre* (§ 88) dafür, dass gewisse Sicherungen, die durch Zwangsvollstreckung erlangt wurden, rückwirkend unwirksam werden: Der Gläubiger, der sich schon gesichert wähnte, verliert seine Sicherheit kraft Gesetzes.

Diese rückwirkende Gleichbehandlung ist **stetig ausgeweitet** worden. Vor allem die Insolvenzanfechtung wurde verschärft. Dazu trägt bei, dass sie tendenziell bis zur Zahlungsunfähigkeit zurückwirkt und diese nach neuem Recht schon beginnt, wenn der Schuldner auch nur einen kleinen Teil seiner Schulden – laut *BGH* etwa 10 % – nicht begleichen kann. Demgegenüber galt den Schöpfern der Konkursordnung noch als unschädlich, dass das Vermögen des Schuldners „bei gleichzeitigem Andrängen aller Gläubiger" nicht ausreichte (Motive zur KO, S. 320). Damals blieb dem Gläubigerwettlauf also noch Raum! Von dieser Entscheidung (Rn. 7) ist der Gesetzgeber stillschweigend abgerückt.

Allerdings gibt es **Ausnahmen**: Gleich behandelt werden nicht alle Gläubiger, sondern nur die, welche derselben Gläubigergruppe angehören. Die größte Gruppe bilden meist die *Insolvenzgläubiger*: die persönlichen Gläubiger, welche bei Insolvenzeröffnung einen Vermögensanspruch hatten (§§ 38, 87). Schlechter steht sich eine Untergruppe: die in § 39 genannten „nachrangigen Insolvenzgläubiger". Vorrang vor allen Insolvenzgläubigern haben wiederum die sog. *Massegläubiger* (§§ 53 ff.; Rn. 75 ff.). Reicht das Geld nicht einmal für diese „Masseforderungen" (auch: „Masseverbindlichkeiten"), so wird das Insolvenzverfahren u. U. gar nicht erst eröffnet oder wieder eingestellt. Im Übrigen werden erst die Kosten des Verfahrens, dann die neueren Masseschulden, zuletzt die alten Masseschulden befriedigt – aber eben jeweils gleichmäßig, d. h. quotal (§ 209). 10

Und absoluten Vorrang haben Gläubiger mit Sonderrechten. Wer dem Schuldner z. B. einen Pkw unter Eigentumsvorbehalt verkauft hatte, den Kaufpreis aber nicht erhält, hat ein „*Aussonderungsrecht*": Er darf seinen Herausgabeanspruch sogar außerhalb des Insolvenzverfahrens durchsetzen (§ 47). Wer vom Schuldner nur ein Pfandrecht oder Sicherungseigentum erhalten hatte, ist zwar dem Verfahren unterworfen, hat aber immerhin ein „*Absonderungsrecht*": Er wird aus dem Erlös des Sicherungsgutes vor allen anderen Gläubigern befriedigt (§§ 49 ff., 170 I 2).

Übersicht: Gläubigerbefriedigung im Insolvenzfall

	Befriedigung	Rang	Innenverhältnis
Aussonderungsberechtigte (§§ 47 f.; Anspruch auf konkreten Gegenstand)	außerhalb des Verfahrens	konkurrenzlos	
Absonderungsberechtigte (§§ 49 ff.; Anspruch auf Befriedigung aus Sicherheit)	im Verfahren	Vorrang vor Masse- und Insolvenzgläubigern	nach allgemeinen Regeln außerhalb der InsO
Massegläubiger (§§ 54 f.)	im Verfahren	Vorrang vor Insolvenzgläubigern (§ 53)	prinzipiell Gleichbehandlung
Insolvenzgläubiger (§ 38)	im Verfahren	Vorrang vor nachrangigen Insolvenzgläubigern	Gleichbehandlung (quotale Befriedigung)
nachrangige Insolvenzgläubiger (§ 39)	im Verfahren (erhalten i. d. R. nichts)		Gleichbehandlung (quotale Befriedigung)

3. Gründe der Gläubigergleichbehandlung

11 Die Gleichbehandlung ist eine Wohltat für Gläubiger, die sich keinen Vollstreckungstitel verschaffen konnten oder jedenfalls nicht mehr rechtzeitig hätten vollstrecken können. Für besser situierte Gläubiger kann die Gleichbehandlung jedoch zum Korsett und die Insolvenzeröffnung ein Schicksalsschlag werden, denn der Gläubigerwettlauf wird durch staatlichen Eingriff abgebrochen. Wie lässt sich dies rechtfertigen? Traditionell heißt es, der **Rechtsfrieden** müsse gewahrt werden (s. nur *Häsemeyer*, Rn. 2.01 ff.). Jedenfalls der soziale Frieden dürfte allerdings, selbst bei Großinsolvenzen, kaum gefährdet sein. Auch Übergriffe verzweifelter Gläubiger sind prinzipiell beherrschbar (a. M. wohl *Smid*, § 1 Rn. 18 ff.): Die innere Sicherheit stand bei uns nie ernstlich in Frage. Im Übrigen wird der Rechtsfrieden auch dann strapaziert, wenn Gläubiger beim Wettlauf um Einzelzwangsvollstreckung unterliegen, weil die Insolvenz des Schuldners zu spät bemerkt wird, und dies hat der ZPO-Gesetzgeber hingenommen (Rn. 7).

Ergänzend wird betont, die **Gerechtigkeit** gebiete es, den bei Insolvenz eintretenden Verlust auf alle Gläubiger zu verteilen (*Seuffert*) – doch warum?

Auch die vielfältigen Versuche, eine Rechts- oder **Interessengemeinschaft der Gläubiger** zu konstruieren (vgl. *Knütel*, FS Kreft, 2004, S. 3, 10 ff.), erklären das nicht (zutr. *Windel*, Jura 2002, 230, 231 f.). Von anderer Seite wird darauf verwiesen, alle Gläubiger hätten durch Begründung, Verfolgung bzw. Durchsetzung ihrer Forderungen (z. B. durch Gewährung eines Kredits) **Einfluss auf die Insolvenz** genommen, nämlich zwangsläufig auf die Vermögens- und Haftungsverhältnisse des Schuldners eingewirkt, da dessen Steuerungsfähigkeit in der Krisenzeit ausgefallen sei. Zum Ausgleich müssten sie daher auf eine quotale Befriedigung beschränkt sein (*Häsemeyer*, KTS 1982, 507, 515 ff.; *Smid*, § 1 Rn. 22). Auch dies zeigt aber nicht, weshalb den Gläubigern ihr abstrakter Einfluss schaden kann (*Landfermann*, ZZP 1994, 127, 128 f.). Nach dem Gesetz ist dieser Einfluss jedenfalls belanglos. Denn auf quotale Befriedigung sind auch solche Gläubiger beschränkt, deren Anspruch entstand, bevor der Schuldner seine Steuerungsfähigkeit verlor.

Ausreichend ist allerdings der *Wille des Gesetzgebers*, die Individualvollstreckung durch Gesamtvollstreckung abzulösen, sobald die Insolvenz amtlich festgestellt ist (Rn. 5), und anderen Zielen Vorrang zu geben: der Gleichbehandlung und einer besseren Masseverwertung. Wer Gesamtverwertung vorschreibt, nimmt den Gläubigern ohnehin die Chance, sich durch Schnelligkeit noch Vorrechte zu „verdienen".

Das rechtfertigt freilich nicht auch rückwirkende Eingriffe in den 12
Gläubigerwettlauf, z. B. die besondere Insolvenzanfechtung (§§ 130–132). Diese **rückwirkende Gleichbehandlung** ist auch nicht nötig, um die Gläubiger gemeinschaftlich zu befriedigen, denn dafür sorgt schon das Insolvenzverfahren. Man muss sich daher wiederum mit der Intention des Gesetzgebers begnügen. Er meinte, schon bei objektiver Unfähigkeit des Schuldners zur Tilgung seiner Schulden – bei materieller Insolvenz – hätten die Gläubiger einen Anspruch auf Gleichbehandlung: einen „Konkursanspruch". Nur die *Durchsetzbarkeit* dieses frühen Anspruchs sollte von der Insolvenzeröffnung abhängen. So wollte man ausschließen, dass trotz einer Zahlungseinstellung noch Geschäfte getätigt würden, dass dies zum „Kampf Aller gegen Alle" führe und das geschäftliche Vertrauen beschädige (Motive zur KO, S. 102 f.). Über diese Bewertung lässt sich streiten (s. o.). Die darauf basierende Vorgabe bindet aber.

IV. Wege der Gläubigerbefriedigung

1. Regelverfahren und Insolvenzplan

13 Der klassische Weg zur gemeinschaftlichen Befriedigung der Gläubiger ist die „Verwertung" des Schuldnervermögens (z. B. dessen Verkauf) und die quotale Verteilung des Gelderlöses (§ 1 S. 1 Fall 1; sog. „*Regelverfahren*"). Dieser Weg führt aber oft zur Zerschlagung des Vermögens („Liquidationsverfahren"). Das ist insofern nachteilig, als für einzelne Gegenstände (überdies meist Gebrauchtwaren) oft nur ganz geringe Preise erzielbar sind. Allerdings können die Gläubiger ihre Befriedigung, die Verwertung und die Verteilung der Masse abweichend regeln.

Bei Unternehmensinsolvenzen wird dies durch das *Insolvenzplanverfahren* erleichtert (§ 1 S. 1 Fall 2): Die gewünschte Abwicklung ist in einem „Insolvenzplan" zu formulieren. Er muss von den Gläubigern – hier oft in Gruppen abstimmend – mehrheitlich gebilligt werden (§§ 222, 243 ff.). Regelmäßig wird der Plan einen Teilverzicht der Gläubiger vorsehen müssen, also einem Vergleich bzw. Zwangsvergleich entsprechen. Der Plan kann die Gläubiger sogar unterschiedlich behandeln, wenn wenigstens kein Gläubiger benachteiligt wird, der derselben Gruppe angehört (arg. § 245 II Nr. 3). In jedem Fall stärkt das Planverfahren die Mitwirkung der Gläubiger im Verfahren, d. h. die **Gläubigerautonomie**. Dies ist ein besonderes Anliegen der Insolvenzordnung, u. U. auch ein Beitrag zum Rechtsfrieden.

2. Erhalt des insolventen Unternehmens

14 Abweichungen vom Regelverfahren (Rn. 13) sieht das Gesetz „insbesondere zum Erhalt des Unternehmens" vor (§ 1 S. 1 Fall 2). Gedacht ist also an die Insolvenz eines Unternehmens oder – juristischer gesagt – an die Insolvenz des Trägers der entsprechenden Vermögenswerte (Grundstücke, Maschinen, Vorräte, Forderungen, Lizenzen usw.). Oft ist der Untergang eines Unternehmens nur die bedauerliche Kehrseite einer marktwirtschaftlich notwendigen „Bereinigung". Mitunter ist aber eine Rettung des Unternehmens möglich und wünschenswert, gerade auch im **Interesse der Gläubiger**. Dann kann man entweder dem *Unternehmensträger*, z. B. der insolventen GmbH, ganz oder teilweise wieder „auf die Füße helfen", so dass künftige Gewinne es erlauben, die Schulden nach und nach zu tilgen („Sanie-

rung", „Reorganisation"; selten). Oder man verkauft das *Unternehmensvermögen* (das Unternehmen als ganzes oder einen Betrieb), eventuell nach gewissen Sanierungsmaßnahmen, so dass die Gläubiger aus dem Kaufpreis befriedigt werden können („übertragende Sanierung"). Dabei hilft, dass sich der Wert eines Unternehmens, das (demnächst) wieder Gewinne erwarten lässt, ganz wesentlich erhöht – oft weit über die Summe der darin befindlichen Einzelwerte hinaus (sog. Fortführungswert).

Das liegt meist auch im **öffentlichen Interesse**. Denn es trägt dazu bei, insolvenzbedingte Arbeitslosigkeit wie auch Folge-Insolvenzen weiterer Unternehmen zu vermeiden. In strukturschwachen Regionen ist das besonders wichtig.

V. Restschuldbefreiung

Die Forderungen der Gläubiger erlöschen im Insolvenzverfahren grundsätzlich nur, soweit es zu Ausschüttungen kommt, also in Höhe der Insolvenzquote. Im Übrigen haftet der Schuldner fort, auch nach Beendigung des Verfahrens (§ 201 I; „Nachforderungsrecht"). Dieses Prinzip erfuhr nach früherem Konkursrecht kaum Ausnahmen. Heute jedoch kann der Schuldner sich von seinen Restschulden befreien (§ 1 S. 2), indem er den Gläubigern für längere Zeit (sechs, fünf bzw. drei Jahre) vor allem seine Erwerbseinkünfte (oberhalb der Pfändungsgrenze) überlässt und sich ggf. um eine Erwerbstätigkeit bemüht (§§ 286 ff.). Die Einführung der Restschuldbefreiung wurde geradezu zum politischen Treibsatz der Insolvenzordnung: Sie soll dem Schuldner – und zwar jedem Menschen, auch dem insolventen Unternehmer – gestatten, seine **wirtschaftliche Freiheit** wiederzuerlangen, statt dauerhaft auf dem bescheidenen Niveau pfändungsfreier Beträge leben zu müssen. Zudem besteht ein sozial- wie finanzpolitisches Interesse daran, die Zahl der teils hoffnungslos überschuldeten Haushalte – zwischen drei und sechs Millionen! – zu reduzieren. 15

Zusammenfassend lässt sich sagen: Das Insolvenzrecht soll dafür sorgen, dass alle Gläubiger gleichmäßig befriedigt werden, und zwar mit gewisser Rückwirkung. Dem dient die optimale Verwertung der Masse, ihr wiederum die geordnete Abwicklung der massebezogenen Rechtsverhältnisse des Schuldners. Besonders erwünscht ist die Erhaltung des insolventen Unternehmens, auch deshalb, weil sie Arbeitsplätze schützen und Zusammenbrüche anderer Unternehmen vermeiden kann. Auf die Durchführung des Insolvenzverfahrens sollen die Gläubiger maßgebenden Einfluss haben (Gläubigerautonomie). Dem dient u. a. das Insolvenzplanverfahren, zumal dort, wo zwischen Liquidation und Erhaltung/Sanierung eines Unternehmens zu entscheiden ist. Die Möglichkeit der Entschuldung soll dem insolventen Bürger einen wirtschaftlichen Neuanfang gestatten, was ggf. auch der Gesellschaft nützt.

§ 2. Das Insolvenzverfahren im Überblick

Nach der Insolvenzordnung stehen sich zwei Verfahrensarten gegenüber: das traditionelle, besonders für Unternehmen geeignete Insolvenzverfahren (im Folgenden: *reguläres Insolvenzverfahren* bzw. *Regelverfahren*) und ein *Verbraucher-Insolvenzverfahren* für Personen, bei denen keine selbstständige wirtschaftliche Tätigkeit (mehr) abzuwickeln ist.

I. Unternehmensinsolvenzen

16 Das reguläre Verfahren beginnt mit dem Antrag des Schuldners oder eines Gläubigers (§ 13). Damit ist das **Eröffnungsverfahren** eingeleitet (daher „Eröffnungsantrag", oft auch „Insolvenzantrag" genannt). Hier prüft das Insolvenzgericht zunächst, ob der Antrag überhaupt *zulässig* ist, ob z. B. der Schuldner insolvenzfähig ist und – bei Gläubigeranträgen – ob wenigstens glaubhaft gemacht ist, dass Zahlungsunfähigkeit oder Überschuldung vorliegt (§ 14).

17 Ein zulässiger Antrag des Gläubigers wird dem Schuldner zugestellt. Unter Anhörung des Schuldners prüft das Gericht, ob der Antrag *begründet* ist: Ob eine Zahlungsunfähigkeit oder Überschuldung feststeht (§§ 16 ff.) und ob dennoch genug Masse übrig ist, um wenigstens die Kosten des Verfahrens zu decken (§ 26). Die Prüfung kann sich hinziehen. Damit die Masse in dieser Zeit nicht weiter verringert wird, kann das Insolvenzgericht Sicherungsmaßnahmen anordnen, z. B. einen „vorläufigen Insolvenzverwalter" bestellen und dem Schuldner ein allgemeines Verfügungsverbot auferlegen (§§ 21 ff.). Fehlt eine Eröffnungsvoraussetzung, so wird der Insolvenzantrag abgewiesen.

18 Andernfalls folgt die **Insolvenzeröffnung**. Der entsprechende Beschluss wird sofort veröffentlicht. Zugleich ernennt das Gericht einen (endgültigen) Insolvenzverwalter. Es bestimmt auch eine Reihe von Terminen (§ 29): für die Anmeldung von Forderungen gegen den Schuldner (§ 28), für einen „Berichtstermin" – dort berichtet der Insolvenzverwalter über den Schuldner oder dessen Unternehmen, die Gläubiger beschließen über den Fortgang des Insolvenzverfahrens (§ 157) – und für einen „Prüfungstermin" (§ 176), in dem die angemeldeten Forderungen erörtert werden. Die Insolvenzeröffnung ist eine Beschlagnahme („Insolvenzbeschlag"). Durch sie verliert der Schuldner zwar noch nicht sein Vermögen, wohl aber die Verfügungsmacht: Nur noch der Insolvenzverwalter kann über die Masse verfügen (§§ 80 f.). Er verwaltet sie jetzt auch. Daher muss er die Masse so, wie er sie vorfindet, sofort in Besitz nehmen (§ 148; *„Ist-Masse"*), zudem inventarisieren. Massefremde Gegenstände, an denen ein Aussonderungsrecht besteht, gibt er heraus. Unpfändbare Gegenstände stehen dem Schuldner zu. Was übrig bleibt, ist die *„Soll-Masse"*. Umgekehrt muss der Verwalter Forderungen des Schuldners gegen dessen Schuldner einziehen, notfalls durch Prozess bzw. durch Fortführung schon anhängiger Prozesse. Solche Drittschuldner können ihrerseits nur noch erfüllen, indem sie an den Verwalter („zur Masse") leisten (§ 82). Abgeflossene Vermögenswerte führt der Verwalter ggf. durch Insolvenzanfechtung in die Masse zurück. Ausnahmsweise behält der Schuldner seine Verwaltungs- und Verfügungsmacht weitgehend, wenn das Insolvenzgericht ihm „Eigenverwaltung" zubilligt (§§ 270 ff.).

Die **Befriedigung der Gläubiger** setzt die Verwertung der Masse 19
(„Aktivmasse") und die Feststellung der Forderungen („Passivmasse") voraus. Die *Verwertung* obliegt i. d. R. dem Verwalter. Die Masse wird zu Geld gemacht, es sei denn, dass die Gläubiger anderes beschließen (§ 159). Der erzielte Erlös ist die „Teilungsmasse". Berechtigte *Forderungen* werden in einem zweistufigen Verfahren ermittelt: Angemeldete Forderungen, denen im Prüftermin weder der Insolvenzverwalter noch ein anderer Gläubiger widerspricht, gelten als festgestellt (§ 178) – ohne gerichtliche Prüfung. Soweit einer Forderung dagegen widersprochen wird, muss der Gläubiger sie gerichtlich feststellen lassen, indem er Klage gegen den Widersprechenden erhebt; das nachfolgende Urteil wirkt auch gegenüber den anderen Gläubigern (§§ 179 ff.). Das Gericht beurkundet in der Insolvenztabelle, inwieweit eine Forderung festgestellt ist bzw. Widerspruch fand (§ 178 II). Im *Verteilungsverzeichnis* wird vermerkt, für welche Forderungen quotale Beträge auszuzahlen bzw. zurückzubehalten sind. Auf dieser Basis folgen Abschlagsverteilungen (§ 187 II), nach vollständiger Verwertung und einem „Schlusstermin" die Schlussverteilung (§§ 196 ff.).

20 Der Schlussverteilung folgt die **Aufhebung des Insolvenzverfahrens.**

Strebt der Schuldner **Restschuldbefreiung** an, so muss er sie frühzeitig beantragen, z. B. mit seinem Insolvenzantrag. Im darauf eröffneten Insolvenzverfahren und danach muss er bemüht sein, Erwerbseinkünfte zu erzielen. Nach dem Schlusstermin wird über etwaige, schon bekannte Versagungsgründe entschieden; aber auch danach muss der Schuldner mit vorzeitiger Versagung der Restschuldbefreiung rechnen, insbesondere wegen Verletzung seiner Obliegenheiten (§§ 290, 295 f., 299). Andernfalls erteilt das Insolvenzgericht die Schuldbefreiung, und zwar spätestens sechs Jahre, ggf. fünf, seltener auch schon drei Jahre nach Insolvenzeröffnung (s. § 300).

II. Verbraucherinsolvenzen

21 Ist der Schuldner eine natürliche Person und übt(e) er keine selbstständige wirtschaftliche Tätigkeit aus (oder sind seine Vermögensverhältnisse trotz früherer Selbstständigkeit überschaubar), so wird ein Verbraucher-Insolvenzverfahren durchgeführt. Hier ist das skizzierte Verfahren (Rn. 16 ff.) **modifiziert durch** den **Vorrang einvernehmlicher Schuldenbereinigung**: Will der *Schuldner* einen Insolvenzantrag stellen, so soll er zuvor versuchen, sich mit seinen Gläubigern zu einigen. Praktisch soll er sie also bewegen, auf ihre Ansprüche (weitgehend) zu verzichten! Misslingt das, so ist dem Gericht mit dem Eröffnungsantrag ein „Schuldenbereinigungsplan“ vorzulegen (§ 305 I Nr. 4). Auf dessen Basis wirkt das Gericht auf eine Einigung mit den Gläubigern hin. Droht dies an einer Minderheit zu scheitern, so kann das Gericht die fehlenden Zustimmungen u. U. ersetzen (§ 309). Das Insolvenzeröffnungsverfahren (Rn. 17) ruht zunächst. Stellt ein *Gläubiger* den Eröffnungsantrag, so erhält der Schuldner ebenfalls Gelegenheit, zunächst die Chancen einer Einigung auszuloten. Erst wenn diese scheitert oder nicht zu erwarten ist, entscheidet das Gericht über die Insolvenzanträge (§§ 311 ff.). Sind sie begründet, schließt das oben skizzierte Insolvenzverfahren an.

Übersicht: Arten des Insolvenzverfahrens

Reguläres Verfahren

(v. a. für Unternehmensinsolvenzen)

Regelverfahren

(Masseverwertung und -verteilung nach gesetzlichen Vorschriften)

kombinierbar mit Verfahren zur **Restschuldbefreiung**

Insolvenzplanverfahren

(Masseverwertung und -verteilung entsprechend der Einigung zwischen Gläubigern und Schuldner)

Restschuldbefreiung im Erg. möglich

Verbraucher-Insolvenzverfahren

(Schuldner ist natürliche Person und übt keine selbständige wirtschaftliche Tätigkeit aus oder seine Vermögensverhältnisse sind trotz früherer Selbständigkeit überschaubar)

beinhaltet teilweise:

a) außergerichtlichen Versuch einvernehmlicher Schuldenbereinigung,
b) gerichtlich moderierten Versuch einvernehmlicher Schuldenbereinigung,

im Übrigen:

c) reguläres Verfahren

kombinierbar mit Verfahren zur **Restschuldbefreiung**

§ 3. Die Insolvenzordnung als Reformgesetz

Literatur: *Balz*, Aufgaben und Struktur des künftigen einheitlichen Insolvenzverfahrens, ZIP 1988, 273 ff.; *Windel*, Die Insolvenzordnung: Reform im Banner von Masseanreicherung, Unternehmenssanierung und Schuldbefreiung, Jura 1999, 1 ff.

Die Insolvenzordnung (samt Einführungsgesetz zur Insolvenzordnung) wurde 1994 beschlossen. In Kraft trat sie jedoch erst am 01.01.1999, da einige Bundesländer von ihr einen Kostenschub für **22** die Justiz befürchteten und insofern Zeit gewinnen wollten. Die Insolvenzordnung hat **drei Gesetze abgelöst**: in Westdeutschland die *Konkursordnung* vom 10.02.1877 (RGBl. I S. 351) und die *Vergleichsordnung* vom 26.02.1935 (RGBl. I S. 321), in den neuen Bundesländern die *Gesamtvollstreckungsordnung*, die in der DDR nur für Konkurse von Privatpersonen galt, nach dem Beitritt aber geändert wurde (Neufassung vom 23.05.1991; BGBl. I S. 1185). Die Insolvenzordnung sorgt damit – wichtig genug – für ein *bundeseinheitliches Insolvenzrecht.*

23 Vor allem aber strebt sie eine inhaltliche Reform an, denn das frühere **Konkurs- und Vergleichsrecht** galt seit Jahrzehnten als unzulänglich: Die Vergleichsordnung sollte Konkurse abwenden, gelangte aber fast nie zur Anwendung, u. a. deshalb, weil ein Vergleich jedem Gläubiger eine unrealistisch hohe Mindestquote von 35 % gewähren musste (§ 7 I VerglO). Kam es zum Konkurs, so waren Zwangsvergleiche zwar erleichtert, doch fanden sie kaum einmal die nötige Dreiviertel-Mehrheit der Gläubiger. Schlimmer noch, irgendeine Vermögensverteilung war überhaupt die Ausnahme; denn Insolvenzverfahren wurden in fast 80 % der Fälle „mangels Masse", d. h. mangels Deckung auch nur der Verfahrenskosten, gar nicht erst eröffnet oder wieder eingestellt. Im Übrigen wurden Konkursquoten von durchschnittlich etwa 4 % erreicht – Folgen der sog. Massearmut. Man beklagte einen „Konkurs des Konkurses" (*Kilger*, KTS 1975, 142).

24 Das **neue Recht** sieht wesentliche Neuerungen vor:

- Es **integriert Vergleichs- und Konkursrecht**, indem es eine einvernehmliche Schuldenbereinigung ermöglicht (durch Insolvenzplan) und teils sogar zu ihr drängt (in Verbraucher-Insolvenzverfahren, Rn. 21).
- Der **Massearmut** gilt ein ganzes Bündel von Gegenmaßnahmen, z. B. Anreize für einen möglichst frühen Insolvenzantrag des Schuldners (§§ 18, 270, 290 I Nr. 4), die Einbeziehung des nach Verfahrenseröffnung erworbenen Vermögens in die Masse (§ 35 I Fall 2), die Verschärfung der Insolvenzanfechtung, Verwertungsrechte des Insolvenzverwalters an Sicherungsgut (§ 166) und eine Kostenbeteiligung von Absonderungsberechtigten (§§ 170 f.).
- Dem Werterhalt dient nicht zuletzt die **Sanierung**. Sie wird erleichtert durch die Flexibilitäten des Insolvenzplans, eine übertragende Sanierung (Rn. 14) auch durch §§ 160 ff.
- Die **Verfahrenseröffnung bei Massearmut** – wichtig auch deshalb, weil oft erst der reguläre Insolvenzverwalter weitere Masse zu-

tage fördert – wird in doppelter Hinsicht erleichtert: Zwecks *Deckung der Verfahrenskosten* werden die Gläubiger nun zu einem Vorschuss ermutigt, indem ihnen ein Regressanspruch gegen Geschäftsführer gewährt wird, die den Verdacht einer Insolvenzverschleppung nicht ausräumen können (§ 26 III i. V. m. § 15a I-III). Im Übrigen wird das Verfahren auch bei *Stundung der Verfahrenskosten* eröffnet (§ 26 I 2), freilich auf Kosten der Gläubiger (Rn. 590f.).

• Die **Gläubigerautonomie** wird verschiedentlich gestärkt, z. B. bei der Abwahl des Insolvenzverwalters (§ 57) und allgemein durch das Instrument des Insolvenzplans, der zudem Mehrheitsentscheidungen erleichtert (§§ 244 f.).

• Die **Restschuldbefreiung** (Rn. 15) schützt vor dem lebenslangen „Schuldturm" und hat damit auch eine sozialpolitische Funktion.

• Das **vereinfachte Verfahren** für Verbraucherinsolvenzen (Rn. 21) soll Insolvenzverfahren beschleunigen und verbilligen.

Die **rechtspolitische Diskussion** über Reformen des Insolvenzrechts dauert an. Vgl. z. B. zur *Konzerninsolvenz:* RegE eines Gesetzes zur Erleichterung der Bewältigung von Konzerninsolvenzen v. 30.01.2014, BT-Drs. 18/407; dazu krit. *Siemon*, NZI 2014, 55 ff.; *Verhoeven*, ZInsO 2014, 217 ff.; ferner *K. Schmidt*, ZIP 2012, 1053 ff.;

Zur systemischen *Bankeninsolvenz: Binder*, KTS 2013, 277 ff.

2. Kapitel. Verfahrensbeteiligte

§ 4. Schuldner

Literatur: Gottwald/*Haas*, S. 1026 ff.; Gottwald/*Uhlenbruck/Gundlach*, S. 119 ff.; *K. Schmidt*, Konzern-Insolvenzrecht – Entwicklungsstand und Perspektiven, KTS 2010, 1 ff.; *Gundlach/Frenzel/Schmidt*, Die Insolvenzunfähigkeit nach der Insolvenzordnung, NZI 2000, 561 ff.; *Prütting*, Ist die Gesellschaft bürgerlichen Rechts insolvenzfähig?, ZIP 1997, 1725 ff.

I. Natürliche und juristische Personen

25 „Ein Insolvenzverfahren kann über das Vermögen jeder natürlichen und jeder juristischen Person eröffnet werden" (§ 11). Zwischen dem Vermögen und dem Träger des Vermögens ist allerdings scharf zu unterscheiden. Am Verfahren beteiligt („insolvenzverfahrensfähig") kann nur ein **Vermögensträger** sein, d. h. ein Rechtssubjekt. Das Subjekt ist entweder „Person" – also voll rechtsfähig (Mensch oder juristische Person) – oder wenigstens partiell rechtsfähig, d. h. für fähig erklärt, bestimmte Rechte zu haben, und jedenfalls fähig, am Insolvenzverfahren beteiligt zu sein.

Demgegenüber besteht das Vermögen des Rechtssubjekts nur aus Gegenständen. Vermögen kann daher nie verfahrensbeteiligt sein (ungenau Amtl. Begr., S. 113). Das Vermögen ist allerdings **Gegenstand des Insolvenzverfahrens.** Erfasst wird grundsätzlich das gesamte Vermögen des Schuldners (Prinzip der *Universalinsolvenz;* § 35 I). Ausnahmsweise werden Teile des Vermögens aber einem Sonder-Insolvenzverfahren zugewiesen, mit der Folge, dass derselbe Schuldner an mehreren Verfahren beteiligt sein kann (Rn. 34).

26 **Natürliche Personen** (§ 1 BGB) sind insolvenzfähig, unabhängig davon, ob sie Kaufleute oder Verbraucher sind. Bei Unternehmern wird nicht zwischen geschäftlichem und privatem Status unterschieden, also ihr gesamtes Vermögen erfasst.

27 **Juristische Personen des Privatrechts** – AG, GmbH, Genossenschaft und rechtsfähiger Verein – sind stets insolvenzfähig. Die juristische Person wird durch die Insolvenzeröffnung zwar aufgelöst (vgl. § 262 I Nr. 3 AktG, § 60 I Nr. 4 GmbHG, § 42 BGB), verliert aber

nicht ihre Rechtspersönlichkeit, bleibt also Schuldnerin. Sie wird weiterhin durch Vorstand bzw. Geschäftsführer vertreten – freilich nicht in Bereichen, für die der Insolvenzverwalter zuständig ist.

Die Insolvenzfähigkeit der juristischen Person endet daher erst, wenn deren Vermögen vollständig verteilt worden ist (dazu Rn. 172 ff.). Eine vorherige Auflösung ändert daran nichts (§ 11 III; Bsp.: *BGH* ZInsO 2005, 144). Gleiches gilt für Personengesellschaften. Dabei spielt keine Rolle, ob die Auflösung auf einem früheren Insolvenzverfahren oder auf anderen Gründen beruht (z. B. Befristung in Satzung bzw. Gesellschaftsvertrag, Gesellschafterbeschluss).

Nichtrechtsfähige Vereine sind den rechtsfähigen gleichgestellt 28
(§ 11 I 2). Ihre Träger sind zwar eigentlich die Vereinsmitglieder (§ 54 S. 1 BGB). Aber auch der nichtrechtsfähige Verein selbst ist beschränkt rechtsfähig, da er im Zivilprozess Partei sein kann und der Einzelzwangsvollstreckung ausgesetzt ist (§§ 50 II, 735 ZPO). Es ist daher nur konsequent, diesen Verein auch für insolvenzfähig zu erklären.

Juristische Personen des öffentlichen Rechts sind nach § 11 I 1 an 29
sich ebenfalls insolvenzfähig. Doch trifft § 12 Sonderregeln, um die Staatsgewalt bzw. die Verwaltung funktionsfähig zu halten: Der Bund und die Bundesländer sind nicht insolvenzfähig. Juristische Personen, die der Landesaufsicht unterliegen (z. B. Körperschaften, Anstalten, Stiftungen öffentlichen Rechts), sind insolvenzunfähig, wenn das Landesrecht dies bestimmt. Das ist z. B. allseits für Gemeinden und Gemeindeverbände geschehen. Daher unterliegen auch unselbstständige Eigen- oder Regiebetriebe nicht dem Insolvenzrecht, wohl aber solche, die privatrechtlich (z. B. als GmbH) geführt werden. Zu Beschränkungen der Insolvenzmasse s. auch § 36 I 1 i. V. m. §§ 882a II ZPO, 15 Nr. 3 EGZPO.

Insolvenzunfähigkeit gefährdet, soweit nicht der Fiskus hilft, gerade die Arbeitnehmer des Unternehmens. Denn sie haben keine Ansprüche auf Insolvenzgeld (Rn. 101) und gegen den Pensionssicherungsverein (Rn. 261), da entsprechende Beiträge nur von insolvenzfähigen Unternehmen zu leisten sind. Daher muss ein Bundesland, das eine juristische Person für insolvenzunfähig erklärt hat, deren Arbeitnehmer insoweit schadlos halten (§ 12 II).

Auf internationaler Ebene wird immer wieder diskutiert, ob auch **Insol-** 30
venzverfahren für Staaten vorgesehen werden sollten (vgl. *Herdegen*, WM 2011, 913 ff.; *H.-F. Müller*, KTS 2013, 263 ff.). Zugleich will man – über frühere, nicht immer prinzipienfeste Versuche hinaus – an dem Risiko von Zahlungsausfällen neben IWF/Weltbank bzw. staatlichen Geldgebern, d. h. den Steuerzahlern, auch private Gläubiger (z. B. Banken, renditeorientierte Anle-

ger) beteiligen. Eine Gleichbehandlung der Gläubiger soll Private auch von leichtfertigen Kreditvergaben abhalten. Dies als „Insolvenzverfahren" zu bezeichnen, wäre freilich beschönigend, denn ein Staat wird sein Vermögen den Gläubigern regelmäßig vorenthalten – und darf dies auch, weil er völkerrechtlich keine Eingriffe in seine Souveränität dulden muss (zu Vollstreckungsversuchen gegen Argentinien s. aber *BVerfG* NJW 2007, 2610 ff.). Kürzliche Vorschläge, Griechenland möge bei Zahlungsunfähigkeit seinen Gläubigern wenigstens unbewohnte Inseln überlassen, sind denn auch erregt zurückgewiesen worden. Erreichbar sind daher allenfalls völkerrechtliche Verträge für den Insolvenzfall und – auf dieser Grundlage – jeweils angemessene (?) Umschuldungsvereinbarungen und Selbstverpflichtungen des insolventen Staates (vgl. auch Rn. 469 ff.). Hier geht es um heikle Fragen. Umso mehr bleibt das Einvernehmen der Staatengemeinschaft abzuwarten. Arme Länder werden vielleicht auch schwerer Kredite erhalten, wenn Geldgeber mit den Zwängen eines Insolvenzrechts rechnen müssen.

II. Gesellschaften ohne Rechtspersönlichkeit

1. Handelsgesellschaften, Partenreederei, Europäische wirtschaftliche Interessenvereinigung

31 Insolvenzfähig sind auch „Gesellschaften ohne Rechtspersönlichkeit". Als solche nennt § 11 II Nr. 1 insbesondere OHG und KG. Dies heißt vor allem, dass ein **Insolvenzverfahren über die Gesellschaftsvermögen** möglich ist; das galt schon nach früherem Recht (§ 209 KO).

32 Eine andere Frage ist, wer an diesem Insolvenzverfahren beteiligt, also **Schuldner** ist. Zu § 209 KO beharrte die h. M. darauf, Handelsgesellschaften seien als solche nicht insolvenzfähig. Schuldner konnten demnach nur die (persönlich haftenden und gesamthänderisch verbundenen) Gesellschafter sein. Da diese stets auch Privatvermögen haben, erfasste das Insolvenzverfahren über das Gesamthandsvermögen nur einen Teil des Gesellschaftervermögens, musste also ein *Sonder-Insolvenzverfahren* (Rn. 25) sein. Ob die Insolvenzordnung die Handelsgesellschaften selbst als Schuldner ansieht, ist schwer zu sagen: Der Wortlaut („Gesellschaft ohne Rechtspersönlichkeit") spricht dagegen, die Entwurfsbegründung dafür (Amtl. Begr., S. 113). Für den Schuldner-Status spricht ferner, dass OHG und KG nach §§ 124 I, 161 II HGB ausdrücklich befähigt sind, Verbindlichkeiten einzugehen, und insofern auch insolvenzfähig sein müssen. Aus dieser Sicht ist Gegenstand der Insolvenz das gesamte Vermögen der Personen-

handelsgesellschaft. Hier bleibt es also beim Prinzip der *Universalinsolvenz.*

2. Gesellschaft bürgerlichen Rechts

Auch über **Vermögen einer GbR** kann ein Insolvenzverfahren eröffnet werden (§ 11 II Nr. 1). Dies war nach früherem Recht nicht möglich. 33

Doch **verfahrensbeteiligt** ist die GbR nur, wenn sie insoweit auch rechtsfähig ist. Dafür bietet das Gesetz weniger Anhalt als bei OHG und KG (Rn. 32). Nach § 11 II Nr. 1 ist die GbR nämlich Gesellschaft *ohne* Rechtspersönlichkeit. Durch § 736 ZPO wird das bestätigt. Im Rahmen der Insolvenzrechtsreform hat der Gesetzgeber den alten Streit um die Rechtsnatur bzw. Haftung der GbR bewusst offen gelassen (Amtl. Begr., S. 112; Rechtsausschuss, S. 156). Aus traditioneller Sicht sind Schuldner und Verfahrensbeteiligte demnach nur die Gesellschafter der GbR in ihrer gesamthänderischen Verbundenheit. Dieses Insolvenzverfahren ist auf das Gesamthandsvermögen beschränkt *(Sonderinsolvenz).*

Wird umgekehrt ein **Gesellschafter insolvent**, so gehört zur Masse seines Insolvenzverfahrens nicht das Gesellschaftsvermögen, wohl aber der Anteil des Schuldners an der GbR (§ 84; §§ 731 ff. BGB).

Der BGH hat die GbR allerdings in seiner Entscheidung vom 29.01.2001 für grundsätzlich rechtsfähig erklärt (BGHZ 146, 341 ff. = NJW 2001, 1056; dazu *K. Schmidt*, NJW 2001, 993 ff.). Demnach muss die GbR auch im Insolvenzverfahren Vermögensträgerin sein, so dass das Verfahren ihr gesamtes Vermögen betrifft *(Universalinsolvenz).*

III. Erben, Gütergemeinschaft

Gegenstand des Insolvenzverfahrens kann nach § 11 II Nr. 2 auch ein Nachlass und das Gesamtgut einer fortgesetzten Gütergemeinschaft sein, ferner Gesamtgut einer Gütergemeinschaft, wenn es gemeinschaftlich verwaltet wird (§§ 333 f.; §§ 1450 ff. BGB). In all diesen Fällen wird vom Prinzip der Universalinsolvenz (Rn. 25) abgewichen, und es kommt zu **Sonder-Insolvenzverfahren** (auch: Partikular-Verfahren): Im *Nachlass-Insolvenzverfahren* ist der Erbe Schuldner und verfahrensbeteiligt. Das Verfahren beschränkt sich 34 aber auf das ererbte Vermögen, was nicht ausschließt, dass ein weiteres Verfahren über sein Privatvermögen eröffnet wird (Rn. 669 ff.). Bei *Gesamtgutsinsolvenz* schulden die Ehegatten (in gesamthänderischer Verbundenheit). Das Verfahren beschränkt sich aber auf das Gesamtgut, was weitere Insolvenzverfahren über Sonder- und Vorbehaltsgut (§§ 1417 f. BGB) eines oder beider Ehegatten nicht ausschließt (Rn. 690 f.).

Zu **sonstigen Rechtsgemeinschaften** ausf. MünchKomm/*Ott/Vuia,* § 11 Rn. 9 ff. – *Bruchteilsgemeinschaften* sind nicht insolvenzfähig. Die *Wohnungseigentümergemeinschaft* ist zwar rechtsfähig, soweit es um die Verwaltung des gemeinschaftlichen Eigentums geht (§ 10 VI WEG). Dennoch schließt § 11 III WEG Insolvenzverfahren über das Verwaltungsvermögen aus.

§ 5. Insolvenzgericht

Literatur: *Beth*, Der unter rechtlicher Betreuung stehende Schuldner, ZInsO 2012, 316 ff.; Gottwald/*Klopp/Kluth*, S. 382 ff.; *Lissner*, Die Aufsichtspflicht des Insolvenzgerichts, ZInsO 2012, 957 ff.; *Prütting*, Allgemeine Verfahrensgrundsätze in der Insolvenzordnung, in: KS, S. 1 ff.; *Thole*, Gläubigerinformation im Insolvenzverfahren – Akteneinsicht und Auskunftsrecht, ZIP 2012, 1533 ff.; *Uhlenbruck*, Die Zusammenarbeit von Richter und Rechtspfleger in einem künftigen Insolvenzverfahren, Rpfleger 1997, 356 ff.; *Vallender*, Das rechtliche Gehör im Insolvenzverfahren, in: KS, S. 115 ff.

I. Zuständigkeit

1. Sachliche Zuständigkeit

35 Sachlich zuständig für Insolvenzverfahren sind die **Amtsgerichte,** aber nur diejenigen, **in deren Bezirk ein Landgericht** seinen Sitz hat. Die Zuständigkeit erstreckt sich auf den ganzen Bezirk des Landgerichts (§ 2 I). Diese Zuständigkeit ist ausschließlich, kann also nicht durch Parteiabsprache geändert werden (§ 40 II ZPO i. V. m. § 4). Die Konzentration der Verfahren auf bestimmte Amtsgerichte soll für Spezialisierung und optimale Ausstattung (Bibliothek, Software usw.) sorgen. Die angestrebte Nähe zum Landgericht erleichtert dies, weil es meist die größere Bibliothek hat und auch Beschwerdeinstanz ist (Rn. 44). Die Bundesländer können die Zuständigkeit abweichend regeln (§ 2 II); das ist vielfach geschehen (im Einzelnen *Becker*, KTS 2000, 157, 166 ff.).

2. Örtliche Zuständigkeit

Unter den sachlich zuständigen Amtsgerichten bestimmt § 3 das örtlich zuständige, und zwar wiederum zwingend: Zuständig ist das Amtsgericht, „in dessen Bezirk“ – gemeint ist wegen § 2 freilich der Landgerichtsbezirk – der **Mittelpunkt einer selbstständigen wirtschaftlichen Tätigkeit des Schuldners** liegt (§ 3 I 2). Man kann vom Gerichtsstand für *Unternehmensinsolvenzen* sprechen, also für AG, GmbH, OHG, KG, Kaufleute, Landwirte oder Freiberufler. Er gilt auch für Insolvenzverfahren gegen einen persönlich haftenden Gesellschafter, soweit die Geschäftsführung Mittelpunkt seiner selbstständigen (!) wirtschaftlichen Tätigkeit ist. 36

Maßgeblich ist der Ort, an dem innerhalb des Unternehmens usw. die *tatsächliche Willensbildung stattfindet*, wo also die leitenden Entscheidungen getroffen und in laufende Geschäftsführung umgesetzt werden (h. M., Uhlenbruck/*Pape*, § 3 Rn. 4). Produziert ein Unternehmen z. B. in Rheine, während die Verwaltung in Osnabrück ansässig ist, ist Osnabrück der wirtschaftliche „Mittelpunkt“. Bei mehreren Niederlassungen ist die Hauptniederlassung maßgebend. Im Übrigen können mehrere Gerichte zuständig sein (vgl. §§ 35 ZPO, 3 II). – Zu Konzernen s. *AG Köln* NZI 2008, 254, 255 ff. (*PIN*-Gruppe); *AG Essen* ZInsO 2009, 2207 f. u. S. 2188 ff.

Die Tätigkeit muss bei Eingang des Insolvenzantrags noch andauern, zumindest teilweise. Nach Einstellung des Geschäftsbetriebs ist § 3 I 2 also unanwendbar.

Ist dieser Gerichtsstand nicht gegeben, so ist nach § 3 I 1 maßgebend, in welchem Landgerichtsbezirk der Schuldner seinen **allgemeinen Gerichtsstand** hat (dazu §§ 12–17 ZPO). Das bedeutet, auf eine Faustformel gebracht: Bei *Verbraucherinsolvenzen* ist meist der Wohnsitz des Schuldners entscheidend, bei juristischen Personen und Personengesellschaften, die wirtschaftlich nicht mehr aktiv sind, ihr Sitz (§ 17 ZPO). 37

3. Funktionelle Zuständigkeit

Innerhalb des sachlich und örtlich zuständigen Gerichts ist „funktionell“ grundsätzlich der Rechtspfleger zuständig (§ 3 Nr. 2 lit. e RPflG), teilweise aber auch der Richter: Der **Rechtspfleger** entscheidet z. B. über Aufhebung und Einstellung des Insolvenzverfahrens, führt die Rechtsaufsicht über den Insolvenzverwalter, setzt vorläufig einen Gläubigerausschuss ein, beruft die Gläubigerversammlung ein und leitet sie, weist einen Insolvenzplan zurück, entscheidet über des- 38 sen Bestätigung sowie über die Anordnung einer Eigenverwaltung und deren Aufhebung u. a. m. – All diese Kompetenzen kann der *Richter* sich jedoch ganz oder teilweise *vorbehalten*, danach wieder dem Rechtspfleger übertragen und (erneut) an sich ziehen (§ 18 II RPflG; näher *Fuchs*, ZInsO 2001, 1033 ff.).

39 Dem **Richter** sind generell vorbehalten das Verfahren bis zur Insolvenzeröffnung (also auch Sicherungsmaßnahmen, die Entscheidung über die Eröffnung), Entscheidungen über Einwendungen gegen eine Einzelzwangsvollstreckung (§ 89 III), das Verfahren über einen Insolvenzplan und – im Verbraucher-Insolvenzverfahren – das Verfahren über einen Schuldenbereinigungsplan (§ 18 I Nrn. 1, 2 RPflG). Ist Restschuldbefreiung beantragt, so fällt der Richter jedenfalls die streitigen Entscheidungen nach § 287a sowie über Versagung und Erteilung der Restschuldbefreiung, stets auch solche über einen Widerruf (näher § 18 I Nr. 3 RPflG; s. schon Art. 92 GG).

II. Verfahrensgrundsätze

1. Allgemeines

40 Für das Insolvenzverfahren gelten die **ZPO-Vorschriften analog**, es sei denn, dass etwas anderes bestimmt ist (§ 4).

Diese Verweisung ist berechtigt, weil das Insolvenzverfahren vor allem Gesamtvollstreckungsrecht ist (Rn. 5) und insofern der streitigen Gerichtsbarkeit zugeordnet werden kann. Andererseits ist es **der freiwilligen Gerichtsbarkeit angenähert**: Für seine Eröffnung genügt ein Antrag des *Schuldners* (§ 13 I 2), dem sogar die Eigenverwaltung überlassen werden kann (§ 270). Dem § 26 FamFG vergleichbar dominiert Amtsermittlung. Die Abwicklung obliegt in wesentlichen Teilen nicht dem Gericht, sondern den Beteiligten (Insolvenzverwalter und Gläubigern bzw. Selbstverwaltungsorganen). Auf Seiten des Gerichts stehen Fürsorgemaßnahmen im Vordergrund, z. B. bei Sicherung und Verwertung der Masse nach §§ 21 ff. Distanz zum Leitbild des Vollstreckungsrechts zeigen auch die Förderung einvernehmlicher Schuldenbereinigung (s. aber § 802b ZPO) und die Begleitung der Restschuldbefreiung.

Entgegen der ZPO-Maxime (Verhandlungsgrundsatz) ist das Insolvenzgericht weitgehend zur *Amtsermittlung* verpflichtet (§ 5): Es prüft die relevanten Tatsachen unabhängig vom Vorbringen der Beteiligten, freilich erst, wenn ein Insolvenzantrag zugelassen ist (*BGH* NJW 2003, 1187). Auch Beweise erhebt es aus eigener Initiative (§ 5 I 2; Rn. 126), was Anregungen von Beteiligten nicht ausschließt.

Öffentlich sind Insolvenzverfahren meist nur für die Beteiligten; denn § 169 GVG gilt nur für mündliche „Verhandlungen“, und solche sind selten, da die vorgeschriebenen Termine i. d. R. nur der Gläubigerselbstverwaltung dienen. Das Verfahren ist ohnehin *schriftlich* durchzuführen, wenn die Vermögensverhältnisse des Schuldners überschaubar und die Zahl der Gläubiger oder die Höhe der Verbindlichkeiten gering sind (§ 5 II, vorbehaltlich abweichender Anordnung). Dann kommuniziert das Gericht schriftlich mit den Beteiligten; mündliche Termine wie die nach §§ 29, 75, 160 I 2, 176, 197, 235 I können entfallen. Auch sonst stehen *mündliche Verhandlungen frei* (§ 5 III). Stets ist aber das *rechtliche Gehör* der Beteiligten zu wahren, wenigstens schriftlich (Art. 103 I GG; § 10). Die ZPO-Vorschriften über *Ausschluss und Ablehnung des Richters* (§§ 41 ff. ZPO) bzw. Rechtspflegers, über *Parteifähigkeit, Prozessfähigkeit und Vertretung* gelten entsprechend (§ 4). *Prozesskostenhilfe* (§§ 114 ff. ZPO) steht dem Schuldner nicht zu (Rn. 589), ggf. aber einem Gläubiger (Rn. 89) und dem Insolvenzverwalter (Rn. 287). 41

Praktisch sehr wichtig kann ein Recht auf **Akteneinsicht** sein. Punktuelle Einsichtsrechte sehen §§ 154, 175 I 2, 188 I 2 vor. Im Übrigen helfen §§ 299 ZPO, 4 (lesenswert *Pape*, ZIP 2004, 598 ff.): Weitgehende Einsichtsrechte haben die *Verfahrensbeteiligten* (analog § 299 I ZPO), also im Eröffnungsverfahren (Rn. 16 f.) der Antragsteller, nach Insolvenzeröffnung alle Insolvenzgläubiger und bei Ablehnung der Eröffnung mangels Masse (§ 26) der Antragsteller. Im Übrigen können die Gläubiger meist nur als *„Dritte“* (analog § 299 II ZPO) Einsicht nehmen, d. h. bei rechtlichem Interesse, das aber vielfach zu bejahen ist. In der Praxis wird die Akteneinsicht dennoch oft erschwert (z. B. *OLG Frankfurt* NZI 2008, 618 f.). 42

Das Gericht entscheidet entweder durch Beschluss oder durch (verfahrensleitende) Verfügung. Die **öffentliche Bekanntmachung** einer Entscheidung erfolgt heute nur noch im Internet (§ 9 I 1, II 2, 3: www.insolvenzbekanntmachungen.de). Anderweitige Veröffentlichungen (z. B. an der Gerichtstafel, in lokaler und überregionaler Presse) sind nämlich nur zulässig, soweit dies landesrechtlich bestimmt ist (§ 9 II 1); dazu war bisher aber, wohl aus Kostengründen, kein Bundesland bereit. Die Bekanntmachung *gilt als bewirkt*, sobald nach dem Tage der Veröffentlichung zwei weitere Tage verstrichen sind (§ 9 I 3; wichtig!): Eine am Dienstag bekanntgemachte Entscheidung gilt erst ab Donnerstag, 24 Uhr (d. h. ab Freitag) als bewirkt. **Zustellungen** einer Entscheidung (näher §§ 8, 9 III) sind nur ausnahmsweise nötig, z. B. für Verfügungsverbote nach § 23 I 2 und für 43 die Insolvenzeröffnung. Sie können kostensparend, nämlich durch Aufgabe zur Post erfolgen. An Personen unbekannten Aufenthalts (z. B. einen flüchtigen Schuldner) wird nicht zugestellt.

2. Rechtsbehelfe

44 Die **sofortige Beschwerde** gegen Beschlüsse (§§ 567 ff. ZPO, 4) ist nur eröffnet, wenn die Insolvenzordnung sie vorsieht (§ 6 I), dann aber unabhängig davon, ob der Richter oder der Rechtspfleger (§ 11 I RPflG) entschieden hat. Die Beschwerde muss binnen zwei Wochen eingelegt werden (§§ 569 I ZPO, 4), beim Insolvenzgericht (§ 6 I 2). Diese Frist ist eine Notfrist (Folge: §§ 233 ff. ZPO!). Sie beginnt mit der Verkündung der Entscheidung, mangels Verkündung mit der Zustellung (§ 6 II), sonst mit öffentlicher Bekanntmachung (§ 9 III). Zur Beschleunigung des Verfahrens kann der Richter bzw. Rechtspfleger, der die angefochtene Entscheidung erließ, der Beschwerde *abhelfen* (§§ 572 I 1 ZPO, 4). Im Übrigen muss er sie unverzüglich dem Beschwerdegericht vorlegen (§§ 572 I 1 Hs. 2 ZPO, 4), wo i. d. R. der Einzelrichter entscheidet. Die Beschwerde hat *keine aufschiebende Wirkung* (§§ 570 I ZPO, 4). Insolvenz- wie Beschwerdegericht können aber immerhin die Vollziehung der angefochtenen Entscheidung aussetzen (§ 570 II, III ZPO).

45 Ist eine sofortige Beschwerde nicht vorgesehen, so sind Beschlüsse *des Rechtspflegers* dennoch überprüfbar, nämlich mittels **Rechtspfleger-Erinnerung** (§ 11 II RPflG; Ausnahmen: § 11 III 2 RPflG, Rn. 68). Auch die Erinnerung ist binnen zwei Wochen einzulegen. Der Rechtspfleger kann ihr abhelfen. Andernfalls legt er sie dem Insolvenzrichter vor, der dann abschließend entscheidet.

46 Gegen Entscheidungen des Landgerichts (Beschwerdegericht) ist die **Rechtsbeschwerde** nur eröffnet, wenn das Landgericht sie zugelassen hat (§§ 574 I Nr. 2 ZPO, 4). Zuzulassen ist sie, wenn die Rechtssache *grundsätzliche Bedeutung* hat oder der *Fortbildung des Rechts* oder der Sicherung einer *einheitlichen Rechtsprechung* dient (§§ 574 II, III ZPO, 4). Die Rechtsbeschwerde ist binnen eines Monats einzulegen (§§ 575 ZPO, 4), und zwar beim Bundesgerichtshof (§ 133 GVG). Begründet ist sie, wenn die angegriffene Entscheidung Bundesrecht verletzt und wenn sie auf dieser Verletzung beruht oder ein absoluter Revisionsgrund vorliegt (näher §§ 576 ZPO, 4).

III. Haftung für gerichtliche Entscheidungen

Für Amtspflichtverletzungen des Insolvenzgerichts – des Richters wie des Rechtspflegers – haftet das jeweilige Bundesland („Staatshaftung"; Art. 34 GG i. V. m. § 839 BGB). Die Haftung soll allerdings erst bei grober Fahrlässigkeit einsetzen (so *BGH* NJW 2003, 3052, 3053). Sie droht z. B., wenn die Eröffnung des Insolvenzverfahrens verzögert wird oder voreilig erfolgt (*LG Dortmund* KTS 1984, 147, 149 f.), wenn entgegen §§ 21 ff. eine Sicherung der Masse unterbleibt oder ein ungeeigneter Insolvenzverwalter bestellt wird (dazu Rn. 48a ff.; *BGH* ZInsO 2008, 267 f.). Viele Insolvenzrichter sind an kleineren Gerichten tätig, wo sie auch für andere Rechtsgebiete zuständig sind, so dass für Spezialisierung auf Insolvenzrecht kaum Zeit bleibt. 47

Das sog. **Spruchrichterprivileg** (§ 839 II BGB) steht der Haftung meist nicht entgegen. Denn „Urteile" i. S. dieser Norm fällt das Insolvenzgericht nur selten. Allerdings privilegiert § 839 II BGB nicht nur Urteile im technischen Sinne, d. h. Entscheidungen nach notwendiger mündlicher Verhandlung (im Insolvenzverfahren ausgeschlossen, § 5 III 1), sondern auch urteilsvertretende Beschlüsse (dazu *BGH* NJW 2003, 3052). Solche sind hier aber Ausnahmen (z. B. Entscheidungen nach §§ 300 I, 303 I).

Für Amtspflichtverletzungen haftet nicht der Richter selbst. Das Land kann allerdings Rückgriff bei ihm nehmen, wenn er zumindest grob fahrlässig handelte.

§ 6. Insolvenzverwalter

I. Amt und Aufsicht

Literatur: *Frind*, Immer gelistet, nie bestellt? – Was tun?, ZInsO 2010, 986 ff.; *Gaier*, Verfassungsrechtliche Aspekte der Auswahl und der Abwahl des Insolvenzverwalters, ZInsO 2006, 1177 ff.; *Gehrlein*, Abberufung und Haftung von Insolvenzverwaltern, ZInsO 2011, 1713 ff.; Gottwald/*Klopp*/*Kluth*, S. 420 ff.; *Henssler*, Das Berufsbild des Insolvenzverwalters im Wandel der Zeit, ZIP 2002, 1053 ff.; *Haarmeyer*, Die „gute" Insolvenzverwaltung, ZInsO 2007, 169 ff.; *Schumann*, Die Unabhängigkeit des Insolvenzverwalters, FS Geimer, 2002, S. 1043 ff.; *Wellensiek*, Die Aufgaben des Insolvenzverwalters nach der Insolvenzordnung, in: KS, S. 208 ff.

48 Wie schon der Überblick über das Insolvenzverfahren (Rn. 16 ff.) zeigte, ist der Insolvenzverwalter gewissermaßen der Manager des Verfahrens. Dabei nimmt er kein öffentliches Amt wahr, ist insbesondere nicht „Beliehener", gleichwohl aber Organ der Rechtspflege (*Marotzke*, ZInsO 2009, 1929 ff.). Der Erfolg des Verfahrens hängt ganz wesentlich von seinen Qualitäten ab. Seine **Ernennung** erfolgt durch das Insolvenzgericht bei Insolvenzeröffnung (§ 27); Wirkung erlangt sie erst mit Annahme des Amtes.

48a Die **Anforderungen an den Insolvenzverwalter** nennt § 56 I 1: Zu bestellen ist eine „für den jeweiligen Einzelfall geeignete, insbesondere geschäftskundige und von den Gläubigern und dem Schuldner unabhängige natürliche Person".

- **Geschäftskunde** erfordert betriebswirtschaftliche wie wirtschafts- und insolvenzrechtliche Kenntnisse (u. a. der kaufmännischen Rechnungslegung, des Arbeits-, Steuer- und Gesellschaftsrechts), vor allem aber auch praktische Erfahrungen, speziell im Umgang mit Insolvenzen der jeweiligen Größenordnung (*E. Jaeger*: „Schulung in steter Verwendung"; näher *Degenhard/Borchers*, ZInsO 2001, 337 ff.). Branchenkenntnis wird hilfreich oder gar erforderlich sein. Berufsabschlüsse sind immerhin Indizien: Ein Wirtschaftsprüfer, Steuerberater oder erfahrener Betriebswirt bringt oft beträchtliche Rechtskenntnisse mit, so dass verbleibende Rechtsfragen mit externer Hilfe (u. U. auch in Bürogemeinschaft mit einem Anwalt) klärbar sind. Dem Juristen helfen Spezialisierung und in der Insolvenzpraxis erworbene Geschäftserfahrung. Die heute mögliche Qualifizierung zum Fachanwalt für Insolvenzrecht fördert dies. Im Übrigen bedarf der Verwalter einer angemessenen Büroausstattung und, gerade bei größeren Verfahren, geeigneter Mitarbeiter. Auch Ortsnähe ist wünschenswert, u. U. gar bedeutsam (*OLG Schleswig* NJW 2005, 1664).

48b • Ebenso wichtig ist die **Unabhängigkeit** des Verwalters: Er kann den Zielen des Verfahrens nur gerecht werden, wenn er zu Schuldner wie Gläubigern die nötige Distanz hält (ähnlich §§ 41 ff. ZPO; i. E. *Prütting*, ZIP 2002, 1965 ff.). Dagegen spricht zwar nicht schon, dass Schuldner oder Gläubiger einen Kandidaten vorschlagen (§ 56 I 3 Nr. 1). Fraglich wird dessen Unbefangenheit aber dann, wenn er zuvor, gar im Vorfeld des Verfahrens, für andere Beteiligte z. B. *beratend tätig* war. Frühere Beratung des Schuldners soll die Unabhängigkeit zwar dann nicht berühren, wenn sie „in allgemeiner Form über den Ablauf eines Insolvenzverfahrens und dessen Folgen" erfolgte (§ 56 I 3 Nr. 2). Dies wird aber selten sein, da der Schuldner, wenn er sich schon (in der Krise!) beraten lässt, meist auch erfahren will, welche Folgen das drohende Insolvenzverfahren für ihn bzw. die Gesellschaft, Geschäftsführer und Gesellschafter hätte, inwieweit es noch abwendbar ist usw.

48c Die **Auswahl** des Verwalters steht im Spannungsfeld der Interessen von Gläubigern und von Bewerbern für Insolvenzverwaltung. Sie erfolgt in zwei Schritten:

• Zunächst sind alle „zur Übernahme von Insolvenzverwaltungen bereiten Personen" zu erfassen (§ 56 I 1), soweit sie die Mindestvoraussetzungen für dieses Amt erfüllen. Hilfreich ist eine *Vorauswahlliste.*

Sie erleichtert dem Gericht die rasche Orientierung. Für Bewerber erhöht sie die Aussicht, ausgewogen bedacht zu werden; auch Berufsanfänger sollen eine Chance bekommen (Art. 12 GG). Bewerbungen sind auf bestimmte Verfahren beschränkbar (§ 56 I 2), z. B. auf Unternehmens- oder Verbraucherinsolvenzen oder bestimmte Wirtschaftszweige. Auch die Liste sollte sachgerecht differenzieren (MünchKomm/*Graeber,* § 56 Rn. 95 ff.). Wer nicht in die Liste aufgenommen wird (Bsp.: *OLG Düsseldorf* NZI 2010, 818 ff.), kann dies gerichtlich überprüfen lassen (Art. 19 IV GG; *BVerfG* NJW 2004, 2725, 2727), laut Rspr. nach § 23 EGGVG (*OLG Frankfurt* NZI 2007, 524 ff.; 2008, 496 ff.). Da Insolvenzverwaltung (speziell in „interessanten" Verfahren) als reizvoll gilt, werden heute teils umfängliche Listen geführt, die gar nicht mehr so leicht überschaubar sind.

• Das Gericht hat den jeweils *geeignetsten Bewerber* auszuwählen. Schließlich muss vermieden werden, dass ein überforderter Verwalter die Gläubiger schädigt. Es wird daher meist nicht zu beanstanden sein, wenn ein Richter Bewerber vorzieht, von deren Qualität und Erfahrung er, ein Kollege bzw. Rechtspfleger sich bei vergleichbaren Insolvenzverfahren schon überzeugen konnte. Gerade Anfängerförderung ist eben nur schwer mit der Optimierung der Verwalterqualität vereinbar – fast eine Quadratur des Kreises (deutlich MünchKomm/*Graeber,* § 56 Rn. 126 a. E.). Im Reflex dürfen bewährte Insolvenzverwalter auf kontinuierliche Beauftragung hoffen, worauf sie auch angewiesen sind, weil sie hohe Fixkosten haben, z. B. in erheblichem Umfang Personal vorhalten müssen, um weiterhin „geeignet" zu bleiben.

Einfluss auf die Auswahl des Verwalters haben teilweise – jedenfalls in größeren Insolvenzverfahren – **auch die Gläubiger:** Dann können sie entweder die Anforderungen an den (für das konkrete Unternehmen) benötigten Verwalter präzisieren oder sogar eine bestimmte Person für dieses Amt vorschlagen (näher Rn. 105a). **48d**

In jedem Fall besteht aber **kein Recht auf Bestellung** zum Verwalter, sondern nur auf fehlerfreie Ausübung des Auswahlermessens (*BVerfG* NJW 2006, 2613, 2614). Übergangene Bewerber können keine Konkurrentenklage erheben, wohl aber die Rechtswidrigkeit einer fehlerhaften Auswahlentscheidung feststellen lassen (*BVerfG* NJW 2006, 2617); vgl. § 28 I 4 EGGVG (dazu *OLG Koblenz* NJW- **48e**

RR 2005, 1075, 1076 ff.). Davon unabhängig ist Staatshaftung denkbar (Rn. 47).

49 Der gerichtlich bestellte Verwalter kann **durch die Gläubiger ausgewechselt** werden, freilich nur in der ersten Gläubigerversammlung, die auf die gerichtliche Bestellung folgt (§ 57 S. 1). Ein solcher Beschluss erfordert – wie stets – eine *„Summenmehrheit"* (der von den Gläubigern repräsentierten Forderungen). Zusätzlich verlangt § 57 S. 2 aber auch eine *„Kopfmehrheit"* der abstimmenden Gläubiger. Das soll vermeiden, dass Großgläubiger Einfluss auf den Verwalter gewinnen (Amtl. Begr. InsOÄndG, S. 26). Das Gericht muss den so Gewählten bestellen (sonst Rechtsmittel: § 57 S. 4). Anders ist es, wenn er für das Amt nicht geeignet ist (Bsp.: Anhalt für Interessenkollision, *BGH* ZIP 2004, 1113 f.). Doch muss der Gläubigerversammlung in dieser Frage ein gewisser Beurteilungsspielraum bleiben (vgl. *Graeber*, ZIP 2000, 1465, 1468 ff.).

50 Der Verwalter steht unter der **Aufsicht des Insolvenzgerichts** (§ 58). Der Prüfung und Einflussnahme unterliegt aber nur die Rechtmäßigkeit der Insolvenzverwaltung (auch eines Unterlassens!), nicht die Zweckmäßigkeit. Über Anlass und Umfang von Kontrollmaßnahmen entscheidet das Gericht nach pflichtgemäßem Ermessen. Es kann jederzeit Auskünfte bzw. Berichte verlangen und ggf. Gebote oder Verbote anordnen. Zur Durchsetzung kann Zwangsgeld angedroht und festgesetzt werden. Gegen die Festsetzung kann der Verwalter sich mit sofortiger Beschwerde wehren (§ 58 II 3).

51 Falls ein Gläubigerausschuss eingesetzt wurde (Rn. 71), tritt die **Überwachung durch den Gläubigerausschuss** hinzu. Sie erstreckt sich – dank seiner Wirtschaftserfahrung – auf die Zweckmäßigkeit der Verwaltung. Zu diesem Zweck hat der Ausschuss eingehende Informationsrechte (§ 69). Bestimmte Maßnahmen des Verwalters von besonderer Tragweite bedürfen (im Innenverhältnis) sogar der Zustimmung der Gläubiger (§ 160).

52 Die **Insolvenzverwaltung endet** mit der Aufhebung des Insolvenzverfahrens nach Verteilung der Masse, mit seiner Einstellung (§ 215) und bei Neuwahl des Verwalters nach § 57. Aus wichtigem Grunde ist auch eine Entlassung des Verwalters möglich (§ 59). Sie erfolgt von Amts wegen – z. B. wegen Amtsunfähigkeit, wiederholter Pflichtverletzungen (zu Untreue-Verdacht *BGH* NZI 2011, 282 f.), zerrüttetem Verhältnis zu Gläubigern oder Gericht – oder auf Antrag des Verwalters, der wegen zwischenzeitlicher Erkrankung oder Befangenheit an seiner Eignung zweifeln mag. Mit Beendigung des Verfahrens wird der **Vergütungsanspruch** des Verwalters fällig (§ 63 I; Rn. 77).

Zur Stellung des Verwalters gegenüber Masse, Schuldner und Gläubigern s. Rn. 176 ff.

II. Haftung

Literatur: *Berger/Frege/Nicht*, Unternehmerische Ermessensentscheidungen im Insolvenzverfahren – Entscheidungsfindung, Kontrolle und persönliche Haftung, NZI 2010, 321 ff.; *Lüke*, Persönliche Haftung des Verwalters in der Insolvenz, 3. Aufl., 2009; *Pape*, Zur Haftung des vorläufigen und des endgültigen Insolvenzverwalters aus § 61 InsO, FS Kirchhof, 2003, S. 391 ff.; *Smid*, Die Haftung des Insolvenzverwalters in der Insolvenzordnung, in: KS, S. 265 ff.

Verstöße des Verwalters gegen insolvenzrechtliche Pflichten können nicht nur Eingriffe des Insolvenzgerichts, sondern auch eine Haftung auslösen (§§ 60 ff.). Hier geht es um *private Haftung*, nicht um „Amtspflichtverletzung" usw. **53**

1. Haftung gegenüber Beteiligten

Nach § 60 I kann jeder Beteiligte Schadensersatz fordern, d. h. jeder, dem gegenüber die insolvenzrechtliche Pflicht bestand (z. B. Insolvenzgläubiger, der Schuldner, Aus- und Absonderungsberechtigte, Gläubiger i. S. d. § 264, aber auch Massegläubiger).

Beispiele: Nach § 60 I 1 haftet der Verwalter einem Insolvenzgläubiger, den er bei Verteilung der Masse versehentlich übergangen hat, und einem Absonderungsberechtigten, den er bei Verteilung des Pfanderlöses nicht vorrangig befriedigt hat *(Individualschäden).*

Schädigt der Verwalter allerdings sämtliche Insolvenzgläubiger (z. B. durch Verkauf eines Massegegenstandes unter Wert), so tritt wirtschaftlich ein Masseschaden ein *(Gesamtschaden).* Dieser kann nicht von den Geschädigten geltend gemacht werden. Möglich ist nur eine „Gesamtschadensliquidation" (Rn. 281, 284): Die Einzelansprüche werden durch einen neu bestellten Insolvenzverwalter geltend gemacht, der dem Schädiger als Sonderverwalter gegenübertritt oder gar den bisherigen Verwalter ablöst (§§ 60 I 1, 92; dazu *W. Lüke*, ZIP 2004, 1693 ff.).

Gehaftet wird nur bei **Verschulden**, und zwar für die Sorgfalt „eines ordentlichen und gewissenhaften Insolvenzverwalters" (§ 60 I 2; Präzisierung des § 276 II BGB). Zu berücksichtigen sind also auch die typischen Probleme, mit denen zu kämpfen hat, wer „ohne Schonfrist" ein Unternehmen führen muss, das er nicht kennt und das sich insolvenzbedingt meist in desolatem Zustand befindet (uner- **54** ledigte Vorgänge, vernachlässigte Buchführung, Weggang der besten Kräfte usw.).

Erfolgte die Pflichtverletzung durch einen *Gehilfen*, so wird dessen Verschulden dem Verwalter zwingend zugerechnet (§ 278 S. 1 BGB). Ungerecht ist das freilich, soweit der Verwalter Angestellte des Schuldners einsetzen muss, sei es weil ihr Arbeitsverhältnis ohnehin fortdauert (Rn. 251 f.), sei es weil niemand sonst eingearbeitet ist. Denn dieses Personal kennt er nicht näher. Hier muss er daher nur auf offensichtliche Unfähigkeit achten, für Überwachung sorgen und gewichtige Entscheidungen selbst treffen (§ 60 II). Fazit: Die Haftung für eigene Leute und für Schuldner-Personal differiert.

2. Haftung gegenüber Massegläubigern

55 Der Verwalter haftet verschärft, wenn er eine Masseschuld begründet, die nicht voll erfüllt werden kann (§ 61 S. 1). Reicht die Masse also nicht aus, um wenigstens diese privilegierten Schulden zu decken, so muss der Verwalter mit seinem Privatvermögen einspringen. Das gilt nur dann nicht, wenn der Verwalter bei Begründung des Masseanspruchs nicht erkennen konnte, dass die Masse „voraussichtlich" nicht reichen würde (§ 61 S. 2): Ihm obliegt der Beweis (Beweislastumkehr!), dass ihn kein Verschulden (Rn. 54) trifft, da er eine plausible Liquidationsrechnung erstellte, diese ständig überprüfte, aktualisierte und dabei die Durchsetzbarkeit von Außenständen und die künftige Geschäftsentwicklung realistisch einschätzte. Demnach ist diese Haftung **recht streng,** zumal der Verwalter ein Unternehmen des Schuldners im Zweifel fortführen muss (näher *Pape*, ZInsO 2003, 1013 ff.; auch Rn. 84).

Die Rspr. setzt ihr allerdings **Grenzen:** (1) Der Verwalter soll nur haften, wenn er *bei Begründung* der Masseschuld erkennen konnte, dass die Masse nicht ausreichen würde. Demnach greift § 61 nicht ein, wenn die Masse damals noch ausreichte, aber defizitär wird, weil der Verwalter sie anschließend vorwerfbar verkürzt; hier kann aber immerhin nach § 60 zu haften sein (BGHZ 159, 108 ff./111 ff.). (2) § 61 soll nur Massegläubiger schützen, die im Zusammenhang mit ihrem Anspruch der Masse eine Gegenleistung erbringen, vornehmlich also Gläubiger, die einen *Vertrag* mit dem Verwalter geschlossen haben. Demnach haftet der Verwalter z. B. nicht für Kosten, die anderen entstehen, weil er sie trotz Massearmut grundlos mit Prozessen überzog (BGHZ 161, 236 ff.). (3) Ersetzbar sollen auch nur *Ver-*

trauensschäden sein, also nicht das positive Interesse wie z. B. ein Schaden statt der Leistung (BGHZ 159, 117 ff.).

Jeder insolvenzrechtliche Ersatzanspruch **verjährt** binnen drei Jahren ab Kenntnis der ihn begründenden Umstände (§§ 195, 199 BGB, 62 S. 1), spätestens drei Jahre nach Ende des Insolvenzverfahrens (§ 62 S. 2). Der Verwalter kann sich durch eine **Haftpflichtversicherung** schützen (*van Bühen*, NZI 2003, 465 ff.).

3. Allgemeine deliktische Haftung

Unabhängig von §§ 60 ff. kann der Verwalter nach allgemeinem Deliktsrecht haften, zumal dann, wenn sein Pflichtverstoß nicht insolvenzrechtlicher Art war oder Personen schädigte, die am Verfahren nicht beteiligt waren (Beispiel: Verwalter vernachlässigt Sicherung des an Firmengrundstück grenzenden Gehwegs bei Eisglätte, so dass Passant stürzt). 56

Das ist allerdings umstritten. Manches spricht dafür, dass den Verwalter allgemeine – und zwar eigene – Verkehrspflichten i. S. d. *§ 823 I BGB* treffen, soweit ihm nach Besitzergreifung an der Masse (§ 148) auch Sicherungsmaßnahmen möglich und mit Massemitteln zumutbar sind (BGHZ 100, 346, 350; *BGH* ZIP 1987, 1398, 1399 f.; s. auch *Foerste*, VersR 2002, 1 ff.; a. A. *Eckardt*, KTS 1997, 411, 417 ff.). Selbst eine Haftung nach *§ 831 I BGB* ist denkbar, dies freilich nicht schon, wenn Angestellte des Schuldners versagen; denn die Verschuldensvermutung ist nur dort gerechtfertigt, wo zwecks Gewinnerzielung eigenes Personal eingesetzt wird (s. auch *BGH* NJW 1990, 976, 978).

Für Delikte des Verwalters haftet **auch die Masse** (analog § 31 BGB), sogar im Range einer Masseschuld (§ 55 I Nr. 1; Rn. 79). Bei Massearmut hilft das aber wenig.

§ 7. Insolvenzgläubiger

Literatur: Gottwald/*Klopp/Kluth*, S. 401 ff., 410 ff., 414 ff.; *Görg*, Gerichtliche Korrektur von Fehlentscheidungen der Gläubiger im Insolvenzverfahren, DZWiR 2000, 364 ff.; *Janca/Heßlau*, Geldstrafen und Geldbußen in der Insolvenz, ZInsO 2012, 2128 ff.; *Pape*, Aufhebung von Beschlüssen der Gläubigerversammlung und Beurteilung des gemeinsamen Interesses nach § 78 InsO, ZInsO 2000, 469 ff.; *Plathner/Sajogo*, Das Stimmrecht in der Gläubigerversammlung, ZInsO 2011, 1090 ff.; *K. Schmidt*, Gesetzliche Unterlassungsansprüche im Insolvenzverfahren, FS Gerhardt, 2004, S. 903 ff.; *Uhlenbruck*, Ausgewählte Pflichten und Befugnisse des Gläubigerausschusses in der Insolvenz, ZIP 2002, 1373 ff.

I. Allgemeines

57 Insolvenzgläubiger werden gemeinschaftlich und gleichmäßig (quotal) befriedigt (Rn. 4 ff.). Bei ihnen handelt es sich um persönliche Gläubiger, die einen zur Zeit der Eröffnung des Insolvenzverfahrens begründeten Vermögensanspruch gegen den Schuldner haben (§ 38). **Persönlicher Gläubiger** ist, wer in schuldrechtlicher Beziehung zum Schuldner steht. Für dinglich Berechtigte (Eigentümer, Grundschuldgläubiger usw.) gelten andere Regeln. Wenn im Folgenden von „Gläubigern" die Rede ist, sind immer Insolvenzgläubiger gemeint.

58 Da die quotale Befriedigung durch Geldzahlung erfolgen soll, muss die Insolvenzforderung ein **Vermögensanspruch** sein, nämlich auf Geldzahlung gerichtet oder doch in einen Geldwert umrechenbar sein. Dementsprechend sind z. B. Ansprüche auf Warenlieferung, auf Rückgewähr oder auf Bauarbeiten zu schätzen (§ 45): Der Insolvenzgläubiger muss von vornherein eine Geldforderung anmelden. Gleiches gilt für Beseitigungsansprüche, z. B. nach § 1004 I 1 BGB (*BGH* ZInsO 2002, 524, 526; zum Umweltrecht Rn. 723 ff.). Der Vermögensbezug fehlt dagegen bei Ansprüchen auf Unterlassung oder unvertretbare Handlungen (z. B. Zeugniserteilung, Auskunft), soweit sie sich gegen den Schuldner persönlich richten (näher *OLG Stuttgart* ZInsO 2002, 774, 775 f.). Das schließt nicht aus, dass wegen Verletzung einer Unterlassungspflicht eine Geldforderung angemeldet werden kann (BGHZ 155, 371, 378 f.).

59 Der Anspruch muss **bei Verfahrenseröffnung** bestanden haben. Das erfordert jedoch nicht, dass damals sämtliche Anspruchsvoraussetzungen vorlagen. Es genügt, dass zur Zeit der Verfahrenseröffnung wenigstens der *Rechtsgrund der Insolvenzforderung angelegt* war. Man spricht auch vom Tatbestand, „aus dem der Anspruch fließt", oder von einem „Schuldrechtsorganismus" (MünchKomm/*Ehricke*, § 38 Rn. 16 m. w. N.).

Dieses Prinzip gilt allgemein, obwohl es in der Insolvenzordnung nur rudimentär zum Ausdruck kommt: Wer z. B. geschädigt wird, weil der Insolvenzverwalter die Erfüllung eines schwebenden Vertrags ablehnt (§ 103 II 1), ein Dauerschuldverhältnis vorzeitig kündigt (§§ 109 I 1, 113 S. 3) oder von einem Mietvertrag zurücktritt (§ 109 II 2), kann seinen Ersatzanspruch nur als Insolvenzforderung geltend machen. Solche Ansprüche gelten also als *vor Insolvenzeröffnung* entstanden, obwohl der Eingriff des Verwalters erst nachfolgte!

Man kann dies auch so deuten, dass § 38 Forderungen einbezieht, die noch von einer gesetzlichen „Bedingung" abhängen. Aufschiebende Bedingungen sind auch sonst sekundär, nämlich dann, wenn sie rechtsgeschäftlich vereinbart wurden (Rn. 62).

Die Abschwächung der Anforderungen bewirkt zweierlei: Einerseits bleiben viele Ansprüche, die erst nach Verfahrenseröffnung „komplett" werden, Insolvenzforderungen, werden also weder als Masseschulden noch sonst irgendwie privilegiert. Andererseits können auch solche Gläubiger am Verfahren teilnehmen, deren Ansprüche zur Zeit der Eröffnung noch nicht ganz vollständig waren (Bsp.: Unerlaubte Handlung des Schuldners führt erst später zum Schaden; Anspruch nach § 670 BGB, obwohl Beauftragter Aufwendungen erst nach Verfahrenseröffnung tätigt).

Neu-Gläubiger, die erst nach Insolvenzeröffnung Ansprüche er- 60
werben, werden durch § 38 ausgegrenzt: Sie können mit dem Schuldner zwar (ahnungslos) schuldrechtliche Verträge schließen, denn der Insolvenzbeschlag hindert nur Verfügungen (§ 81), nicht *Verpflichtungsgeschäfte*. Daraus erwachsende Neuforderungen berechtigen aber weder zur Teilnahme am Verfahren noch zur Vollstreckung beim Schuldner (Rn. 163 f.).

Nicht einmal in das Vermögen, das der Schuldner *nach* Insolvenzeröffnung erwirbt, kann vollstreckt werden, denn es wird nachträglich mitbeschlagnahmt (§ 35 I Fall 2). Das ist zwar ungerecht, aber angeordnet zwecks Mehrung der Masse, also zugunsten der Alt-Gläubiger (einschr. jetzt aber § 35 II; Rn. 171a).

Neu-Gläubiger müssen daher warten: zumindest bis zum Ende des Insolvenzverfahrens (um dann in neu erworbenes Vermögen zu vollstrecken oder ein weiteres Insolvenzverfahren einzuleiten), u. U. aber noch viel länger, falls der Schuldner Restschuldbefreiung anstrebt (Rn. 570)! Wer von einer Insolvenzeröffnung weiß, ist also gut beraten, mit dem Schuldner nur noch Geschäfte zu tätigen, wenn dieser bar zahlt („Bargeschäfte") – mit dem Geld, das ihm als unpfändbar verbleibt und daher auch nicht in die Masse fällt (§§ 35 f.). Besonders schwer haben es Gläubiger gesetzlicher Ansprüche. Speziell *Unterhaltsgläubiger* können darunter leiden, dass ihre Ansprüche jeden Monat – also auch *nach* Insolvenzeröffnung – neu entstehen (Rn. 718 ff.).

Es bleiben zahlreiche **Grenzfälle**. Einige sind gesetzlich zugeord- 61
net:

• *Nicht fällige Forderungen* gelten als fällig (§ 41 I). Sie werden bei Insolvenz also früher berücksichtigt, als sonst Leistung verlangt werden könnte. Das begünstigt den Gläubiger. Zum Ausgleich muss er sich einen Abschlag – eine Abzinsung – gefallen lassen (§ 41 II).

62 • *Auflösend bedingte Forderungen* werden durchweg wie unbedingte behandelt, solange die Bedingung nicht eingetreten ist (§ 42).

• *Aufschiebend bedingte Forderungen* werden durch § 42 nicht begünstigt. Dennoch können auch solche Forderungen (als bedingte) angemeldet werden (arg. § 191). Sie werden bei der Masseverteilung allerdings nur eingeschränkt bedacht.

63 • *Haften mehrere Personen* für dieselbe Leistung auf das Ganze, so kann im Insolvenzverfahren eines jeden Schuldners der ganze Betrag geltend gemacht werden, der zur Zeit der Verfahrenseröffnung gefordert werden konnte (§ 43).

Beispiele: Haftung als Gesamtschuldner, als Hauptschuldner und Bürge, u. U. auch als Gesellschaft und Gesellschafter (näher MünchKomm/*Bitter*, § 43 Rn. 13 ff.).

64 • *Rückgriffsansprüche des Bürgen* können sich aus § 670 BGB oder §§ 670, 683 BGB ergeben, aber auch daraus, dass der Anspruch des Gläubigers gegen den insolventen Hauptschuldner nach § 774 I 1 BGB auf den Bürgen übergeht. Sie stehen unter der aufschiebenden Bedingung, dass der Bürge den Gläubiger befriedigt (h. M.; *BGH* NJW 1990, 1301, 1302). Daher können sie im Insolvenzverfahren des (Haupt-)Schuldners schon angemeldet werden, bevor der Bürge gezahlt hat (Rn. 62). Aber: Das gilt nur, wenn die gesicherte Forderung nicht angemeldet wird (§ 44).

Grund dieser Beschränkung ist die wirtschaftliche Identität von Hauptschuld und Regressanspruch. Gerade deshalb ist der Bürge übrigens auch hinreichend geschützt: Sobald er an den Gläubiger leistet, geht dessen Anspruch auf ihn über (§ 774 I 1 BGB; näher MünchKomm/*Bitter*, § 44 Rn. 21 ff.).

II. Nachrangige Gläubiger

65 Der Grundsatz der Gläubigergleichbehandlung ist insofern eingeschränkt, als ein Teil der Insolvenzgläubiger nachrangig befriedigt werden soll, obschon *innerhalb* dieser Untergruppe wieder gleich behandelt wird (§ 39). Nachrangige Forderungen sind z. B. solche

– auf *Zinsen* für Insolvenzansprüche ab Insolvenzeröffnung (wie Kredit-, Verzugszinsen),

- wegen der Kosten durch die *Teilnahme am Insolvenzverfahren,* soweit sie *nach* Verfahrenseröffnung (!) entstanden sind (zu Vorschüssen auf die Verfahrenskosten s. Rn. 76),
- aus *Geldstrafen* u.Ä. und auf *Zwangsgelder,*
- aus *Schenkungsversprechen,*
- auf Rückgewähr eines *Gesellschafter-Darlehens* und gleichgestellte Forderungen (Rn. 318 ff.),
- Forderungen, für die ein *Nachrang vereinbart* wurde (z. B. oft bei Genussrechten, wie im Falle der „Prokon"-Insolvenz).

Für nachrangige Forderungen wird in aller Regel kein Geld übrig bleiben. Anzumelden sind sie daher nur, wenn das Insolvenzgericht dazu ausnahmsweise auffordert (§ 174 III).

III. Organisation der Gläubiger

Dank der Insolvenzordnung haben die Gläubiger **erheblichen Einfluss** auf das Insolvenzverfahren (Gläubigerselbstverwaltung, Gläubigerautonomie). Am stärksten sind sie im Insolvenzplanverfahren beteiligt; dafür ist die Beschlussfassung der Gläubiger denn auch gesondert geregelt (Rn. 500 ff.). Im Übrigen wirkt die Gläubigerschaft durch „Organe" mit: durch die *Gläubigerversammlung* (das „Plenum" der Gläubiger) und den *Gläubigerausschuss.* 66

1. Gläubigerversammlung

An der Gläubigerversammlung können Insolvenzgläubiger und absonderungsberechtigte Gläubiger teilnehmen, aber auch Schuldner und Insolvenzverwalter (vgl. § 74 I 2). Das Insolvenzgericht (Rechtspfleger) leitet die Versammlung (§ 76 I). 67

Einberufen wird sie ebenfalls vom Rechtspfleger, und zwar auf Antrag von Verwalter, Gläubigerausschuss oder Gläubigern, deren Rechte den Wert von 1/5 bzw. 2/5 aller Forderungen und Absonderungsrechte erreichen (näher § 75).

Die Gläubigerversammlung hat erhebliche **Kompetenzen**. Sie kann z. B.
- einen *Gläubigerausschuss einsetzen* bzw. beibehalten (§ 68),
- den *Verwalter auswechseln* lassen (§ 57),
- den Verwalter zu Auskunft und Bericht auffordern (§ 79),

- über Stilllegung bzw. vorläufige *Fortführung des Schuldnerunternehmens* entscheiden und den Verwalter einen *Insolvenzplan* mit bestimmter Zielsetzung ausarbeiten lassen (§ 157),
- eine *Veräußerung des Schuldnerunternehmens* bzw. -betriebs an „Insider" oder Großgläubiger blockieren (§ 162),
- über *Rechtshandlungen des Verwalters von besonderer Bedeutung* entscheiden, falls ein Gläubigerausschuss nicht bestellt ist (§ 160 I 2) oder das Insolvenzgericht auf Antrag die Gläubigerversammlung entscheiden lassen will (§ 161 S. 2), und überhaupt
- *Zuständigkeiten des Gläubigerausschusses* an sich ziehen, denn als oberstes Organ der Gläubiger steht das Plenum über dem Ausschuss.

68 Das **Stimmrecht** der Gläubiger ist problematisch, weil oft (noch) gar nicht klar ist, inwieweit sie wirklich Ansprüche haben. Ein Stimmrecht gewähren jedenfalls Insolvenzforderungen, die angemeldet wurden, nicht nur nachrangig sind und weder vom Insolvenzverwalter noch von einem stimmberechtigten Gläubiger bestritten worden sind (§ 77 I).

Aber auch *bestrittene Forderungen* geben ein Stimmrecht, soweit sich der Verwalter und die im Termin erschienenen Gläubiger darüber einigen (§ 77 II). Gleiches gilt für aufschiebend bedingte Forderungen und Absonderungsrechte (§ 77 III).

Mangels Einigung *entscheidet das Insolvenzgericht*. Es wird z. B. berücksichtigen, ob die angemeldete Forderung plausibel (gemacht) ist oder gar schon anderweit festgestellt wurde. Von seiner Entscheidung kann viel abhängen. Sie ist aber unanfechtbar (arg. § 6 I), selbst wenn der Rechtspfleger entschied (§ 11 III 2 RPflG). Dennoch ist Korrektur möglich: *Bis zur Abstimmung* kann das Gericht – Richter wie Rechtspfleger – seinen Beschluss ändern, wenn der Verwalter oder ein anwesender Gläubiger dies beantragt (§ 77 II 3). Und *nach der Abstimmung* sind Rechtspfleger-Entscheidungen überspielbar: Der Richter kann das Stimmrecht neu festsetzen und die Wiederholung der Abstimmung anordnen, wenn dies noch im Abstimmungstermin beantragt worden war (§ 18 III RPflG).

Wer in einem *Interessenkonflikt* steht, hat kein Stimmrecht (analog §§ 34 BGB, 47 IV GmbHG, 136 I AktG), so z. B. bei Abstimmung über ein Rechtsgeschäft (des Verwalters) mit ihm, über einen Rechtsstreit gegen ihn oder über seine Abberufung aus dem Gläubigerausschuss (h. M.; anders *Grell*, NZI 2006, 77 ff.).

69 **Beschlüsse** erfordern eine *absolute Mehrheit*. Es kommt jedoch nur auf die Abstimmenden an, d. h. auf anwesende und sich nicht enthal-

tende Gläubiger. Im Übrigen wird nicht nach Köpfen gezählt. Entscheidend ist die Summe der Ansprüche (Rn. 68), bei Absonderungsberechtigten der Wert ihrer Rechte (§ 76 II). Diese *„Summenmehrheit"* genügt. Sie kann selbst dann erreicht sein, wenn nur ein einziger Gläubiger erscheint und abstimmt. In der Praxis kommt es sogar nicht selten vor, dass gar kein Gläubiger erscheint (Beschlussunfähigkeit). Damit verzichten die Gläubiger auf ihre Mitwirkung: Der Insolvenzverwalter darf allein entscheiden (noch weitergehend: § 160 I 3).

Auf Antrag muss das Insolvenzgericht **Beschlüsse aufheben**, wenn sie 70
„dem gemeinsamen Interesse der Insolvenzgläubiger" widersprechen (§ 78). So mag ein Beschluss die Gleichbehandlung der Gläubiger oder deren optimale Befriedigung gefährden. Letzteres hängt freilich oft von Bewertungen und Prognosen ab. Hierüber soll – trotz differierender Einschätzungen – durch Mehrheitsbeschluss entschieden werden. Diesen wird das Gericht daher auch dann hinnehmen müssen, wenn es anderer Ansicht ist. Intervenieren muss es jedoch, wenn Anhalt für eine Fehleinschätzung der Gläubigermehrheit oder – praktisch wichtig – für ein opportunistisches Stimmverhalten übermächtiger Gläubiger besteht (Rechtsmittel: § 78 II 2).

2. Gläubigerausschuss

Die **Einsetzung** eines Ausschusses ist eigentlich Sache der Gläubi- 71
ger. Oft wird der Ausschuss aber schon benötigt, bevor die erste Gläubigerversammlung stattfindet. Dann kann er vom *Insolvenzgericht* eingesetzt werden (§ 67). Dem Ausschuss sollen zumindest die Absonderungsberechtigten und wichtige Insolvenzgläubiger angehören, nämlich die Gläubiger mit den höchsten Forderungen, Kleingläubiger und ein Vertreter der Arbeitnehmer; aber auch Kreditgläubiger, Lieferanten und ungesicherte Gläubiger können vertreten sein. Tritt später die *Gläubigerversammlung* zusammen, so kann sie auf den eingesetzten Ausschuss verzichten, einzelne Ausschussmitglieder abwählen oder andere Mitglieder wählen – im Übrigen aber auch erstmals einen Ausschuss einsetzen (§ 68), ohne an die Vorgaben des § 67 gebunden zu sein. Stets können dem Ausschuss auch Nicht-Gläubiger angehören (§ 67 III): Deren Sachkunde mag die Beratungen fördern.

Der Ausschuss ist kleiner als die Gläubigerversammlung und inso- 72
fern entscheidungsfähiger. Er hat daher **wichtige Kompetenzen**, z. B. die,

- der *Stilllegung oder Veräußerung eines Unternehmens* zuzustimmen, wenn sie schon vor dem Berichtstermin erfolgen soll (§ 158 I),

- *Verwalter-Geschäften von besonderer Bedeutung* zuzustimmen (§ 160),
- *Masseverteilungen* des Verwalters zuzustimmen (§ 187 III 2) und die Quote für Abschlagsverteilungen zu bestimmen (§ 195 I 1),
- bei *Aufstellung eines Insolvenzplans* mitzuwirken (§§ 218 III, 232 I Nr. 1, 233 S. 2) und
- den *Verwalter zu unterstützen und zu überwachen* (§§ 69, 261 II, 262). Streng genommen obliegt dies den Mitgliedern des Gläubigerausschusses, also nicht dem Ausschuss als Organ. Es sollte aber ebenfalls kooperativ und in sinnvoller Arbeitsteilung geschehen.

73 **Beschlüsse** setzen voraus, dass die Mehrheit der Ausschussmitglieder anwesend ist, im Übrigen eine *absolute Mehrheit.* Anders als bei der Gläubigerversammlung kommt es aber nicht auf Forderungsbeträge, sondern auf die *abgegebenen Stimmen* an (§ 72; „Kopfmehrheit"). In einem zwei- oder dreiköpfigen Ausschuss müssen also zwei Mitglieder zustimmen. *Stimmrecht* haben auch Nicht-Gläubiger i. S. d. § 67 III. In der Sache muss der Ausschuss die Interessen *aller* Gläubiger wahrnehmen. Insofern ist jedes Mitglied dem „Gemeinwohl" verpflichtet, d. h. zur Neutralität. Steht diese wegen einer Interessenkollision in Frage, so entfällt das Stimmrecht (Rn. 68; *Uhlenbruck*, ZIP 2002, 1376 ff.).

74 Der **Status der Ausschussmitglieder** ähnelt dem des Insolvenzverwalters: Sie haben Anspruch auf *Vergütung* und Erstattung angemessener Auslagen (§ 73). Das Insolvenzgericht kann ein Mitglied aus wichtigem Grund *entlassen* (§ 70; dagegen sofortige Beschwerde). Wer seine Pflicht schuldhaft verletzt, *haftet* zudem Insolvenzgläubigern wie Absonderungsberechtigten (§ 71; Bsp.: *OLG Celle* NZI 2010, 609 ff.). Zu Sanktionen kann es z. B. kommen, wenn ein Mitglied einen Interessenkonflikt (Rn. 73) verschwieg und so zu einer nachteiligen Entscheidung beitragen konnte.

§ 8. Massegläubiger

Literatur: Gottwald/*Klopp/Kluth*, S. 979 ff., 989 ff.; Gottwald/*Last/Keller*, S. 2243 ff. (Gerichtskosten), S. 2259 ff. (Vergütung des Insolvenzverwalters).

75 Das Prinzip der Gläubigergleichbehandlung (Rn. 8) gilt nicht für Massegläubiger. Masseansprüche sind vielmehr in vollem Umfang

„vorweg" zu befriedigen, d. h. **im Rang vor den Insolvenzgläubigern** (§ 53). Masseansprüche sind aber nur die Kosten des Insolvenzverfahrens und sonstige Masseverbindlichkeiten, also Schulden, die anlässlich oder während des Insolvenzverfahrens entstehen. Ihre Privilegierung soll vor allem dazu beitragen, das Insolvenzverfahren ordnungsgemäß abzuwickeln. Dies kann die Teilungsmasse, die für die Insolvenzgläubiger verbleibt, dramatisch verringern.

I. Verfahrenskosten (Massekosten)

Verfahrenskosten sind einerseits die **Gerichtskosten** für das Insolvenzverfahren. 76

Sie richten sich nach dem Gerichtskostengesetz, die **Gebühren** nach §§ 48, 58 GKG i. V. m. KV Nr. 2310 ff. Zugrunde gelegt wird für den Schuldnerantrag auf Insolvenzeröffnung der Wert der Masse bei Beendigung des Verfahrens, für den Antrag eines Gläubigers der Betrag seiner Forderung, jedoch der Massewert, wenn dieser niedriger ist. Stützt ein Gläubiger seinen Eröffnungsantrag z. B. auf einen Anspruch von 5.000,– € und beträgt der Wert der Masse 50.000,– €, so entfallen auf das *Eröffnungsverfahren* (laut Anlage 2 zum GKG) scheinbar 0,5 × 121,– € = 60,50 €, wegen der gesetzlichen Untergrenze tatsächlich aber 180,– € (KV Nr. 2311). Die Gebühren für die *Durchführung des Insolvenzverfahrens* orientieren sich an dem Wert der Masse, letztlich am Erlös abzüglich der Vorrechte (Netto-Masse). Bei Gläubigeranträgen fällt das Dreifache der vollen Gebühr an (im Beispiel also zusätzlich 3 × 121,– € = 363,– €). Hinzu kommen Gebühren für die Prüfung der Forderungen (20,– €/Gläubiger; KV Nr. 2340) u. a. m., ferner **Auslagen** für Bekanntmachungen und Zustellungen, ggf. auch für Sachverständige (§ 23 I 2, III GKG).

Gerichtskosten bleiben auch dann privilegiert, wenn ein Gläubiger einen Vorschuss auf sie geleistet hatte (§ 26 I 2): Dann zählt sein Erstattungsanspruch zu den „Gerichtskosten".

Hinzu kommen **Vergütungen und Auslagen des Insolvenzverwalters** (auch eines vorläufigen Verwalters) und der Mitglieder des Gläubigerausschusses (§ 54 Nr. 2). Die Bemessung erfolgt anhand der Insolvenzrechtlichen Vergütungsverordnung (InsVV), die kraft § 65 am 19.08.1998 vom Bundesminister der Justiz erlassen worden ist (BGBl. I S. 2205; www.gesetze-im-internet.de/insvv/index.html). 77

Sie gibt für den *Insolvenzverwalter* Regelsätze vor, die sich ebenfalls am Massewert bei Beendigung des Verfahrens orientieren (nach § 2 InsVV von den ersten 25.000,– € der Masse 40 %, mind. aber 1.000,– €, wenn nur max. 10 Gläubiger Forderungen angemeldet hatten; von weiteren 25.000,– € 25 %, von weiteren 200.000,– € 7 % usw.). Damit sind auch die allgemeinen Geschäftskosten samt Büroaufwand abgegolten, nicht aber z. B. Reisekosten. Besonderem oder reduziertem Verwaltungsaufwand (§ 3 InsVV) ist durch Zu- bzw. Abschläge zu entsprechen. Anwaltshonorare des Verwalters (§ 5 InsVV) fallen unter § 55 I Nr. 1! Dem *vorläufigen Verwalter* stehen i. d. R. 25 % jener Regelsätze zu, die nach § 2 InsVV als Vomhundertsatz berechnet werden (§ 63 III, § 11 InsVV). Die Arbeit im *Gläubigerausschuss* wird nach Stundensätzen (35–95,– €) vergütet (§ 17 InsVV). – Die Beträge setzt das Insolvenzgericht fest (§ 64). Die festgesetzten Beträge darf der Verwalter aus der Masse entnehmen, zuvor bereits einen Vorschuss, wenn das Gericht zustimmt (§ 9 S. 1 InsVV).

II. Sonstige Masseverbindlichkeiten (Masseschulden)

78 Masseschulden resultieren vor allem aus **Handlungen des Verwalters** (§ 55 I Nr. 1).

• Das gilt z. B. für *Rechtsgeschäfte* des Verwalters, zumindest für schuldrechtliche Verpflichtungen (Bsp.: Kauft der Verwalter – in dieser Eigenschaft – einen Computer, so ist der Kaufpreisanspruch Masseschuld). Auf den ersten Blick privilegiert dies die neuen Geschäftspartner. Letztlich nützt es aber auch den Insolvenzgläubigern. Denn Verwaltung und Verwertung der Masse sind meist nur möglich, wenn überhaupt noch jemand Verträge mit dem Verwalter schließen will, und das ist – von Bargeschäften abgesehen – nur bei Aussicht auf vorrangige Befriedigung zu erwarten.

79 • *Unerlaubte Handlungen* des Verwalters begründen Masseschulden bei Bezug zur Masse, z. B. dann, wenn auf dem vernachlässigten Betriebsgrundstück Passanten stürzen. Gleiches gilt für Gefährdungshaftung, z. B. bei Unfall mit einem massezugehörigen Pkw. Hier kann das verselbstständigte Vermögen, das der Verwalter überwachen muss, analog § 31 BGB wie eine juristische Person behandelt werden. Neben der Masse haftet u. U. auch der Verwalter persönlich (Rn. 56).

80 • *Prozessführung* des Verwalters begründet ebenfalls Masseschulden. Nimmt der Verwalter einen schwebenden Prozess auf (Rn. 273 ff.), so sind nach überw. M. sogar solche Prozesskosten, die vor der Aufnahme entstanden waren, Massekosten (*K. Schmidt*, KTS 1994, 309, 312; *KG* NZI 2002, 606, 607; Grund: Einheitlichkeit der Prozesskostenentscheidung). Das geht zu weit (vgl. *OLG Rostock* MDR 2002, 542; *Uhlenbruck*, ZIP 2001, 1988 f.; *Heiderhoff*, ZIP 2002, 1564 ff.).

81 Verbindlichkeiten, die **in anderer Weise** durch Verwaltung, Verwertung oder Verteilung der Masse begründet werden (§ 55 I Nr. 1),

beruhen in der Praxis vor allem auf Umweltrecht: Vielfach wird der Verwalter wegen Altlasten auf Beseitigung in Anspruch genommen, z. B. als Zustandsstörer (dazu näher Rn. 723 ff.).

Soweit **gegenseitige Verträge des Schuldners** unerfüllt sind, kann der Anspruch des Vertragspartners ebenfalls Masseschuld werden (§ 55 I Nr. 2). Diese Wohltat wird dem Vertragspartner aber nur zuteil, wenn er auch seinerseits noch (teilweise) erfüllen muss, und zwar „zur Masse", d. h. zu Händen des Verwalters. So ist es in zwei Fällen: 82

- Der Verwalter kann wählen, ob er an dem gegenseitigen Vertrag festhält, und er *verlangt Erfüllung* (§ 103, Rn. 233).
- Trotz der Insolvenz muss der Vertragspartner ohne weiteres erfüllen, da der Vertrag *kraft Gesetzes* fortbesteht (Bsp.: Erfüllungspflicht eines Vermieters oder Arbeitnehmers des Schuldners, §§ 108 f., 113). Hier ist dem Partner die Leistung nur zumutbar, wenn auch sein Gegenanspruch gesichert ist – weil er vorrangig zu befriedigen ist.

Beispiel: Hatte der Schuldner dem M eine Wohnung vermietet, so besteht dieser Vertrag fort (§ 108 I 1). M hat daher weiterhin Miete zu zahlen (nun an den Verwalter). Umgekehrt muss der Verwalter seine laufenden Pflichten erfüllen, also dem M den Gebrauch der Mietsache belassen, diese aber auch in gebrauchsfähigem Zustand erhalten (§ 535 I 2 BGB). Bei Mietmangel hat M daher einen Masseanspruch auf Reparatur, selbst dann, wenn der Mangel schon vor Insolvenzeröffnung entstand und für jene Zeit nur eine Insolvenzforderung begründete (*BGH* ZIP 2003, 854 f.).

Die **ungerechtfertigte Bereicherung** begründet eine Masseschuld, wenn der bereichernde Zufluss zur Masse nach der Insolvenzeröffnung erfolgte (§ 55 I Nr. 3). 83

Beispiele: (1) D leistet an Insolvenzverwalter, obwohl seine Schuld gegenüber S bereits erloschen war. (2) In Unkenntnis der Insolvenzeröffnung erhält D von S Waren (unwirksam wegen § 81 I 1) und zahlt daher an S, der das Geld dem Verwalter aushändigt (§ 81 I 3). (3) D hatte Vorbehaltseigentum an einer Maschine; der Verwalter veräußert sie ahnungslos im Tausch gegen benötigte Rohstoffe. Solange die Rohstoffe noch nicht verarbeitet sind, kann D darauf zugreifen (§ 48 S. 2), nach der Verarbeitung immerhin auf die Bereicherung.

Wer dagegen *vor Verfahrenseröffnung* ohne Rechtsgrund an den Schuldner leistete, erwarb schon damals einen Anspruch auf Rückgewähr (§ 812 I 1 Fall 1 BGB). Dieser kann also nur Insolvenzforderung sein (§ 38).

Verbindlichkeiten, die ein **vorläufiger Insolvenzverwalter** eingeht, werden *vor* Verfahrenseröffnung begründet. Demnach scheinen sie bloße Insolvenzforderungen zu sein. Auf dieser Basis könnte der 84 vorläufige Verwalter aber kaum je Geschäftspartner finden. Nach § 55 II sollen daher in zwei Fällen Masseschulden entstehen:

(1) wenn ein vorläufiger Verwalter handelte, der – als *„starker" Verwalter* – über das Schuldnervermögen verfügen konnte, weil dem Schuldner ein allgemeines Verfügungsverbot auferlegt worden war (§ 22 I 1);

(2) soweit der vorläufige „starke" Verwalter in einem *Dauerschuldverhältnis die Gegenleistung in Anspruch nahm.* Beschäftigte er z. B. Arbeitskräfte des Schuldners, um dessen Betrieb fortzuführen (§ 22 I 2 Nr. 2), so werden die Lohnansprüche dieser Arbeitnehmer Masseschulden (näher Rn. 99 f.).

Zur Wiederholung und Vertiefung

Fall 1: Insolvenzverwalter V führt ein insolventes Unternehmen, in dem S Rasenmäher produzieren ließ, vorläufig fort. Er verkauft u. a. an Endabnehmer, so auch am 1. Juni einen Rasenmäher an K. Dieser wird bei der Benutzung des Geräts schwer verletzt, als sich das Schneidemesser löst. Es war nach der Verfahrenseröffnung von M, einem langjährigen Mitarbeiter des Unternehmens, nicht sorgfältig verschraubt worden. K fordert von dem V 200.000,– € Schadensersatz. Daher fürchtet G, der durch Vertrag mit V am 1. August einen Masseanspruch erwarb, hiermit weitgehend auszufallen. Kann G sich in diesem Fall bei V schadlos halten?

Lösungshinweise: G kann V persönlich nach § 61 in Anspruch nehmen, wenn V die Masseverbindlichkeit gegenüber G begründete, obwohl er am 1. August erkennen konnte, dass die Masse nicht ausreichen würde, um sie zu erfüllen.

(1) Masseunzulänglichkeit droht offenbar allenfalls durch die Forderung des K. Besteht diese wirklich? Insoweit kommt es auf die Haftung der Masse nach § 55 I Nr. 1 an (genauer: auf die Haftung des S mit der Masse). Verkauft der Verwalter aus der Masse, so gehört zu den Masseschulden nicht nur der Erfüllungsanspruch des Käufers, sondern wegen § 278 BGB auch ein Anspruch wegen Vertragsverletzung, hier also auch der auf Ersatz des Mangelfolgeschadens nach §§ 280 I, 278, 437 Nr. 3 BGB. Analog § 31 BGB hat K ferner Masseansprüche auf Schadensersatz nach §§ 831, 823 I, 253 BGB (Rn. 56, 79) und nach §§ 1–4 ProdHaftG. Die Inverkehrgabe des gefährlichen Rasenmähers schmälerte die Masse also tatsächlich.

(2) Entlastungsbeweis des V nach § 61 S. 2? Er setzt voraus, dass der Produktfehler und die davon ausgehende Haftungsgefahr für V am 1. August nicht erkennbar war. Auch insoweit gilt der Verschuldensmaßstab des § 60 I 2. V persönlich war zwar ahnungslos. Nach § 278 BGB ist ihm u. U. aber das Verschulden des M zuzurechnen. Dem steht allerdings schon

§ 60 II entgegen: Die Norm gilt auch im Rahmen des § 61 S. 2, und V musste sich der Hilfe eines Schuldner-Mitarbeiters bedienen, der auch nicht offensichtlich ungeeignet war. Ergebnis: V haftet dem G nicht nach § 61.

(3) Wäre ein Verschulden des V gegeben, so würde er nach dem Wortlaut des § 61 haften. Das ginge recht weit, denn so könnte sich jede Verletzung einer Verwalterpflicht (zur Verkehrssicherung oder aus Vertrag) zur Schädigung der Massegläubiger auswachsen. Der Schutzzweck des § 61 spricht für eine Haftungsbeschränkung (vgl. *BGH* NZI 2008, 735; anders MünchKomm/*Hefermehl*, § 55 Rn. 22).

§ 9. Aus- und Absonderungsberechtigte (Überblick)

Aussonderungsberechtigte sind Gläubiger, denn sie können – 85
kraft dinglichen oder persönlichen Rechts – geltend machen, dass ein Gegenstand nicht zur Insolvenzmasse gehört (§ 47). Sie sind aber *nicht Insolvenzgläubiger*, sondern privilegiert, nämlich berechtigt, ihren Anspruch auf Aussonderung außerhalb des Insolvenzverfahrens geltend zu machen (Rn. 344 ff.). Demnach kann ein Eigentümer vom Verwalter meist ohne weiteres Herausgabe (§ 985 BGB), ein Verleiher Rückgabe (§ 604 BGB) fordern. Notfalls stehen auch Klage und Zwangsvollstreckung offen.

Absonderungsberechtigte – z. B. Hypothekare, Pfandgläubiger 86
und Sicherungseigentümer – haben ein Recht auf abgesonderte Befriedigung (§§ 49 ff.; Rn. 368 ff.). Sie müssen zwar am Insolvenzverfahren teilnehmen, werden aber gleichfalls privilegiert, nämlich aus dem Erlös ihres Sicherungsgutes vor den Insolvenzgläubigern befriedigt (§ 170 I 2). Insofern sind sie *nicht Insolvenzgläubiger*.

Beispiel: Die G-Bank gewährt dem B ein Darlehen von 100.000,– €. Zur Sicherung des Rückzahlungsanspruchs bestellt S, der Bruder des B, der G-Bank eine Grundschuld an seinem Grundstück. Wird S insolvent, so hat G ein Absonderungsrecht, soweit die Grundschuld noch valutiert ist, d. h. der Anspruch gegen B noch besteht.

Oft sind Absonderungsberechtigte aber *zugleich Insolvenzgläubi-* 87
ger, nämlich dann, wenn sie gegen den Schuldner einen Anspruch i. S. d. § 38 haben: den gesicherten Anspruch (§ 52 S. 1). Ein derart gesicherter Insolvenzgläubiger darf gegenüber konkurrierenden Gläubigern nicht bevorzugt werden. Bei Verteilung der Masse ist seine Quote daher nicht aus der Forderung zu berechnen. Denn diese

könnte durch die abgesonderte Befriedigung noch verringert werden (wenn dies nicht schon geschehen ist). Daher ist die Quote aus dem Ausfall zu berechnen: aus dem Betrag, der nach Abzug der abgesonderten Befriedigung verbleibt (§ 52 S. 2). U. U. kann der Gläubiger seinen Ausfall nicht rasch genug klären, da sich die abgesonderte Befriedigung verzögert. Dann mag er auf abgesonderte Befriedigung verzichten: Das gilt als Totalausfall. Zur Klärung des Ausfalls s. Rn. 448 ff.

Beispiel: Die G-Bank gewährt das Darlehen von 100.000,– € dem S, der ihr wieder eine Grundschuld bestellt. Wird S insolvent, so hat G nicht nur das Absonderungsrecht. Sie kann ihren Rückzahlungsanspruch (§ 488 BGB) auch als Insolvenzforderung anmelden. Wird das Grundstück versteigert und entfällt auf die Grundschuld ein Netto-Erlös von 70.000,– €, so geht der Insolvenzanspruch auf 30.000,– € zurück. Bei einer Quote von 5 % auf 30.000,– € wird er also mit 1.500,– € bedacht.

3. Kapitel. Der Weg zur Insolvenzeröffnung

§ 10. Eröffnungsantrag

Literatur: Gottwald/*Uhlenbruck/Schmahl*, S. 183 ff., 212 ff., 223 ff.; *Hackländer/Schur*, Die Zulässigkeit des Eröffnungsantrags bei Erfüllung der Forderung des antragstellenden Gläubigers ..., ZInsO 2012, 901 ff.; *Henssler*, Die verfahrensrechtlichen Pflichten des Geschäftsführers im Insolvenzverfahren über das Vermögen der GmbH und der GmbH & Co. KG, in: KS, S. 990 ff.; *Schillgalis*, Rechtsschutz des Schuldners bei fahrlässig unberechtigten Insolvenzanträgen, 2006; *Schmahl*, Zur Praxis öffentlich-rechtlicher Gläubiger bei der Stellung und Rücknahme von Eröffnungsanträgen, NZI 2002, 177 ff.

I. Antrag eines Gläubigers

Das Insolvenzverfahren wird nicht von Amts wegen, sondern nur **88** auf Antrag eröffnet (§ 13 I). Insofern gilt – wie im Zivilprozess – der Dispositionsgrundsatz. Antragsberechtigt ist jeder Gläubiger. Er muss allerdings ein **rechtliches Interesse** an der Insolvenzeröffnung haben (§ 14 I). Hieran fehlt es, wenn er ein Absonderungsrecht hat, das seine Forderung zweifelsfrei umfassend sichert, oder wenn er missbräuchliche Zwecke verfolgt, z. B. einen zahlungsunwilligen, aber noch solventen Schuldner nur unter Druck setzen will (*AG Duisburg* NZI 2002, 211).

Damit das Gericht und der Schuldner nicht mit böswilligen oder **89** voreiligen Anträgen belästigt werden, muss der Gläubiger zudem **glaubhaft machen**, dass ihm eine (Insolvenz-)*Forderung* zusteht und dass ein *Insolvenzgrund* gegeben ist (§ 14 I). Das Gericht muss sich also davon überzeugen können, dass für beides eine überwiegende Wahrscheinlichkeit spricht. Dieser Nachweis kann ausschließlich durch präsente Beweismittel erfolgen (z. B. vorgelegte Lieferscheine, Rechnungen, Registerauszüge, Vollstreckungsprotokolle, schriftliche Zeugenaussagen), ggf. auch durch eidesstattliche Versicherung, soweit sie persönliche Wahrnehmungen bestärkt (§ 4 i. V. m. § 294 ZPO).

Um seine **Forderung** glaubhaft zu machen, muss der Gläubiger keinen Vollstreckungstitel vorlegen. Er hat aber diejenigen *Tatsachen* glaubhaft zu machen, aus denen sich der Anspruch ergeben soll (Bsp.: *LG Berlin* ZInsO 2005, 499 ff.). Sie müssen dem Gericht erlauben, sich von dem *Anspruch* zu überzeugen (sog. Schlüssigkeitsprüfung). Bleibt die Rechtslage unklar, so ist es nicht Aufgabe des Insolvenzgerichts sie zu klären (*BGH* NZI 2007, 350; Gottwald/*Uhlenbruck*, § 13 Rn. 4 ff.): Der Anspruch ist nicht glaubhaft gemacht, der Antrag also erfolglos. Dann bleibt dem Gläubiger nur, zunächst einmal einen Zivilprozess zu führen (was bei Insolvenz des Beklagten ein großes Kostenrisiko wäre) oder abzuwarten, bis ein anderer Gläubiger Insolvenzantrag stellt, und in dem darauf eröffneten Verfahren seine Forderung kostengünstiger klären zu lassen. Zweifel an Tatsachen wie Rechtsgrundlage ergeben sich bisweilen erst aus Einwendungen des Schuldners. Dieser wird aber oft erst angehört, wenn der Eröffnungsantrag zugelassen ist (§ 14 II). U. U. wird daher erst später festgestellt, dass der Antrag (wider Erwarten) doch unzulässig ist. Dann ist er nunmehr zurückzuweisen.

Praxishinweise zum Gläubigerantrag gibt *Schmerbach*, NZI 2003, 421 ff. – **Prozesskostenhilfe** steht dem Gläubiger zu, wenn er eine Insolvenzquote erwarten darf, also insb. keine Abweisung seines Antrags „mangels Masse" (§ 26) zu besorgen ist (*BGH* NJW 2004, 3260, 3261). Ob ihm ein Rechtsanwalt beizuordnen ist, hängt vom Einzelfall ab, vor allem von den Schwierigkeiten der Sach- und Rechtslage (§§ 121 II ZPO, 4).

II. Antrag des Schuldners

90 Auch der Schuldner kann den Antrag stellen („Eigenantrag" – im Gegensatz zum „Fremdantrag"). Bei juristischen Personen oder Gesellschaften ohne Rechtspersönlichkeit (Rn. 31 ff.) ist hierzu jedes **Mitglied des Vertretungsorgans** (Geschäftsführer, Vorstand) bzw. jeder persönlich haftende Gesellschafter befugt, ferner ein Abwickler, falls sich die Gesellschaft schon in Liquidation befindet (näher § 15). Grundsätzlich besteht *keine Antragspflicht.* Das Gesetz beschränkt sich darauf, dem insolventen Schuldner bestimmte Gefährdungen der Gläubiger zu untersagen (§§ 283 ff. StGB). Wer Restschuldbefreiung anstrebt, hat freilich die *Obliegenheit,* eine von Gläubigern beantragte Insolvenzeröffnung nicht willkürlich zu verzögern (vgl. § 290 I Nr. 4).

91 Jedoch besteht **Antragspflicht in Kapitalgesellschaften** und in Gesellschaften, für deren Schulden keine natürliche Person persönlich haftet (§ 15a; zu rechtsfähigen Vereinen s. §§ 42 II BGB, 15a VI). Denn hier sind die Gläubiger besonders gefährdet, da die Haftungsmasse beschränkt ist. Der Insolvenzantrag muss i. d. R. unver-

züglich, spätestens *binnen drei Wochen* nach Eintritt der Insolvenz gestellt werden, und zwar von dem Vertretungsorgan (§ 15a I, II). Ist eine juristische Person führungslos (§ 10 II 2), so wird die Antragspflicht teilweise ausgedehnt: z. B. bei einer GmbH auf jeden Gesellschafter, es sei denn, die Illiquidität oder die Führungslosigkeit war ihm nachweislich unbekannt (§ 15a III; dazu *Berger*, ZInsO 2009, 1977 ff.).

Auch deshalb sind Eigenanträge viel häufiger als Gläubigeranträge. Dennoch sind **Verstöße** gegen die Antragspflicht – die „Insolvenzverschleppung" – ein ständiges Problem (*Haarmeyer/Beck*, ZInsO 2007, 1065 ff.; *Kirstein*, ZInsO 2008, 131 ff.). Sie sind **strafbar** (schon bei Fahrlässigkeit, vgl. § 15a IV, V; näher *Weyand*, ZInsO 2010, 359 ff.) und können zum Schadensersatz gegenüber den Gläubigern verpflichten (Rn. 282 f.). Zur Beraterhaftung *H.-F. Müller*, ZInsO 2013, 2181 ff.

III. Zulässigkeitsvoraussetzungen

Die Zulässigkeit des Antrags richtet sich im Übrigen nach den **allgemeinen Prozessvoraussetzungen** (§ 4 i. V. m. der ZPO). Erforderlich sind also jedenfalls: 92
- *schriftlicher Antrag* (§ 13 I 1), der als Prozesshandlung weder bedingt noch befristet sein darf,
- *Zuständigkeit* des Gerichts (§§ 2 f.; Rn. 35 ff.),
- *Antragsrecht* des Antragstellers (§§ 13 I 2, 15),
- *Parteifähigkeit* des Antragstellers (§ 50 ZPO),
- *Prozessfähigkeit* des Antragstellers (§§ 51 ff. ZPO) bzw. ordnungsgemäße gesetzliche Vertretung,
- *Insolvenzfähigkeit* des Schuldners (Rn. 25 ff.),
- *zulässige Verfahrenswahl* (Regel- statt Verbraucher-Insolvenzverfahren, Verbraucher- statt Regelverfahren; Rn. 640).

Gläubigeranträge erfordern zusätzlich die *Glaubhaftmachung von Forderung und Eröffnungsgrund* sowie ein *rechtliches Interesse* (§ 14 I; Rn. 88 f.). 92a

Beides muss – wie jede andere Prozessvoraussetzung – in dem Zeitpunkt vorliegen, in dem das Gericht entscheidet. Der Antrag des Gläubigers wird daher unzulässig, wenn der Schuldner dessen Forderung *noch rasch erfüllt*, nachdem er vom Antrag erfahren hat. § 14 I 2 schränkt dies aber ein, weil der Gläubiger ein Interesse haben mag, das Verfahren dennoch eröffnen zu lassen.

92b **Schuldneranträge** („Eigenanträge“) erfordern zusätzlich:

- Mitteilung der Tatsachen, aus denen sich die *wesentlichen Merkmale eines Eröffnungsgrundes* ergeben (*BGH* NJW 2003, 1187),
- *Glaubhaftmachung des Eröffnungsgrundes,* wenn der Insolvenzantrag einer juristischen Person oder einer Personengesellschaft gilt, aber nicht von allen Mitgliedern des Vertretungsorgans bzw. nicht von allen persönlich haftenden Gesellschaftern gestellt wird (§ 15 II, III),
- *Verzeichnis der Gläubiger* und ihrer *Forderungen* (§ 13 I 3),
- bei laufendem Geschäftsbetrieb ggf. eine *Kategorisierung der Schulden* (§ 13 I 4, 6: nach höchsten Forderungen, höchsten gesicherten Forderungen, Forderungen der Finanzämter, der Sozialversicherungsträger, aus betrieblicher Altersversorgung), in jedem Fall aber Angaben zu *Bilanzsumme, Umsatzerlösen und durchschnittlicher Zahl der Arbeitnehmer* im letzten Geschäftsjahr (§ 13 I 5),
- eine *Richtigkeitserklärung* für diese Angaben und das Gläubigerverzeichnis (§ 13 I 7).

IV. Zurücknahme und Erledigungserklärung

93 Die **Rücknahme** des Antrags ist zulässig. Das gilt allerdings nur, bis über ihn entschieden ist (§ 13 II).

Denn jedenfalls eine Verfahrenseröffnung hat Wirkungen, die über das Verhältnis zum Schuldner bzw. zum Gericht weit hinausgehen: Sie berühren auch andere Gläubiger und Dritte. Im Interesse der Rechtssicherheit sollen sie daher nicht mehr durch einseitigen Akt in Frage gestellt werden können (deshalb: § 213).

Bei Rücknahme trägt der Antragsteller i. d. R. die Kosten des Verfahrens (§ 4 i. V. m. § 269 III 2, 3 ZPO, dazu *Pießkalla*, ZInsO 2013, 1729 ff.; umstr. Sonderfall: § 14 III).

94 Ein Gläubiger kann seinen Antrag ferner **für erledigt erklären,** z. B. dann, wenn die glaubhaft gemachte Forderung später erfüllt wird (*BGH* NJW 2002, 515, 516 ff.). So kann er – u. U. besser als bei Rücknahme – erreichen, dass das Gericht die Verfahrenskosten ggf. dem Schuldner auferlegt (bei unwidersprochener Erledigterklärung nach § 4 i. V. m. § 91a ZPO, im Übrigen nach § 4 i. V. m. § 91 ZPO). Eine günstige Kostenentscheidung erfordert aber zumindest, dass der Antrag bis zum Zeitpunkt der Erledigung zulässig war

(MünchKomm/*Schmahl/Vuia*, § 13 Rn. 131 ff.). Auch eine Erledigterklärung ist nur bis zur Entscheidung über den Antrag möglich (§ 13 II Hs. 2 analog).

§ 11. Vorläufige Maßnahmen des Gerichts

Literatur: *Andres/Hees*, Weiterveräußerung von Vorbehaltsware im Insolvenzeröffnungsverfahren trotz Erlaubnis (§ 21 II 1 Nr. 5 InsO), NZI 2011, 881 ff.; *Berscheid*, Stellung und Befugnis des vorläufigen Insolvenzverwalters aus arbeitsrechtlicher Sicht, ZInsO 1998, 9 ff.; *Foerste*, Der Umgang des vorläufigen Insolvenzverwalters mit Sicherungsrechten, in: Heinrich (Hrsg.), Wirkungsvolle Gestaltung von Arbeitsbedingungen als Weichenstellung für Restrukturierung, Sanierung und Insolvenz, 2008, S. 81 ff.; *Ganter*, Betriebsfortführung im Insolvenzeröffnungs- und Schutzschirmverfahren, NZI 2012, 433 ff.; *ders.*, Sicherungsmaßnahmen gegenüber Aus- und Absonderungsberechtigten im Insolvenzeröffnungsverfahren, NZI 2007, 549 ff.; Gottwald/*Uhlenbruck/Vuia*, S. 242 ff.; *Heublein*, Die Ausgleichsansprüche des Aussonderungsberechtigten bei Anordnung von Sicherungsmaßnahmen nach § 21 Abs. 2 S. 1 Nr. 5 InsO, ZIP 2009, 11 ff.; *Irmen/Werres*, Die Zwangsmaßnahmen des vorläufigen Insolvenzverwalters und der verfassungsrechtliche Schutz der räumlichen Privatsphäre, NZI 2001, 579 ff.; *Schillgalis* (s. Lit. vor Rn. 88); *Uhlenbruck*, Die Rechtsstellung des vorläufigen Insolvenzverwalters, in: KS, S. 159 ff.; *Undritz*, Betriebsfortführung im Eröffnungsverfahren – Die Quadratur des Kreises, NZI 2007, 65 ff.

Zwischen dem Insolvenzantrag und der Entscheidung des Gerichts 95
können Tage, aber auch Wochen oder Monate vergehen. In dieser Zeit muss die Masse vor Gefährdung geschützt werden. Sobald die Zulässigkeit des Insolvenzantrags (Rn. 92) feststeht, hat das Insolvenzgericht daher **von Amts wegen Sicherungsmaßnahmen** zu treffen, die erforderlich erscheinen, um eine den Gläubigern nachteilige Veränderung der Vermögenslage zu verhüten, § 21 I 1. Die nötigen Informationen hat u. a. der Schuldner zu geben (§ 20 I i. V. m. § 97 I 1; näher Rn. 135 f.). Zudem kann bzw. muss das Gericht einen **vorläufigen Gläubigerausschuss** einsetzen (Rn. 105a ff.). Auf diesem Wege sollen die Gläubiger frühzeitig Einfluss auf das Eröffnungsverfahren und das spätere Insolvenzverfahren nehmen können. Strebt der Schuldner für das Insolvenzverfahren „Eigenverwaltung“ an (dann würde kein Insolvenzverwalter eingesetzt, sondern dem Schuldner die eigene Verwaltung der Masse unter Aufsicht eines „Sachwalters“ gestattet), so soll ggf. schon **vorläufige Eigenverwal-**

tung oder das sog. **Schutzschirmverfahren** angeordnet werden (Rn. 105e).

Diese Schritte sind also zu einem Zeitpunkt möglich, in dem noch nicht einmal feststeht, dass der Schuldner überhaupt insolvent ist. Immerhin liegt dies aber meist nahe. Und dann ist es sehr hilfreich – und für den Erfolg des später eröffneten Verfahrens ausschlaggebend –, dass „die Weichen" schon so früh umgestellt werden können und insbesondere die Chance einer Sanierung genutzt werden kann. Vor allem deshalb (und gerade für größere Unternehmen) **„spielt die Musik"** praktisch oft schon vor dem eigentlichen Insolvenzverfahren: **im Eröffnungsverfahren!**

I. Allgemeines Verfügungsverbot

96 Das Gericht kann dem Schuldner insbesondere ein allgemeines Verfügungsverbot auferlegen (§ 21 II 1 Nr. 2). Dieses erfasst alle Gegenstände, die bei Verfahrenseröffnung zur Masse gehören würden (Rn. 141 ff.), also auch solche, die der Schuldner erst nach Erlass des Verbots hinzuerwirbt (Amtl. Begr., S. 116). Verbotswidrige Verfügungen sind **absolut unwirksam**: Das Verbot hat nach § 24 I die Wirkungen, die eine spätere Verfahrenseröffnung hätte (Rn. 181 ff.).

Da das Verbot nur dem Schutz einzelner (der Gläubiger) dient, wäre es eigentlich nur ein *relatives* Verfügungsverbot i. S. d. §§ 135 f. BGB. Diese Vorschriften werden durch § 24 I aber verdrängt.

Unwirksam ist also jede Verfügung, die der Schuldner nach dem Verbotsausspruch tätigt (Rn. 182 f.). Wirksam sind hingegen Erwerbungen, die ohne Zutun des Schuldners nach dem Verbot vollzogen werden; denn auf § 91 (Rn. 188 f.) ist nicht verwiesen. Teilweise werden auch *Gutgläubige* geschützt: Wer in Unkenntnis der Verfügungsbeschränkung auf das Grundbuch vertraut (§ 81) oder an den Schuldner leistet (§ 82), ist gesichert. Zum Schutz der Masse muss das Verfügungsverbot daher rasch veröffentlicht, dem Schuldner und dessen Schuldnern zugestellt sowie in Grundbuch und Register (z. B. das Handelsregister) eingetragen werden (§ 23).

II. Bestellung eines vorläufigen Insolvenzverwalters

97 Das Insolvenzgericht kann auch einen vorläufigen Verwalter einsetzen (§ 21 II 1 Nr. 1). Bei Unternehmensinsolvenzen geschieht dies

häufig. Folgt später die Verfahrenseröffnung, so wird der vorläufige Verwalter meist auch zum Insolvenzverwalter bestellt. Die rechtliche Stellung des vorläufigen Verwalters (Bestellung, Entlassung, Haftung, gerichtliche Aufsicht) gleicht der des Insolvenzverwalters (§ 21 II 1 Nr. 1 i. V. m. §§ 56, 56a, 58–66; Rn. 48 ff.).

Auch wegen der typischen Turbulenzen nach dem Insolvenzantrag ist es bei Unternehmensinsolvenzen *überaus wichtig*, dass eine fachkundige Person sich möglichst rasch einen Eindruck von dem Zustand der Betriebe verschafft und erste Maßnahmen ergreift. Denn für den Fall, dass das Verfahren eröffnet wird, müssen die Weichen richtig gestellt werden und möglichst noch „gerettet" werden, was vielleicht noch zu retten ist. So wird ein vorläufiger Verwalter, auch im Hinblick auf laufende Aufträge, das Unternehmen möglichst fortführen, nämlich versuchen, lukrative Geschäfte noch abzuwickeln, die Kunden des Schuldners zu halten, und daneben die Sanierungschancen (wenigstens für einzelne Betriebe) eruieren. Da meist dringend kurzfristig für Liquidität gesorgt werden muss, wird er versuchen, die Banken mit einem überzeugenden Sanierungskonzept zu (weiteren!) Krediten zu bewegen.

Der vorläufige Verwalter ist stets berechtigt, die Geschäftsräume des Schuldners zu betreten und dort Nachforschungen anzustellen, insbesondere die Geschäftsunterlagen einzusehen (§ 22 III 1, 2). Für *Wohn*räume gilt das nur, soweit dort Geschäftsbetrieb stattfindet (BGHZ 158, 212, 216). Der Schuldner bzw. der Geschäftsführer hat ihm alle erforderlichen *Auskünfte* zu erteilen, auf Anordnung des Insolvenzgerichts ihre Richtigkeit und Vollständigkeit auch eidesstattlich zu versichern; er schuldet auch sonstige *Unterstützung* (§§ 22 III 3, 97; Rn. 135 ff.). Bei Weigerung kann er notfalls inhaftiert werden (§§ 22 III 3, 98). Die weiteren Befugnisse des Verwalters richten sich nach der Art der vorläufigen Verwaltung:

1. Vorläufiger Insolvenzverwalter mit Verfügungsmacht

Erlegt das Gericht dem Schuldner auch ein allgemeines Verfü- 98
gungsverbot auf (Rn. 96), so ist ein vorläufiger Verwalter schon deshalb nötig, weil die entzogenen Befugnisse von irgendwem wahrgenommen werden müssen. Der vorläufige Insolvenzverwalter erhält dann weite Kompetenzen und wird daher auch **„starker" Verwalter** genannt.

- Er hat umfassende *Verwaltungs- und Verfügungsbefugnis* über die Masse (§ 22 I), allerdings kein Recht zur Verwertung der Masse, von Notverkäufen usw. abgesehen (*BGH* NZI 2012, 365 Rn. 11).
- Er muss die *Masse sichern und erhalten* (§ 22 I 2 Nr. 1).

Gehört zur Masse ein Unternehmen, so soll er das *Unternehmen fortführen,* bis über die Insolvenzeröffnung entschieden ist (§ 22 I 2 Nr. 2). Denn die Stilllegung von Betrieben kann irreversible Verhältnisse schaffen und später die Verwertung der Masse erschweren (Rn. 433). Wäre bei Fortführung allerdings eine erhebliche Masseminderung zu besorgen, so darf das Unternehmen stillgelegt werden, wenn das Insolvenzgericht zustimmt.

• Zugleich soll der Verwalter feststellen, ob das Schuldnervermögen die *Kosten des Verfahrens decken* wird (wichtig wegen § 26). Ergänzend kann er – nun als Sachverständiger – beauftragt werden zu prüfen, ob ein Eröffnungsgrund vorliegt und Aussichten auf eine Fortführung des Unternehmens bestehen (§ 22 I 2 Nr. 3).

• Er entscheidet über die *Aufnahme von Prozessen,* die vom Schuldner geführt, aber unterbrochen wurden (§§ 240 S. 2 ZPO, 24 II; näher *Henckel,* FS Schumann, 2001, S. 211, 212 ff.; s. auch Rn. 272 ff.).

a) Masseverbindlichkeiten des „starken" Verwalters

99 Verbindlichkeiten, die ein „starker" vorläufiger Verwalter begründet, treffen den Schuldner. Nach der Eröffnung des Verfahrens wären sie daher eigentlich bloße Insolvenzforderungen (vgl. § 38). Bei dieser Aussicht wäre aber kaum jemand bereit, mit dem Verwalter noch Geschäfte abzuschließen. Zwecks Förderung der vorläufigen Verwaltung sind solche Ansprüche daher Masseschulden, wenn später das **Insolvenzverfahren eröffnet** wird (§ 55 II 1). Das betrifft vor allem *vertragliche Ansprüche,* aber auch gesetzliche Verpflichtungen. Ebenso wichtig ist, dass Ansprüche *aus Dauerschuldverhältnissen* Masseschulden werden, soweit der „starke" Verwalter die Gegenleistung für die Masse in Anspruch genommen hat (§ 55 II 2).

Beispiel: Der „starke" Verwalter führt das Unternehmen des Schuldners in der Krise fort und nimmt Elektrizität, Gas, Wasser, vom Schuldner gemietete Büroräume oder dessen Arbeitnehmer in Anspruch.

Bei unzureichender Masse droht dem Verwalter persönliche Haftung nach §§ 21 II Nr. 1, 61 (Bsp.: *OLG Schleswig* DZWiR 2002, 256!). Er kann die Masse schützen, indem er den Vertragspartner rechtzeitig „freistellt" (*BGH* NJW 2003, 2454, 2455 f.).

Wird der **Insolvenzantrag abgewiesen**, so entsteht eine „Masse" gar nicht erst, folglich auch keine Masseschuld. Dennoch sind die erwähnten Ansprüche mit Vorrang zu befriedigen: aus dem verwalteten Vermögen (§ 25 II; Rn. 106).

b) Lohnforderungen und Insolvenzgeld

Arbeitsverhältnisse, die der Schuldner als Unternehmer eingegangen ist, sind für den „starken" Verwalter brisant. Führt er das Unternehmen nämlich fort, was er grundsätzlich soll, und muss er deshalb auch die Arbeitskraft der Mitarbeiter in Anspruch nehmen, so sind deren **Lohnforderungen** Masseschulden. Sie können die Masse vollständig aufzehren, so dass nicht einmal die sonstigen Masseverbindlichkeiten befriedigt werden können. Dann aber droht dem vorläufigen Verwalter Haftung nach § 61, weil er das Unternehmen überhaupt fortgeführt hat. Insofern muss ein „starker" Verwalter überlegen, ob er nicht besser zeitig auf eine Stilllegung des Unternehmens hinwirkt (§ 22 I 2 Nr. 2). Bis zum Jahre 2001 half sich die Praxis indessen anders: Die Insolvenzgerichte bestellten von vornherein meist nur „schwache" Verwalter (Rn. 103), für die § 55 II nicht gilt. Inzwischen ist das Haftungsrisiko des Verwalters jedoch entschärft. Das hängt damit zusammen, dass die Lohnforderungen der Arbeitnehmer in der Praxis weitgehend auf die Bundesagentur für Arbeit (BA) übergehen. 100

Die Lohnforderungen sind nämlich i. d. R. durch **Insolvenzgeld** der BA abgedeckt: Bei Eröffnung des Insolvenzverfahrens (wie auch bei Ablehnung der Eröffnung mangels Masse) zahlt die BA auf Lohnrückstände der letzten drei Monate des Arbeitsverhältnisses Insolvenzgeld in Höhe des Nettoarbeitsentgelts (§§ 165, 167 SGB III). Die entsprechenden Mittel werden von den Trägern der Unfallversicherung aufgebracht und auf die ihnen angehörenden Arbeitgeber umgelegt (§§ 358 ff. SGB III). Insolvenzgeld wird zwar erst nach Insolvenzeröffnung gezahlt. Der vorläufige Verwalter kann aber auf eine *Vorfinanzierung* hinwirken: Eine Bank erwirbt die Lohnforderungen, auf die später Insolvenzgeld gezahlt wird, und zahlt dafür auf das fällige bzw. künftige Arbeitsentgelt. Dies entlastet die klamme Unternehmenskasse ganz wesentlich, so dass der vorläufige Verwalter die verbliebenen Gelder für erste Sanierungsmaßnahmen nutzen kann. 101

In der Praxis ist das Insolvenzgeld überaus wichtig (*Cranshaw*, ZInsO 2013, 1493 ff.). Es wird regelmäßig fest eingeplant. Zwar muss die BA einer Vorfinanzierung durch Insolvenzgeld jeweils zustimmen, und das soll sie nur, wenn zu erwarten ist, dass im Unternehmen ein erheblicher Teil der Arbeitsplätze erhalten werden kann. Dies wird aber großzügig gehandhabt (näher Uhlenbruck/*Berscheid*, § 22 Rn. 170 ff.; für vorläufige Eigenverwaltung vgl. ZIP 2012, 699 f.). Auf diese Weise kann der Arbeitnehmerschutz zur Anschubfinanzierung für Sanierungen mutieren. Immerhin schützt das vor (höherer) Arbeitslosigkeit, entlastet also auch die BA. Finanziert wird das Ganze von den Unternehmen: durch ihre Umlagen. Letztlich „versichern" sie so die Chance ihrer Sanierung im Insolvenzfall.

102 Fließt endlich das Insolvenzgeld, so gehen die Lohnforderungen auf die BA über (§ 169 SGB III). Diese **übergehenden Lohnforderungen** blieben früher Masseansprüche, was die Masse aufzehrte, so dass auch Arbeitnehmer mit ungesicherten (älteren) Lohnforderungen das Nachsehen hatten. Mittlerweile stuft § 55 III 1 Lohnforderungen jedoch zu *Insolvenzforderungen* herab, wenn sie auf die BA übergehen! Damit ist die Fortführung des Unternehmens auch für den „starken" vorläufigen Verwalter eher zu verantworten. Denn die Masseforderungen bleiben überschaubar, falls er Insolvenzgeld in Anspruch nimmt.

2. Vorläufiger Insolvenzverwalter ohne Verfügungsmacht

103 Ein vorläufiger Verwalter kann auch dann eingesetzt werden, wenn der Schuldner seine Verfügungsmacht (entgegen § 21 II 1 Nr. 2) behält. Neben dem Schuldner kann der Verwalter dann tendenziell nur geringere Befugnisse haben: Er hat lediglich das haftende Vermögen zu sichern und ein Unternehmen des Schuldners zu überwachen. Insofern ist er **„schwacher" Verwalter** (früher: „Sequester" i. R. der „Sicherungssequestration"). Seine weiteren Pflichten – und insofern auch seine Kompetenzen – bestimmt das Insolvenzgericht bei der Ernennung (vgl. § 22 II 1). Diese Aufgaben können erheblichen Umfang annehmen, dürfen die Pflichten eines „starken" Verwalters aber nicht überschreiten (§ 22 II 2). Die *Befugnisse* des „schwachen" Verwalters müssen konkret festgelegt sein, nämlich auf bestimmte Geschäfte oder Geschäftsarten, z. B. Forderungseinziehung, beschränkt bleiben (näher *Kirchhof*, ZInsO 2004, 57 ff.). In diesem begrenzten Umfang erwirbt der „schwache" Verwalter dann allerdings auch Verfügungsmacht, also punktuelle „Stärke". Insoweit soll er sogar Masseverbindlichkeiten begründen können, wenn später das Insolvenzverfahren eröffnet wird (§ 55 II; BGHZ 151, 353, 365 ff.).

103a Andererseits kann das Gericht sämtliche oder bestimmte Verfügungen des Schuldners von der *Zustimmung des vorläufigen Verwalters* abhängig machen (§ 21 II 1 Nr. 2 Fall 2; **„halb-starker" Verwalter = Zustimmungsverwalter**). In diesem Umfang besteht dann eine Verfügungsbeschränkung (§§ 24 I, 81 f.; wie Rn. 96); der Schuldner kann also nicht allein verfügen. Der vorläufige Verwalter mit Zustimmungsvorbehalt kann dies ebenso wenig, zumindest nicht ohne konkrete Ermächtigung des Gerichts (§ 22 II 1). Immerhin kann er aber Verfügungen des Schuldners verhindern oder zulassen, so dass man von „halb-starker" Verwaltung sprechen kann.

Beispiel: Das Gericht hat angeordnet, dass S nur noch mit Zustimmung des vorläufigen Insolvenzverwalters (IV) verfügen darf. Nun begleicht D eine Forderung des S, indem er bar an S zahlt. Dessen Inkasso ist zwar keine echte „Verfügung" über die Forderung, aber dennoch unwirksam (nach §§ 82 S. 1, 24 I, 21 II 1 Nr. 2 Fall 2): D muss ggf. nochmals zahlen, nämlich an IV.

III. Andere Sicherungsmaßnahmen

Zwangsvollstreckungen in die Masse sind nach der Insolvenzeröff- 104
nung allgemein unzulässig (Rn. 162 ff.), bis dahin aber möglich. Dennoch kann das Gericht die spätere Masse schon vor Insolvenzeröffnung **gegen Einzelzwangsvollstreckungen** schützen (§ 21 II 1 Nr. 3) – und muss dies i. d. R. auch tun.

- Eine *Untersagung der Mobiliarvollstreckung* (in bewegliche Sachen, Forderungen, Vermögensrechte) hat die gleiche Wirkung wie das *nach* Verfahrenseröffnung eingreifende Vollstreckungsverbot gemäß § 89 I (Amtl. Begr., S. 116; Rn. 162, 166 f.).
- Eine *einstweilige Einstellung der Mobiliarvollstreckung* verhindert nur, aber immerhin die Fortsetzung einer bereits eingeleiteten Zwangsvollstreckung (Folge: § 775 Nr. 2 ZPO).
- Die *einstweilige Einstellung der Vollstreckung in Grundstücke* ist nur nach Maßgabe von § 30d IV ZVG möglich. Sie erfordert u. a. einen Antrag des vorläufigen Verwalters.

Die Generalklausel des § 21 I 1 erlaubt **weitere Maßnahmen**, z. B. 105
eine Beschlagnahme von Geschäftsräumen oder -unterlagen des Schuldners, eine Kontosperre (Wirkung: §§ 135, 136 BGB), ein Hausverbot gegen den Schuldner (*BGH* NZI 2007, 231, 233) und sogar dessen Inhaftierung (§ 21 III). Nach § 21 II 1 Nr. 4 kann auch eine vorläufige **Postsperre** angeordnet werden (s. Rn. 137).

In **§ 21 II 1 Nr. 5** ist der Fall bedacht, dass einzelnen Gläubigern Aussonderungs- oder Absonderungsrechte zustehen, z. B. Sicherungseigentum oder eine sicherungshalber vom Schuldner abgetretene Forderung. Aus *Absonderungsgut* ist der Gläubiger *nach* Insolvenzeröffnung zwar vorrangig zu befriedigen, aber nur mit Einschränkungen (§§ 170 ff.; Rn. 386, 389 ff.). Daher sollte verhindert werden, dass er sich *vor* Insolvenzeröffnung noch rasch eigenmächtig befriedigt. Das Insolvenzgericht kann deshalb u. a. ein **Verwertungs- und Einziehungsverbot** aussprechen. Ein solches „relatives" Verfügungsverbot (§ 136 BGB) hindert z. B. einen Sicherungszessionar, seine Forderung weiterhin gegenüber dem Drittschuldner geltend zu machen; dazu ist jetzt nur noch der vorläufige Insolvenzverwalter berechtigt (§ 21 II 1 Nr. 5 a. E.), der den Erlös freilich für den Gläubiger zu verwahren hat (*BGH* NZI 2010, 339 Rn. 39 f.). *Aussonderungsgut* muss der Schuldner eigentlich stets herausgeben, wenn darauf Anspruch besteht. Ggf. kann das Gericht aber gestatten, Aus- und Absonderungsgut **zur Fortführung des Unternehmens einzusetzen**. Entsprechende Waren sollen dann sogar veräußert (!) werden dürfen, falls der Berechtigte ein (unanfechtbares) Surrogat erhält, wie z. B. bei verlängertem Eigentumsvorbehalt (h. M., K. Schmidt/*Hölzle*, § 21 Rn. 76; krit. *Foerste,* S. 103 ff.). Sonstige Entwertungen der Sicherheit und gewisse Nutzungsausfälle sind freilich auszugleichen (§ 21 II 1 Nr. 5 Hs. 2, 3).

IV. Einsetzung eines vorläufigen Gläubigerausschusses

Literatur: *Beth*, Zur Unverhältnismäßigkeit der Einsetzung des vorläufigen Gläubigerausschusses gem. § 22a Abs. 3 2. Alt. InsO, ZInsO 2012, 1974 ff.; *Cranshaw*, Haftung, Versicherung und Haftungsbeschränkung des (vorläufigen) Gläubigerausschusses?, ZInsO 2012, 1151 ff.; *Frind*, Der vorläufige Gläubigerausschuss – Rechte, Pflichten, Haftungsgefahren, ZIP 2012, 1380 ff.; *Obermüller*, Der Gläubigerausschuss nach dem „ESUG", ZInsO 2012, 18 ff.; *Römermann/Praß*, Rechtsschutz bei Ablehnung eines vorläufigen Gläubigerausschusses, ZInsO 2012, 1923 ff. (m. Anm. *Horstkotte*, S. 1930 ff.).

105a Seit dem 01.03.2012 kann das Gericht weitere vorläufige Anordnungen treffen. Dies geht zurück auf das Gesetz zur weiteren Erleichterung der Sanierung von Unternehmen (**ESUG**); es hat das Insolvenzrecht in Kernbereichen modifiziert (instruktiv *Hirte/Knof/Mock*, DB 2011, 632 ff., 693 ff.), lässt freilich auch viele Fragen offen.

Unabhängig davon, ob eine Sicherungsmaßnahme angeordnet wird, kann das Gericht einen vorläufigen Gläubigerausschuss einsetzen (§ 21 II 1 Nr. 1a). Auf diesem Wege sollen die Gläubiger eines insolventen Unternehmens mit immerhin laufendem Geschäftsbetrieb frühzeitig **Einfluss** nehmen können, insbesondere **auf die Auswahl des Insolvenzverwalters,** der einzusetzen ist, falls das Insolvenzverfahren eröffnet wird. Bestimmt wird der Verwalter zwar vom Insolvenzgericht (Rn. 48). Doch dem vorläufigen Ausschuss ist i. d. R. Gelegenheit zu geben, sich zu den Anforderungen, die an den Verwalter zu stellen sind, und zur Person des Verwalters zu äußern (§ 56a I; s. auch § 56a III). Beschließt der Ausschuss daraufhin bestimmte Anforderungen, so hat das Gericht sie bei der Auswahl des Verwalters zugrunde zu legen. Und mehr noch: Schlägt der vorläufige Ausschuss *einstimmig* sogar eine bestimmte Person als Insolvenzverwalter vor, so ist das Gericht hieran gebunden, es sei denn, dass die vorgeschlagene Person nicht geeignet ist (§ 56a II).

Zur Eignung vgl. Rn. 48a ff. Freilich wird das Gericht die fachliche Eignung des Vorgeschlagenen i. d. R. nicht nachprüfen dürfen, da dies gerade dem Ausschuss vorbehalten war. Wohl aber ist die nach § 56 I 1 erforderliche **Unabhängigkeit** des Kandidaten sicherzustellen; denn die Aussicht, bei Unterstützung durch die Gläubiger den (lukrativen!) Auftrag zu erhalten, die Insolvenzverwaltung in einem größeren Verfahren zu übernehmen, mag flexible Kandidaten dazu verleiten, vorbereitend die Nähe der Gläubiger zu suchen oder Verständnis für deren Interessen zu signalisieren (z. B. bei Behandlung von Absonderungsrechten, bei Wahrnehmung von Anfechtungsrechten, durch entsprechende Amtsführung in früheren Verfahren). Der zulässige Umfang diesbezüglicher Prüfung ist allerdings umstritten (vgl. *Frind,* ZInsO 2014, 119, 124 ff.). Weicht das Gericht von einem einstimmigen Vorschlag (§ 56a II 1) ab, so muss es die maßgebenden Gründe im Eröffnungsbeschluss mitteilen, ohne die vorgeschlagene Person namhaft zu machen (§ 27 II Nr. 5).

All dies gilt auch für die **Auswahl des vorläufigen Insolvenzverwalters,** falls das Gericht einen solchen einsetzen will (§ 21 II 1 Nr. 1 verweist auf § 56a). Ist er schließlich ernannt, so hat der vorläufige Ausschuss ihn auch zu unterstützen und zu überwachen (§§ 69, 21 II 1 Nr. 1a). Der vorläufige Gläubigerausschuss hat also erhebliche Macht; er kann die richterliche Vorherrschaft über das Insolvenzverfahren deutlich schmälern. 105b

Zur **Einsetzung des vorläufigen Ausschusses** führen drei Wege: 105c

(1) Er *ist* einzusetzen, wenn wenigstens zwei der folgenden drei Indikatoren dies angesichts der Größe des Schuldner-Unternehmens nahelegen: die Bilanzsumme von mindestens 4.840.000 €, Umsatzerlöse von mindestens 9.680.000 € in 12 Monaten und mindestens 50 Arbeitsnehmer im Jahresdurchschnitt („*Pflichtausschuss*“; näher § 22a I).

(2) Ein vorläufiger Gläubigerausschuss *soll* eingesetzt werden, wenn der Schuldner, der (etwaige) vorläufige Verwalter oder ein Gläubiger dies beantragt, auch schon mögliche Kandidaten benennt und deren Einverständniserklärung beifügt („*derivativer Pflichtausschuss*“; § 22a II).

(3) Aber auch sonst *kann* das Gericht einen vorläufigen Ausschuss einsetzen („*fakultativer Ausschuss*“; § 21 II 1 Nr. 1a).

Unzulässig ist ein vorläufiger Gläubigerausschuss freilich in folgenden Fällen (§ 22a III):
- wenn der *Geschäftsbetrieb* des Schuldners schon *eingestellt* ist,
- wenn die Einsetzung im Hinblick auf die zu erwartende Insolvenzmasse unzulässig wäre: weil der Ausschuss *Kosten* verursachen dürfte (§ 54 Nr. 2), die *außer Verhältnis* zur mutmaßlichen Masse stehen, oder
- wenn die mit der Einsetzung verbundene Verzögerung die *Vermögenslage* des Schuldners *nachteilig verändern* würde (z. B. weil die Gewinnung geeigneter Ausschussmitglieder Zeit kostet und dies die gebotene rasche Einsetzung eines vorläufigen Verwalters verzögern mag).

Die Reichweite dieser Ausschlussgründe ist allerdings sehr umstritten (MünchKomm/*Haarmeyer,* § 22a Rn. 141 ff.).

105d **Mitglieder** des vorläufigen Gläubigerausschusses sollen repräsentative Vertreter der Gläubigerschaft sein (Rn. 71; §§ 67 II, 21 II 1 Nr. 1a). Mögliche Kandidaten soll der Schuldner (oder ein vorab eingesetzter vorläufiger Verwalter) benennen, wenn das Gericht dazu auffordert (§ 22a IV). Mitglied kann aber nur werden, wer auch Gläubiger ist (§ 67 III ist unanwendbar). Daher muss der vorläufige Ausschuss u. U. auf externe Fachleute verzichten, selbst auf Gewerkschaftsmitglieder! Das kann sehr misslich sein, da der Ausschuss ggf. die Weichen für eine Sanierung stellen muss und auf Kompetenz umso mehr angewiesen ist, als jedes Mitglied für schuldhafte Pflichtverletzungen haftet (§§ 71, 21 II 1 Nr. 1a; für großzügige Handhabung daher MünchKomm/*Haarmeyer,* § 22a Rn. 52). Die *Auswahl* der Ausschussmitglieder ist Sache des Gerichts (BT-Drs. 17/5712, S. 25).

V. Vorläufige Eigenverwaltung

105e Trotz Eröffnung des Insolvenzverfahrens über ein Unternehmen ist es mitunter sinnvoll, keinen Insolvenzverwalter einzusetzen, sondern dem Schuldner zu gestatten, die Geschäfte – kontrolliert – fortzuführen. Auf Antrag des Schuldners kann das Insolvenzgericht daher sog. **Eigenverwaltung** anordnen, wenn kein Anhalt dafür besteht, dass dies die Gläubiger benachteiligen wird; zur Überwachung der Geschäftsführung wird dann ein sog. Sachwalter bestellt (näher Rn. 604 ff.). Der Gesetzgeber hatte gehofft, diese Aussicht, die Geschäfte trotz Insolvenzeröffnung selbst fortführen zu können, werde für den Schuldner Anreiz sein, den Insolvenzantrag früher zu stellen, als dies leider oft beobachtet wird. Diese Erwartung blieb jedoch unerfüllt. Der Gesetzgeber hat daher nachgeholfen (mit dem ESUG): Seit dem 01.03.2012 kann der Schuldner darauf hinwirken, dass er auch schon nach einem Insolvenzantrag „Herr im Hause" bleibt: dass die Eigenverwaltung gleichsam **vorverlegt** wird.

Dies ist in zweierlei Formen möglich: entweder durch **vorläufige Eigenverwaltung** – begleitet durch einen „vorläufigen Sachwalter", der von dritter Seite bestimmt wird – oder in einem sog. **Schutzschirmverfahren,** das dem Schuldner nicht nur vorläufige Eigenverwaltung eröffnet, sondern auch wesentlichen Einfluss auf die Auswahl des vorläufigen Sachwalters gibt sowie die Abwehr von Vollstreckungsmaßnahmen und die Stärkung seiner Bonität ermöglicht. Diese Neuerungen erlangen – in großen Insolvenzverfahren – zunehmend Bedeutung: Sie haben die Insolvenzpraxis in kurzer Zeit verändert (näher Rn. 626 ff.).

VI. Schutz des Schuldners vor Sicherungsmaßnahmen

Die Anordnung einer Sicherungsmaßnahme kann gravierende Wirkungen haben. Dies umso mehr, wenn auf diese Weise der Insolvenzantrag publik wird und der Geschäftsverkehr den (u. U. verfrühten) Eindruck bekommt, er sei aussichtsreich. Es ist daher gut, dass der Schuldner **sofortige Beschwerde** einlegen kann (§§ 6, 21 I 2), wenn auch ohne aufschiebende Wirkung. 106

Unabhängig davon sind **Sicherungsmaßnahmen aufzuheben**, wenn sie nicht mehr zweckmäßig sind, erst recht bei Ablehnung des Antrags auf Insolvenzeröffnung (arg. § 25 I). Die Aufhebung eines allgemeinen Verfügungsverbots (§ 21 II 1 Nr. 2) ist entsprechend § 23 bekanntzumachen. War ein „starker" vorläufiger Insolvenzverwalter eingesetzt worden, so soll er noch die Verwaltungskosten und die von ihm begründeten Verbindlichkeiten begleichen, bevor sein Amt endet (§ 25 II). Rechtshandlungen eines vorläufigen Verwalters bleiben in jedem Fall wirksam (§ 34 III 3 analog). Wird das Insolvenzverfahren allerdings eröffnet, so können sie *anfechtbar* sein (§§ 129 ff.; Rn. 291).

Rechtsmittel gegen eine Sicherungsmaßnahme können freilich zu spät kommen. Doch **sonstiger Schutz** ist schwierig. Soweit angebracht, sollte der Schuldner schon vorbeugend tätig werden: Jedenfalls dann, wenn er mit einem Insolvenzantrag rechnen muss, den er für unberechtigt hält, kann er bei dem dafür zuständigen Insolvenz- 107 gericht eine „Schutzschrift" hinterlegen und darin aufzeigen, weshalb der erwartete Antrag aussichtslos wäre (a. A. Uhlenbruck/*Uhlenbruck*, § 10 Rn. 11 m. w. N.). Hat eine Sicherungsmaßnahme allerdings zu Schäden geführt und erging sie aufgrund eines unberechtigten Insolvenzantrags, so könnte der Gläubiger auf Schadensersatz haften, wenn er fahrlässig verkannt hatte, dass sein Antrag aussichtslos sein würde (dafür *Schillgalis*, S. 46 ff., 137 ff. mit Nachweisen zum Streitstand). Die h. M. lehnt das jedoch ab, im Ergebnis wohl zu Recht.

§ 12. Eröffnungsgründe und Deckung der Verfahrenskosten

I. Eröffnungsgründe

Literatur: *Böcker/Poertzgen*, Der insolvenzrechtliche Überschuldungsbegriff ab 2014, GmbHR 2013, 17 ff.; *Bork*, Grundfragen der Zahlungsunfähigkeit (§ 17 InsO), KTS 2005, 1 ff.; *ders.*, Wie erstellt man eine Fortbestehensprognose?, ZIP 2000, 1709 ff.; Gottwald/*Uhlenbruck/Gundlach*, S. 132 ff.

108 Der **Insolvenzantrag ist begründet**, wenn ein Insolvenzgrund vorliegt (so § 16) und – das ist zu ergänzen – die Insolvenzmasse wenigstens die Verfahrenskosten deckt (§ 26 I; Rn. 120 ff.). Ein Insolvenzgrund, der bei allen Schuldnern – natürlichen wie juristischen Personen, Gesellschaften ohne Rechtspersönlichkeit – eintreten kann, ist die *Zahlungsunfähigkeit* (§ 17 I: „allgemeiner Insolvenzgrund"). Bei juristischen Personen genügt alternativ die *Überschuldung* (§ 19). Stellt der Schuldner den Insolvenzantrag, so reicht sogar *drohende Zahlungsunfähigkeit* aus (§ 18).

1. Zahlungsunfähigkeit

109 Zahlungsunfähig ist der Schuldner, wenn er nicht mehr in der Lage ist, die fälligen Zahlungspflichten zu erfüllen (§ 17 II). Demnach kommt es auf die Fähigkeit, nicht auf die Bereitschaft zur Zahlung an: Gegenüberzustellen sind verfügbare Zahlungsmittel und fällige Zahlungspflichten. Dafür maßgeblich ist der Zeitpunkt der Gerichtsentscheidung, nicht die Situation bei Eingang des Insolvenzantrags, denn die frühere Lage mag sich gebessert oder verschlechtert haben, und der Insolvenzzweck gebietet, den letzten Erkenntnisstand zu-

grunde zu legen. Ermittelt wird also eine **Zeitpunkt-Illiquidität**, und zwar durch sog. Liquiditätsbilanz (Bsp.: *LG Augsburg* ZInsO 2003, 952 ff.). In diese gehen einerseits *Zahlungspflichten* ein, andere Pflichten (z. B. Verschaffungsansprüche nach § 433 I 1 BGB) also erst, wenn sie sich in Geldansprüche umgewandelt haben (z. B. kraft §§ 280 f. BGB). Welche dieser Pflichten fällig sind, ergibt sich aus § 271 BGB. Außer Acht bleiben also gestundete und sonst betagte Ansprüche, z. B. ein Darlehensrückzahlungsanspruch, auf den laut Vertrag erst in sechs Monaten eine Rate zu zahlen ist. Die Rspr. verlangt zusätzlich, dass die jeweilige Verbindlichkeit „ernsthaft eingefordert" worden ist (BGHZ 173, 286, 289 ff.). Andererseits sind die *verfügbaren Zahlungsmittel* zu erfassen, ebenfalls per Stichtag. Gemeint sind Geldmittel, nicht Sachwerte, auch wenn diese u. U. zu Geld gemacht werden könnten. Denn hierfür hätte der Schuldner rechtzeitig sorgen sollen.

Eine momentane **Zahlungsstockung** ist nach dem Willen des Gesetzgebers allerdings unschädlich (Amtl. Begr., S. 114). Es genügt, dass der Schuldner *kurzfristig* – spätestens binnen drei Wochen – wieder für Liquidität sorgen kann (vgl. BGHZ 163, 134, 139 f.), sei es durch Kreditaufnahme, sei es durch Verkauf oder Belastung von Vermögensstücken. Zur *Beweislast:* Sie liegt beim Antragsteller, soweit Zahlungsunfähigkeit streitig ist, dagegen beim Schuldner, soweit er sich auf bloße Zahlungsstockung beruft.

Die Zahlungsunfähigkeit muss nicht etwa „wesentlich" sein. Genügen kann, dass das Geld auch nur für einen von vielen Gläubigern nicht reicht. Dessen Anspruch muss dann freilich *bewiesen* sein (über Rn. 89 hinaus! – dazu *Henkel*, ZInsO 2011, 1237 ff.). Unzureichend sind aber ganz geringfügige Liquiditätslücken (Amtl. Begr., S. 114). Auf nähere Vorgaben hat der Gesetzgeber bewusst verzichtet. Sind aber mind. 10 % der gesamten Schulden ungedeckt, so ist regelmäßig von Zahlungsunfähigkeit auszugehen. Eine geringere Liquiditätslücke genügt nur, wenn absehbar ist, dass sie demnächst 10 % überschreiten wird (näher BGHZ 163, 134, 144 ff.).

Zahlungsunfähigkeit wird **vermutet bei Zahlungseinstellung** 110
(§ 17 II 2). Dies erspart den Nachweis der Zahlungsunfähigkeit. Zahlungseinstellung ist jedes Verhalten, das dem Schuldner zurechenbar ist und auch nur einem Geschäftspartner den Eindruck vermittelt, die Nichtzahlung beruhe auf Zahlungsunfähigkeit (u. U. also eine Bitte um längerfristige Stundung, die Nichtzahlung wichtiger laufender Betriebskosten, gehäufte Wechselproteste oder Vollstreckungsmaßnahmen, die abrupte Schließung des Geschäfts, Flucht des

Schuldners; näher *BGH* NZI 2013, 932 f.). Dass dem Schuldner noch Teilzahlungen möglich sind, schließt Zahlungseinstellung nicht aus.

Eine Zahlungseinstellung, die einmal erkennbar geworden ist, **wirkt fort**, bis die Zahlungen allgemein wieder aufgenommen werden. Das wird wichtig, wenn ein Gläubiger mangels Bezahlung seiner Forderung („Zahlungseinstellung") einen Insolvenzantrag stellt, um Druck auf den Schuldner auszuüben. Erreicht z. B. G auf diese Weise, dass *seine* Forderung doch noch beglichen wird, wird er seinen Antrag zurücknehmen oder ihn (kostensparend!) für erledigt erklären (Rn. 94). Solche Einzelzahlungen ändern an der Zahlungseinstellung aber nichts mehr (*BGH* NJW 2002, 512, 514 f.). Diese bleibt daher maßgeblich, wenn später andere Gläubiger (weitere) Insolvenzanträge stellen und der nun eingesetzte Verwalter die Zahlung an G anfechten will (dazu Rn. 304 ff.).

111 Zahlungsunfähigkeit ist allerdings ein eher **träger Indikator** für Insolvenz. Realistische Aussagen über die Lage eines Unternehmens würde sie nur erlauben, wenn dessen Zustand bzw. Zukunft völlig transparent wären: Dann nämlich würde das Unternehmen neue Kredite nur erhalten, wenn es trotz Tilgung der alten Kredite noch Überschüsse erzielen könnte. Andernfalls würden neue Kredite ausbleiben, so dass bei Fälligkeit der Altschulden und schlechter Ertragslage Zahlungsunfähigkeit frühzeitig einträte und erkennbar würde. Tatsächlich ist die wahre Situation des Schuldners aber meist nur wenigen bekannt. Oft erhält er noch Kredit, obwohl künftige Überschüsse unwahrscheinlich sind oder sich sogar schon Zahlungsunfähigkeit andeutet, die allein durch den Neukredit vermieden werden kann – so aber auch nur hinausgeschoben wird. Es ist daher sinnvoll, dass § 18 den Insolvenzgrund neuerdings vorverlegt:

2. Drohende Zahlungsunfähigkeit

112 Für *Insolvenzanträge des Schuldners* genügt auch, dass Zahlungsunfähigkeit lediglich droht: dass der Schuldner also „voraussichtlich nicht in der Lage sein wird, die bestehenden Zahlungspflichten im Zeitpunkt der Fälligkeit zu erfüllen" (§ 18 I, II). Entscheidend ist somit eine **Zeitraum-Illiquidität**. Feststellbar ist sie durch einen Finanzplan, der für den Prognosezeitraum Ein- und Auszahlungen gegenüberstellt und so auch ein Manko an Zahlungsmitteln (Cashflow) aufzeigt:

- Erfasst werden einerseits die *Zahlungsmittel*, die gegenwärtig vorhanden sind und bis zum künftigen Stichtag noch verfügbar werden (Zahlungen Dritter auf Außenstände, künftige Umsatzerlöse, Zinserträge usw.).

• Andererseits ist der Finanzplan an den *Zahlungspflichten* orientiert. Denn diese sind Indiz für den Abfluss entsprechender Zahlungsmittel, da Schulden regelmäßig alsbald beglichen werden müssen. Erfasst werden nicht nur die fälligen Pflichten, sondern auch solche, die bis zu dem späteren Stichtag fällig werden. Pflichten, die überhaupt erst später *entstehen*, bleiben nach dem Wortlaut des § 18 außer Acht. Das macht Sinn, soweit eine Pflicht völlig ungewiss ist, z. B. wenn sie unter einer Bedingung steht. Über den Wortlaut hinaus müssen jedoch absehbare Aufwendungen einbezogen werden, bei fortlaufender Produktion z. B. die Kosten künftiger Rohstoffkäufe (vgl. Amtl. Begr., S. 115).

Der *Prognosezeitraum* ist nach dem Gesetz nicht begrenzt. Er kann einige Monate umfassen, aber auch länger sein. Je länger er ist, desto ungenauer werden allerdings die Voraussagen und desto schwieriger wird der Nachweis dieses Insolvenzgrundes.

Der (neue) Insolvenzgrund verfolgt das **Ziel**, den Schuldner dazu **113**
zu bringen, früher Insolvenzantrag zu stellen, als das bisher üblich war. Das angeschlagene Unternehmen soll nicht noch unnötig heruntergewirtschaftet werden, damit eine größere Masse erhalten bleibt. Das ist nicht leicht zu erreichen.

Bei kritischer Entwicklung seines Unternehmens ist der Schuldner psychologisch oft in schwieriger Lage. Er hofft verzweifelt auf Besserung und beschönigt die bedenkliche Situation nicht selten auch vor sich selbst (Autosuggestion), zumal oft sein Ansehen und sein Lebenswerk auf dem Spiel stehen: Anders als z. B. in den USA gilt eine Insolvenz bei uns als gravierendes Versagen, obwohl sie dem Schuldner keineswegs immer vorwerfbar ist (Rn. 3). Entsprechend gering ist die Bereitschaft, dem Schuldner eine zweite Chance zu geben. Diesem muss es daher schwerfallen, sich für ein „Ende mit Schrecken“ zu entscheiden.

Immerhin gibt es **Anreize für den Gang zum Insolvenzrichter**: die dann eröffnete Möglichkeit, Sicherungsrechte der Gläubiger zu blockieren (§§ 165 f.; § 30d I, II ZVG); das Recht zur Vorlage eines Insolvenzplans (§ 218); die Hoffnung, den Betrieb in Eigenverwaltung fortführen bzw. abwickeln zu können (§§ 270 ff.); die Aussicht, sich Restschuldbefreiung zu sichern (§ 290 I Nr. 4). Ob dies genügt, um Schuldner-Anträge nach § 18 zu fördern, muss sich noch zeigen. Schuldner-Anträge als solche sind neuerdings etwas häufiger (näher *Kranzusch*, ZInsO 2003, 294, 297 f.).

Gläubiger können sich *nicht* auf drohende Zahlungsunfähigkeit berufen. Andernfalls bestünde die Gefahr, dass sie den Schuldner schon im Vorfeld der Insolvenz mit einem nur prognostisch, d. h. vage begründeten Insolvenzantrag unter Druck setzen oder Sanierungsbemühungen torpedieren.

3. Überschuldung

114 Gegen **juristische Personen** (AG, GmbH) wird das Insolvenzverfahren nicht nur bei (drohender) Zahlungsunfähigkeit, sondern auch bei Überschuldung eröffnet (§ 19 I), nämlich dann, wenn das Vermögen des Schuldners die bestehenden Verbindlichkeiten nicht mehr deckt (§ 19 II 1). Die Insolvenzgründe werden also erweitert, wenn auf Schuldnerseite keine natürliche Person haftet. *Grund dieser Verschärfung* ist die beschränkte Haftung der Kapitalgesellschaft. Umgekehrt sollte nämlich natürlichen Personen die Chance gelassen werden, Engpässe durch Kreditaufnahme zu überbrücken (Motive zur KO, S. 319 f.). Dahinter steht die Erfahrung, dass die Haftung eines Menschen das Insolvenzrisiko verringert: Das Vertrauen, dass jemand seine unternehmerischen Fähigkeiten in äußerstem Maße einsetzen wird, um das angeschlagene Unternehmen zu sanieren bzw. in die Gewinnzone zurückzuführen, beruht nicht nur auf der „werbenden Kraft der Persönlichkeit" (*Gerhardt*), sondern auch auf seiner persönlichen Haftung. Dies sichert auch die Kreditwürdigkeit und damit zugleich die Aussicht auf weitere Zahlungsfähigkeit. Indikator der Insolvenz soll bei natürlichen Personen daher erst die Enttäuschung dieser Erwartung sein. Anders ist es z. B. bei der GmbH. Deren Geschäftsführer mag zwar ebenso talentiert sein wie ein einzelkaufmännischer Unternehmer, doch ist er – nach Maßstäben des Wirtschaftslebens – anders motiviert, da (wenigstens prinzipiell) nur die GmbH haftet.

115 Überschuldung genügt auch für **Gesellschaften ohne Rechtspersönlichkeit** (OHG, KG, GbR usw.), bei denen kein persönlich haftender Gesellschafter eine natürliche Person ist (§ 19 III 1). Die persönlich Haftenden sind i. d. R. also andere Gesellschaften.

Beispiele: Gesellschafter einer Schuldner-GbR sind nur eine OHG und eine GmbH. Schuldnerin ist eine GmbH & Co. KG (als Komplementärin der KG haftet allein die GmbH). – Anders ist es, wenn eine OHG schuldet und diese aus einer GmbH und Frau X besteht.

Gesellschaften ohne Rechtspersönlichkeit werden allerdings dann nicht wie juristische Personen behandelt (werden also *nur bei Zahlungsunfähigkeit* insolvent), wenn einer ihrer persönlich haftenden

Gesellschafter „eine andere Gesellschaft" ist, in der eine natürliche Person persönlich haftet (§ 19 III 2).

Beispiel: Gesellschafter der Schuldner-GbR sind eine GmbH und eine KG. Deren Komplementär ist Herr Y.

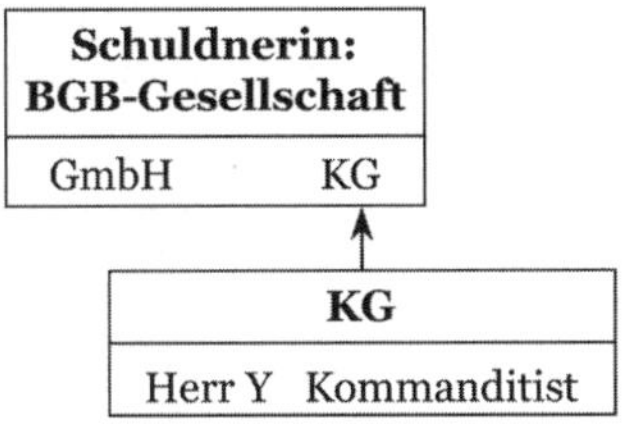

Das ist konsequent, denn von dieser Person ist wiederum die Anspannung aller Kräfte zur Abwendung der Insolvenz (Rn. 114) zu erwarten.

Zur **Feststellung von Überschuldung** werden Aktiva und Passiva 116
in einer Überschuldungsbilanz (auch: Überschuldungsstatus) gegenübergestellt. *Passiva* sind bestehende Verbindlichkeiten, die im Falle der Insolvenzeröffnung Insolvenzforderungen wären. Dabei werden einer Gesellschaft auch Schulden zugerechnet, die auf Darlehen oder vergleichbaren Rechtshandlungen (Rn. 318 ff.) ihrer Gesellschafter beruhen.

Vermeidbar ist dies nur durch sog. *Rangrücktritt* i. S. d. § 39 II (in 19 II 2 exemplarisch klargestellt). Mit ihm erklärt ein Gläubiger, auf Erfüllung seiner Forderung nur noch für den Fall zu bestehen, dass alle anderen Gläubiger befriedigt sind. Nach einer solchen Inhaltsänderung (§ 311 I BGB) ist die Forderung stark entwertet: Sie muss nicht (länger) passiviert werden. Ein nachträglicher Rangrücktritt kann daher die Überschuldung beseitigen – und ein Schritt zur Sanierung sein (näher *Henkel/Wentzler*, GmbHR 2013, 239 ff.).

Aktiva sind die Vermögensbestandteile, die im Falle der Insolvenzeröffnung verwertet werden könnten.

Problematisch ist aber die **Bewertung der Aktiva**: Das Vermögen 117
lässt sich erfassen als Summe der Preise, die sich bei Zerschlagung und Verkauf des Bestandes (Maschinen, Warenvorräte, Büroeinrichtung, Forderungen usw.) erzielen lassen würden. Sog. stille Reserven – sie entstehen durch Unterbewertung von Vermögen aufgrund des Bilanzrechts – sind also „aufzulösen". Andererseits bleiben Forderungen gegen Dritte außer Acht, wenn sie undurchsetzbar sind. Doch all diese „*Liquidationswerte*" sind naturgemäß recht gering.

Andererseits ergibt sich oft die Chance, das Unternehmen fortzuführen. Soweit dann Aussicht besteht, dass später wieder Gewinne erzielbar sind, muss dem durch einen Aufschlag Rechnung getragen werden. Denn diese Aussicht erhöht – diskontiert man die künftigen Überschüsse – bereits den aktuellen Wert des Unternehmens. Er müsste folglich auf die Unternehmensbestandteile umgelegt werden, etwa derart, dass als *Fortführungswerte* die (hohen) Wiederbeschaffungskosten angesetzt werden.

Fazit: Bloße Liquidationswerte bleiben leicht hinter den Schulden zurück, führen also leicht zur Überschuldung – die höheren Fortführungswerte seltener.

Eine angemessene Bewertung ist überaus wichtig. Denn gesunde Unternehmen dürfen nicht allein deshalb vom Markt genommen werden, weil sie kreditfinanziert sind, und gerade in Deutschland sind mittelständische Unternehmen in hohem Maße auf Fremdkapital angewiesen (Rn. 3).

118 Das **frühere Konkursrecht** trug dem Rechnung. Es legte zwar nur die niedrigen Liquidationswerte zugrunde (so die damals h. M.). Blieben diese hinter den Passiva zurück, sollte Überschuldung allerdings zusätzlich erfordern, dass eine mittelfristige Fortführung des Unternehmens nicht wahrscheinlich war (sog. *zweistufige Überschuldungsprüfung;* BGHZ 119, 201, 213 f.; näher, auch zum Folgenden, *Lauscher/Wirtz*, JURA 2009, 886 ff.). Umgekehrt wurde bei Aussicht auf Fortführung eine Überschuldung ohne weiteres verneint.

Von diesem Freibrief zur Fortführung hatte sich der Rechtsausschuss bei Beratung der Insolvenzordnung allerdings „entschieden“ distanziert: Eine Fortbestehensprognose könne dazu führen, dass eine Gesellschaft weiter wirtschafte, ohne über schuldendeckendes Kapital zu verfügen. Dies gefährde die Gläubiger gerade bei Prognosefehlern (Rechtsausschuss, S. 157). Dementsprechend machte **§ 19 II InsO a. F.** anfangs auch die Bewertung von einer Prognose über die Fortführung abhängig: War die Fortführung des Unternehmens nicht überwiegend wahrscheinlich, so sollten (niedrige) Liquidationswerte anzusetzen sein. Andernfalls sollten die (meist höheren) Fortführungswerte zugrunde gelegt werden. Auch im letzten Fall konnte sich freilich Überschuldung erweisen: wenn die Schulden sogar die Fortführungswerte übersteigen (vgl. *OLG Naumburg* ZInsO 2004, 512 ff.).

119 Nach Ausbruch der Finanzkrise (Oktober 2008) erschien es dem Gesetzgeber ratsam, Unternehmen, die infolge der Krise in Schwierigkeiten kommen würden, nicht schon wegen der dann leicht möglichen Überschuldung einem Insolvenzverfahren auszusetzen: Dies sollte ausgeschlossen sein, solange immerhin *Aussicht auf Fortführung* des Unternehmens besteht. Nach der **Neufassung des § 19 II** scheidet „Überschuldung“ daher aus, wenn eine Unternehmensfort-

führung „überwiegend wahrscheinlich“ ist, weil der Schuldner zu ihr bereit ist und mittelfristig (z. B. bis Ende des folgenden Geschäftsjahres) keine Zahlungsunfähigkeit droht. Insofern ist eine Zeitraum-Liquidität zu untersuchen (wie nach Rn. 112). Diese, zunächst nur als Krisenbehelf gedachte, Änderung gilt mittlerweile fristlos: Der Gesetzgeber ist zur – alten und milderen – zweistufigen Überschuldungsprüfung des Konkursrechts zurückgekehrt.

Frage: Welcher der klassischen Insolvenzgründe (Zahlungsunfähigkeit und Überschuldung) ermöglicht die Insolvenzeröffnung eher?

Das lässt sich nicht allgemein sagen: Überschuldung wird irgendwann in Zahlungsunfähigkeit zum Ausdruck kommen. Jedoch ist der Schuldner *nur überschuldet,* wenn seine Schulden zwar überwiegen, er aber trotzdem immer noch Kredite erhält (häufig; z. B. weil seine Bank keinen Einblick hat oder beide Augen zudrückt). Umgekehrt ist er *nur zahlungsunfähig,* wenn sein Vermögen die Passiva übersteigt, aber nicht liquide gemacht werden soll oder vorübergehend nicht liquide gemacht werden kann (selten; z. B. bei Schwierigkeiten eines Grundstücksverkaufs).

Übersicht: Insolvenzgründe

Bei Insolvenzverfahren über	**Grundsätzlich ist erforderlich**	**Bei Insolvenzantrag des Schuldners genügt auch**
– Menschen	Zahlungsunfähigkeit (§ 17)	drohende Zahlungsunfähigkeit (§ 18)
– juristische Personen und nicht-rechtsfähige Vereine	Zahlungsunfähigkeit (§ 17) oder Überschuldung (§ 19)	drohende Zahlungsunfähigkeit (§ 18)
– Gesellschaften ohne Rechtspersönlichkeit (GbR, OHG, KG usw.)	Zahlungsunfähigkeit (§ 17); Überschuldung (§ 19) genügt, wenn kein Gesellschafter (und auch kein an ihm beteiligter Gesellschafter) als natürliche Person persönlich haftet.	drohende Zahlungsunfähigkeit (§ 18)

II. Deckung der Verfahrenskosten

Literatur: *Budde,* Die Haftungsverwirklichung in der masselosen Insolvenz der Kapitalgesellschaft, 2006; Gottwald/*Uhlenbruck/Gundlach,* S. 336 ff.; *Haarmeyer/Beck,* Die Praxis der Abweisung mangels Masse oder der Verlust der Ordnungsaufgabe des Insolvenzrechts, ZInsO 2007, 1065 ff.;

Heyer, Eintragungen in das Schuldnerverzeichnis nach § 26 InsO, Auskünfte und Löschungen, ZInsO 2004, 1127 ff.

1. Arten der Kostendeckung

120 Auch wenn ein Insolvenzgrund vorliegt, wird ein Insolvenzverfahren nur eröffnet, wenn dessen Finanzierung gesichert ist: Der Eröffnungsantrag ist abzuweisen, wenn das **Vermögen des Schuldners** voraussichtlich nicht ausreichen wird, um die Verfahrenskosten zu decken (§ 26 I 1), nämlich u. a. die Gerichtskosten sowie Honorar und Auslagen des Insolvenzverwalters (näher Rn. 76 f.). Allerdings kann die Bewertung von Vermögen und Verfahrenskosten in diesem frühen Zeitpunkt besonders schwierig sein, zumal dann, wenn ein Unternehmen vorläufig fortzuführen ist (Rn. 98). Die nötige Prognose wird erleichtert, soweit ein vorläufiger Insolvenzverwalter dem Gericht berichten kann oder ein Sachverständiger eingeschaltet wird (§ 22 I 2 Nr. 3).

Einzelheiten: Im Zweifel sind Liquidationswerte (Rn. 117) zugrunde zu legen. Zum Vermögen zählen auch Ansprüche, die später erst durchgesetzt werden müssten, z. B. Außenstände des Schuldners und Ansprüche auf Rückgewähr wegen Insolvenzanfechtung. Gegenstände, deren Aussonderung zu erwarten ist, bleiben außer Acht. Verwertungskosten und Zahlungen auf Absonderungsrechte sind in Abzug zu bringen. Etwaige Prozessrisiken sind einzubeziehen, z. B. die Frage der Beweisbarkeit und die späteren Vollstreckungschancen, aber auch Aussicht auf Prozesskostenhilfe (Rn. 287).

121 Alternativ genügt es, dass ein **Vorschuss auf die Verfahrenskosten** geleistet wird (§ 26 I 2). Dazu werden allenfalls Gläubiger bereit sein, und auch nur dann, wenn sie diese weitere „Investition“ für lohnend halten: So mag der nach Verfahrenseröffnung eingesetzte Insolvenzverwalter unbekanntes Vermögen zutage fördern. Aus diesem wäre dann zunächst einmal der Vorschuss zurückzuzahlen (Masseschuld!; Rn. 76). Ein Vorschuss kann sich ferner lohnen, wenn der Verdacht besteht, dass eine Insolvenzantragspflicht nicht oder zu spät erfüllt worden ist (Rn. 91, 282). Die antragspflichtige Person muss den Vorschuss nämlich schon dann erstatten, wenn sie sich nicht entlasten kann (§ 26 III). Das hilft freilich wenig, wenn sie ihrerseits insolvent ist; so bestehen Banken oft darauf, dass bei größeren Krediten an die GmbH deren Geschäftsführer bürgt!

In der Praxis ist die Bereitschaft zu Vorschüssen allerdings auch deshalb beschränkt, weil viele Gläubiger, die unter der Insolvenz leiden, dem Schuldner in der Krise immerhin noch Teilzahlungen abtrotzen konnten. Sie müssen daher befürchten, dass ein mit ihrer Hilfe finanzierter Insolvenzverwalter dies aufdeckt und versucht, auch *ihre* Begünstigung im Wege der Insolvenzanfechtung zu neutralisieren! Eine Erhöhung der Insolvenzquote könnte dies kaum wettmachen.

Auch bei **Stundung der Verfahrenskosten** ist dem Verfahren 122
Fortgang zu geben (§ 26 I 2). Das fiskalische Interesse tritt hier allerdings nur zurück, um dem Schuldner eine Restschuldbefreiung zu ermöglichen: Die Stundung setzt voraus, dass der Schuldner eine *natürliche Person* ist, selber den *Insolvenzantrag gestellt* hat, zugleich *Restschuldbefreiung* beantragt und diese nicht ersichtlich zu versagen ist (§ 4a; näher Rn. 592 ff.).

2. Antragsabweisung mangels Masse

Sind die Kosten nicht gedeckt, so ist der Eröffnungsantrag abzu- 123
weisen (§ 26 I 1). Dann behält der Schuldner seine Verfügungsfreiheit. Umgekehrt können die Gläubiger weiter Einzelzwangsvollstreckungen versuchen. Diese sind nicht in jedem Fall aussichtslos: Obwohl die (u. U. hohen) Verfahrenskosten nicht gedeckt waren, kann die Masse doch einen gewissen Umfang haben. Arbeitnehmern steht zudem Insolvenzgeld zu (Rn. 101). Der Abweisungsbeschluss ist öffentlich bekanntzumachen. Um künftige Geschäftspartner zu warnen, wird der Schuldner zudem in ein **Schuldnerverzeichnis** eingetragen (§ 26 II; §§ 882b I Nr. 3, 882h I ZPO; „Schwarze Liste").

Im Vorfeld einer massearmen Insolvenz kommt es nicht selten zu Straftaten (*Haarmeyer*, ZInsO 2007, 1065 ff.). Eine Antragsabweisung mangels Masse ist daher vorsorglich der Staatsanwaltschaft mitzuteilen (MiZi Nr. XIIa/2).

Etwaige, nach §§ 21 ff. verhängte **Sicherungsmaßnahmen sind aufzuhe-** 124
ben. War ein vorläufiger „starker" Insolvenzverwalter eingesetzt worden, so muss er aus dem verwalteten Vermögen die Kosten begleichen, bevor sein Amt endet (§ 25 II; Rn. 106); zur Vergütung s. § 26a. Gleiches gilt für die von ihm begründeten Verbindlichkeiten, auch für solche aus einem Dauerschuldverhältnis, soweit er die Gegenleistung in Anspruch genommen hatte (z. B. die Arbeitskraft eines Arbeitnehmers im Schuldnerbetrieb).

Bei **Kapitalgesellschaften** führt Abweisung mangels Masse zur 125
Auflösung (vgl. §§ 262 I Nr. 4 AktG, 60 I Nr. 5 GmbHG). Daher ist dem Registergericht Mitteilung zu machen (§ 31 Nr. 2). Gleiches gilt für Handelsgesellschaften, bei denen keine natürliche Person persönlich haftet (§ 131 II 1 Nr. 1 HGB). Aufgelöste Gesellschaften können zwar weiterhin über ihr Vermögen verfügen. Dies dient aber nur der gesellschaftsrechtlichen Liquidation, d. h. der Abwicklung der Ge-

sellschaft unter Verteilung ihres Vermögens an die Gläubiger und – hier pure Theorie – eines Überschusses an die Gesellschafter (§§ 70, 72 GmbHG).

Hier folgt die Befriedigung der Gläubiger dem **Reihenfolgeprinzip**, denn die Liquidation ist kein Insolvenzverfahren. In der Praxis können die Liquidatoren (Geschäftsführer oder Gesellschafter) daher wegen eigener Ansprüche auf das Restvermögen zugreifen! Rechtspolitisch ist das fragwürdig. Die Insolvenzordnung soll als Reformgesetz eigentlich auch vermeiden, dass dem Insolvenzverfahren eine Liquidation nachfolgen muss (näher Rn. 174). Den Fall der Abweisung mangels Masse hat man aber nicht einbezogen (dazu *K. Schmidt*, ZGR 1996, 209, 221).

Ist die Gesellschaft schließlich vermögenslos, so erfolgt ihre *Löschung* (§ 394 FamFG). Selbst dann kann aber noch eine Liquidation folgen, wenn sich überraschend weiteres Vermögen findet (z. B. § 66 V GmbHG).

§ 13. Entscheidung über den Eröffnungsantrag

Literatur: *Henckel*, Fehler bei der Eröffnung des Insolvenzverfahrens – Abhilfe und Rechtsmittel, ZIP 2000, 2045 ff.; *Wessel*, Der Sachverständige im Insolvenzeröffnungsverfahren nach § 5 InsO, DZWiR 1999, 230 ff.

I. Feststellung der maßgeblichen Tatsachen

126 Die Tatsachen, von denen die Insolvenzeröffnung abhängt (Rn. 108 ff.), werden seitens des Gerichts **von Amts wegen ermittelt** (§ 5 I). Dabei kann auf alle zulässigen Beweismittel zurückgegriffen werden, z. B. auf Zeugen, auf amtliche Auskünfte von Behörden und insbesondere auf Sachverständige, die den Betrieb bzw. die Geschäftsräume des Schuldners besichtigt und die geschäftlichen Unterlagen eingesehen haben. Namentlich der vorläufige Insolvenzverwalter wird hier wertvolle Hilfe leisten können, sei es als Zeuge, sei es als Sachverständiger (§ 22 I 2 Nr. 3 Hs. 2). Der Schuldner, die Geschäftsführung und der Aufsichtsrat einer Gesellschaft haben ohnehin alle nötigen Auskünfte zu geben (§ 20 I i. V. m. § 97 I 1; näher Rn. 135 ff.), ebenso gegenwärtige und frühere Angestellte, z. B. Buchhalter (§ 101 II). Notfalls ist die Auskunft erzwingbar (vgl. § 20 I 2).

Vernimmt das Gericht **Zeugen** zu den Vermögensverhältnissen des Schuldners, so lassen sich auf diese Weise „vorab“ auch schon die Chancen eines Prozesses eruieren, den der Insolvenzverwalter später im ordentlichen Verfahren (mit Verhandlungsmaxime!) zu führen hätte (näher FK/*Schmerbach*, § 5 Rn. 26). Stets sind aber Zeugnisverweigerungsrechte zu beachten (§§ 383 ff. ZPO, 4). Ist der Zeuge schweigepflichtig, so kann ihn davon auch ein vorläufiger Insolvenzverwalter befreien (h. M.; MünchKomm/*Ganter/Lohmann*, § 5 Rn. 29 ff.; *AG Göttingen* ZInsO 2002, 943, 944: Hausbank des Schuldners), wenn er entsprechend autorisiert ist (Rn. 98, 103). Zur Entbindung Dritter vom Bankgeheimnis kann im Übrigen der Schuldner selbst angehalten werden (näher *Huber*, ZInsO 2001, 289 ff.; str.). **Sachverständige** dürfen die Geschäftsräume des Schuldners nur mit dessen Zustimmung betreten (BGHZ 158, 212, 217). Die Vorlegung von **Urkunden** kann nach Maßgabe der §§ 142 ZPO, 4 auch Dritten, z. B. einem Steuerberater, aufgegeben werden (*LG Köln* ZVI 2005, 79 ff.).

Über den Insolvenzantrag entscheidet der Richter (§ 18 I Nr. 1 RPflG), wenn der Antrag *entscheidungsreif* ist. Daran fehlt es z. B., solange das Verfahren ruht, weil es ein Verbraucher-Insolvenzverfahren ist (§ 304) und der Schuldner einen Insolvenzantrag gestellt hat (näher § 306 I, III; Rn. 644, 667).

II. Abweisung des Antrags

Der Antrag wird abgewiesen, wenn er unzulässig oder unbegrün- 127
det ist. Zurückweisung als **unzulässig** ist geboten, wenn eine der Voraussetzungen nach Rn. 92 ff. fehlt.

Fehlen freilich nur Unterlagen, z. B. das vom Schuldner vorzulegende Gläubigerverzeichnis, so hat das Gericht zuvor aufzufordern, sie fristgemäß nachzureichen. Ist ein Verzeichnis überhaupt nur lückenhaft, so macht dies den Antrag keinesfalls unzulässig.

Unbegründet ist der Antrag in zwei Fällen:
• Er ist *„mangels Masse"* abzuweisen, da die Masse voraussichtlich nicht einmal die Verfahrenskosten deckt und diese auch weder vorgeschossen noch gestundet wurden (Rn. 120 ff.).
• Ein *Eröffnungsgrund* wurde zwar glaubhaft gemacht, doch ist er *nicht bewiesen*, d. h. zur Überzeugung des Gerichts festgestellt (näher *Zipperer*, NZI 2003, 590 ff.).

Bisweilen hängt die Zahlungsunfähigkeit oder Überschuldung davon ab, 128
dass gerade (auch) die **Forderung des Gläubigers** besteht, der den Insolvenzantrag gestellt hat. Bestreitet der Schuldner die Forderung, so mag sie schon nicht *glaubhaft* gemacht sein, so dass der Antrag bereits unzulässig ist (Rn. 89). Im Übrigen muss die Forderung festgestellt werden. Auch hier gilt aber, dass die Klärung schwieriger Rechtsfragen nicht Aufgabe des *Insolvenz-*

gerichts ist. Der Gläubiger muss die Forderung daher anderweitig klären lassen, bevor er aus ihr einen Insolvenzgrund herleiten kann.

Mit der Abweisung des Insolvenzantrags ergeht auch eine **Kostenentscheidung.** Soweit der Antrag eines Gläubigers erfolglos bleibt, sind diesem die Kosten aufzuerlegen (§§ 91 ZPO, 4). Anderes gilt nach überw. M. bei Abweisung mangels Masse, doch das hilft dem Gläubiger wenig, da er Kostenschuldner der Staatskasse bleibt (§ 23 I, 31 GKG). Die Kostengrundentscheidung umfasst nie die Vergütung eines vorläufigen Insolvenzverwalters; darüber wird gesondert entscheiden: § 26a.

129 Die Abweisung ist **anfechtbar** mittels sofortiger Beschwerde (§§ 567 ZPO, 6 I, 34 I). Diese steht jedenfalls dem Antragsteller zu, sei er Gläubiger oder Schuldner. Bei *Abweisung mangels Masse* ist sie stets (auch) für den Schuldner eröffnet (§ 34 I Fall 2), zumal ihm bei Eintragung in das Schuldnerverzeichnis erhebliche Nachteile drohen. Ein erneuter Eröffnungsantrag ist zulässig, wenn glaubhaft gemacht wird, dass zwischenzeitlich ausreichendes Schuldnervermögen ermittelt wurde (*BGH* NJW-RR 2002, 1571).

III. Eröffnung des Verfahrens

130 Ist der Antrag zulässig und begründet, so ergeht ein **Eröffnungsbeschluss.** *Wirksam* wird er nur bei Verlautbarung (z. B. bei Herausgabe durch die Geschäftsstelle zwecks Bekanntgabe), dann aber rückwirkend auf den Zeitpunkt der Unterschrift des Richters. Das ist wichtig, weil die Insolvenzeröffnung viele einschneidende Wirkungen hat. Der Beschluss muss daher Stunde (und Minute!) der Eröffnung benennen (§ 27 II Nr. 3). Andernfalls ist die Mittagsstunde (12 Uhr) maßgebend (§ 27 III). Die Geschäftsstelle hat den Eröffnungsbeschluss „sofort" öffentlich *bekanntzumachen,* d. h. per Internet (§ 30 I; Rn. 43). Ergänzend ist der Beschluss *zuzustellen* (§ 30 II), nämlich u. a. den Schuldnern des Schuldners, soweit sie bekannt sind oder nachträglich bekannt werden. *Im Grundbuch* ist auf Ersuchen des Insolvenzgerichts ein Insolvenzvermerk einzutragen, damit redlicher Erwerb beschlagnahmter Grundstücke (Rn. 184) ausgeschlossen wird (§ 32). Gelingen kann das freilich nur für Grundstücke, die bekannt sind oder später bekannt werden!

131 Zum **Inhalt des Beschlusses** gehören:
- genaue Bezeichnung und Anschrift des *Schuldners* (§ 27 II Nr. 1);
- Name und Anschrift des *Insolvenzverwalters* (§ 27 II Nr. 2), den das Gericht mit Insolvenzeröffnung ernennt (§ 27 I);

- die Aufforderung an Schuldner des Schuldners, nicht mehr an diesen, sondern *nur noch an den Verwalter zu leisten,* § 28 III (letztlich eine Warnung vor Folgen des § 82 S. 1);
- die Aufforderung an die Gläubiger, ihre *Forderungen anzumelden* (nach Grund und Höhe unter Beifügung etwaiger Urkunden), samt Festsetzung einer *Anmeldefrist* (zwischen zwei Wochen und drei Monaten; § 28 I);
- die Aufforderung an die Gläubiger, etwaige *Sicherungsrechte* an Mobiliar oder Rechten des Schuldners mitzuteilen (näher § 28 II);
- Bestimmung des sog. *Berichtstermins* (zwischen sechs Wochen und drei Monaten; § 29 I Nr. 1), allerdings nicht in einfach gelagerten Verfahren (§ 29 II 2);
- Bestimmung des sog. *Prüfungstermins* für angemeldete Forderungen (zwischen einer Woche und zwei Monaten nach Ablauf der Anmeldefrist, u. U. zeitgleich mit Berichtstermin; § 29 I Nr. 2, II).

Anfechtbar ist der Eröffnungsbeschluss mit sofortiger Beschwerde, allerdings nur *für den Schuldner* (§§ 567 ZPO, 6 I, 34 II). **132**

Hatte der Schuldner den Antrag selbst gestellt, so steht seine *Beschwer* in Frage (*BGH* NZI 2012, 318). Ausnahmsweise kann freilich „materielle" Beschwer genügen, so bei zwischenzeitlichem Wegfall des Insolvenzgrundes (vgl. *BGH* NJW-RR 2007, 765).

Für Gläubiger ist der Beschluss auch dann unanfechtbar, wenn ihnen ein Insolvenzverfahren schadet, z. B. weil sie sonst noch Aussicht auf erfolgreiche Zwangsvollstreckung hätten!

Wer den Eröffnungsbeschluss angreift, muss dessen Nachteile hinnehmen, bis über die Beschwerde entschieden ist: Sie hat *keine aufschiebende Wirkung* (§§ 570 I ZPO, 4). Immerhin können Insolvenz- wie Beschwerdegericht die Vollziehung des Beschlusses aussetzen (§§ 570 II ZPO, 4). Das hindert zwar nicht die gesetzlichen Wirkungen der Eröffnung (z. B. die Beschlagnahme), aber doch den Insolvenzverwalter an (weiteren) Verwertungsmaßnahmen. **133**

Hat die Beschwerde Erfolg, so **entfallen die Rechtsfolgen** der Verfahrenseröffnung rückwirkend. Der Schuldner steht also so, als hätte er seine Verfügungsmacht nie verloren. Demnach müsste der Insolvenzverwalter Nichtberechtigter gewesen sein! Doch das würde den Rechtsverkehr gefährden. Daher bestimmt § 34 III 3, dass alle Rechtshandlungen wirksam bleiben, die der Verwalter vornahm (z. B. Verfügungen über Massegegenstände, Vermietungen von solchen) oder ihm gegenüber erfolgten (z. B. Leistungen von Drittschuldnern). Der Schuldner muss solche Geschäfte also hinnehmen oder sogar noch erfüllen (Rn. 403). **134**

Amtsgericht Osnabrück 18.07.2014
Insolvenzgericht
Geschäfts-Nr.: 57 IN 24/14

Beschluss

Über das Vermögen der Plochty – Basalt Steine GmbH, Waldweg 13, 49086 Osnabrück, vertreten durch Claus-Peter Visionär (Geschäftsführer), Handelsregister: Amtsgericht Osnabrück HRB 1234
wird heute, am 18.07.2014, um 11.23 Uhr das Insolvenzverfahren gemäß §§ 2, 3, 11, 16 ff. Insolvenzordnung eröffnet, da die Gesellschaft zahlungsunfähig und überschuldet ist.

Zum Insolvenzverwalter wird bestellt: **Rechtsanwalt Peter Rückgriff, Ringstr. 25, 49074 Osnabrück, Tel. 05 41/1 23 45–0, Fax 05 41/1 23 45–8.**

Der Schuldnerin wird die Verfügung über ihr gegenwärtiges und zukünftiges Vermögen für die Dauer des Insolvenzverfahrens verboten; die Verfügungsbefugnis darüber wird dem Insolvenzverwalter übertragen. Schuldbefreiende Leistungen an die Schuldnerin können nach dem Eröffnungszeitpunkt nicht mehr erfolgen. Wird gleichwohl an die Schuldnerin geleistet und gelangen die Mittel nicht zur Masse, besteht die Gefahr, dass nochmals an den Insolvenzverwalter geleistet werden muss.
Der Insolvenzverwalter wird mit der Durchführung der Zustellung gemäß § 8 Abs. 3 InsO beauftragt.

Die Gläubiger werden aufgefordert:
a) Insolvenzforderungen (§ 38 InsO) bei dem Insolvenzverwalter schriftlich und unter Beachtung des § 174 InsO anzumelden bis zum **16.09.2014,**
b) dem Insolvenzverwalter unverzüglich mitzuteilen, welche Sicherungsrechte sie an beweglichen Sachen oder an Rechten der Schuldnerin in Anspruch nehmen. Der Gegenstand, an dem das Sicherungsrecht beansprucht wird, die Art und der Entstehungsgrund des Sicherungsrechts sowie die gesicherte Forderung sind zu bezeichnen. Wer die Mitteilung schuldhaft unterlässt oder verzögert, haftet für den daraus entstehenden Schaden (§ 28 Abs. 2 InsO).

Personen, die Verpflichtungen gegenüber der Schuldnerin haben, werden aufgefordert, nicht mehr an diese, sondern nur noch an den Insolvenzverwalter zu leisten (§ 28 Abs. 3 InsO).

Vor dem Insolvenzgericht werden folgende **Termine** abgehalten:
1. am Dienstag, **26.08.2014, 10.30 Uhr,** N 301, Nebenstelle, Kollegienwall 10, Osnabrück, eine Gläubigerversammlung (Berichtstermin) zur Beschlussfassung über die eventuelle Wahl eines anderen Insolvenzverwalters sowie über die in den §§ 66, 68, 100, 149, 160, 162, 207, 271 InsO bezeichneten Angelegenheiten;
2. am Donnerstag, **29.10.2014, 10.00 Uhr,** N 301, Nebenstelle, Kollegienwall 10, Osnabrück, eine Gläubigerversammlung (Prüfungstermin), in der die angemeldeten Forderungen geprüft werden.
Hinweis: Gläubiger, deren Forderungen festgestellt worden sind, werden nicht benachrichtigt.

Riedl, Richterin am Amtsgericht

4. Kapitel. Folgen der Insolvenzeröffnung

§ 14. Persönliche Folgen für den Schuldner

Literatur: *Ehlers*, Vermeidung des Widerrufs der Zulassung als kammergebundener Freiberufler wegen Vermögensverfalls, NJW 2008, 1480 ff.; *Gaiser*, Die Auskunfts- und Mitwirkungspflichten des Schuldners gemäß § 97 InsO und die Frage nach alternativen Auskunftsquellen, ZInsO 2002, 472 ff.; Gottwald/*Eickmann*, S. 485 ff.; Gottwald/*Haas*, S. 1324 ff. (Gesellschaftsinsolvenz); *Graf/Wunsch*, Insolvenzplan und Eigenverwaltung – Ein gangbarer Weg auch in der Insolvenz von Rechtsanwälten, Notaren und Steuerberatern?, ZVI 2005, 105 ff.; *Gutsche*, Die Organkompetenzen im Insolvenzverfahren, 2003; *Uhlenbruck*, Auskunfts- und Mitwirkungspflichten des Schuldners und seiner organschaftlichen Vertreter im Insolvenzverfahren, NZI 2002, 401 ff.

I. Auskunfts- und Mitwirkungspflichten

Die Insolvenzeröffnung begründet für den Schuldner eine **Auskunftspflicht** über alle das Verfahren betreffenden Verhältnisse (§ 97 I), z. B. über Aktiva und Passiva, die Berechtigung angemeldeter Forderungen, Sicherungsrechte für Gläubiger, Anhalt für Möglichkeiten einer Insolvenzanfechtung und die Ursachen der Insolvenz. Die Auskunftspflicht besteht i. d. R. auch ohne gezielte Aufforderung (*AG Oldenburg* ZInsO 2001, 1170, 1171). Richtigkeit und Vollständigkeit der Auskunft sind ggf. durch *eidesstattliche Versicherung* zu bekräftigen (§ 98 I). Der Schuldner macht sich sogar *strafbar*, wenn er Vermögen, das zur Masse gehört, verheimlicht (§ 283 I Nr. 1, VI StGB). Darüber hinaus trifft den Schuldner eine **Mitwirkungspflicht**: Er muss den Insolvenzverwalter unterstützen (§ 97 II, III 2), z. B. durch Herausgabe von Schlüsseln, durch Informationen über Aktenführung (samt Passwörtern für die EDV) und Geschäftsvorgänge, u. U. auch durch Erteilung einer Vollmacht für den Zugriff auf Auslandsvermögen. 135

Schon im Vorfeld von Insolvenzen kommt es häufig zu **Straftaten** des Schuldners. Die Eröffnung eines Insolvenzverfahrens ist deshalb vorsorglich auch der Staatsanwaltschaft mitzuteilen (MiZi Nr. XIIa/3; ernüchternd *Weyand*, ZInsO 2008, 242 ff.). Hinsichtlich solcher Taten hätte der Schuldner 136 ein Zeugnisverweigerungsrecht, würde er in anderen Gerichtsverfahren als Zeuge vernommen (§§ 55 StPO, 384 Nr. 2 ZPO). Im Insolvenzverfahren ist seine Aussage aber zu wichtig: Das Gesetz besteht auf ihr (§ 97 I 2). Zum Ausgleich sieht § 97 I 3 vor, dass geschuldete **Auskünfte nicht gegen den Schuldner verwendbar** sind, wenn ein Straf- oder Ordnungswidrigkeitsverfahren eingeleitet wird und er der Verwendung nicht zustimmt. Nach dem Normzweck muss das auch für Beweismittel gelten, die aufgrund solcher Auskünfte erst erlangt werden („fruits of the poisonous tree"; h. M., *Hefendehl,* wistra 2003, 1, 6 ff.; BT-Drs. 12/2443, S. 142). Dies mag dem Schuldner zwar Anreiz geben, sich durch umfassende Auskünfte der Strafverfolgung zu entziehen. Dem lässt sich aber begegnen, wenn man § 97 I 3 nicht schon auf freiwillige Auskunft über Tatsachen anwendet, die sich den Behörden bei eigener Ermittlung ohne weiteres erschlossen hätten (K. Schmidt/*Jungmann*, § 97 Rn. 13).

137 Wenn der Schuldner Auskunft oder Mitwirkung verweigert, sich dem gänzlich entziehen will (Flucht) oder gar die Masse gefährdet, kann er **zwangsweise vorgeführt und inhaftiert** werden (§ 98 II, III; Bsp.: *LG Göttingen* ZIP 2003, 680). Haft kann nur ein *Richter* anordnen (§ 4 II Nr. 2 RPflG; dagegen sofortige Beschwerde). Zuvor muss der Schuldner angehört worden sein (Ausnahmen: § 10); freilich genügt Gelegenheit zur Stellungnahme nach schriftlichem Hinweis auf die Möglichkeit der Inhaftierung, z. B. bei Einleitung des Verfahrens oder bei Ladung zur Anhörung. Bereits der Haftbefehl muss erkennen lassen, was genau vom Schuldner verlangt wird (*BGH* NJW 2005, 1505, 1508). Auch eine **Postsperre** kann angeordnet werden (§ 99), wenn sie nötig ist, um nachteilige Handlungen des Schuldners aufzuklären oder eine Massegefährdung abzuwenden, für die konkreter Anhalt besteht (*OLG Celle* NJW-RR 2001, 634, 635 f.). Dann wird die an den Schuldner adressierte Post dem Verwalter zugeleitet und zunächst von diesem eingesehen. Einen solchen Eingriff in Art. 10 GG kann der Schuldner anfechten (§ 99 III).

138 Bei *juristischen Personen* gilt all dies für Geschäftsführer bzw. Vorstandsmitglieder, mangels solcher auch für die Gesellschafter, aber auch für Mitglieder eines Aufsichtsrats, im Übrigen selbst für Ehemalige (§ 101 I). Bei Insolvenz einer Gesellschaft ohne Rechtspersönlichkeit (§ 11 II) sind nur die vertretungsberechtigten persönlich haftenden Gesellschafter betroffen (§ 101 I 1). Angestellte haben stets nur Auskunft zu geben (näher § 101 II).

II. Berufsrechtliche Beschränkungen

Ungeordnete Vermögensverhältnisse weisen auf Unzuverlässigkeit i. S. d. § 35 GewO hin, gestatten also den **Widerruf der Gewerbeerlaubnis** (*BVerwG* NVwZ 1982, 503), dies aber **nicht** während eines Insolvenzverfahrens, da hier schon der Verwalter für Gefahrenabwehr sorgen kann (§ 12 GewO). **138a**

Einschneidender ist die Insolvenzeröffnung oft für **Freiberufler** (*Schmittmann*, NJW 2002, 182 ff.). Gerade bei Ärzten und Rechtsanwälten wird seit einigen Jahren eine (dramatisch) zunehmende Zahl von Insolvenzen beobachtet, teils wegen der diversen politischen Änderungen im Gesundheitswesen, teils wegen der fortdauernd schlechten wirtschaftlichen Lage bzw. der verschärften Konkurrenz durch Berufsanfänger. Für die freien kammergebundenen Berufe gelten besondere Zulassungs- und Ausübungsregeln. Danach ist auch ein **Widerruf der Bestellung** des Berufsträgers möglich: bei Rechtsanwälten, Patentanwälten, Notaren und Steuerberatern, wenn sie in *Vermögensverfall* geraten (vgl. §§ 21 II Nr. 8 PAO, 50 I Nr. 6 BNotO, 46 II Nr. 4 StBerG), sowie bei Wirtschaftsprüfern, wenn sie nicht mehr in *geordneten wirtschaftlichen Verhältnissen* leben (§ 20 II Nr. 5 WPO). Vermögensverfall wird vermutet, wenn ein Insolvenzverfahren eröffnet (oder gar mangels Masse abgewiesen) worden ist (s. *BGH* NJW 2007, 1287 f.); Unordnung der wirtschaftlichen Verhältnisse kann aber schon früher eintreten.

Für **Ärzte** sieht das Berufsrecht dagegen keine Beschränkungen vor. Gegenüber **Architekten** besteht in manchen Bundesländern die Befugnis, sie aus der Architektenliste zu streichen (vgl. *OVG NRW* ZInsO 2010, 481 ff.).

Die Zulassung zur **Rechtsanwaltschaft** „ist zu widerrufen, wenn (…) der Rechtsanwalt in Vermögensverfall geraten ist, es sei denn, dass dadurch die Interessen der Rechtsuchenden nicht gefährdet sind" (§ 14 II Nr. 7 BRAO). Bei Insolvenz wird diese Gefährdung aber durchweg bejaht. Sie tritt erst zurück, wenn ein gerichtlich bestätigter Insolvenzplan oder ein angenommener Schuldenbereinigungsplan Aussicht auf Restschuldbefreiung gibt (*BGH* NZI 2012, 106); dem sollte gleichstehen, dass der Schuldner zum Verfahren auf Restschuldbefreiung (§§ 286 ff.) vorläufig zugelassen wurde und diese (zumindest) am Ende des Insolvenzverfahrens nicht versagt wurde. Hatte der insolvente Anwalt seinen Beruf bisher ohne jede Beanstandung ausgeübt, den Insolvenzantrag auch selbst gestellt und sind nach Auskunft des Insolvenzverwalters keine Forderungen angemeldet, die aus Mandaten des Anwalts herrühren, so kann auch genügen, dass der Anwalt in einer größeren Anwaltskanzlei als Angestellter seinem Beruf nachgeht und sich dort zum Schutz der Mandanten erheblichen Beschränkungen unterworfen hat, z. B. durch Verzicht auf Nennung auf Praxisschild und Briefkopf, Mandatsannahme nur im Auftrag und für Rechnung der Sozietät, keine Annahme von Zahlungen (vgl. *BGH* AnwBl. 2010, 442 Rn. 16 f. m. Nw.). Zu **Steuerberatern** vgl. *BFH* ZInsO 2009, 1405 ff.; *Pape*, ZInsO 2009, 1383.

Personen, die in Vermögensverfall geraten sind, sollen auch **weder Schöffe noch ehrenamtlicher Richter** einer KfH sein (vgl. §§ 33 Nr. 5, 52 I Nr. 2 GVG bzw. §§ 109 III 2, 113 II GVG).

III. Auflösung insolventer Gesellschaften

139 **Gesellschaften** werden durch die Insolvenzeröffnung **aufgelöst**: Kapitalgesellschaften (§§ 262 I Nr. 3 AktG, 60 I Nr. 4 GmbHG) ebenso wie Personengesellschaften (§§ 728 I 1 BGB, 131 I Nr. 3 HGB). Die Auflösung ist ggf. im Handelsregister einzutragen. Dennoch besteht die Gesellschaft fort (näher *Kallweit,* NZG 2009, 1416 ff.). Der Gesellschaftszweck wird nun allerdings durch das Insolvenzziel überlagert: Das Gesellschaftsorgan (Vorstand, Geschäftsführer usw.) bleibt zwar im Amt. Seine Befugnisse treten aber zurück, soweit das Gesellschaftsvermögen beschlagnahmt ist und die Insolvenzverwaltung reicht (Rn. 140 ff.). Sie beschränken sich nun auf die gesellschaftsinterne Sphäre, das sog. insolvenzfreie Vermögen und solche Rechte und Aufgaben, welche die Gesellschaft im Insolvenzverfahren als Schuldnerin wahrnehmen kann bzw. muss. Zu **Liquidation und Löschung** s. Rn. 172 ff.

Wird das Insolvenzverfahren über eine GmbH eröffnet, die Komplementärin einer KG – also **GmbH & Co. KG** – ist, so scheidet die GmbH aus der KG aus (§§ 131 III 1 Nr. 2, 161 II HGB). Auch die KG kann nicht fortgesetzt werden: (1) Wenn *mehrere Kommanditisten* verblieben sind, ist sie mangels Komplementärs aufgelöst (anders nur bei Bestimmung eines neuen Komplementärs und Fortsetzung der KG; BGHZ 8, 35, 38). Die KG muss daher abgewickelt werden; die diesbezüglichen Rechte der GmbH nimmt deren Insolvenzverwalter wahr. (2) Hatte die KG nur *einen Kommanditisten*, so wird sie sogar ohne Liquidation beendet. Ihr Rechtsnachfolger wird dann der Kommanditist. Für die Schulden der KG haftet dieser aber nur mit dem ihm zugefallenen Vermögen, es sei denn, dass er auch nach §§ 171 f. HGB in der Pflicht ist (*BGH* ZIP 2004, 1047, 1048). – Ob die GmbH auch dann aus der KG ausscheidet, wenn über diese ebenfalls ein Insolvenzverfahren eröffnet wird („Simultaninsolvenz“), ist – wie vieles andere – umstritten (s. nur Scholz/*K. Schmidt/Bitter*, Vor § 64 Rn. 152 ff.).

Zur Doppelinsolvenz der **OHG und Gesellschafter** s. *Reiswich*, ZInsO 2010, 1809 ff.

§ 15. Beschlagnahme des Schuldnervermögens

Die Insolvenzeröffnung bewirkt andererseits, dass wesentliche Teile des Schuldnervermögens beschlagnahmt werden (Beschlagnahme der Masse). Dieser „Insolvenzbeschlag" hat vielfältige Folgen. Im Vordergrund steht, dass der Schuldner seine Verfügungsmacht verliert, also die **Sicherstellung der Masse.** Zudem wird die Masse den Insolvenzgläubigern „haftungsrechtlich" (zur Verwertung und Befriedigung) zugewiesen. Die Beschlagnahme hat nicht die Voraussetzungen, von denen eine „Verstrickung" bei der Einzelzwangsvollstreckung abhängt (die Anbringung eines Pfandsiegels nach § 808 II 2 ZPO, die Zustellung eines Pfändungsbeschlusses nach § 829 III ZPO usw.). Sie tritt vielmehr **kraft Gesetzes** ein, sobald das Verfahren eröffnet ist (Rn. 130), und zwar an sämtlichen Gegenständen. 140

I. Die Insolvenzmasse

Literatur: *Ganter*, Die betriebliche Altersversorgung in der Unternehmensinsolvenz, NZI 2013, 769 ff.; *Günther*, Das Pfändungsschutzkonto in der Insolvenz des Bankkunden, ZInsO 2013, 859 ff.; Gottwald/*Klopp*/*Kluth*, S. 458 ff.; *Leipold*, Erbrechtlicher Erwerb und Zugewinnausgleich im Insolvenzverfahren und bei der Restschuldbefreiung, FS H. F. Gaul, 1997, S. 367 ff.; *Seidler*, Selbständige in der Insolvenz – Der Insolvenzbeschlag von Arbeitsmitteln, 2008; *Tetzlaff*, Rechtliche Probleme in der Insolvenz des Selbständigen, ZInsO 2005, 393 ff.; *v. Zwoll*/*Eckhardt*/*Rehborn*, Die Arztpraxis in Krise und Insolvenz, 2007.

1. Das Schuldnervermögen

Beschlagnahmt wird die „Insolvenzmasse". Hierzu zählt nach § 35 I das **gesamte Vermögen** des Schuldners (Universalinsolvenz). Nur ausnahmsweise beschränkt sich das Verfahren auf Sondermassen (Rn. 34). Erfasst ist das Vermögen, das dem Schuldner zur Zeit der Eröffnung des Verfahrens gehört (*Altvermögen*), aber auch Vermögen, das er während des Verfahrens noch erlangt (*Neuerwerb;* § 35 I Fall 2). Vom Vermögen abzugrenzen sind Persönlichkeitsrechte des Schuldners, z. B. sein Namensrecht (§ 12 BGB), ferner rein familienrechtliche Ansprüche und das Vorrecht, über die Annahme von Erb- 141 schaft oder Vermächtnis zu entscheiden (§ 83 I 1). Vermögen sind also

- **dingliche Rechte** wie Eigentum, auch Wohnungseigentum, Miteigentum (vgl. § 745 II BGB; zur ehelichen Wohnung: *OLG Hamm* NZI 2002, 631, 632) oder infolge Erbschaft (Verzögerung der Annahme ist belanglos, vgl. *BGH* NJW 2011, 1448 f.); ferner Hypotheken, Grundschulden, Pfandrechte, Anwartschaftsrechte usw.

142 • **Immaterialgüterrechte** je nach Sachlage: *Patente,* wenn die Absicht gewerblicher Nutzung verlautbart wurde, *Urheberrechte* (nur auf Nutzung, § 31 UrhG), wenn der Urheber in die Massezugehörigkeit einwilligt (i. E. §§ 113 ff. UrhG; vgl. Nerlich/Römermann/*Andres*, § 35 Rn. 71).

143 • **Forderungen**, vor allem *Zahlungsansprüche,* auch solche auf verschleiertes Arbeitseinkommen (§§ 850h ZPO, 36 I 2; ähnlich *BAG* NZA 2008, 779), auf anwaltliches oder privatärztliches Honorar (BGHZ 162, 187, 190 ff.: trotz Schweigepflichten!), auf laufende oder künftige Rente (zu Versorgungswerken BGHZ 160, 197 ff.), auf Schadensersatz, selbst Schmerzensgeld (*LG Bochum* ZInsO 2007, 1156 f.; nicht aber Heilungskosten arg. § 811 I Nr. 12 ZPO) und Unterhaltsansprüche (Rn. 153; str.); auf Steuererstattung, in der GmbH-Insolvenz Ansprüche der GmbH gegen Geschäftsführer (auch nach § 64 S. 1 GmbHG) oder die Gesellschafter auf rückständige Einlagen, auf Wiederauffüllung (§ 31 GmbHG); auf das sog. Eigengeld des Strafgefangenen (*BGH* NZI 2013, 940 f.). Erfasst sind aber auch *sonstige Ansprüche,* z. B. auf Freistellung, Warenlieferung, Rückgewähr, ferner aufschiebend bedingte Ansprüche.

144 • das **Unternehmen** im Ganzen, samt Geschäftswert („Goodwill“) und Kundenstamm (arg. §§ 160 II, 162 f.), so dass es im Zuge der späteren Verwertung auch veräußert werden kann. Auch hier sind aber gesetzliche Schranken der Massezugehörigkeit zu beachten (Rn. 151 f.).

Für die **Praxis des Freiberuflers** (Arzt, Rechtsanwalt, Steuerberater) wird allerdings zunehmend angenommen, dass sie ohne Zustimmung des Betreibers veräußert werden darf (*Gerhardt*, FS H. F. Gaul, 1997, S. 139, 145 ff.; *Hess/Röpke*, NZI 2003, 233 ff.; abl. die früher h. M.). Da Patienten- bzw. Mandantenunterlagen dem Erwerber nur mit Zustimmung der Betroffenen überlassen werden dürfen, ist der „Goodwill“ aber nur bedingt realisierbar (*Kluth*, NJW 2002, 186 ff.).

145 • die **Firma** des Schuldners jedenfalls dann, wenn sie Sachfirma ist. Für die Personenfirma – sie enthält den Namen des Einzelkaufmanns

bzw. eines Gesellschafters – ist zu unterscheiden: Die Firma einer GmbH ist im Prinzip (mit dem Unternehmen) veräußerlich (BGHZ 85, 221, 222 ff.). Bei Einzelkaufleuten und Personengesellschaften setzt die Verwertung der Firma voraus, dass das Interesse der Gläubiger dasjenige des Namensgebers überwiegt. Daran fehlte es, soweit der Schuldner gesetzlich verpflichtet war, seinen Familiennamen in die Firma aufzunehmen (vgl. BGHZ 32, 103, 108 ff.). Diese Pflicht besteht heute nicht mehr, so dass zunehmend Verwertbarkeit bejaht wird (vgl. KS/*Heckschen*, S. 1067 ff.). Weiterhin sprechen aber gute Gründe für Zurückhaltung (*Wertenbruch*, ZIP 2002, 1931 ff. m. w. N.).

• **Gesellschaftsrechte** wie Aktien, GmbH-Anteile. Erfasst sind nach § 84 I 1 auch Anteile an Personengesellschaften und *Erbengemeinschaften* (genauer: das Bündel der mit der Mitgliedschaft verbundenen Vermögensrechte). 146

Neuerwerb fällt ebenfalls in die Masse (§ 35 I Fall 2). Beschlagnahmt ist also auch Vermögen, das der Schuldner *„während des Verfahrens"* erlangt. Unbelastet bleibt natürlich Vermögen, das nach dem Insolvenzverfahren erworben wird – jedenfalls so lange, bis es alte oder neue Gläubiger zur Zwangsvollstreckung reizt oder ein weiteres Insolvenzverfahren provoziert! 147

Das zwingt zur *Abgrenzung*. Sie ist nicht immer einfach: Ein Anspruch des Schuldners kann auch dann Neuerwerb (§ 35 I Fall 2) sein, wenn er bei Verfahrensende (§ 200) noch nicht vollständig entstanden war. Ausreichend ist nämlich der Entstehungsgrund, wenn damit das Haftungssubstrat geschaffen war. So muss bei Ansprüchen aus unerlaubter Handlung (§ 823 I BGB) wenigstens die Verletzung noch vor Verfahrenseröffnung eingetreten sein; bei Vermögensschäden ist man jedoch großzügiger (*Häsemeyer*, Rn. 9.23).

Wichtig ist, dass **Lohn- und Gehaltsansprüche** nur erfasst werden, soweit sie Arbeitsleistungen entgelten, die der Schuldner während des Verfahrens erbringt. Im Übrigen sind Besonderheiten zu beachten: 148

- *Vorausabtretungen* solcher Bezüge vor Verfahrenseröffnung (z. B. Sicherungszessionen an die Hausbank) können die abgetretene Forderung nicht der Masse entziehen. Übertragbar wird die Forderung nämlich erst, wenn sie für den Schuldner (während des Verfahrens) entsteht; dann aber hindert § 91 I jeden Erwerb aus der Masse (zum abweichenden früheren Recht s. Rn. 263a). Auch
- *Abtretungen an einen Treuhänder*, die der Schuldner vor/in dem Verfahren erklärt, um Restschuldbefreiung zu erlangen (§ 287 II 1), ändern nichts daran, dass die Bezüge als Neuerwerb in die Masse fallen (Rn. 536).

149 Die Einbeziehung des Neuerwerbs ist *problematisch* (vgl. *Pape*, ZInsO 2002, 917, 918 ff.). Nach der Konkursordnung war er massefrei. Damit blieb er für den Schuldner verfügbar (z. B. für den Wiederaufbau einer Existenz), aber auch für Neu-Gläubiger, die erst nach Insolvenzeröffnung Ansprüche gegen den Schuldner erwarben und insoweit vollstrecken wollten. Das Insolvenzrecht sah jedoch für einen Existenzaufbau zunächst kein Bedürfnis und für einen Zugriff von Neu-Gläubigern ohnehin wenig Raum, da der Schuldner gerade Lohnansprüche oft im Voraus abgetreten habe (Amtl. Begr., S. 122). Das überzeugte wenig. Inzwischen wird Neuerwerb differenzierter behandelt (Rn. 171a).

150 In die Masse fällt auch **Surrogationserwerb**, also jede Vermögensposition, die mit Mitteln der Masse erworben wird, sei es durch Rechtsgeschäft, sei es durch einen Verwaltungs- oder Verwertungsakt (z. B. §§ 946 ff. BGB). Dieses Rechtsprinzip (z. B. § 2041 BGB für den Nachlass) ist in der Insolvenzordnung zwar nicht ausformuliert, hier aber ebenfalls vorausgesetzt. Es ergänzt § 35 I.

2. Unpfändbare Gegenstände

151 Nicht zur Masse gehört Vermögen, das der Einzelzwangsvollstreckung entzogen wäre (§ 36 I 1). Dies schützt i. d. R. nur Menschen (z. B. nicht eine insolvente GmbH). So sind **bewegliche Sachen** nach § 811 ZPO unpfändbar, wenn der Schuldner sie zu seinem Lebensunterhalt benötigt – zumal er sonst auf Sozialhilfe angewiesen wäre, was einer Vollstreckung auf Kosten der Steuerzahler gleichkäme –, wenn sie der Religionsausübung dienen oder sehr persönliche Funktionen haben.

Problematisch ist der Schutz kleinbetrieblicher **Produktionsmittel** i. S. d. § 811 I Nr. 5 ZPO (Arbeitsgeräte, -materialien, Transportmittel usw.). Haben z. B. Freiberufler das Recht, ihre Tätigkeit mit dem oft werthaltigen Inventar ihrer Praxis fortzusetzen, wenn das Berufsrecht dies trotz der Insolvenz freistellt? Dann wäre das insolvente Unternehmen dem Insolvenzrecht weitgehend entzogen (trotz Rn. 144), und der Schuldner könnte trotz Insolvenz „weitermachen" (so wohl *Voigt/Gerke*, ZInsO 2002, 1054 ff.; *LG Aachen* NZI 2006, 643), soweit sein Berufsrecht dies erlaubt (dazu Rn. 138a). Die Praxis indes gibt den Zielen des Insolvenzverfahrens Vorrang (MünchKomm/*Peters*, § 36 Rn. 24 ff.; s. auch *Seidler*, S. 131 ff.).

Trotz § 811 I Nr. 11 ZPO fallen jedenfalls *Geschäftsbücher* (bzw. EDV-Unterlagen) in die Masse (§ 36 II Nr. 1), übrigens auch *Patientenakten* (*Vallender*, NZI 2013, 1001 ff.), trotz § 811 I Nrn. 4, 9 ZPO zudem das Inventar von *landwirtschaftlichem Betrieb* und *Apotheke,* denn das Insolvenzverfahren zwingt nicht zur Zerschlagung solcher Betriebe, sondern mag auch zu ihrem Erhalt beitragen. Nicht zur Masse gehört wiederum *Hausrat,* soweit der von ihm zu erwartende Erlös außer Verhältnis zum Wert steht (§ 36 III; s. schon §§ 811 I Nr. 1, 812 ZPO).

Auch **Arbeitseinkommen** i. w. S. des § 850 ZPO – also Ansprüche 152
auf Lohn, Versicherungsrenten u.Ä. – gehören zur Masse nur, soweit sie das Existenzminimum des Schuldners übersteigen. Die *Pfändungsgrenzen der ZPO* gelten daher auch hier (vgl. § 36 I 2).

Die **Pfändungsfreibeträge für Arbeitseinkommen** sind heute recht großzügig: Pfändungsfrei sind mind. 1.045,– € für Ledige und 1.438,– €, falls ein Ehegatte zu versorgen war (§ 850c I–IV und Anlage zu § 850c ZPO). Bei einem Nettolohn des Schuldners von 2.000,– € steigt der Freibetrag sogar auf 1.331,– € (Ledige) bzw. 1.719,– € (Ehegatten). Etwaige unpfändbare Bezüge nach § 850a ZPO werden (brutto!) hinzugerechnet.

Kleinunternehmer, auch Freiberufler, können den Insolvenzbeschlag ihrer Entgeltforderungen nur lösen, indem sie Pfändungsschutz nach §§ 850i ZPO, 36 I 2 beantragen. Dann belässt das Gericht dem Schuldner Ansprüche in der Höhe, die der Freigrenze für Einkünfte aus abhängiger Arbeit (§ 850c ZPO) entspricht.

Zur **Kontopfändung** s. §§ 850k, 850l ZPO, näher *Büchel,* ZInsO 2010, 20, 26 f.; zum Widerruf von Lastschriften s. Rn. 156b.

Die Entscheidung über die pfändungsfreien Beträge obliegt dem Insolvenzgericht (§ 36 IV), hier also nicht dem Vollstreckungsgericht.

ZPO-Normen, welche die *Pfändbarkeit für bestimmte Gläubiger* 153
erweitern, sind in § 36 I 2 nicht erwähnt, also offenbar unanwendbar.

So sind gesetzliche **Unterhaltsrenten** nur pfändbar, wenn dies „nach den Umständen des Falles, insbesondere nach der Art des beizutreibenden Anspruchs und der Höhe der Bezüge" der Billigkeit entspricht (§ 850b I Nr. 2, II ZPO). Solche Differenzierungen sind bei einer Gesamtvollstreckung ausgeschlossen: Wird der Anspruch für pfändbar erklärt, so kommt er *allen* Insolvenzgläubigern zugute. Das spricht dagegen, ihn der Masse zuzuordnen; demnach müssen die Renten für den Schuldner frei verfügbar sein, zumal sie auch der Einzelzwangsvollstreckung nur selten unterliegen (Rn. 163 f.). Der *BGH* hingegen will § 850b ZPO in Insolvenzverfahren insgesamt analog anwenden (ZInsO 2010, 188, 190 f.; krit. *Wollmann,* ZInsO 2010, 754 f.).

Unpfändbar sind auch Ansprüche auf laufende sozialrechtliche 154
Geldleistungen (§ 54 II–V SGB I). Ansprüche aus Schenkung, auf Zugewinnausgleich und den Pflichtteil sind erst pfändbar, wenn sie anerkannt oder rechtshängig geworden sind (§ 852 ZPO), gehören aber dennoch zur Masse (*BGH* NJW 2011, 1448 f.). Gleiches muss

für Ansprüche aus unerlaubter Handlung gelten. *Unübertragbare Ansprüche* sind unpfändbar (§ 851 I ZPO), z. B. solche auf Dienst- und Arbeitsleistung (§ 613 BGB). Für vertragliche Abtretungsverbote (§ 399 Fall 2 BGB) gilt regelmäßig anderes, § 851 II ZPO.

Frage: Fällt bei Insolvenz des V dessen Kaufpreisanspruch i. H. v. 10.000,– € gegen K in die Masse, wenn V sich verpflichtet hatte, den Anspruch nicht abzutreten? – Ja, denn der Anspruch ist trotz §§ 851 I ZPO, 399 Fall 2 BGB pfändbar, da nach § 851 II ZPO genügt, dass der geschuldete *Gegenstand* pfändbar ist. Dies trifft auf Geld zu (§ 808 II ZPO) und ist hier auch nicht durch § 811 I Nr. 1, 2 oder 8 ZPO in Frage gestellt.

Frage: Gehört ein Zweit-Fernsehgerät, das S nach Verfahrenseröffnung anschafft und aus seinem unpfändbaren Arbeitseinkommen bezahlt hat, zur Masse? – Neuerwerb zählt zur Masse, es sei denn, er ist unpfändbar. Der Pfändungsschutz nach §§ 811 I 1 Nr. 1 ZPO, 36 I 1 beschränkt sich auf *ein* Fernsehgerät. Nutzt S sein Existenzminimum, um sich „Luxusgegenstände" anzuschaffen, so fallen diese also in die Masse (MünchKomm/*Peters*, § 35 Rn. 45).

II. Übergang des Verwaltungs- und Verfügungsrechts

1. Verfügungsmacht

155 Nach § 80 I geht „das Recht des Schuldners, das zur Insolvenzmasse gehörende Vermögen zu verwalten und über es zu verfügen, auf den Insolvenzverwalter über". Der Schuldner bleibt also Eigentümer bzw. Inhaber der Massegegenstände. Entgegen dem Prinzip, dass der Inhaber eines Rechts auch fähig und befugt ist, darüber zu verfügen (vgl. § 903 BGB), wird die Verfügungsmacht jedoch **vom Recht abgespalten** und dem Verwalter zugewiesen: Dem Schuldner verbleibt nur eine „Hülse"! Folglich kann von ihm kaum mehr erworben werden (§§ 81, 91; Rn. 181 ff.), es sei denn, dass er über beschlagfreies Vermögen (Rn. 151 ff.) verfügte.

Dies ist eine **absolute Verfügungsbeschränkung**, vergleichbar derjenigen nach § 161 BGB. Sie darf nicht verwechselt werden: weder mit dem „absoluten *Verbot*" i. S. d. § 134 BGB – es kann sich auch gegen Verfügungen richten, die dann „nichtig" sind – noch mit dem „*relativen* Verfügungsverbot" i. S. d. §§ 135 f. BGB. Dieses besteht zwar nur im Interesse bestimmter Gläubiger – solche könnten auch die Insolvenzgläubiger sein –, doch sind verbotswidrige Verfügungen auch nur *ihnen* gegenüber unwirksam (§ 135 I 1 BGB; dazu BGHZ 111, 364, 367 ff.). Verfügungen, die gegen § 80 verstoßen, sind indessen gegenüber jedermann unwirksam. Dies ist natürliche Folge des Mangels an Rechtsmacht, wird in § 81 I 1 aber vorsorglich bestätigt.

2. Verwaltungsmacht

a) Sicherung der Masse

Literatur: *Görling*, Asset-tracing – Auffinden von verschobenen Vermögensmassen in der Insolvenz, in: Chr. Berger (Hrsg.), Zweiter Leipziger Insolvenzrechtstag, 2001, S. 107 ff.; *Obermüller/Kuder*, SEPA-Lastschriften in der Insolvenz nach dem neuen Recht der Zahlungsdienste, ZIP 2010, 349 ff.

Der Insolvenzverwalter erhält auch die Verwaltungsbefugnis (§ 80 156
I). Er hat sogar die Pflicht zu **sofortiger Inbesitznahme** und Verwaltung der Masse (§§ 80 I, 148 I). Denn diese muss vor Verlusten geschützt werden, z. B. vor Übergriffen verzweifelter Gläubiger und des Schuldners. Sachen kann der Verwalter auch sichern, indem er sie von einem Gerichtsvollzieher siegeln lässt (§ 150; Folge: § 136 II StGB). Zur Anlage bzw. Hinterlegung von Geld, Wertpapieren und Kostbarkeiten vgl. § 149. Gibt der *Schuldner* die Masse nicht heraus, so kann der Verwalter dies im Wege der Zwangsvollstreckung durchsetzen. Als Titel genügt der Eröffnungsbeschluss (§ 148 II 1). Eine richterliche Durchsuchungsanordnung dürfte entbehrlich sein (Gedanke des § 758a II ZPO). Greift der Verwalter auf pfändungsfreie Sachen zu, so kann der Schuldner sich mittels Vollstreckungserinnerung wehren; zuständig ist das Insolvenzgericht (§§ 766 ZPO, 148 II 2). Soweit sich die Masse bei *Dritten* befindet, muss erst auf Herausgabe geklagt werden (Rn. 286). Zu schützen ist die Masse übrigens auch vor alltäglichen Gefahren wie Diebstahl und Feuer, zumal in einem Unternehmen, um das sich der Schuldner vielleicht nicht mehr kümmerte.

Kraft seiner Herrschaftsgewalt ist der Verwalter zudem zur **Verkehrssiche-** 156a
rung verpflichtet, d. h. zum Schutze Dritter vor Gefährdung durch Massegegenstände (§§ 823 ff., 836 f. BGB), ggf. also auch bei Glatteis! Bei Verstößen droht eine Massehaftung (§ 55 I Nr. 1), ggf. auch die persönliche Haftung des Verwalters (Rn. 56).

Praktisch wichtig ist, ob der Verwalter – und auch schon ein vorläufiger 156b
Verwalter – **Lastschriften** widersprechen kann (und muss). Im Einzugsermächtigungsverfahren darf der Gläubiger (über seine Bank) die Hausbank des Schuldners (als „Zahlstelle“) veranlassen, den geschuldeten Betrag für Rechnung des Schuldners auszuzahlen. Dann kann diese Bank vom Schuldner Aufwendungsersatz verlangen und dessen Konto entsprechend belasten –

nach h. M. aber nur, wenn der Schuldner dies (seiner Bank gegenüber) genehmigt (§ 684 S. 2). Ist der Schuldner nach Insolvenz außerstande, über sein Guthaben zu verfügen, so kann nur noch der (vorläufige) Insolvenzverwalter genehmigen (*BGH* NZI 2012, 22 f.). Lehnt er das ab, indem er der Lastschrift „widerspricht", so muss die Schuldner-Bank die Belastungsbuchung stornieren. Dem Gläubiger steht zwar Schadensersatz zu, aber nur als Insolvenzforderung. – All das gilt zwar nicht, soweit der Schuldner per Lastschrift über pfändungsfreies Vermögen verfügt (BGHZ 186, 242, 247 ff.). Doch im Übrigen bleiben Bank bzw. Gläubiger gefährdet, wenn nicht schon der *Schuldner genehmigt* hatte, als er dies noch vermochte: sei es *ausdrücklich*, sei es kraft der *Fiktion* nach Nr. 7 II AGB-Banken (sechs Wochen nach Rechnungsabschluss), sei es *konkludent*, nämlich bei Anhalt für eine Überprüfung von Lastschriftbuchungen und Ablauf einer angemessenen Prüf- und Reaktionsfrist (*BGH* NZI 2012, 506 Rn. 20 ff. m. Anm. *Lechner*). – Weit mehr Sicherheit wird den Gläubigern künftig das **SEPA-Lastschriftverfahren** bieten (BGHZ 186, 269, 277 ff.; *Omlor*, NJW 2012, 2150 ff.).

157 Nach Übernahme der Masse hat der Verwalter eine **Vermögensübersicht** aufzustellen, in der die Massegegenstände bewertet und den Verbindlichkeiten des Schuldners gegenübergestellt werden (§ 153). Vorbereitend ist – nach Inventur – in aller Regel ein *Verzeichnis der Massegegenstände* zu fertigen, möglichst unter Beiziehung des Schuldners, aber rasch (arg. § 151 I 2), damit unkontrollierte Verluste registriert und vermieden werden. Bei jedem Gegenstand ist der Wert anzugeben, bei Abhängigkeit von der Fortführung des Unternehmens jeweils Liquidations- und Fortführungswert (§ 151 II). Auch ein *Gläubigerverzeichnis* ist zu erstellen, wobei alle erhältlichen Hinweise auf Gläubiger (z. B. in Geschäftsunterlagen oder Forderungsanmeldung) auszuwerten sind (§ 152 I). Die Forderungen müssen präzisiert, nachrangige Gläubiger und Absonderungsberechtigte gesondert erfasst, Masseschulden geschätzt werden. Zur *Vorbereitung des Berichtstermins* (§ 29 I Nr. 1) sind alle Aufstellungen im Insolvenzgericht auszulegen (§ 154).

b) Sonstige Verwaltung

158 Im Übrigen umfasst „Verwaltung" die Nutzung und Instandhaltung der vorgefundenen Sachen, eine Fortführung des insolventen Unternehmens (vgl. § 158 I) in Arbeitgeberfunktion, die Entscheidung über die Erfüllung schwebender Verträge (§ 103), neue Rechtsgeschäfte, die Abgabe von Steuererklärungen usw. bis hin zur Verwertung der Masse. Selbstverständlich hat der Verwalter auch Ansprüche bzw. Rechte des Schuldners gegen Dritte geltend zu machen, ggf. also zu mahnen, Klage zu erheben, zu kündigen und für

Insolvenzanfechtung zu sorgen. Da nur er Forderungen einziehen darf, können Drittschuldner nicht mehr befreiend an den Schuldner leisten (näher § 82; Rn. 191 f.).

Der *Schuldner* seinerseits *verliert* durch § 80 I *die Prozessführungsbefugnis*: Er darf Rechte der Masse nicht mehr gegen Dritte einklagen. Umgekehrt dürfen Insolvenzgläubiger ihn nicht verklagen (§ 87; Folge: Rn. 272 ff.; Ausnahme: § 184). Hingegen dürfen Neu-Gläubiger (Rn. 60) den Schuldner zwar verklagen, aber nur in beschlagfreies Vermögen vollstrecken (Rn. 163 ff.).

Die Verwaltungsbefugnis kann **im Innenverhältnis beschränkt** 159
sein. Vor allem Rechtshandlungen, die für das Insolvenzverfahren *von besonderer Bedeutung* sind, darf der Verwalter nur vornehmen, wenn der Gläubigerausschuss – mangels eines solchen: die Gläubigerversammlung – zugestimmt hat (§ 160 I). Das gilt „insbesondere" für Verwertungsmaßnahmen wie die Veräußerung des Unternehmens oder eines Betriebs (dazu auch §§ 161 ff.), des Warenlagers im Ganzen, eines Grundstücks „aus freier Hand" (d. h. ohne Zwangsversteigerung), ferner für die Aufnahme eines Darlehens, das die Masse erheblich belasten würde, und für Rechtsstreitigkeiten mit erheblichem Streitwert.

Zur Beschlussfassung der Gläubiger s. Rn. 68 f., 73. In der Praxis ist es, gerade in kleineren Verfahren, nicht selten, dass die Gläubigerversammlung *beschlussunfähig* ist, weil niemand erscheint. Dann gilt die Zustimmung dennoch als erteilt (§ 160 I 3).

3. Ausnahmen

Der Schuldner behält seine Verwaltungs- und Verfügungsmacht, 160
wenn das Insolvenzgericht sog. **Eigenverwaltung** anordnet, d. h. dem Schuldner erlaubt, die Masse selber zu verwalten und darüber zu verfügen (§ 270 I 1). Zulässig ist das allenfalls bei Unternehmensinsolvenzen (§ 312 II). Selbst bei Eigenverwaltung muss der Schuldner aber *vielerlei Beschränkungen* hinnehmen (Rn. 612 ff.).

Die Verwaltungs- und Verfügungsmacht deckt im Übrigen nicht 161
insolvenzzweckwidriges Handeln. Insofern gilt das gleiche wie bei Missbrauch der Vertretungsmacht: Handelt der Verwalter so, dass der Zweck seines Amtes – die gleichmäßige Befriedigung aller Insolvenzgläubiger – evident verfehlt wird, und ist dies für jeden verständigen Beobachter ohne weiteres ersichtlich, so ist die Handlung *unwirksam* (BGHZ 150, 353, 360 f.; s. auch *Spickhoff*, KTS 2000, 15 ff.).

III. Vollstreckungsverbot und Rückschlagsperre

Literatur: Gottwald/*Gerhardt*, S. 534 ff., 539 ff.; *Grothe*, Die vollstreckungsrechtliche „Rückschlagsperre" des § 88 InsO, KTS 2001, 205 ff.

1. Vollstreckungsverbot

a) Umfang des Verbots

162 Zwecks Gleichbehandlung der Gläubiger wird mit Insolvenzeröffnung das Reihenfolgeprinzip, also der Gläubigerwettlauf, beendet (Rn. 8 ff.). **Insolvenzgläubiger** können ihre Ansprüche daher nur noch nach Maßgabe des Insolvenzrechts verfolgen (§ 87). Gerade eine Zwangsvollstreckung ist ihnen untersagt, soweit sie in *Massegegenstände* erfolgt (§ 89 I). Unzulässig ist aber auch die Zwangsvollstreckung in „das sonstige Vermögen", also in das *beschlagfreie Vermögen.*

Dieses wird meist ohnehin unpfändbar sein (Rn. 151 f., 154). Es kann aber auch dadurch entstehen, dass der Insolvenzverwalter einzelne Gegenstände „freigegeben" hat, weil er sie für wertlos hielt (näher Rn. 170 ff.). Dann wäre eine Vollstreckung auch noch sinnlos. – Der Schuldner ist allerdings nicht gehindert, bestimmte Gläubiger aus beschlagfreiem Vermögen *freiwillig* zu befriedigen – und so zu bevorzugen (*BGH* ZInsO 2010, 376 f.).

163 Für **Neu-Gläubiger**, deren Forderung erst nach Insolvenzeröffnung entstanden ist (Rn. 60), hindert § 89 II 1 die Zwangsvollstreckung scheinbar nur minimal: nur die Pfändung „künftiger Forderungen" auf Bezüge aus Dienst- oder Arbeitsverhältnissen. Tatsächlich ergänzt § 89 II 1 aber nur eine andere Vollstreckungssperre: Gemäß § 91 I kann an der *Masse* niemand Rechte durch Zwangsvollstreckung erwerben. Die Masse ist ja auch den Insolvenzgläubigern vorbehalten (vgl. § 38). Also muss Neu-Gläubigern ein Zugriff gänzlich verschlossen sein.

164 Vollstreckungen ins *freie Vermögen* bleiben dem Neu-Gläubiger möglich. Doch werden freigegebene Güter regelmäßig wertlos sein. Im Übrigen wird ein Zugriff i. d. R. an Schuldnerschutzvorschriften der ZPO scheitern (§§ 811 ff., 850 ff. ZPO). Allerdings dürfen Unterhaltsgläubiger Forderungen des Schuldners bis zur Grenze seines Existenzminimums pfänden (§ 850d ZPO; Rn. 717 ff.), ebenso Opfer einer vorsätzlich begangenen unerlaubten Handlung (§ 850f II ZPO).

§ 89 II 1 verhängt also ein zusätzliches Verbot der Vollstreckung in „künftige" **Lohn- und Gehaltsforderungen**, d. h. in Entgelt für Arbeit **nach dem Insolvenzverfahren**. Es gilt „auch" für Neu-Gläubiger, d. h. für Insolvenzgläubiger ohnehin. Zulässig bleibt die Vollstreckung nur für besonders schutzbedürftige Gläubiger: für Unterhaltsgläubiger sowie Opfer einer vorsätzlichen Tat (§ 89 II 2 i. V. m. §§ 850d, 850f. II ZPO), und dies auch nur, wenn sie Neu-Gläubiger sind (*BGH* NZI 2008, 50 f.). Die Reichweite dieses Verbots mag überraschen. Denn nach Abschluss des Insolvenzverfahrens erhält der Schuldner seine Verfügungsmacht zurück, so dass auch der Vollstreckungs-Wettlauf neu beginnt. Und eigentlich sollte jeder Gläubiger die Chance haben, sich hierauf früh vorzubereiten (vgl. § 832 ZPO)! Der Gesetzgeber interveniert dennoch, um spätere Lohn- und Gehaltsansprüche verfügbar zu halten, damit eine Restschuldbefreiung möglich bleibt, falls der Schuldner sie wünscht (vgl. § 287 II 1). 165

Davon zu unterscheiden sind **Vollstreckungsmaßnahmen**, die erst **nach dem Insolvenzverfahren** erfolgen. Sie sind grundsätzlich zulässig. Anderes gilt für einstige Insolvenzgläubiger, die weiterhin gleich zu behandeln sind, weil der Schuldner *Restschuldbefreiung anstrebt* (Rn. 570).

b) Folgen des Verbots

Soweit § 89 I reicht, sind Anträge auf **Vollstreckung abzulehnen**, wenn sie nach Verfahrenseröffnung gestellt werden. Bereits eingeleitete Verfahren sind **nicht fortzusetzen**. 166

Beispiele: Ein Pfändungs- und Überweisungsbeschluss, mit dem in eine Forderung vollstreckt wird, darf dem Drittschuldner nicht mehr zugestellt werden, da er dadurch wirksam würde (§ 829 III ZPO). Auch Arrestbefehle und einstweilige Verfügungen (mit Massebezug) können nicht mehr vollzogen werden, Offenbarungsversicherungen (§ 807 ZPO) wegen einer Insolvenzforderung nicht mehr erwirkt werden.

Für *Aussonderungsberechtigte* gilt § 89 nicht. Ansprüche aus §§ 985, 546 BGB können daher auch durch Zwangsvollstreckung durchgesetzt werden.

Durch **unzulässige Zwangsvollstreckung** entsteht kein Pfändungspfandrecht. Denn nach h. M. (gemischt privatrechtlich-öffentlichrechtliche Theorie) erfordert ein Pfandrecht nicht nur „Verstrickung", d. h. staatliche Beschlagnahme, sondern auch die Einhaltung vermögensschützender Verfahrensnormen wie § 89 (Gedanke des § 125 BGB). Selbst eine unzulässige Pfändung führt aber immerhin zur „Verstrickung". Und damit bleibt die Fortsetzung der Vollstreckung möglich, z. B. eine Zwangsversteigerung, mit der das Schuld- 167 ner-Eigentum erlöschen würde! Daher empfehlen sich Rechtsbehelfe: *Vollstreckungsmaßnahmen* sind durch Erinnerung zu rügen, und zwar beim Insolvenzgericht (§§ 766 ZPO, 89 III 1), unzulässige *Entscheidungen* des Vollstreckungsgerichts durch sofortige Beschwerde (§§ 793 ZPO, 11 I RPflG). Vollstreckungen in die Masse rügt der Verwalter, Vollstreckungen ins freie Vermögen der Schuldner.

Beispiel: Hatte ein Gerichtsvollzieher für Gläubiger G eine wertvolle Eichentruhe des S gepfändet, obwohl tags zuvor das Insolvenzverfahren gegen S eröffnet worden war, so wird der Verwalter beantragen, diese Pfändung für unzulässig zu erklären (§ 766 ZPO). Hierüber entscheidet das Insolvenzgericht (§ 89 III 1). Auf dessen Beschluss hin hebt der Gerichtsvollzieher die schon getroffenen Vollstreckungsmaßregeln auf (§§ 775 Nr. 1, 776 ZPO), entfernt z. B. das Pfandsiegel. Konnte der Verwalter nicht rechtzeitig intervenieren, so sind Versteigerung und Erlösauskehr an G wirksam. Mangels Pfändungspfandrechts hatte G aber keinen Anspruch auf den Versteigerungserlös, so dass er ihn dem Verwalter herausgeben muss (§ 812 I 1 Fall 2 BGB).

War allerdings ein *Pfändungspfandrecht schon entstanden,* bevor das Verfahren eröffnet wurde, so bleibt das Pfandrecht wirksam und berechtigt den Gläubiger zur Absonderung (§ 50 I). Das wiederum gilt nicht, soweit eine Rückschlagsperre greift oder Insolvenzanfechtung möglich ist (Rn. 308 f.).

2. Rückschlagsperre

168 Der Schutz der Masse wird noch ausgedehnt durch die sog. Rückschlagsperre (§ 88 I). Sie sperrt die Zwangsvollstreckung späterer Insolvenzgläubiger „mit Rückschlag", indem sie **Sicherungen**, die **durch Vollstreckung** in Massegegenstände erlangt wurden, rückwirkend vernichtet. Dafür genügt, dass die Sicherheit im letzten Monat *vor* dem Insolvenzantrag oder *danach* (bis zur Eröffnung des Verfahrens) erlangt wurde. Erfasst werden z. B. Pfändungspfandrechte, Zwangshypotheken und Beschlagnahmen nach §§ 20 ff. ZVG. Die Sicherung wird kraft Gesetzes unwirksam. Für die staatliche Beschlagnahme („Verstrickung") gilt das nicht; sie wird erst aufgehoben, wenn ein Rechtsbehelf (Rn. 167) erfolgreich war (umstr.; s. aber auch § 28 II ZVG).

In **Verbraucher-Insolvenzverfahren** auf Antrag des Schuldners schlägt die Sperre sogar drei Monate zurück (§ 88 II; Rn. 662).

Verhältnis zur Insolvenzanfechtung: Jede Rückschlagsperre rechtfertigt sich durch die Annahme, dass die Sicherung in der Phase „materieller Insolvenz“ (Rn. 1) erlangt wurde. Hier hilft daher i. d. R. auch Insolvenzanfechtung nach § 131 I Nr. 1. Diese muss aber notfalls gerichtlich geltend gemacht werden. Die Sperre dagegen wirkt von selbst. Diese Erleichterung soll vor allem in Verfahren ohne Insolvenzverwalter helfen (Eigenverwaltung, Verbraucherinsolvenz; vgl. Amtl. Begr., S. 137).

Nicht erfasst werden Befriedigungen aus der Sicherheit. Das heißt: 169
Selbst wenn eine Pfändung in der Krisenphase des § 88 erfolgte, darf der Gläubiger die Pfandsache versteigern lassen und den Erlös annehmen! Normalerweise gebührt der Versteigerungserlös zwar nur dem, der ein Pfändungspfandrecht hat, und dessen Entstehung scheint an § 88 zu scheitern. Vorrang hat aber, dass der Gesetzgeber die *Verwertung* von Sicherheiten zulassen wollte (näher *Grothe*, KTS 2001, 205, 213). Allerdings muss die **Befriedigung bis zur Insolvenzeröffnung** abgeschlossen sein. Denn spätere Maßnahmen – auch die Auszahlung von Vollstreckungserlös – scheitern an § 89 (Rn. 162 ff.). Erfolgte die Befriedigung rechtzeitig, so mag sie übrigens dennoch anfechtbar sein!

Übersicht: Vollstreckungsbeschränkungen nach Insolvenzeröffnung

	Vollstreckungsgegenstände		
	Masse	**„sonstiges Vermögen“**	**Lohn- und Gehaltsansprüche ab Verfahrensbeendigung**
Insolvenzgläubiger	unzulässig (§ 89 I); vorinsolvenzlich auch Rückschlagsperre (§ 88) und Anfechtung (§§ 130 f.)	unzulässig (§§ 811 ff., 850 ff. ZPO; i. Ü. § 89 I)	unzulässig (§ 89 II 1)
Neu-Gläubiger	unzulässig (§ 91 I)	weithin unzulässig (§§ 811 ff., 850 ff. ZPO); s. aber §§ 850d, 850f II ZPO	unzulässig (§ 89 II 1); s. aber § 89 II 2 i. V. m. §§ 850d, 850f II ZPO

IV. Freigabe von Massegegenständen

Literatur: *Benckendorff*, Freigabe von Kreditsicherheiten in der Insolvenz, in: KS, S. 1389 ff.; *Berger*, Die unternehmerische Tätigkeit des Insolvenzschuldners im Rahmen der Haftungserklärung nach § 35 Abs. 2 InsO, ZInsO 2008, 1101 ff.; *Wischemeyer*, Freigabe einer selbstständigen Tätigkeit nach § 35 Abs. 2 InsO – Praxisfragen und Lösungswege, ZInsO 2009, 2121 ff.; *Zimmermann*, Freigabe gem. § 35 Abs. 2 InsO und/oder Betriebsstilllegung gem. §§ 157, 158 InsO?, ZInsO 2011, 2057 ff.

1. Allgemeines

170 Der Insolvenzverwalter kann einzelne Gegenstände „freigeben", indem er durch einseitige Willenserklärung an den Schuldner auf ihre Verwertung als Massebestandteil verzichtet. Insoweit **endet der Insolvenzbeschlag**: Der Schuldner, der ohnehin *Inhaber* der Masse geblieben war, erhält nun auch seine Verfügungsmacht zurück. Folglich kann er wieder frei verfügen, jedenfalls so lange, wie in das Gut keine Zwangsvollstreckung erfolgt (die allerdings, solange das Verfahren dauert, nur Neu-Gläubigern gestattet ist: Rn. 162 ff.). Die Möglichkeit zur Freigabe ist wirtschaftlich überaus wichtig. Denn oft – und gerade bei Unternehmensinsolvenzen – befinden sich in der Masse Gegenstände, die von vornherein unverwertbar sind oder nur mit unvertretbaren Aufwendungen verwertbar gemacht werden können.

Beispiele: Zur Masse gehört ein Grundstück, das wertausschöpfend mit Grundpfandrechten belastet ist, für den Verwalter also keinen Verwertungserlös erwarten lässt, ihn umgekehrt aber zur Zahlung von Grundsteuern zwingt. – Ein Industriegrundstück lässt sich nur verkaufen, wenn die Bauten abgerissen werden, was jedoch Aufwendungen erfordert, die über dem erzielbaren Preis liegen.

Müsste der Verwalter solche Sachen dennoch verwerten oder bliebe er für sie auch nur verantwortlich (z. B. kraft Verkehrssicherungs- oder Ordnungspflicht), so wäre das nicht im Interesse der Insolvenzgläubiger – und eines Insolvenzverfahrens, das den Gläubigern dient.

Man unterscheidet mehrere **Arten der Freigabe**. Die Aufhebung des Insolvenzbeschlags wird auch als *echte Freigabe* bezeichnet (meist – und auch hier – aber schlicht als „Freigabe"). Davon zu unterscheiden ist die *unechte Freigabe:* Die Herausgabe eines massefremden Gegenstandes an dessen Inhaber,

d. h. einen Aussonderungsberechtigten. Die *modifizierte Freigabe* ermächtigt den Schuldner, ein zur Masse gehöriges Recht im eigenen Namen geltend zu machen (Zweck: Entlastung der Masse von Prozesskosten!). Im Übrigen berührt sie den Insolvenzbeschlag nicht.

2. Zulässigkeit der Freigabe

a) Grundsätze

Die Befugnis des Verwalters zur Freigabe ist im Gesetz nicht aus- 171
drücklich geregelt, aber doch **vorausgesetzt**: in §§ 32 III, 35 II 1, aber auch in § 85 II, denn wenn der Prozess um einen Massegegenstand vom Schuldner aufgenommen werden darf, erhält dieser die Rechtsmacht zurück. Ein weiteres Indiz enthält § 80: Wenn der Verwalter sogar an Dritte veräußern kann, muss er den Beschlag erst recht zugunsten des Schuldners lösen können, der immerhin bereits Inhaber ist.

Grenzen findet die Befugnis darin, dass die Masse den Gläubigern dient und daher nur geschmälert werden darf, wenn dies vorteilhaft oder wenigstens unschädlich ist. Andernfalls kann die Freigabe unwirksam sein (Rn. 161) und zur Haftung nach §§ 60 f. führen. Auch öffentlich-rechtliche Pflichten mögen einer Freigabe entgegenstehen (wichtig bei Altlasten, Rn. 728). – Die Freigabe berührt auch nicht vertragliche Bindungen: Wird eine Mietwohnung freigegeben, so bleibt die Masse dem Mieter verpflichtet, bis auch der Mietvertrag endet (dazu Rn. 247).

b) Freigabe bei selbstständiger Tätigkeit (§ 35 II)

Ausdrücklich zugelassen ist die Freigabe **der Erträge** selbstständi- 171a
ger Tätigkeit. Will der Schuldner während des Verfahrens unternehmerisch tätig bleiben (oder werden), so muss er Rechnungen begleichen, Steuern zahlen oder andere Leistungen erbringen. Dies vermag eigentlich nur der Verwalter (§ 80), zumal der Insolvenzbeschlag auch Neuerwerb (z. B. aus Umsatzgeschäften!) erfasst. Lässt der Verwalter den Schuldner aber mit Massegegenständen wirtschaften, weil dies sinnvoll erscheint, so mag ihm dies zugerechnet werden – mit der Folge exzessiver Masseschulden (§ 55 I Nr. 1). Nach § 35 II soll der Verwalter sich daher festlegen: Er muss die selbstständige Tätigkeit des Schuldners und das „Vermögen aus" dieser klar zuordnen. Soweit solches Vermögen nicht ohnehin pfändungsfrei ist (Rn. 151 ff.), hat er die Wahl:

- Mit der sog. **Positiverklärung** stellt er klar, dass das erwirtschaf- 171b
tete Vermögen (weiterhin) *zur Masse* gehört und – umgekehrt – Ansprüche der Neugläubiger aus dieser Tätigkeit „im Insolvenzverfah-

ren" geltend gemacht werden können, d. h. Masseansprüche (§ 55) sind.

171c • Eine **Negativerklärung** bekundet das Gegenteil, also u. a. die *Freigabe* des erwirtschafteten Vermögens.

Nach **h. M.** ist § 35 II freilich **weiter auszulegen**: Die Freigabe soll sich nicht nur auf die Erträge der unternehmerischen Tätigkeit, sondern auf das *ihr gewidmete Vermögen* erstrecken (so schon BT-Drs. 16/3227, S. 17; unentschieden BGHZ 192, 322 Rn. 19, 28). Dies steht aber in auffälligem Gegensatz zum Wortlaut und entzieht der Masse Altvermögen, das doch den Insolvenzgläubigern vorbehalten ist. Die Freigabe soll zudem ganze *Vertragsverhältnisse* erfassen und speziell Dauerschuldverhältnisse auf den Schuldner übergehen lassen, ohne dass es vorheriger Kündigung durch den Verwalter bedürfe (BGHZ 192, 322 Rn. 16 ff.).

Die „freien" Erträge gebühren dem Schuldner. Soweit er Gewinne erzielt, muss er freilich Zahlungen an den Verwalter leisten, die dem Lohn entsprechen, den er bei abhängiger Tätigkeit erzielen könnte (§§ 35 II 2, 295 II; Rn. 545). Andererseits stellt die Freigabe klar, dass die Nutzung des Altvermögens nicht (länger) der Masse zurechenbar ist, also keine Masseansprüche begründet. Die Neugläubiger können aber in den beschlagfreien Neuerwerb vollstrecken; reicht er nicht aus, ist sogar ein Zweit-Insolvenzverfahren denkbar (*BGH* NZI 2011, 633 Rn. 7 ff.).

171d Für die **Entscheidung des Verwalters** ist allein der Nutzen für die Masse maßgebend. Die Verwalter-Erklärung ist öffentlich bekannt zu machen (§ 35 III). Das Gericht hat sie jedoch für unwirksam zu erklären, wenn der Gläubigerausschuss (sonst die Gläubigerversammlung) das beantragt (§ 35 II 3), weil sie dort als nachteilig gilt.

c) Freigabe bei Insolvenz von Gesellschaften

172 Sehr umstritten ist die Freigabe in der Insolvenz von Gesellschaften. Denn die Eröffnung des Insolvenzverfahrens über das Vermögen von z. B. OHG, KG, GmbH und AG führt zugleich zur sog. *Auflösung* dieser Gesellschaft (Rn. 139). Der Auflösung folgt i. d. R. die gesellschaftsrechtliche *Liquidation* durch „Liquidatoren": die Abwicklung der Gesellschaft (Verwertung der Aktiva, Schuldentilgung) und ggf. – mangels Anhalts für weiteres Vermögen – für GmbH und AG die *Löschung* im Register (s. § 394 FamFG). Beruht die Auflösung allerdings gerade auf Insolvenzeröffnung, so hat das Insolvenzverfahren Vorrang (z. B. § 145 I HGB). Umstritten ist jedoch das weitere Verhältnis der Verfahren:

• Aus *tradierter Sicht* soll dem Insolvenzverfahren ein Liquidationsverfahren nachfolgen, so dass freigegebene Objekte dort noch verwertet werden könnten. Hierfür spreche auch, dass das Insolvenzverfahren vorrangig der optimalen Befriedigung der Gläubiger diene und deshalb dazu zwinge, die Masse von wertlosen Objekten zu entlasten, deren Verwertung nur Kosten verursachen würde. Demgegenüber diene die Liquidation dem Interesse der Gesellschafter. Beide Funktionen dürften nicht vermengt werden (*Henckel*, ZIP 1991, 133 ff.). Betont wird auch, dass §§ 32 III, 85 II – die konkreteste Äußerung des neuen Rechts zur Freigabe – diese nicht nur für die Insolvenz natürlicher Personen vorsähen. 173

• Nach *a. A.*, die wohl auch den Gesetzgeber leitete, soll das neue Insolvenzverfahren die Liquidation gänzlich erübrigen und so ein sinnloses Nebeneinander beider Verfahren vermeiden, nämlich auch der Vollabwicklung der Gesellschaft dienen. Die Insolvenzmasse sei daher zugleich Liquidationsmasse, der Insolvenzverwalter obligatorischer Liquidator (vgl. § 199 S. 2; Amtl. Begr., S. 109; *K. Schmidt*, KTS 1988, 1, 8 ff.). Demnach muss die Masse schon im Insolvenzverfahren erschöpfend verwertet werden, was für eine Freigabe einzelner Objekte keinen Raum lässt. 174

Die Äußerungen des Gesetzgebers sind jedoch wenig klar (vgl. Voraufl., Rn. 175). Daher sollte an dem Wortlaut der InsO (§§ 32 III, 80, 85 II) festgehalten werden. Auch die **Praxis** bejaht ein **umfassendes Freigaberecht** (*BGH* NJW 2005, 2015, 2016 m. w. N.). Dafür spricht auch, dass § 197 I 2 Nr. 3 *den Gläubigern* eine Entscheidung über unverwertbare Gegenstände, also auch die Freigabe, ausdrücklich eröffnet (ebenfalls noch vor Ende des Verfahrens!) und damit eine etwaige Liquidation in Kauf nimmt. 175

V. Exkurs: Das Verhältnis des Insolvenzverwalters zur Masse

Während der amtsrechtliche Status des Insolvenzverwalters überschaubar ist (Rn. 48 ff.), ist seit langem **umstritten**, wie der Insolvenzverwalter im Außenverhältnis handelt: gegenüber der Masse, dem Schuldner, den Gläubigern und – bei Prozessführung – dem Gericht. Heute ist anerkannt, dass diesbezügliche Einzelfragen letztlich nicht durch Deduktion aus Denkmodellen entschieden werden können. Dennoch kann theoretische Begleitung hilfreich sein (s. *Stürner*, ZZP 94 [1981], 263, 286 ff.; *K. Schmidt*, KTS 1988, 1, 9, 11; krit. *Kluth*, NZI 2000, 351 ff.). Im Vordergrund stehen vier Erklärungen: 176

Die **Gläubigervertretungstheorie** (heute nicht mehr vertreten) sah den Verwalter als Vertreter oder Organ der Gläubigergemeinschaft 177 an. Sie konnte daran anknüpfen, dass das Insolvenzverfahren im Interesse der Gläubiger erfolgt und dass diese, über ihre Organe, auch erheblichen Einfluss auf das Verfahren haben. Unzulänglich ist die Theorie aber, weil sie übergeht, dass Verwalterhandeln rechtlich vor allem den Schuldner bzw. dessen Vermögen trifft, und weil die Gläubiger nicht gemeinschaftlich verbunden sind.

178 Die **Schuldnervertretungstheorie** betrachtet den Verwalter als Vertreter des Schuldners. Die Vertretungsmacht beruhe auf Gesetz, das ihre Wirkung allerdings zugleich auf die Masse beschränke (vgl. *Lent*, ZZP 62 [1941], 129 ff.). Zweifelhaft ist das u. a., weil Vertretung, auch eine Zwangsvertretung, typischerweise im Interesse des Vertretenen erfolgt, während Insolvenzrecht und -verwalter vielerlei Interessen Rechnung tragen müssen.

Die ***neue Vertretertheorie*** modifiziert jenen Ansatz für juristische Personen: Bei der Verbandsinsolvenz – und der Annahme, dass Masse und Verbandsvermögen identisch sind (Rn. 174) – sei der Insolvenzverwalter *Organ* des Verbands, also mit der „Stellung eines gesetzlichen Vertreters" ausgestattet (§ 26 I 2 Hs. 2 BGB; ausf. *K. Schmidt*, KTS 1984, 345, 362 ff., 372 ff.). Freilich deckt sich das Gesellschaftsvermögen nicht mit der Masse, wenn diese durch Freigaben gemindert werden kann (Rn. 175).

Die Vertretungstheorie erklärt ohne weiteres, weshalb der Verwalter rechtsgeschäftliche Verbindlichkeiten für die Masse eingehen kann. Eine Freigabe durch den Verwalter deutet sie als Ende der (den Schuldner belastenden) Vertretungsmacht. Im Prozess ist der vertretene Schuldner Partei. Analog § 53 ZPO gilt er aber als prozessunfähig (krit. *Weber*, KTS 1955, 102, 104). Demnach ist der Verwalter „als Partei" zu vernehmen (analog §§ 455 I, 53 ZPO), so dass der Schuldner Zeuge sein kann.

179 Die **Organtheorie** hat mit der „neuen Vertretertheorie" gemein, dass sie eine Organschaft des Verwalters annimmt. Wichtiger ist aber – und das bringt ihr Name nicht zum Ausdruck –, dass die Masse selbst vertreten werden soll, da sie als Rechtssubjekt (!) angesehen wird (*Pawlowski*, JuS 1990, 378, 380). Man könnte also von *„Massevertretungstheorie"* sprechen. Mit ihr lassen sich praktisch alle Wirkungen von Verwalterhandeln, die ja durchweg auf die Masse beschränkt sind, gut begründen (vgl. *Stürner*, ZZP 94 [1981], 288 ff.). Gegen die Organtheorie spricht aber, dass nach deutschem Recht nur ein Rechtssubjekt, nie ein Gegenstand vertreten werden kann.

Die Organtheorie muss Erwerb für die Masse als dinglichen Erwerb durch das (vertretene) Rechtssubjekt „Masse" deuten (vgl. *Erdmann*, KTS 1967, 87,

111; differenzierend *Stürner*, ZZP 94 [1981], 263, 291 ff.). Umgekehrt erfordert eine Freigabe eine Übereignung durch „die Masse" an den Schuldner – was die Frage aufwirft, ob dieser ihm früher nicht gehörende Sachen gutgläubig erwerben kann! Rechte wegen Insolvenzanfechtung stehen „der Masse" zu. Im Prozess ist „die Masse" Partei. Der Verwalter wäre als Partei zu vernehmen, der Schuldner eindeutig als Zeuge. Angehörige des Schuldners hätten demnach kein Zeugnisverweigerungsrecht nach § 383 Nrn. 1–3 ZPO (str.; vgl. *Stürner*, a. a. O., S. 296 f.).

Die **Amtstheorie (h. M.)** beschränkt sich auf die Feststellung, der **180**
Insolvenzverwalter handele kraft Amtes, das ihm durch Gesetz übertragen sei (s. nur § 56 II 2), *im eigenen Namen* und mit den Folgen, die das Gesetz jeweils vorsehe, d. h. für und gegen die Masse und insoweit auch für und gegen den Schuldner (vgl. RGZ 29, 29; BGHZ 88, 331, 334; *Henckel*, ZIP 1991, 133, 134). Anhalt findet diese Theorie inzwischen auch im Gesetz: in § 116 S. 1 Nr. 1 ZPO.

Auch sie lässt Verwaltergeschäfte für und gegen die Masse wirken. Dadurch verpflichtet sieht man teils den Schuldner (BGHZ 49, 11, 13), teils den Verwalter, dessen Pflicht zur Erfüllung (nur aus der Masse) aber nach Beendigung des Verfahrens auf den vormals Insolventen übergehe (Jaeger/*Henckel*, KO, § 6 Rn. 32 f.: „vermögensbezogenes Handeln"). Eine Freigabe gelingt mit dem bloßen Wegfall der Verfügungsbeschränkung. Ein Anfechtungsrecht steht dem Verwalter entweder als originäres Amtsrecht zu, oder er übt ein Anfechtungsrecht des Schuldners aus (s. aber auch § 313 II 1). Im Prozess ist der Verwalter Partei (kraft Amtes) und agiert in gesetzlicher Prozessstandschaft; der Schuldner ist stets Zeuge.

Zum Sprachgebrauch: „Masse" ist eigentlich nur das pfändbare Vermögen des Schuldners, das der Herrschaft des Verwalters unterliegt. Dennoch wird die Masse gelegentlich personifiziert: Man spricht z. B. von Rechten „der Masse", von Ansprüchen „gegen die Masse" oder einer Leistung „an die Masse". Das ist ungenau, denn nach h. M. ist die Masse gerade nicht Rechtssubjekt. Gemeint ist daher meist nur ein (massebezogenes) Recht des Schuldners bzw. eine Pflicht des Schuldners, die aus der Masse vom Verwalter (quotal oder – hier eher – als Masseverbindlichkeit) zu erfüllen ist, usw.

§ 16. Nichtberechtigung und Verkehrsschutz

Literatur: *Eickmann*, Konkurseröffnung und Grundbuch, Rpfleger 1972, 77 ff.; *Foerste*, Grenzen der Durchsetzung von Verfügungsbeschränkung und Erwerbsverbot im Grundstücksrecht, 1986; *Gerhardt*, Verfügungsbeschränkungen in der Eröffnungsphase und nach Verfahrenseröffnung, in: KS, 2. Aufl., S. 193 ff.; Gottwald/*Eickmann*, S. 492 ff.; *Oepen/Rettmann*, Das

Schicksal von Grundstücksübereignungen in einem Konkurs- bzw. Insolvenzverfahren über das Vermögen des Veräußerers, KTS 1995, 609 ff.

I. Verfügungsbeschränkung und gutgläubiger Erwerb

181 Mit der Insolvenzeröffnung verliert der Schuldner seine Verfügungsmacht über die Masse (Rn. 155) und wird insofern „Nichtberechtigter". Nach den Grundsätzen des Sachenrechts müssen aber alle Voraussetzungen für den Erwerb eines Rechts bis zum Abschluss des Erwerbs fortdauern. Demnach müsste jeder reguläre Erwerb vom Schuldner scheitern, wenn über dessen Vermögen ein Insolvenzverfahren eröffnet wird, bevor der Erwerb gelungen war. Diese Systematik wird vom Insolvenzrecht jedoch überlagert, und dessen Normen sind vorrangig. Sie unterscheiden danach, ob der Erwerb aus der Masse auf einem nach Insolvenzeröffnung vorgenommenen *Verfügungsakt* beruht (§ 81) oder *auf andere Weise* erfolgt (§ 91).

1. Unwirksame Verfügungsakte

182 Durch Handlungen, die erst nach Insolvenzeröffnung erfolgen, kann der Schuldner nicht über Massegegenstände verfügen (§ 81 I 1).

Die Vorschrift spricht zwar nur davon, dass der Schuldner „verfügt" haben muss. Dass damit aber die Verfügungs*handlung* und nicht ihr Erfolg gemeint ist, zeigt § 91 I, wo der „Erwerb" also solcher unterbunden wird, „auch wenn keine Verfügung … zugrunde liegt".

Verfügungsakte sind vor allem **Willenserklärungen**, z. B. Angebot oder Annahme einer Übereignung nach § 929 BGB, einer Auflassung (§ 925 BGB), Zession (§ 398 BGB) oder Grundschuldbestellung, die Bevollmächtigung eines Dritten zu solchen Geschäften oder die Genehmigung der Verfügung eines Dritten über das Schuldnerrecht. Erfasst sind aber auch verfügungsbezogene **Realakte**, z. B. die Übergabe eines Kfz nach vorausgegangener Einigung i. S. d. § 929 S. 1 BGB, die Briefübergabe bei Übertragung einer Briefhypothek (§ 1154 BGB), der Antrag auf Eintragung des Erwerbers im Grundbuch (§ 13 GBO) und die Überweisung eines Kredits mit der Folge, dass mit dem Anspruch aus § 488 BGB auch die zuvor bestellte Hypothek entstehen müsste.

Den **Beweis,** dass der Verfügungsakt erst *nach* Insolvenzeröffnung erfolgte, muss führen, wer die Unwirksamkeit geltend macht: i. d. R. also der Insolvenzverwalter. Steht allerdings fest oder wird bewiesen, dass der Schuldner ausgerechnet am Tage der Insolvenzeröffnung verfügt hat, so wird vermutet, dass er nach der Eröffnung verfügte (§ 81 III 1): Umkehr der Beweislast auf den Erwerber.

Unwirksam sind ferner Verfügungen über **„künftige" Lohn- und Gehaltsforderungen** (§ 81 II 1). Gleiches gilt für laufende Bezüge, die an ihre Stelle treten (z. B. Arbeitslosengeld). Gemeint sind Ansprüche, die nach dem Insolvenzverfahren fällig werden. Sie fallen daher nicht mehr in die Masse. Dass sie dennoch arretiert werden, soll eine etwaige Restschuldbefreiung ermöglichen (vgl. §§ 81 II 2, 287 II 1; s. schon Rn. 165). **183**

Gutgläubiger Erwerb ist weithin ausgeschlossen: § 932 BGB schützt nur den guten Glauben an Eigentum, nicht die Erwartung, der Eigentümer habe Verfügungsmacht. Das Zessionsrecht (§§ 406 ff. BGB) honoriert Redlichkeit ohnehin nicht, denn der Erwerber einer Forderung vertraut auf keinerlei Rechtsschein. Schutz ist aber im *Grundstücksrecht* vorgesehen, z. B. für den, der Eigentum oder Grundpfandrechte erwirbt oder an den Schuldner als Hypothekar leistet (§§ 892 I 2, 893 BGB, § 81 I 2). Zugunsten des Erwerbers genügt sogar, dass er gutgläubig war, als der Antrag auf Eintragung im Grundbuch gestellt wurde (§ 892 II BGB). Oft scheitert der Schutz allerdings daran, dass der Rechtsschein bereits zerstört ist, denn Insolvenzgericht wie -verwalter müssen auf Eintragung eines Insolvenzvermerks (§ 32) hinwirken. **184**

Hier wird Schnelligkeit belohnt: Wenn das Insolvenzverfahren am 01.02. eröffnet wurde, der Schuldner einem ahnungslosen Gläubiger aber noch am 02.02. eine Hypothek bestellt, hängt der Erwerb davon ab, ob der Gläubiger seine Eintragung beantragt, bevor die Eintragung des Insolvenzvermerks beantragt wird. Denn mehrere Anträge sind nach **Reihenfolgeprinzip** (nach Eingang beim Grundbuchamt) zu erledigen (§ 17 GBO): **185**

(1) War der *Insolvenzverwalter* schneller, so wird der Rechtsschein also zerstört, bevor die Hypothek erworben ist. Insoweit hilft auch nicht guter Glaube, sondern allenfalls die Durchsicht der sog. Grundakten auf frühere Eintragungsanträge. Steht der Insolvenzvermerk im Grundbuch, so sind Erwerber – ob redlich oder nicht – überhaupt nicht mehr einzutragen („Grundbuchsperre"), denn das Grundbuch würde durch ihre Eintragung nur unrichtig.

(2) War der *Erwerber* schneller, ist er zuerst einzutragen. Der nachfolgende Vermerk kann ihm nicht mehr schaden, u. U. aber eine spätere Insolvenzanfechtung (§ 147). Trägt das Grundbuchamt – entgegen § 17 GBO! – „im Interesse der Masse" erst den Vermerk ein, so hat der Erwerber das Nachsehen. Für die Amtspflichtverletzung haftet aber das Bundesland (Art. 34 GG, § 839 BGB).

186 Manche Grundbuchämter stehen auf dem Standpunkt, die Insolvenzeröffnung löse stets eine **„Grundbuchsperre"** aus, da die Verfügungsbeschränkung dem Schuldner auch die Fähigkeit zur *Bewilligung* der Rechtsänderung (§ 19 GBO) nehme. Demnach nützt dem Erwerber seine Redlichkeit nichts, denn das Grundbuchamt trägt ihn nicht mehr ein, wenn es von der Insolvenz weiß (zust. BayObLGZ 1994, 66, 71). Diese Praxis ist rechtswidrig: Wenn das Verfahrensrecht sich schon am materiellen Recht (der Verfügungsbeschränkung) orientiert, muss es auch respektieren, dass diese gegenüber redlichen Erwerbern zurücktreten soll. Es darf deren Erwerb also nicht blockieren, zumal es nur dienende Funktion hat (*Lenenbach*, NJW 1999, 923 ff.; *Foerste*, a. a. O., S. 100 ff.).

187 Oft hat der Erwerbswillige schon eine **Gegenleistung** erbracht. Scheitert sein Erwerb an § 81 I, so möchte er wenigstens diese zurückhaben. Anspruch darauf hat er aber nur, soweit die Gegenleistung die *Masse bereichert* (§ 81 I 3), d. h. ungerechtfertigt bereichert i. S. d. § 55 I Nr. 3. Sie muss also überhaupt zur Masse gelangt sein, d. h. in die Hände des Verwalters (nicht etwa nur zum Schuldner). Ihr Wert muss der Masse auch zugute gekommen sein (anders bei Entreicherung, § 818 III BGB). *Ungerechtfertigt* bereichert ist die Masse nur, wenn die Gegenleistung erst nach der Insolvenzeröffnung erfolgte (Rn. 83).

Was nämlich *vor* Insolvenzeröffnung an den Schuldner geleistet wurde, ist insofern „verloren", als der eigene Anspruch zur Insolvenzforderung wird und die Gegenleistung nicht mehr herausverlangt werden kann (Rn. 207). Das kann sich nicht dadurch ändern, dass der Schuldner später erfolglos (§ 81 I) versucht, die Insolvenzforderung gänzlich zu erfüllen – zumal das rechtswidrige Tun des Schuldners dem Gläubiger sonst doch noch zugute käme!

2. Unwirksamer Rechtserwerb

188 Jeder Rechtserwerb an Massegegenständen, der nicht von § 81 unterbunden wird, kann nach § 91 I unwirksam sein. Dafür genügt es, dass der Erwerb erst nach Insolvenzeröffnung abgeschlossen wird. Das gilt z. B. für Erwerb durch **Zwangsvollstreckung**: Während Insolvenzgläubiger durch § 89 I gehindert sind, in die Masse zu vollstrecken, verhindert § 91 I die Vollstreckung **durch Neu-Gläubiger**, z. B. den Erwerb eines Pfändungspfandrechts (Rn. 163). Gleichwohl kann der Verwalter gezwungen sein, die Vollstreckung zu stoppen (Rn. 167).

Zum Teil ist auch **gesetzlicher Eigentumserwerb** ausgeschlossen, so z. B. *Ersitzung* (§ 937 BGB) und *Fruchterwerb* (§§ 955 f. BGB). Hingegen kann durch *Verbindung, Vermischung, Verarbeitung* auch auf Kosten der Masse erworben werden, denn die §§ 946 ff. BGB sind unabänderlich, da sie physischen Vorgaben bzw. wirtschaftlichen Sachzwängen Rechnung tragen.

Vor allem erfasst § 91 **gestreckte Verfügungen**, die vor Insolvenz- 189
eröffnung eingeleitet wurden und sich danach ohne Zutun des Schuldners vollenden. So ist es, wenn die Übereignung von *Waren* vereinbart war (§ 929 BGB) und diese vom Schuldner auch abgesendet wurden, beim Erwerber aber erst nach Insolvenzeröffnung eintreffen. Typische Verzögerungen ergeben sich bei *Grundstücksgeschäften.* Denn nach der dinglichen Einigung (§ 873 BGB) bzw. Auflassung (§ 925 BGB), der Eintragungsbewilligung des Schuldners (§ 19 GBO) und dem Eintragungsantrag (des Schuldners oder Erwerbers, § 13 GBO) vergeht oft längere Zeit bis zur Eintragung. Wird in dieser Phase ein Insolvenzverfahren eröffnet, so kann der Erwerb an § 91 I scheitern.

Auch hier ist aber für den **Schutz des Erwerbers** gesorgt, wenn 190
auch nur im Grundstücksverkehr (§ 91 II). *Gutgläubigen* wird wie im Falle des § 81 geholfen (Rn. 184). Für die Redlichkeit ist wiederum der Zeitpunkt der Antragstellung maßgebend (§ 892 II BGB). Daher schadet es dem Erwerber nicht, wenn er noch vor seiner Eintragung, die er nicht beschleunigen konnte, von einer Insolvenzeröffnung erfährt. Zusätzlich werden Erwerber geschützt, die dank § 878 BGB eine *gesicherte Erwerbsaussicht* erlangt haben. Diese erfordert, dass die dingliche Einigung für den Schuldner bindend geworden ist (dazu § 873 II BGB). Ferner muss der Eintragungsantrag gestellt worden sein, wofür ein Antrag des Verfügenden genügt (h. M., vgl. *Oepen/Rettmann*, KTS 1995, 609, 615 ff.).

Zur Übung und Vertiefung

1. Frage: Weshalb verweist nur § 91, nicht auch § 81 auf § 878 BGB?
Da § 878 BGB voraussetzt, dass die Verfügungsbeschränkung (Insolvenzeröffnung) *nach* der Verfügung des Schuldners und dem Umschreibungsantrag eintritt, kann er i. R. d. § 81, der den umgekehrten Fall regelt, nicht helfen.

2. Frage: Zur Sicherung eines Anspruchs des G tritt der Schuldner diesem ab: a) künftige Forderungen gegen die Kunden A–C, b) einen Anspruch gegen D auf Rückgewähr von Sicherungseigentum, der mit Tilgung der Forderung des D gegen S entstehen soll, c) Lohnforderungen, die erst nach Abschluss des Insolvenzverfahrens fällig werden. Bleiben die Zessionen trotz nachfolgender Insolvenzeröffnung wirksam?

a) Dem § 398 BGB ist genügt, da die Forderungen offenbar wenigstens bestimmbar sind. Die Zessionen scheitern auch nicht an § 81 (so *BGH* ZInsO 2009, 2337 f.), wohl aber an § 91 I 1, denn die abgetretenen Rechte werden erst erworben, wenn sie entstehen: *nach* Verfahrenseröffnung.

b) Wirksam selbst dann, wenn der Anspruch nicht nur „betagt" war (Verzögerung der Fälligkeit), sondern unter aufschiebender Bedingung stand: Er war der Masse bereits entzogen, und der Bedingungseintritt darf den Erwerb (analog § 161 I 2 BGB) nicht mehr hindern (*BGH* NJW 1977, 247; *Häsemeyer*, Rn. 10.24).

c) Scheinbar wirksam, da § 81 II nur Zessionen *nach* Insolvenzeröffnung erfasst. Eine Grenze zieht aber auch hier § 91 I (Rn. 263a; für Mietzinsansprüche vgl. § 110).

3. Frage: Erwirbt Eigentum, wer vom Schuldner vor Insolvenzeröffnung Ware unter Eigentumsvorbehalt erworben hatte und erst nach Insolvenzeröffnung die letzte Kaufpreisrate zahlt?

Da die Übereignung im Zweifel aufschiebend bedingt erfolgt (§ 449 I BGB), konnte der Käufer erst nach Insolvenzeröffnung erwerben. Dennoch steht § 91 I nicht entgegen. Denn der Insolvenzverwalter könnte über die Ware nicht mehr *verfügen* (§ 161 I 2 BGB). Daher besteht auch kein Anlass, sie weiterhin in der Masse zu halten. Ergänzend stellt § 107 I klar, dass die Übereignung nicht scheitern soll.

4. Frage: S hatte dem G vor Insolvenzeröffnung eine Hypothek für eine künftige Forderung bestellt, die erst nach Verfahrenseröffnung entsteht. Ist die Hypothek wirksam?

Die Hypothek war zunächst Eigentümergrundschuld (§§ 1163 I 1, 1177 BGB) und konnte erst mit der Forderung, d. h. nach Insolvenzeröffnung, entstehen. Sie ist also unwirksam (§ 91 I). Anderes gilt für Faustpfandrechte (arg. § 1209 BGB; BGHZ 86, 340, 346 f.; str.).

Fall 2: Am 02.01. einigen sich S und G über die Bestellung einer Briefhypothek für G. Am 05.01. beantragt und bewilligt S deren Eintragung. Am 13.01. wird das Insolvenzverfahren über S eröffnet. Am 14.01. erfährt G davon. Am 15.01. wird die Hypothek im Grundbuch eingetragen, am 19.01. – auf Ersuchen des Insolvenzgerichts – der Insolvenzvermerk. Nachdem S den Hypothekenbrief vom Grundbuchamt erhalten hat, händigt er ihn am 20.01. dem G aus. Der Insolvenzverwalter fordert G auf, der Löschung der Hypothek zuzustimmen. Zu Recht?

Lösungshinweise: Nach § 80 I wäre der Verwalter berechtigt, einen Anspruch des S auf Grundbuchberichtigung (§ 894 BGB) geltend zu machen. Das Grundbuch ist unrichtig, wenn die Hypothek nicht entstand. Die Voraussetzungen der §§ 873, 1113, 1115 f., 1117 I 1 BGB lagen vor. Insbesondere einigte S sich mit G, bevor er am 13.01. die Verfügungsmacht verlor, d. h. noch als Berechtigter. Die Verfügung war aber nach § 81 I 1 unwirksam, da die Briefübergabe als letzter Verfügungsakt (§ 1117 I 1 BGB) nach Insolvenzeröffnung erfolgte. Auch redlicher Erwerb nach §§ 892 I 2 BGB, 81 I 2 war am 20.01. nicht mehr möglich, denn der Insolvenzbeschlag war seit dem

19.01. aus dem Grundbuch ersichtlich. Folglich besteht ein Berichtigungsanspruch.

Abwandlung: S und G hatten am 02.01. auch vereinbart, dass G sich den Hypothekenbrief vom Grundbuchamt aushändigen lassen sollte. Dies geschah am 20.01.

Lösungshinweise: Der Erwerb scheitert hier nicht an § 81 I 2, da G am 20.01. nicht mehr verfügte, war doch eine Briefübergabe durch ihn nach § 1117 II BGB entbehrlich. Doch wurde der Erwerb weiterhin erst nach Insolvenzeröffnung (am 15.01.) abgeschlossen. Er kann daher nach § 91 I unwirksam sein. Die §§ 878 BGB, 91 II stehen dem nicht entgegen, da kein Fall des § 873 II BGB vorzuliegen scheint. Denkbar ist aber gutgläubiger Erwerb (§§ 892 I 2 BGB, 81 I 2): Die Bösgläubigkeit ab 14.01. ist unschädlich, da nach § 892 II BGB das Unwissen bei Antragstellung maßgebend ist. Auch die Zerstörung des Rechtsscheins am 19.01. schadet nicht, da der Erwerb schon am 15.01. beendet war, d. h. wirksam wurde. Hier besteht also kein Berichtigungsanspruch.

II. Leistung an den Schuldner

Soweit der Schuldner seinerseits Schuldner hat (Drittschuldner), 191
sind Leistungen an ihn **unwirksam**, wenn sie nach Insolvenzeröffnung erfolgen. Der Schuldner ist zwar noch Inhaber der Forderung. Deren Einziehung ist möglicherweise auch keine „Verfügung“ i. S. d. § 81 I 1. Sie scheitert aber mangels Verwaltungsbefugnis (Rn. 158), so dass nochmals an den Insolvenzverwalter zu zahlen ist.

Zum Hintergrund: Der Drittschuldner (D) kann das Geleistete i. d. R. auch nicht einmal beim Schuldner kondizieren. Ein solcher Anspruch entsteht allerdings (nach § 812 I 1 Fall 1 oder § 812 I 2 Fall 2 BGB), da die Leistung keine Tilgungswirkung hatte. Er ist auch kein Insolvenzanspruch, da er erst nach Verfahrenseröffnung entstand (Rn. 59 f.). Doch während des Verfahrens ist er nicht durchsetzbar: Entweder gehört das dem Schuldner Geleistete als Neuerwerb (§ 35 I Fall 2) zur Masse, in die auch Neu-Gläubiger nicht vollstrecken dürfen (Rn. 163). Oder D vollstreckt in das freie Vermögen (so Uhlenbruck/*Uhlenbruck*, § 82 Rn. 6; Rn. 164), stößt dann aber auf den Pfändungsschutz der ZPO. Nach Aufhebung des Insolvenzverfahrens mögen diese Schranken entfallen. Doch jetzt kann der Schuldner einwenden, dass ihm das Geleistete nunmehr gebührt – es sei denn, dass sein Anspruch zuvor erlosch, weil der Verwalter D zwang, zur Masse zu leisten (§ 362 BGB).

In der Praxis wird der Verwalter stets versuchen, das dem Schuldner Geleistete einzuziehen. Sobald das gelingt, wird D frei (s. sogleich).

In zwei Fällen ist der **Drittschuldner geschützt**: Er wird frei, 192
wenn er an den Schuldner leistete, *ohne Kenntnis* von der Verfahrens-

eröffnung zu haben (§ 82 S. 1). Damit wird zugleich die Beweislast geregelt: Der Leistende muss, um sich zu befreien, seine Unkenntnis nachweisen. Das kann sehr schwierig sein. Es genügt z. B. nicht, dass der Dritte leistete, bevor ihm der Eröffnungsbeschluss gemäß § 30 II zugestellt wurde. Unkenntnis wird allerdings vermutet, wenn vor der öffentlichen Bekanntmachung der Verfahrenseröffnung (Rn. 43) geleistet wurde, § 82 S. 2: Dann ist die Unkenntnis vom Verwalter zu widerlegen (Beweislastumkehr). Eine Leistung an den Schuldner befreit auch *bei späterem Massezufluss,* also dann, wenn der Verwalter sie vom Schuldner erhält oder bei ihm einzieht (wozu er verpflichtet ist, da es sich um Neuerwerb handelt; § 35 I Fall 2).

Kenntnis schadet auch dann, wenn sie erst erlangt wird, als die Leistung zwar schon veranlasst war, deren Erfolg aber noch hätte verhindert werden können (zu Banküberweisungen: *Obermüller,* ZInsO 2010, 8, 18 ff.). Für die **Kenntnis einer juristischen Person** genügt, dass ein Mitglied ihres Organs Kenntnis erlangt. Dem soll es gleichstehen, dass wegen Organisationsfehlers nicht für Informationsverschaffung bzw. -austausch gesorgt wurde. Dann wird auch das Wissen beliebiger Mitarbeiter zugerechnet, ggf. filialübergreifend (z. B. in Banken). Schaden soll sogar, dass die Entwicklung des Wirtschaftslebens samt Kunden-Insolvenzen nicht systematisch beobachtet wurde (zu allem *BGH* NZI 2006, 175, 176 f.; *Bork,* DB 2012, 33 ff.).

§ 17. Aufrechnung durch Insolvenzgläubiger

Literatur: *Bork,* Aufrechnung und Insolvenzanfechtung, FS Ishikawa, 2001, S. 31 ff.; Gottwald/*Gottwald/Adolphsen,* S. 778 ff.; *Häsemeyer,* Die Aufrechnung nach der InsO, in: KS, S. 461 ff.; *Höhn/Kaufmann,* Die Aufrechnung in der Insolvenz, JuS 2003, 751 ff.; *Kayser,* Wirksame und unwirksame Aufrechnungen und Verrechnungen in der Insolvenz, WM 2008, 1477 ff., 1525 ff.; *Obermüller,* Aufrechnungsmöglichkeiten als Kreditsicherheit, ZInsO 2009, 689 ff.; *Schwahn,* Konzernverrechnungsklauseln in der Insolvenz, NJW 2005, 473 ff.

I. Einführung

193 Nicht selten schuldet ein Insolvenzgläubiger auch seinerseits dem Schuldner etwas. Sind die wechselseitigen Ansprüche gleichartig (z. B. Geldforderungen), so besteht eine Aufrechnungslage i. S. d. §§ 387 ff. BGB. Das Interesse an Aufrechnung kann jedoch unterschiedlich sein. Der Anspruch des Schuldners bleibt nämlich trotz In-

solvenzeröffnung erhalten und ist für den Verwalter voll durchsetzbar. Der Insolvenzgläubiger dagegen ist i. d. R. auf eine geringe Quote beschränkt. Daraus folgt für den **Insolvenzverwalter**: Selbst wenn er aufrechnen kann, darf er dies nur dann, wenn es im Interesse der Masse ist (z. B. gegenüber *Masse*ansprüchen; gegenüber Insolvenzgläubigern, die ihrerseits aufrechnen können). **Insolvenzgläubiger** dagegen könnten sich durch Aufrechnung über die Insolvenzquote hinaus befriedigen, indem sie den lästigen Schuldneranspruch vernichten (§ 389 BGB) – d. h. bis zur Höhe des Schuldneranspruchs. Für sie ist die Aufrechnungslage also ein Glücksfall, aus Sicht ihrer Konkurrenten freilich eine Begünstigung: ein Verstoß gegen die Gläubigergleichbehandlung.

Insofern ist **Insolvenzaufrechnung nicht selbstverständlich**. Aufrechnung 194
ist eine Art privater *Zwangsvollstreckung* und zugleich eine (abgekürzte) *Leistung* an den Schuldner. Beides ist mit den Insolvenzzwecken unvereinbar und daher durch den Insolvenzbeschlag erschwert (s. auch *Häsemeyer*, Rn. 19.02 f.). Für Insolvenzaufrechnung spricht allerdings, dass man sie mit *Absonderungsrechten* vergleichen kann (*Bötticher*, FS Schima, 1969, S. 95 ff., 100) und diese ein Vorrecht verschaffen (s. aber § 170 I 1). Hinzu kommt, dass Aufrechnung in anderen Fällen der Beschlagnahme ebenfalls möglich bleibt (vgl. § 392 BGB). Sie bleibt selbst nach einer Abtretung möglich, d. h. bei Wechsel des gegnerischen Gläubigers (§ 406 BGB; zur Sicht der Organtheorie s. Rn. 179), während dem insolventen Gläubiger ja nur die Verwaltungsbefugnis entzogen wird.

Das **Insolvenzrecht** trägt dem Interessenkonflikt Rechnung und 195
lässt Insolvenzgläubiger nur beschränkt aufrechnen: Bestand die Aufrechnungslage schon *bei Verfahrenseröffnung*, so soll der Gläubiger auch im Verfahren noch aufrechnen können (nun durch Erklärung gegenüber dem Verwalter). Entstand die Aufrechnungslage erst *im Verfahren*, so wird der Gläubiger allenfalls geschützt, wenn er zuvor eine Aussicht auf Aufrechnung hatte. Im Übrigen muss er den Anspruch des Schuldners voll erfüllen, sich selbst aber mit der Quote bescheiden.

II. Aufrechnungslage bei Verfahrenseröffnung

War ein Insolvenzgläubiger schon bei Verfahrenseröffnung zur 196
Aufrechnung berechtigt, so kann er weiterhin aufrechnen (§ 94). Die Berechtigung kann auf **Vereinbarung** beruhen. Dann ist sie unabhängig davon, ob das Gesetz die Aufrechnung vorsieht. Meist wird

das Aufrechnungsrecht aus dem **Gesetz** folgen: aus §§ 387 ff. BGB. Dies setzt voraus:

- *Gegenseitigkeit*, d. h. wechselseitige Ansprüche zweier Personen (§ 387 BGB): der „Hauptanspruch“ des insolventen Schuldners und ein „Gegenanspruch“ (Insolvenzforderung) des aufrechnungswilligen Gläubigers;
- *Gleichartigkeit* beider Ansprüche nach ihrem Gegenstand (§ 387 BGB; z. B. Geld, gleichartige Waren);
- *Fälligkeit der Insolvenzforderung*, die der Aufrechnende befriedigt wissen will, also auch geltend machen können muss (§§ 387 letzter Hs., 271 BGB);
- *Erfüllbarkeit des Hauptanspruchs*, auf den der Aufrechnende gewissermaßen leistet, nämlich durch Opferung seiner Insolvenzforderung (§§ 387 letzter Hs., 271 BGB).

Ferner dürfen keine Aufrechnungshindernisse bestehen (§§ 390 ff. BGB).

197 Ausgeschlossen ist die Aufrechnung, wenn die **Aufrechnungslage anfechtbar** erlangt wurde (§ 96 I Nr. 3), d. h. durch eine Rechtshandlung, die der Insolvenzanfechtung nach §§ 129 ff. unterliegt. In solchen Fällen müsste der Insolvenzgläubiger das anfechtbar Erlangte (z. B. die Insolvenzforderung) eigentlich zurückgewähren. Dies kann sich aber verzögern. Daher versagt § 96 I Nr. 3 vorsorglich schon die Möglichkeit, nach Verfahrenseröffnung aufzurechnen.

Beispiel: G_1 schuldet dem S 20.000,– €. Weil er weiß, dass S zahlungsunfähig ist, kauft er von G_2, der einen Anspruch gleicher Höhe gegen S hat, diese Forderung für 10.000,– € (§§ 433, 453 BGB) und lässt sie sich abtreten (§ 398 BGB). Sechs Wochen später wird ein Insolvenzantrag gestellt. Nach Eröffnung des Verfahrens erklärt G_1 die Aufrechnung.

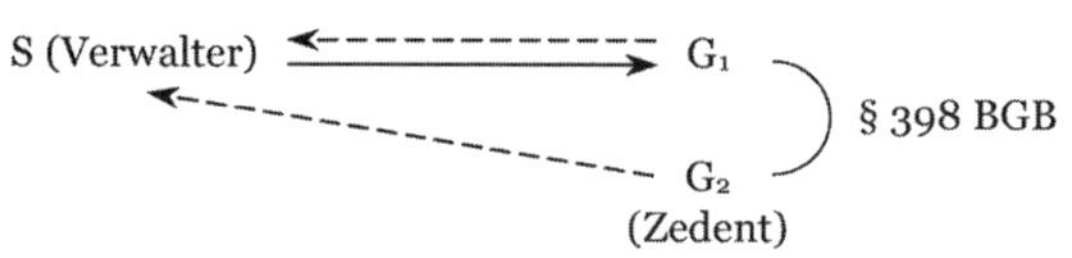

Hier wollten beide Gläubiger ein Geschäft auf Kosten der Masse machen: G_1 wollte seine Schulden dank der Insolvenz des S kraft § 94 „halbieren“. G_2 hätte im Insolvenzverfahren nur eine Quote von vielleicht 4 % erhalten und stand sich daher bei einem Forderungsverkauf für 50 % weit besser. Die Abtretung an G_1 hatte diesem jedoch eine Befriedigung ermöglicht, so dass sie zumindest nach § 130 I 1 Nr. 1 anfechtbar ist (Rn. 304) und seine Aufrechnung hindert.

Hatte der Insolvenzgläubiger eine anfechtbar erwirkte Aufrechnungslage schon *vor Verfahrenseröffnung* genutzt, also damals schon aufgerechnet (gegenüber S), so greifen §§ 94 ff. scheinbar nicht ein. Denn die Aufrechnung ist vollzogen, wenn das Verfahren eröffnet wird. Nach dem Zweck des § 96 I Nr. 3 soll der Gläubiger aus der anfechtbaren Aufrechnungslage aber keinerlei Früchte mehr ziehen. Auch die frühere Erklärung ist daher unwirksam, sobald das Verfahren eröffnet wird (BGHZ 169, 158, 161 ff.). **198**

III. Spätere Aufrechnungslagen

Lagen die Voraussetzungen der Aufrechnung bei Verfahrenseröffnung noch nicht vollständig vor, so kann der Insolvenzgläubiger nur aufrechnen, soweit §§ 95 f. dies zulassen. Danach wird er auch dann geschützt, wenn er zur Zeit der Verfahrenseröffnung wenigstens eine **Aussicht auf Aufrechnung** hatte: Diese soll nicht vereitelt werden. § 95 I 1 sagt dazu, dass die Aufrechnung „erst" (aber immerhin!) erfolgen kann, wenn ihre Voraussetzungen vorliegen, nachdem bei Verfahrenseröffnung „die aufzurechnenden Forderungen" oder eine von ihnen „noch aufschiebend bedingt oder nicht fällig oder die Forderungen noch nicht auf gleichartige Leistungen gerichtet" waren. **199**

Hierbei ist ein Redaktionsfehler unterlaufen: „Fällig" müssen nicht etwa *beide* Forderungen sein. Denn für die *Haupt*forderung genügt nach § 94, dass sie erfüllbar ist (Rn. 196), und § 95 soll die Aufrechnungschancen noch erweitern, nicht beschränken.

Durch § 95 I 1 wird die Aufrechenbarkeit *wesentlich erweitert:* Der Insolvenzgläubiger G kann z. B. auch dann aufrechnen,

- wenn die Hauptforderung des insolventen Schuldners S erst nach Verfahrenseröffnung erfüllbar wird (Beispiel: Anspruch auf Rückzahlung eines verzinslichen Darlehens, § 488 III 1 BGB);
- wenn er Geld schuldet, selber aber zunächst nur einen Anspruch auf Waren hatte, der sich in einen Geldanspruch erst umwandelt, als die zur Lieferung gesetzte Frist (§ 281 I 1 BGB) nach Verfahrenseröffnung abläuft (rechtspolitisch zweifelhaft, da die Aussicht auf Aufrechnung hier recht abstrakt war);
- wenn er dem S Geld schuldet, seinerseits aber gegenüber Gläubiger H für eine Schuld des S gebürgt hatte und den H nach Verfah-

renseröffnung befriedigt, so dass erst jetzt die Bedingung seines Regressanspruchs gegen S eintritt (Rn. 64).

Im Übrigen ist die Aufrechenbarkeit hinausgeschoben, bis alle zivilrechtlichen Hindernisse behoben sind. Die insolvenzrechtlichen Erleichterungen nach §§ 41, 45 gelten hier nicht (§ 95 I 2).

Zur Klarstellung: Im Falle des § 95 müssen bei Verfahrenseröffnung zumindest wechselseitige *Ansprüche* bestanden haben. Es genügt also nicht, dass ein Anspruch erst nach Verfahrenseröffnung erworben wird! Ausnahme: Ein Schuldner des Schuldners erhält durch Vertrag mit dem Verwalter einen *Masse*anspruch, der ohnehin vorrangig zu befriedigen ist (§ 53; Rn. 193).

200 Selbst bei Vervollständigung der Aufrechnungsvoraussetzungen scheitert die Aufrechnung, wenn die **Hauptforderung vorzeitig durchsetzbar** war, d. h. unbedingt und fällig wurde, bevor der Insolvenzgläubiger aufrechnen konnte (§ 95 I 3). Hier hatte der Gläubiger nämlich keine gesicherte Aussicht auf Aufrechnung. Denn der Schuldner (Verwalter) konnte Erfüllung fordern und so die Aufrechnungschance vorzeitig zerstören, jedenfalls theoretisch: bei rechtzeitiger Klage und Vollstreckung. Dies hindert die Aufrechnung normalerweise nicht (§§ 387 ff. BGB), wohl aber bei Insolvenz. So wird vermieden, dass der Gläubiger in der Krise bzw. im Insolvenzverfahren seine Leistung zurückhält (was die Liquidität des Schuldners zusätzlich gefährdet!), nur um eine spätere Aufrechnung vorzubereiten.

IV. Ausschluss der Aufrechnung (§ 96 I)

201 Für einige Fälle schließt § 96 I die Aufrechnung ausdrücklich aus (s. schon Rn. 197). So darf die **Hauptforderung nicht erst nach Verfahrenseröffnung entstanden** sein (§ 96 I Nr. 1), mag sie auch auf einem Geschäft mit dem Insolvenzverwalter beruhen, das unverdächtig wäre. Diese Norm ist freilich *überflüssig,* denn die Aufrechnung ist im genannten Fall nicht einmal zulässig: weder nach § 94 noch nach § 95 I 1 (Rn. 196 ff.).

202 Durchbrochen wird die Aufrechnungssperre allerdings zugunsten von Grundstücksmietern: Hat der Schuldner eine Immobilie vermietet und für die Zeit nach Insolvenzeröffnung Mietzinsansprüche, so sind diese an sich aufrechnungsfest (§ 96 I Nr. 1). Dennoch wird dem (schutzbedürftigen) Mieter die Aufrechnung gestattet, freilich nur gegen Mietzinsansprüche für die ersten 2–6 Wochen ab Verfahrenseröffnung (näher § 110 III).

Umgekehrt darf der Insolvenzgläubiger die **Gegenforderung nicht erst nach Verfahrenseröffnung von anderen Gläubigern erworben** haben (§ 96 I Nr. 2). Auch diese Klarstellung ist *überflüssig*, da Aufrechnung bei nachträglichem Erwerb einer Insolvenzforderung von §§ 94 f. in keinem einzigen Fall zugelassen wird (Rn. 199). Der in § 96 I Nr. 2 erwähnte Fall ist allerdings besonders gefährlich. 203

Beispiel: G1 schuldet dem S 20.000,– €. Als das Insolvenzverfahren gegen S eröffnet wird, kauft G1 von G2, der einen Anspruch gleicher Höhe gegen S hat, diese Forderung für 10.000,– € und lässt sie sich abtreten. – Hier planen beide Gläubiger ein Geschäft auf Kosten der Masse (vgl. Bsp. in Rn. 197). Dies wird von §§ 94 f. bzw. § 96 I Nr. 2 unterbunden.

Aufrechnung ist dem Gläubiger schließlich dann versagt, wenn er zwar „zur Masse" schuldet, aber sein **Gegenanspruch aus dem freien Schuldnervermögen zu erfüllen** ist (§ 96 I Nr. 4). So ist es, wenn er seinen Anspruch erst nach Insolvenzeröffnung erwarb. Dann wird er *nicht Insolvenzgläubiger* (Rn. 60). Hier fehlt es den Ansprüchen kaum an Gegenseitigkeit, denn dem Gläubiger steht als Rechtssubjekt stets der insolvente Schuldner – nicht die Masse – gegenüber (anders die Organtheorie, Rn. 179; im Erg. auch *Jauernig/Berger*, § 50 Rn. 16). Wer aber nicht einmal Insolvenzgläubiger wird, soll sich auch nicht aus der Masse befriedigen: weder durch Vollstreckung (Rn. 163) noch durch Aufrechnung. 204

Zur Übung und Vertiefung

Frage: Kann ein Insolvenzgläubiger aufrechnen, obwohl die Hauptforderung des insolventen Schuldners unter einer auflösenden Bedingung steht, deren Eintritt weiterhin offen ist?

Während aufschiebende Bedingungen die Aufrechnung erschweren (§ 95 I 1), gilt das für auflösende Bedingungen nicht, solange das Insolvenzverfahren andauert (§ 42). Systematisch bezieht sich § 42 allerdings auf Insolvenzforderungen. Wendet man die Norm analog auch auf Ansprüche der Masse an, so hat die Aufrechnung zunächst Erfolg, entfällt aber, wenn die Bedingung nach Abschluss des Insolvenzverfahrens eintritt. Dann lebt die Insolvenzforderung wieder auf. Sie sollte also vorsorglich – ihrerseits als *aufschiebend* bedingt – zur Tabelle angemeldet werden.

Fall 3: B schuldet dem S 10.000,– €. Da S dem G 15.000,– € schuldet, hat sich B gegenüber G für diese Schuld verbürgt. Als S an G nicht zahlt, wird B als Bürge in Anspruch genommen und befriedigt G. Nun wird das Insolvenzverfahren über das Vermögen des S eröffnet. Kann B aufrechnen?

Mit Zahlung des B ging der Anspruch des G gegen S auf B über (§ 774 I 1 BGB), so dass er z. B. mit diesem Anspruch nach § 94 aufrechnen kann. Seinen Restanspruch (5.000,– €) wird B zur Tabelle anmelden.

Abwandlung: Wie ist es, wenn das Verfahren kurz vor der Zahlung des B eröffnet wurde?

Lösungshinweise: Hier ist eine Aufrechnung allenfalls nach § 95 I 1 zulässig, also nur, wenn die Forderung des B vor Verfahrenseröffnung wenigstens schon bestand. Die h. M. nimmt in der Tat an, dass Regressansprüche des Bürgen sogleich als aufschiebend bedingte Rechte entstehen (Rn. 64), so also auch der Anspruch des B gegen S. Praktisch scheitert die Aufrechnung jedoch meist an § 95 I 3, nämlich immer dann, wenn der Hauptanspruch schon durchsetzbar war, bevor der Bürgenanspruch mit der Zahlung unbedingt wurde.

Fall 4 (BGHZ 149, 326): S hatte K eine Eigentumswohnung verkauft; abredegemäß zahlte K nicht nur den notariell beurkundeten Kaufpreis, sondern auch 20.000,– € Schwarzgeld. Bevor K im Grundbuch eingetragen werden konnte, wird über S das Insolvenzverfahren eröffnet. Der Verwalter (IV) verklagt K auf Herausgabe der Wohnung. Kann er auch Ausgleich dafür verlangen, dass K die Wohnung seit Klageerhebung nutzte? K rechnet vorsorglich mit Ansprüchen auf Rückzahlung des Kaufpreises auf.

Der beurkundete Kaufvertrag war als Scheingeschäft nichtig (§ 117 I BGB), der gewollte Vertrag (§ 117 II BGB) litt an Formmangel (§§ 125, 311 b I BGB), der mangels Umschreibung auch nicht geheilt wurde. S hatte daher Anspruch auf Herausgabe der Wohnung, also auch auf Nutzungsersatz seit Rechtshängigkeit (§ 987 BGB, auch i. V. m. §§ 292, 818 IV BGB). Der Gegenanspruch des K (aus § 812 I 1 BGB) ist Insolvenzforderung, da er schon mit der Kaufpreiszahlung entstand. Dennoch scheitert eine Aufrechnung, weil IV Nutzungsersatz erst für die Zeit ab Rechtshängigkeit geltend macht – d. h. einen Anspruch, der *nach* Verfahrenseröffnung entstand (Rn. 201).

5. Kapitel. Die Behandlung schwebender Rechtsverhältnisse

Überblick

Die Insolvenzeröffnung wirkt auf vielfältige Rechtsverhältnisse ein. 205
Sie sind meist schuldrechtlicher Art; u. U. führte der Schuldner aber auch gerade einen Prozess. Die Abwicklung der offenen Rechtsbeziehungen des Schuldners ist ein **Kernproblem des Insolvenzverfahrens**. Gerade die materiellrechtlichen Rechtsverhältnisse werden sehr unterschiedlich behandelt: Manche erlöschen (so ggf. Aufträge und Vollmachten des Schuldners) oder sollen jetzt nur noch Schadensersatz wegen Nichterfüllung gewähren (Fix- und Finanztermingeschäfte), andere bleiben unverändert (z. B. Arbeitsverträge mit insolventem Arbeitnehmer; Grundstücksvermietung durch Schuldner), wieder andere sind vorzeitig beendbar (z. B. Arbeitsverträge mit insolventem Arbeitgeber). Die Einzelheiten sind umfassend geregelt, insbesondere in §§ 104–118. Lückenhaft sind dagegen die allgemeinen Regeln über gegenseitige Verträge. Diese sind jedoch überaus wichtig. Über ihre Durchführung soll vielfach der Insolvenzverwalter entscheiden.

§ 18. Gegenseitige Verträge des Schuldners

Literatur: *Berger*, Immaterielle Wirtschaftsgüter in der Insolvenz, ZInsO 2013, 569 ff.; *ders.*, Lizenzen in der Insolvenz des Lizenzgebers, GRUR 2013, 321 ff.; *Bork*, Zur Dogmatik des § 17 KO, FS Zeuner, 1994, S. 297 ff.; *Gottwald*, Der unerkannte Baumangel in der Insolvenz, NZI 2005, 588 ff.; Gottwald/*Huber*, S. 549 ff.; *Häsemeyer*, Gegenseitige Verträge im Spannungsfeld zwischen Privatautonomie und Insolvenzrecht, FS 50 Jahre Bundesgerichtshof, 2000, Bd. 3, S. 725 ff.; *Marotzke*, Gegenseitige Verträge im neuen Insolvenzrecht, 3. Aufl., 2001; *Marwedel*, Die Suspensivtheorie zu § 103 InsO – dogmatische Brüche im Richterrecht, ZInsO 2011, 937 ff.; *Pape*, Ablehnung und Erfüllung schwebender Rechtsgeschäfte durch den Insolvenzverwalter, in: KS, S. 353 ff.; *Tintelnot*, Zur Aufrechnung mit einer Nichterfüllungsforderung nach § 103 II 1 InsO, KTS 2004, 339 ff.; *v. Wilmowsky*, Insolvenzvertragsrecht: Teilleistung des Schuldners vor dem Insolvenzverfahren, KTS 2012, 285 ff.; *ders.*, Vermieter (Verpächter, Lizenzgeber) in Insolvenz, ZInsO 2011, 1473 ff.

I. Einführung

206 Gegenseitige Verträge des Schuldners unterliegen mancherlei Sondervorschriften (§§ 104 ff.). Im Vordergrund stehen jedoch drei Grundregeln:

(1) War der Vertrag **beiderseits vollständig erfüllt** worden, so bestehen keinerlei Ansprüche mehr (§ 362 I BGB). Eine spätere Verfahrenseröffnung ändert daran nichts.

207 (2) Unproblematisch ist auch der Fall, dass nur **eine Seite vollständig erfüllt** hatte (Vorleistung). Hatte der *Insolvenzgläubiger* vorgeleistet, so bleibt es dabei, dass er seinen Anspruch im Insolvenzverfahren verfolgen muss (§ 87), darauf also nur die Quote erhält. Er bekommt auch nicht etwa seine Vorleistung zurück. Diese verbleibt in der Masse (arg. § 105 S. 2). Merksatz: Wer vorleistet, leistet auf eigene Gefahr!

Beispiele: Ein *Verkäufer,* der dem Schuldner vor Verfahrenseröffnung Besitz und Eigentum an der Ware verschaffte, erhält nur die Quote auf den Kaufpreis.

Ein *Käufer,* der dem Schuldner vor Verfahrenseröffnung den gesamten Kaufpreis zahlte, bekommt die Quote auf den Anspruch aus § 433 I 1 BGB (§ 45).

Hatte umgekehrt der *Schuldner* vorgeleistet, so kann der Insolvenzverwalter (kraft § 80 I) vom Gegner die vereinbarte Gegenleistung fordern. Falls die Vorleistung anfechtbar war (§§ 129 ff.), kann der Verwalter sie alternativ aber auch rückgängig machen.

208 (3) Problematisch sind die Fälle, in denen vor Insolvenzeröffnung **keine Seite vollständig erfüllt** hat, also weder Schuldner noch Gegner alle Leistungen erbracht haben.

An vollständige Erfüllung werden *strenge Anforderungen* gestellt. An ihr fehlt es z. B. bei mangelhafter Leistung. Nach der Rspr. hat der Käufer nicht einmal dann erfüllt, wenn er nur noch die Abnahme der Kaufsache schuldet – weil ihm die Kaufsache noch nicht übergeben wurde (BGHZ 58, 246, 248 f.). Dies geht zu weit (vgl. K/P/B/*Tintelnot*, § 103 Rn., 179 m. w. N.).

Solche Verträge bedürfen einer besonderen Regelung, da die (restlichen) Ansprüche beider Seiten miteinander verknüpft sind: Der insolvente Schuldner hat einen Anspruch auf (weitere) Erfüllung, der vom Verwalter geltend zu machen ist. Sein Vertragspartner behält den Anspruch auf die (restliche) Gegenleistung; dieser wird im Verfahren freilich zu einer Insolvenzforderung. Wollte man die Ansprüche isoliert behandeln, so könnte also der Verwalter auf Erfüllung bestehen, während der Gegner auf die Insolvenzquote beschränkt wäre! Dem Gesetzgeber lag jedoch an der *Gleichbehandlung beider Ansprüche* – sichtlich wegen deren Verknüpfung im Synallagma (Motive zur KO, S. 65 f.; vgl. §§ 320, 322 BGB). Für gleiche Behandlung hätte man sorgen können, wenn man den Anspruch des Schuldners ebenso abgewertet hätte wie die Insolvenzforderung, z. B. durch Versagung. Dann aber hätten alle Verträge, die bei Insolvenzeröffnung unerfüllt sind, ihre Wirkung verloren. Und diese Rechtsfolge würde in ihrer Pauschalität die Masse schädigen, denn manche Verträge mögen für die Masse vorteilhaft sein, sei es weil sie profitabel sind, sei es weil die Leistung zur Fortführung des insolventen Unternehmens benötigt wird. Dann sollte an ihnen festgehalten werden.

Dementsprechend sieht das Gesetz eine *flexible Lösung* vor: Entweder bleibt der gegenseitige Vertrag beiderseits unerfüllt. Oder er wird beidseits durchgeführt, dann aber mit der Folge, dass der Vertragspartner, da er leisten muss, auch einen (sicheren!) Masseanspruch auf die Gegenleistung erhält. Über die Erfüllung des Vertrages darf der Insolvenzverwalter entscheiden (§ 103), d. h. je nach Nutzen für die Masse und ohne Rücksicht auf den Vertragspartner.

Diese Norm hat also **drei Funktionen**: 209

(1) Sie *schützt den Gläubiger*, indem sie klarstellt, dass er dem Verwalter keine weitere Leistung erbringen muss, wenn ihm nicht auch die Gegenleistung (aus der Masse!) sicher ist. Dies ergibt sich wohl schon aus § 320 BGB. Demnach klärt § 103 nur, dass die Einrede des nichterfüllten Vertrages auch im Insolvenzrecht beachtet wird.

(2) Das Wahlrecht gibt ferner Gelegenheit zur *Stärkung der Masse*.

(3) Zugleich erlaubt § 103 dem Verwalter eine *Ausnahme von der Gläubigergleichbehandlung:* Er darf bestimmte Insolvenzforderungen zu Masseschulden aufwerten und sie so mit Vorrang erfüllen. Es ist zumindest unsicher, ob die Erfüllung aus der Masse auch nach allgemeinen Regeln zulässig wäre, nämlich als opportune Verwaltung (§ 80 I) eines einredebehafteten Schuldneranspruchs durch Überwindung der Einrede.

II. Wahlrecht bei gegenseitigen Verträgen

1. Grundfragen des Wahlrechts

210 Lehnt der Verwalter die Erfüllung des Vertrages ab, so kann der Vertragspartner „eine Forderung wegen der Nichterfüllung nur als Insolvenzgläubiger geltend machen" (§ 103 II 1). Verlangt der Verwalter dagegen die Erfüllung des Vertrages, so muss er ihn anstelle des Schuldners erfüllen (§ 103 I), und zwar als Masseverbindlichkeit (§ 55 I Nr. 2). Auf den ersten Blick wirken diese Regeln klar und ausreichend. Tatsächlich werfen sie aber eine Fülle von Fragen auf. Die Behandlung „schwebender" gegenseitiger Verträge gehört zu den schwierigsten Themen des Insolvenzrechts. Im Folgenden können nur einige Grundlinien skizziert werden.

a) Das früher herrschende Verständnis

211 Das Wahlrecht des Verwalters wird unterschiedlich interpretiert. Problematisch sind vor allem **drei Kernfragen:**

(1) Erfasst eine *Erfüllungswahl* des Verwalters *alle noch offenen Ansprüche?* In der Tat war früher herrschende Meinung, dass der Verwalter den Vertrag nur in seiner Gesamtheit annehmen könne. Bei entsprechender Wahl müsse er also auch alle Ansprüche des Vertragspartners befriedigen (vgl. Jaeger/*Henckel*, KO, § 17 Rn. 84).

(2) Lässt – umgekehrt – die *Ablehnung* der Erfüllung *alle noch offenen Ansprüche erlöschen* oder bestätigt sie deren Untergang wenigstens? Diese „Erlöschenstheorie" war früher weitgehend anerkannt, auch für den Fall, dass eine Seite bereits Teilleistungen erbracht hatte (so noch *BGH* NJW 1987, 1702, 1703). Demnach kann der Vertragspartner allenfalls Schadensersatz wegen Nichterfüllung verlangen, der Schuldner allenfalls die Erstattung seiner höherwertigen Vorleistung.

Beispiel: S hat von G Waren für 10.000,– € gekauft und 1.500,– € angezahlt; G hätte bei Durchführung des Geschäfts 2.000,– € Gewinn erzielt. S wird insolvent. – Nach herkömmlicher Ansicht hatte allein G etwas zu fordern, und zwar Schadensersatz, hier nämlich 500,– €.

(3) Bleiben bei *Erfüllungswahl* die alten *Erfüllungsansprüche erhalten,* obwohl die Insolvenzeröffnung vorausging? Dann würde z. B. der Anspruch des Vertragspartners seinen früheren Rechtsgrund nicht verlieren (und „nur" vorrangig befriedigt). Eine früher verbrei-

tete Ansicht bejahte das, in der Annahme, die Ansprüche würden durch die bloße Eröffnung des Verfahrens noch nicht beeinträchtigt (vgl. MünchKomm/*Kreft*, § 103 Rn. 9; K/P/B/*Tintelnot*, § 103 Rn. 266; *Bork*, FS Zeuner, S. 297, 302 ff.).

All das hatte wichtige Folgen. Vor allem machte es eine **Erfüllungswahl riskant:** 212

• Erfüllungswahl verschaffte dem Gläubiger einen Masseanspruch selbst für Teilleistungen, die er *vor* Verfahrenseröffnung erbracht hatte. Anders gesagt: Auch das **Entgelt für (riskante!) Vorleistungen des Gläubigers** sollte Masseschuld werden.

• Da bei Erfüllungswahl die ursprünglichen Ansprüche fortbestehen sollten, musste das auch bei einer Zession gelten, z. B. wenn der insolvente Schuldner seinen Kaufpreisanspruch gegen den Gläubiger vor Verfahrenseröffnung an Z abgetreten hatte. Demnach blieb die **Abtretung wirksam** (abl. freilich schon BGHZ 106, 236, 241 ff.). Dann aber nützte die Erfüllungswahl der Masse nicht, sondern schadete sogar: Sie zwang den Verwalter, den Vertragspartner vorrangig zu befriedigen, doch dessen Gegenleistung kam nicht der Masse, sondern Z zugute. 213

Unter solchen Umständen war *Erfüllungswahl unzulässig*, denn der Verwalter darf die Masse nicht schädigen. Dennoch wählte der Verwalter u. U. Erfüllung, weil er von der Abtretung des Schuldneranspruchs nichts wusste. Dann sollte der Zessionar nach § 812 I 1 Fall 2 BGB verpflichtet sein, an die Masse herauszugeben, was er durch die Erfüllungswahl erlangte. Zur Zeit der Insolvenzeröffnung war der ihm abgetretene Anspruch nämlich noch belastet, weil der Vertragspartner einwenden konnte, er müsse allenfalls Zug um Zug gegen Befriedigung aus der Masse leisten (§§ 320, 322, 401 BGB). Bei Erfüllungswahl und nachfolgender Erfüllung durch den Verwalter wurde der Zessionar diese Einrede jedoch los! – Nach richtiger Ansicht war hier allerdings nicht mit § 812 BGB zu helfen (vgl. *H. Roth*, FS Rolland, 1999, S. 305, 310 ff.).

• Da Erfüllungswahl den alten Anspruch des Schuldners erhalten sollte, schuf sie eine Forderung i. S. d. §§ 94 ff.: Gegen diese konnte der **Vertragspartner aufrechnen**, wenn er irgendwelche Insolvenzforderungen hatte. Auch hier half Erfüllungswahl der Masse also wenig: Der Verwalter musste den Partner vorrangig befriedigen, erhielt dafür aber kein Geld, weil die Masse den Zahlungsanspruch durch Aufrechnung verlor. Für den Partner war Erfüllungswahl also ein glücklicher Zufall! Der Verwalter tat daher gut daran, die Erfüllung abzulehnen – wenn er die „Gefahr“ einer Aufrechnung rechtzeitig erkannte. 214

b) Wandel der BGH-Rechtsprechung

215 Neuerdings ist das Wahlrecht des Verwalters jedoch wesentlich gestärkt, jedenfalls in der Praxis. Der BGH will heute sicherstellen, dass eine Erfüllungswahl des Verwalters der Masse nützt und nicht etwa ein „unverdientes Geschenk" für andere wird (BGHZ 135, 25, 27 f.). Er sucht deshalb die in Rn. 212–214 skizzierten Nachteile zu vermeiden. Das geschieht in zwei Schritten:

• Erstens nimmt der *BGH* an, dass die dem Wahlrecht unterliegenden **Ansprüche bei Erfüllungswahl erneuert** werden, nämlich „originäre Masseverbindlichkeiten" werden (BGHZ 150, 353, 359).

Gleichwohl hat er die frühere „Erlöschenstheorie" aufgegeben: Die vertraglichen Ansprüche sollen mit der Insolvenzeröffnung nur ihre Durchsetzbarkeit verlieren, da ihnen die Einrede nach § 323 BGB entgegenstehe. Wähle der Verwalter aber Erfüllung, so erhielten die Ansprüche (auch dank § 55) immerhin neue Rechtsqualität (daher **„Qualitätssprungtheorie"**).

216 • Zweitens beschränkt der BGH das Wahlrecht. Er sondert die Forderungen aus gegenseitigem Vertrag in „werthaltige" und sonstige Ansprüche. Werthaltige Ansprüche sind solche, die Entgelt für eine Vorleistung vor Verfahrenseröffnung gewähren: Wer vorleistet, hat sich damit sein Entgelt „verdient". Insoweit ist sein Anspruch (wirtschaftlich) auch nicht länger durch die Einrede des nichterfüllten Vertrages belastet. Daher sollen **werthaltige Ansprüche dem Wahlrecht entzogen** sein. Das läuft auf eine Spaltung des Vertrages hinaus (BGHZ 129, 336, 342; s. schon Jaeger/*Henckel*, KO, § 17 Rn. 71 ff., 84).

217 Die **Zulässigkeit der Spaltung** ist zweifelhaft. Sie ergibt sich nicht aus § 103, vielleicht aber aus § 105 S. 1. Sind die geschuldeten Leistungen nämlich teilbar und hat der Vertragspartner des insolventen Schuldners vor Insolvenzeröffnung Teilleistungen erbracht, so werden seine eigenen Ansprüche nach § 105 aufgespalten: Soweit er noch Entgelt für die früheren („werthaltigen") Leistungen fordern kann, ist er nur Insolvenzgläubiger. Verlangt der Verwalter wegen der noch ausstehenden Leistung Erfüllung, so ist der Gläubiger wegen des diesbezüglichen Entgelts – zusätzlich – Massegläubiger (§§ 55 I Nr. 2, 105 S. 1, letzter Hs.). Wie § 105 sagt, ist diese Aufspaltung nur bei *Vorleistung des Vertragspartners* zulässig. Laut BGH soll sie aber auch bei Vorleistung *des Schuldners* erfolgen (Rechtsfortbildung).

218 Die Spaltung setzt allerdings **Teilbarkeit der geschuldeten Leistungen** i. S. d. § 105 voraus. Doch viele Leistungen sind teilbar. Nach h. M. reicht nämlich aus, dass sich eine erbrachte Teilleistung feststellen und berechnen lässt (BGHZ 147, 28, 33), wie z. B. bei Lieferung mehrerer Waren, bei Bauleistungen (BGHZ 150, 353, 358 f.), Miet- und Pachtverträgen sowie Strom-,

Wasser- oder Gasversorgung. Selbst eine mangelhafte Kauf- oder Werkleistung ist nur teilweise erbracht (vgl. § 433 I 2 BGB).

Der BGH beantwortet daher auch die **Kernfragen des Wahlrechts** 219
(Rn. 211) anders als die früher h. M. (näher MünchKomm/*Kreft*, § 103 Rn. 11 ff.):

(1) Das **Wahlrecht** soll nur Ansprüche auf Entgelt für ausstehende Leistungen erfassen. Das bedeutet bei *Erfüllungswahl:* Ein dem Vertragspartner zustehender Anspruch, der schon vor Verfahrenseröffnung „werthaltig" wurde, wird trotz Erfüllungswahl nicht Masseverbindlichkeit, sondern bleibt Insolvenzforderung (s. schon § 105 S. 1). Anders gesagt: Vorleistungen vor Verfahrenseröffnung erfolgen auf Gefahr des Vertragspartners und werden selbst bei Erfüllungswahl (über die Quote hinaus) nicht honoriert.

(2) Umgekehrt ist bei *Ablehnung der Vertragserfüllung* eine Erfül- 220
lung nicht gänzlich ausgeschlossen: Für etwaige Vorleistungen soll noch die Gegenleistung erbracht werden. Hatte also der Vertragspartner teilweise vorgeleistet, kann er das dementsprechende Entgelt auch hier als Insolvenzforderung geltend machen (s. schon § 105 S. 1; BGHZ 135, 25, 27), ggf. neben einem Schadensersatzanspruch wegen Nichterfüllung (§ 103 II 1). Hatte der Schuldner teilweise vorgeleistet, soll ihm das anteilige Entgelt zustehen (BGHZ 129, 336, 340).

(3) Nicht-werthaltige Ansprüche, die dank Erfüllungswahl fortbe- 221
stehen, sollen gewissermaßen **neue Ansprüche** sein. Das schützt die Masse in doppelter Hinsicht:

• Fortbestehende Ansprüche können, soweit sie dem Schuldner zustehen, der Masse nicht durch *Abtretung* verlorengehen (entgegen Rn. 213): Hatte der Schuldner vor Verfahrenseröffnung Waren an G verkauft und den Kaufpreiszahlungsanspruch seinem Gläubiger Z zur Sicherheit abgetreten, so soll Z diesen Anspruch mit Verfahrenseröffnung verlieren. Daran kann auch die spätere Erfüllungswahl nichts ändern, da „neue" Rechte nach Verfahrenseröffnung nicht erworben werden können (§ 91 I; vgl. BGHZ 106, 236, 242 ff.).

• Ansprüche, die der Masse durch Erfüllungswahl erwachsen, kön- 222
nen auch nicht durch *Aufrechnung* entwertet werden (entgegen Rn. 214): Hatte der Schuldner vor Verfahrenseröffnung Waren an G verkauft, also einen Zahlungsanspruch erworben, so kann G hiergegen nicht mit Gegenansprüchen (Insolvenzforderungen) aufrechnen. Denn der Anspruch des Schuldners soll durch die Erfüllungswahl ein „neuer" Anspruch geworden sein, gegen den deshalb nicht aufgerechnet werden kann (§ 96 I Nr. 1; vgl. BGHZ 116, 156, 158 f.).

223 Wichtig ist aber, dass **werthaltige Ansprüche privilegiert** bleiben, also Ansprüche (des Schuldners oder Vertragspartners), die schon vor Verfahrenseröffnung werthaltig wurden. Das heißt:

- Die **Abtretung** von Ansprüchen, die dank Vorleistung des Schuldners werthaltig waren, kommt weiterhin dem Zessionar zugute.
- Und **aufrechnen** kann der Vertragspartner sowohl *gegen werthaltige Ansprüche* (mit einer Insolvenzforderung; BGHZ 129, 336) als auch *mit werthaltigen Ansprüchen* (gegen alte Forderungen der Masse).

224 Diese **Rspr. ist umstritten**. Sie schützt die Masse zwar vor Zessionen und Aufrechnungen. Diese Fürsorge beruht aber auf Wertungen, die der Insolvenzordnung kaum zu entnehmen sind (*Bork*, FS Zeuner, S. 297, 302 ff.; *v. Wilmowsky*, ZIP 2012, 401 ff.; dagegen *Kreft*, ZIP 1997, 865 ff.), letztlich also auf Rechtsfortbildung – zum Nachteil anderer Beteiligter (s. auch *Henckel*, JZ 1998, 155, 157; K/P/B/*Tintelnot*, § 103 Rn. 281 ff.). Die folgende Darstellung orientiert sich dennoch an der BGH-Rspr., die sich nunmehr abzeichnet und zunehmend auch hingenommen wird.

2. Ablehnung der Erfüllung

225 Ist der Verwalter an der (weiteren) Erfüllung des Vertrags nicht interessiert, so wird er sie oft ablehnen. Das sorgt auch für Klarheit. Nötig ist es aber nicht. Die Erfüllung unterbleibt auch dann, wenn sie nicht verweigert wird.

Schon in den Motiven zur KO heißt es, „die Nichterfüllung ist die unmittelbare Folge der Konkurseröffnung“ (S. 67). Es ist daher irreführend, dass § 103 II 1 scheinbar eine Ablehnung verlangt.

Das Scheitern der Erfüllung muss allerdings nicht den *Anspruch* des Vertragspartners auf (weitere) Erfüllung berühren. Vielmehr ist je nach Lage zu unterscheiden:

a) Noch keinerlei Vertragserfüllung

226 War der Vertrag von keiner Seite (auch nur teilweise) erfüllt worden, so ist der Erfüllungsanspruch des Vertragspartners trotz § 38 keine Insolvenzforderung. Denn ihm steht der Gegenanspruch des Schuldners gegenüber, und beide Ansprüche sollen auch im Insolvenzverfahren verknüpft bleiben (Rn. 208). Dem Schuldner bleibt also die Einrede des nichterfüllten Vertrages (§ 320 BGB). Es wäre daher ungerecht, wenn der Vertragspartner seinen Anspruch ungeschmälert anmelden könnte und darauf die volle Quote erhielte. Er

kann also nur eine Insolvenzforderung wegen Nichterfüllung seines Anspruchs geltend machen, d. h. **Schadensersatz** fordern (§ 103 II 1).

Beispiel: G hatte von S für 24.000,– € einen Lkw im Wert von 30.000,– € gekauft. Da gegen S ein Insolvenzverfahren eröffnet wurde, leistete niemand. – Ist der Verwalter an dem Vertrag nicht interessiert, so kann G einen Schadensersatzanspruch i. H. v. mind. 6.000,– € zur Tabelle anmelden.

Richtigerweise umfasst der Ersatzanspruch nicht sämtliche Schäden, die durch Nichterfüllung entstehen (z. B. nicht entgangenen Gewinn aus Anschlussgeschäften). In der Regel ist er auf den *Wertunterschied der Leistungen* beschränkt (K/P/B/*Tintelnot*, § 103 Rn. 317 ff.; str.).

b) Teilerfüllung durch den Vertragspartner

Oft hat der Vertragspartner dem Schuldner vor Insolvenzeröffnung gewisse Vorleistungen erbracht. Solche Vorleistungen werden in keinem Fall zurückerstattet (arg. § 105 S. 2). Andererseits ist der Anspruch des Vertragspartners auf die jeweilige Gegenleistung „werthaltig“. Er wird also nicht dadurch berührt, dass keine weiteren Leistungen mehr ausgetauscht werden (Rn. 215 ff.). Daher kann der **Erfüllungsanspruch als Insolvenzforderung** geltend gemacht werden (vgl. § 105 S. 1). Das schließt Ansprüche auf Ersatz sonstiger Schäden nicht aus. **227**

Beispiel: G hatte von S 12 Computer im Wert von je 2.200,– € zum Stückpreis von 2.000,– € gekauft und vor Insolvenzeröffnung 8.000,– € angezahlt. Er hätte die Computer für je 2.500,– € weiterverkaufen können. – Hier kann G seinen Erfüllungsanspruch (dem Wert nach: § 45) zur Tabelle anmelden, soweit das seiner Vorleistung entspricht, also i. H. v. 4 × 2.200,– € = 8.800,– €. Soweit er nicht beliefert wurde, kann er weitere 8 × 200,– € = 1.600,– € Schadensersatz fordern (§ 103 II 1). Ob G auch den entgangenen Gewinn aus Weiterverkauf geltend machen kann, nämlich weitere 8 × 300,– € = 2.400,– €, ist streitig (Rn. 226).

Noch nicht geklärt ist, ob dies auch bei Verträgen über *unteilbare Sachen* gilt (Bsp.: G hatte von S für 24.000,– € einen Lkw im Wert von 30.000,– € gekauft und vor Insolvenzeröffnung 8.000,– € angezahlt.). Konsequent wäre es jedenfalls (s. auch MünchKomm/*Kreft*, § 105 Rn. 28 f.).

c) Teilerfüllung durch den Schuldner

Hatte nur der Schuldner gewisse Vorleistungen erbracht, so soll ein **228** „werthaltiger“ **Gegenanspruch für die Masse** bestehen (BGHZ 129,

336, 340). Insoweit muss der Verwalter den Vertragspartner zur Erfüllung anhalten.

Beispiel: S hatte von G 12 Computer im Wert von je 1.800,– € zum Stückpreis von 2.000,– € gekauft und vor Insolvenzeröffnung 8.000,– € angezahlt. – Der Verwalter kann von G vier Computer verlangen. Fordert er auch die weiteren Computer, kann G jedoch die Einrede des nichterfüllten Vertrages erheben (§ 320 BGB). Sie ist nur überwindbar, wenn der Verwalter Vertragserfüllung wählt, weil er unbedingt sämtliche Computer braucht.

229 Auf diesen Anspruch soll der Verwalter i. d. R. auch beschränkt sein. Demnach kann er die vom Schuldner erbrachte *Vorleistung nicht zurückfordern* (so *BGH* NZI 2013, 296; einschr. *BGH* NZI 2003, 491). Anders ist es nur, wenn er nach dem Vertragszweck keinerlei Interesse an der Gegenleistung hat.

230 Umgekehrt kann ein **Schadensersatzanspruch des Vertragspartners** bestehen (§ 103 II 1; Rn. 226). Wegen dieses Anspruchs hat der Partner ein Zurückbehaltungsrecht (§ 273 BGB). Gleichartige Ansprüche werden zu verrechnen sein (näher MünchKomm/*Kreft*, § 103 Rn. 35).

Beispiel: Im vorstehenden Fall erleidet G durch Nichterfüllung einen Schaden von 8 × 200,– € = 1.600,– €. Der Verwalter hat diese Summe Zug um Zug gegen Lieferung der vier Computer zu zahlen. Denkbar ist auch, den Anspruch der Masse gleich auf Wertersatz von (4 × 1.800,– €) – 1.600,– € = 5.600,– € zu beschränken.

d) Erfüllungsanspruch nach Beendigung des Verfahrens

231 Mit Eröffnung des Insolvenzverfahrens gehen die gegenseitigen Ansprüche nicht unter (BGHZ 150, 353, 359; str.). Nur ihre *Durchsetzbarkeit* endet. Schon deshalb können die Ansprüche das Insolvenzverfahren überdauern – auch ohne Erfüllungswahl. Anschließend hat der Vertragspartner ein Nachforderungsrecht (§ 201 I). Folglich kann er die **Erfüllung erzwingen,** wenn er dem Schuldner die Gegenleistung erbringt (§§ 320, 322 BGB). Das gilt allerdings nicht, wenn später Restschuldbefreiung eintritt (Rn. 581 f.).

232 Zudem kann der Erfüllungsanspruch **im Insolvenzverfahren erloschen** sein. So wird der Schuldner frei, wenn *Unmöglichkeit* eingetreten ist (§ 275 BGB; Bsp.: Die dem G verkaufte, aber nie gelieferte Ware ist vom Verwalter anderweitig verwertet worden). Nach h. M. erlischt das Nachforderungsrecht aber auch dann, wenn der Vertragspartner im Insolvenzverfahren *Schadensersatz verlangt* (Rn. 226). Dies soll den Erfüllungsanspruch dauerhaft vernichten.

Demnach muss der Vertragspartner sich **früh entscheiden**: Will er wenigstens (und in absehbarer Zeit) eine Quote bekommen, so kann er im Verfahren Schadensersatz verlangen (und später beim Schuldner nachfordern, soweit er hiermit ausfällt, § 201 I). Will er sich dagegen die vage Aussicht erhalten, später seinen Erfüllungsanspruch durchzusetzen, so darf er sich nicht am Insolvenzverfahren beteiligen (vgl. MünchKomm/*Kreft*, § 103 Rn. 18, 22; *Bork*, FS Zeuner, S. 307 ff.)! Dann verliert er die Quote wie auch die Chance, seinen Anspruch vereinfacht (§ 201 II) feststellen zu lassen. Das ist bedenklich.

3. Erfüllungsverlangen des Verwalters

a) Noch keinerlei Vertragserfüllung

Begehrt der Verwalter die Erfüllung eines Vertrages, der von keiner **233** Seite (auch nur teilweise) erfüllt worden ist, so wird der Leistungsanspruch des Vertragspartners in vollem Umfang **Masseverbindlichkeit** (§ 103 I i. V. m. § 55 I Nr. 2). Umgekehrt muss die Gegenleistung an den Insolvenzverwalter erfolgen, ggf. Zug um Zug gegen Erfüllung des Masseanspruchs (§§ 320, 322 BGB).

b) Teilerfüllung durch den Vertragspartner

Soweit der Vertragspartner gewisse Vorleistungen an den Schuld- **234** ner erbracht hat, bleibt sein Anspruch auf Entgelt trotz der Erfüllungswahl bloße **Insolvenzforderung** (so BGHZ 135, 25, 27; Rn. 219). Die Vorleistungen werden nicht zurückerstattet (§ 105 S. 2).

Soweit der Vertragspartner nicht vorgeleistet hat, also noch an den Verwalter leisten muss, ist sein Anspruch auf Entgelt **Masseverbindlichkeit** (§ 103 I i. V. m. § 55 I Nr. 2) und insoweit Zug um Zug zu erfüllen (§§ 320, 322 BGB).

c) Teilerfüllung durch den Schuldner

Hatte der Schuldner gewisse Vorleistungen erbracht, so bleibt dem **235** Verwalter der **Anspruch auf die anteilige Gegenleistung** des Vertragspartners – laut BGH unabhängig von der Erfüllungswahl (Rn. 219). Gegen diesen Anspruch kann der Vertragspartner mit Insolvenzforderungen aufrechnen (nach Maßgabe der §§ 94 ff.; *Kayser*, WM 2008, 1529).

Zusätzlich hat der Verwalter – dank der Erfüllungswahl – einen **„neuen“ Anspruch auf das restliche Entgelt**. Umgekehrt hat der Vertragspartner einen Masseanspruch auf restliche Erfüllung, der Zug um Zug gegen die entsprechende Eigenleistung an die Masse zu erfüllen ist.

236 **Zur Vertiefung:** In gemischten Konstellationen gelten die vorstehenden Regeln entsprechend. Haben vor Verfahrenseröffnung beide Seiten Leistungen erbracht, die sich entsprachen, so beschränkt sich das Wahlrecht auf die noch offenen Teilansprüche (Rn. 219). Diese bleiben nichterfüllt (Rn. 226) oder sind zu erfüllen (Rn. 233). Hat eine Seite mehr geleistet als die andere, so ist die Wertdifferenz wie eine Vorleistung zu behandeln.

237 Auch für **mangelhafte Leistungen** gelten die erwähnten Grundsätze: Ist ein vom Schuldner errichtetes Haus mangelhaft und leistete der Bauherr vor Verfahrenseröffnung Abschlagszahlungen, so ist sein Anspruch auf Nacherfüllung bloße Insolvenzforderung, soweit er durch die Zahlungen bereits abgedeckt ist (Rn. 227, 234). Nur im Übrigen wird die Nacherfüllung Masseverbindlichkeit, wenn der Insolvenzverwalter an dem Vertrag festhält.

4. Entscheidung des Insolvenzverwalters

238 Die Entscheidung des Verwalters muss sich nach dem **Nutzen des Vertrages** für die Masse richten. Hatte der Schuldner z. B. eine Maschine für 20.000,– € gekauft, ist ihr Wert aber inzwischen auf 25.000,– € gestiegen, so kann schon dies dafür sprechen, den ausstehenden Kaufpreis zu zahlen, d. h. am Vertrag festzuhalten. Will der Verwalter die Produktion, der die Maschine diente, dagegen überhaupt einstellen, so wird er von dem Kauf eher Abstand nehmen, es sei denn, dass er die Maschine günstig veräußern kann. Bedeutsam ist aber auch, mit welchen Leistungen die *Masse* noch belastet würde bzw. wie viel schon der Schuldner gezahlt hatte (oder umgekehrt: was der Masse noch zufließen würde).

Der **Zeitpunkt** der Wahl steht dem Verwalter grundsätzlich frei. Erst wenn ihn der Gegner dazu auffordert, muss er „unverzüglich" (ohne schuldhaftes Zögern, § 121 BGB) erklären, ob er auf Erfüllung besteht (§ 103 II 2). Mangels rechtzeitiger Erklärung wird der Vertrag nicht durchgeführt.

Frage: Was bezweckt § 105? Ist die Norm problematisch?

Die Norm soll es dem Verwalter erlauben, bestehende Verträge mit den oft günstigen, noch vom Schuldner vereinbarten Konditionen zu nutzen, um das insolvente Unternehmen rasch fortzuführen bzw. zu sanieren, ohne zugleich die älteren Schulden als Masseansprüche befriedigen zu müssen. Besonders wichtig ist dies gegenüber Versorgungsunternehmen, die meist eine Monopolstellung haben.

Bedenklich ist § 105 insofern, als er den Vertragspartner zwingt, einen Vertrag (entgegen § 320 BGB) zu Konditionen zu erfüllen, die er auf Basis *vollständigen* Leistungsaustausches kalkuliert hatte.

Übersicht: Wahlrecht des Insolvenzverwalters (BGH-Rspr.)

Gegenseitiger Vertrag	Wahlrecht	Rechtslage bzw. Folgen der Ablehnung	Folgen der Erfüllungswahl
vom Partner (P) voll erfüllt	nein	für P Insolvenzanspruch auf Gegenleistung	
vom Schuldner (S) voll erfüllt	nein	für Verwalter Anspruch auf Gegenleistung (einklagbar!)	
von niemandem erfüllt	ja	für P Insolvenzanspruch auf Schadensersatz	Erfüllungsansprüche für Verwalter und P (Masseanspruch); einklagbar, Zug-um-Zug
nur von P zu 1/3 erfüllt	nur für restl. 2/3	für P Insolvenzanspruch auf Gegenleistung i. H. v. 1/3, im Übrigen auf Schadensersatz	für P Insolvenzanspruch auf Gegenleistung i. H. v. 1/3, Masseanspruch auf restliche 2/3
nur von S zu 1/3 erfüllt	nur für restl. 2/3	für Verwalter Anspruch auf Gegenleistung i. H. v. 1/3 (einklagbar!); für P Insolvenzanspruch auf Schadensersatz	für Verwalter Anspruch auf volle Gegenleistung für P Masseanspruch auf restliche 2/3
von P wie von S zu 1/3 erfüllt	nur für restl. 2/3	für P Insolvenzanspruch auf Schadensersatz im Übrigen	Erfüllungsansprüche auf restliche 2/3 für Verwalter wie für P (Masseanspruch); einklagbar, Zug-um-Zug

III. Beschränkungen des Wahlrechts

1. Kauf unter Eigentumsvorbehalt

Literatur: *M. Huber*, Der praktische Fall – Zivilrechtsklausur: Der verfallene Kaufpreisanspruch, JuS 2000, 482 ff.; *Windel*, Der insolvenzrechtliche Gleichbehandlungsgrundsatz und seine Auswirkungen auf die Abwicklung schwebender Austauschverträge, Jura 2002, 230 ff.

a) Insolvenz des Vorbehaltskäufers

Für Kaufverträge unter Eigentumsvorbehalt gelten Besonderheiten. Bei Insolvenz des Vorbehaltskäufers bleibt es allerdings beim **239**

Wahlrecht des Verwalters (§ 107 II). Bevor der Kaufpreis gezahlt ist, haben schließlich beide Seiten den Vertrag noch nicht erfüllt i. S. d. § 103 I; denn auch der Übereignungs*erfolg* steht noch aus. Der Verwalter darf also wählen:

• Nimmt er *Abstand vom Vertrag,* so entfällt das Besitzrecht des Schuldners: Der Verkäufer kann aussondern (§§ 985 BGB, 47 InsO). Umgekehrt wird der Verwalter die bisher gezahlten Kaufpreisraten zurückfordern. Der Verkäufer wiederum hat eine Insolvenzforderung auf Schadensersatz (§ 103 II 1).

Diese mag er zur Tabelle anmelden (Rn. 406). Lieber würde er wohl mit ihr **aufrechnen** gegen den Rückzahlungsanspruch der Masse. Wäre das möglich, so täte der Verwalter gut daran, vor Ablehnung der Erfüllung zu klären, ob die bisherigen Zahlungen an den Verkäufer überhaupt höher als dessen mutmaßlicher Nichterfüllungsschaden sind. Die Aufrechnungsbefugnis ist allerdings noch nicht geklärt. Entgegenstehen mag § 95 I 3, denn der Rückzahlungsanspruch wird mit Insolvenzeröffnung fällig, der Schadenersatzanspruch aber vielleicht erst mit seiner (späteren!) Geltendmachung (so HK/*Kayser,* § 95 Rn. 22, 26; a. A. *Tintelnot,* KTS 2004, 339, 345 ff.).

• Wählt der Verwalter *Erfüllung,* so muss er die restlichen Kaufpreisraten als Masseschuld begleichen. Wird selbst diese nicht erfüllt, so kann der Verkäufer vom Vertrag zurücktreten (§§ 323, 449 II BGB: nach erfolgloser Fristsetzung) und dann ebenfalls aussondern.

240 Für seine **Entscheidung** hat der Verwalter Zeit: Fordert der Verkäufer ihn auf, sich zu erklären, so muss dies entgegen § 103 II 2 nicht unverzüglich, sondern i. d. R. erst **nach dem Berichtstermin** geschehen (§ 107 II). Denn dort wird über die vorläufige Fortführung des Unternehmens entschieden, und dafür mag die gekaufte Sache benötigt werden, so dass der Verwalter nicht gezwungen werden soll, sich angesichts der drohenden Aussonderung vorher (und vielleicht falsch) zu entscheiden.

Denkbar ist allerdings, dass der Verkäufer zuvor vom Kaufvertrag *zurücktritt,* weil er dazu bereits dem Käufer gegenüber berechtigt war, z. B. nach Ablauf einer Zahlungsfrist (§§ 323 I, 449 II BGB). Nach h. M. ist dieses Rücktrittsrecht aber verschlossen, sobald das Insolvenzverfahren eröffnet ist, weil sonst der Normzweck des § 107 II vereitelt würde (MünchKomm/*Ganter,* § 47 Rn. 66).

b) Insolvenz des Vorbehaltsverkäufers

241 Wird der Vorbehaltsverkäufer insolvent, bevor er die letzte Kaufpreisrate erhalten hat, so ist der Vertrag ebenfalls von keiner Seite erfüllt. Stünde dem Verwalter deshalb ein Wahlrecht nach § 103 zu, so könnte er jedoch Abstand vom Vertrag nehmen und so das Anwart-

schaftsrecht des Käufers zerstören. Der Gesetzgeber hielt dies für unangemessen: Der Käufer soll auf Vertragserfüllung bestehen können (§ 107 I). Folglich besteht **kein Wahlrecht** nach § 103. Der Käufer erwirbt daher Eigentum, wenn er die weiteren Raten zahlt (trotz § 91 I; arg. § 161 I 2 BGB). Sein Anwartschaftsrecht ist also insolvenzfest. Zahlt er nicht, so kann der Verwalter des Verkäufers nach § 323 BGB vom Vertrag zurücktreten und die Sache herausverlangen (§§ 449 II, 985 BGB) – notfalls im Wege der Aussonderung, wenn nun auch der Käufer insolvent ist.

2. Darlehensverträge, Fixgeschäfte und Finanztermingeschäfte

Literatur: *v. Wilmowsky*, Termingeschäfte und Insolvenz: Die gesetzliche Regelung – Plädoyer für ein neues Verständnis des § 104 InsO, WM 2002, 2264 ff.

Kein Wahlrecht besteht für Darlehensverträge, wenn der Schuldner das Darlehen zugesagt und bereits gewährt hat (klarstellend § 108 II). Bei Insolvenz einer Bank müssen Kunden, die Kredit aufgenommen haben, daher nicht befürchten, dass der Insolvenzverwalter diese Verträge scheitern lässt und die Kredite vorzeitig zurückfordert, was die Kunden zur Umschuldung zwänge und in ernste Schwierigkeiten bringen könnte. 242

Frage: Besteht ein Wahlrecht wenigstens, wenn der Schuldner Darlehns*nehmer* ist, also für dessen Insolvenzverwalter? Dem steht § 108 II nicht entgegen. Schon § 103 I ist aber nach Valutierung des Darlehns gar nicht anwendbar, da immerhin die Bank vollständig erfüllt hat. Vor Valutierung besteht stets ein Wahlrecht, unabhängig davon, ob der Schuldner das Darlehn zusagte oder erhalten sollte (s. auch § 490 BGB).

Bestand haben auch offene Fixgeschäfte i. S. d. §§ 323 II Nr. 2 BGB, 376 HGB und Finanztermingeschäfte (z. B. mit Gold, Wertpapieren, Devisen), falls der Anspruch auf die Ware erst nach Insolvenzeröffnung fällig wird (§ 104). Diese Geschäfte vertragen nach Ansicht des Gesetzgebers nicht die mit § 103 verbundene Ungewissheit, ob sie erfüllt werden. Ein Wahlrecht könnte den Verwalter außerdem zu Spekulationen verleiten. Deshalb kann *nur Ersatz wegen Nichterfüllung* verlangt werden (gemeint: Schadensersatz statt der Leistung). Dafür maßgebend ist der etwaige Unterschied zwischen Vertragspreis und Markt-/Börsenpreis nach Verfahrenseröffnung. Ergibt die Saldierung einen Anspruch des Vertragspartners, so ist er Insolvenzforderung (§ 104 III 3; wie § 103 II 1).

3. Vormerkungsgesicherte Ansprüche

243 Ein Wahlrecht könnte auch Ansprüche gefährden, die durch Vormerkung gesichert sind (§ 883 BGB). Denn sie mögen einem gegenseitigen Vertrag entstammen, der beiderseits noch nicht erfüllt ist. Vormerkungsgesicherte Ansprüche müssen aber in jedem Fall aus der Masse erfüllt werden (§ 106 I 1). Hintergrund: Der Erwerb des vorgemerkten Rechts ist kraft Zivilrechts sichergestellt, und diese Aussicht würde entwertet, wenn sie nicht auch im Insolvenzfall Bestand hätte (vgl. § 883 II 2 BGB). Demnach besteht **kein Wahlrecht** (Amtl. Begr., S. 146): Der vorgemerkte Anspruch ist „insolvenzfest", seine Erfüllung erzwingbar (ähnlich wie bei Aussonderung). Das gilt auch, wenn der Gläubiger noch weitere Forderungen hat, die nicht (vollständig) erfüllt sind (§ 106 I 2).

Zur Vertiefung: Vormerkung und Bauträgervertrag

244 Der Bauträger verpflichtet sich zum Verkauf eines Grundstücks *und* zur Herstellung von Haus oder Eigentumswohnung. Der Kunde zahlt meist vorzeitig – durch Auflassungsvormerkung gesichert – auf ein Treuhandkonto, über das der Bauträger aber verfügen darf (dem Baufortschritt entsprechend). Dieser Vertrag ist i. d. R. einheitlich, wird aber mit Insolvenzeröffnung in Kauf- und Werkvertrag aufgespalten (h. M.). Sein werkvertraglicher Teil unterliegt dem Wahlrecht nach §§ 103, 105. Dies soll den gesicherten kaufvertraglichen Anspruch jedoch nicht berühren (§ 106 I 2; BGHZ 96, 275, 281). Das wirft Fragen auf: (1) Ein Kaufpreis (für das Grundstück allein) ist im Bauträgervertrag i. d. R. nicht ausgewiesen. Er muss daher erst ermittelt werden, z. B. in ergänzender Vertragsauslegung. (2) Eine Ablehnung der Herstellung kann auch den Vormerkungsschutz vereiteln. Insoweit wird eine Einschränkung des Wahlrechts erwogen (*Jauernig/Berger*, § 49 Rn. 40). (3) Unter Umständen ist der Käufer aber gar nicht interessiert, das Grundstück zu erwerben, wenn darauf nicht auch das Bauwerk errichtet wird. Dann sollte er sich mit dem Verwalter über eine Rückabwicklung einigen. Dabei kann er ihn freilich unter Druck setzen, denn er hat die Vormerkung, und sie entwertet das Grundstück! Teilweise gestattet man dem Verwalter daher, entgegen § 106 I von dem *Gesamtvertrag* Abstand zu nehmen (§ 103 II 1). Dann muss der Käufer die Vorleistung des Schuldners zurückgewähren (Rn. 229 a. E.), d. h. die Vormerkung löschen lassen, freilich nur Zug um Zug gegen Schadensersatz wegen Nichterfüllung (Rn. 230), zumindest gegen Erstattung seiner Anzahlungen (vgl. *Windel*, Jura 2002, 230, 235; *Häsemeyer*, NJW 1977, 737, 739).

4. Miet- und Pachtverträge

Literatur: *Tetzlaff,* Rechte des Vermieters in der Insolvenz des Mieters, NZI 2006, 87 ff.; *v. Wilmowsky,* Der Mieter in Insolvenz: Zur Kündigungssperre des § 112 InsO, ZInsO 2004, 882 ff.; *ders.,* Der Mieter eines beweglichen Gegenstands in Insolvenz, ZInsO 2007, 731 ff.

a) Bewegliche Sachen

Miet- und Pachtverträge über bewegliche Sachen (z. B. Kraftfahrzeuge) finden in §§ 108 ff. kaum Erwähnung; zur Kündigung s. aber § 112. Grundsätzlich bleibt es daher bei § 103, d. h. bei dem **Wahlrecht** des Verwalters, der im Insolvenzverfahren über Vermieter bzw. Mieter bestellt ist. Die Leistungen in einem solchen Dauerschuldverhältnis sind allerdings ohne weiteres teilbar. Daher gilt § 105 S. 1: Verlangt der Verwalter Erfüllung, so bekommt der Gegner auf seine *vor* Verfahrenseröffnung entstandenen Ansprüche dennoch nur die Quote. All das gilt auch für *Leasingverträge.* 245

Kein Wahlrecht besteht aber, wenn der Schuldner Vermieter oder Verpächter von Mobiliar ist, das ein Dritter finanziert hat und dem Dritten zur Sicherheit übertragen worden ist (§ 108 I 2; näher *Klinck,* KTS 2007, 37 ff.). Hier geht es vor allem um **Finanzierungsleasing**: Da die finanzierende Bank sich vom Schuldner (Leasinggeber) regelmäßig auch die Ansprüche aus dem Leasingverhältnis abtreten lässt, ist sie daran interessiert, dass dieses fortbesteht. Denn andernfalls würde die Sicherungszession selbst dann hinfällig, wenn der Verwalter Erfüllung wählt (Rn. 222). Diesem Bracheninteresse hat der Gesetzgeber entsprochen, obwohl die Bank immerhin Sicherungseigentum erhält – eine Durchbrechung des Gleichbehandlungsgebots! Davon profitiert auch der Leasingnehmer: Das geleaste Gut kann ihm nicht entzogen werden, wenn er weiterhin die Raten zahlt (nun übrigens an den Insolvenzverwalter, § 166 II). 246

b) Immobilien

Miet- und Pachtverhältnisse über Immobilien bestehen fort (§ 108 I 1), bei Insolvenz des Vermieters freilich nur, wenn er das Mietobjekt schon übergeben hatte (*BGH* NJW 2007, 3715 ff.). Hier besteht also **kein Wahlrecht.** Ansprüche des Gegners, die vor Insolvenzeröffnung entstanden, sind Insolvenzforderungen (§ 108 III), spätere Ansprüche sind Masseschulden (§ 55 I Nr. 2). Ist der Schuldner *Vermieter* usw., so fallen seine Ansprüche auf weitere Mietzinsen in die Masse (Neuerwerb). Dabei bleibt es auch dann, wenn solche Ansprüche vor Verfahrenseröffnung abgetreten, verpfändet oder gepfändet wurden (§ 91 I); erst § 110 I, II mildert das ein wenig (*BGH* 247

NJW 2013, 2429 Rn. 25 ff.). Auch eine Aufrechnung gegen diese Ansprüche ist beschränkt (§ 110 III).

248 Immerhin ist das Vertragsverhältnis **vorzeitig beendbar bei Insolvenz des Mieters** usw., vor allem für den *Verwalter:*

• Verwalter wie Vermieter haben ein Recht zum *Rücktritt,* falls der Schuldner die Immobilie noch nicht erhalten hatte (§ 109 II).

• Der Verwalter hat ferner das Recht zur *Kündigung* ohne Rücksicht auf die vereinbarte Vertragsdauer (§ 109 I 1); die Kündigungsfrist beträgt höchstens drei Monate. Sobald das Mietverhältnis endet, kann der Vermieter aussondern (§ 47).

Besonderheiten gelten für eine vom Schuldner **gemietete Wohnung**: Durch Kündigung des Mietverhältnisses ließe sich zwar u. a. eine Mietkaution zur Masse ziehen. Der Preis wäre aber oft die Obdachlosigkeit des Schuldners. Andererseits muss der Verwalter vermeiden können, dass durch hohe Mieten (u. U. für eine Luxuswohnung) fortlaufend Masseschulden entstehen (§ 55 I Nr. 2), die die Insolvenzgläubiger schädigen. § 109 I 2 sieht daher einen Mittelweg vor: Der Verwalter darf nicht kündigen, aber doch erklären, dass Mietzinsansprüche, die nach Ablauf der Frist zur gesetzlichen Kündigung fällig werden, „nicht im Insolvenzverfahren geltend gemacht werden können".

Folge: Die bis zum Ablauf dieser Frist im Verfahren fällig werdenden Mietzinsansprüche bleiben Masseschulden. Für die Folgezeit steht das Mietverhältnis zur Disposition *des Schuldners* (Amtl. Begr. InsOÄndG, S. 27). Auch spätere Mietzinsansprüche können nur gegen ihn geltend gemacht werden. Er mag sie aus seinem pfändungsfreien Vermögen oder mit Wohngeld bezahlen, aber auch (regulär) kündigen.

Wird der Vermieter usw. durch eine vorzeitige Beendigung des Mietverhältnisses geschädigt, so begründet das nur eine Insolvenzforderung (§ 109 I 3, II 2).

249 Eine *Kündigung des Vermieters* ist dagegen nur nach allgemeinen Regeln möglich. Außerordentliche Kündigung wird sogar erschwert: Sobald Insolvenzantrag gestellt ist, genügt früherer Zahlungsverzug des Mieters nicht mehr (§ 543 II Nr. 3 BGB unanwendbar!), ebenso wenig eine Verschlechterung seiner Vermögensverhältnisse (§ 112). Der damit angestrebte Schutz darf auch nicht durch „Lösungsklauseln" (Rn. 265) unterlaufen werden. Dank § 112 kann der Verwalter die Mietsache also einstweilen weiternutzen.

Bleibt der Schuldner freilich *nach* Verfahrenseröffnung die Miete schuldig, so kann sehr wohl ein außerordentliches Kündigungsrecht entstehen (§ 543 II Nr. 3 BGB). Bsp.: Nachdem eine Verwalter-Erklärung i. S. d. § 109 I 2 Wirkung entfaltet, kann der Schuldner die Miete nicht zahlen. – Wirksam bleibt auch eine Kündigung, die noch vor dem Insolvenzantrag ausgesprochen wurde.

IV. Dienst- und Arbeitsverhältnisse

Literatur: *Gottwald/Bertram*, S. 1591 ff.; *Berscheid*, Arbeitsverhältnisse in Krise und Insolvenz – Insolvenzarbeitsrecht, in: KS, S. 1081 ff.; *Ries/Berscheid*, Ansprüche auf Entgeltzahlung ohne Arbeitsleistung nach angezeigter Masseunzulänglichkeit, ZInsO 2008, 1161 ff., 1233 ff.

1. Insolvenz des Dienstberechtigten

a) Lohnansprüche in der Arbeitgeber-Insolvenz

Lohnansprüche **bis zur Verfahrenseröffnung** sind Insolvenzforderungen (§ 108 III). Doch sind zwei Besonderheiten zu beachten: 250

- Lohnansprüche für die Zeit, in der ein „starker" *vorläufiger Verwalter die Arbeitskraft in Anspruch nimmt,* sind Masseforderungen (Rn. 99 f.).
- Auf sonstige Rückstände aus den letzten drei Monaten des Arbeitsverhältnisses zahlt die Bundesagentur für Arbeit *Insolvenzgeld* in Höhe des Nettoarbeitsentgelts, übrigens auch dann, wenn das Verfahren mangels Masse nicht eröffnet wird (Rn. 101 f.). Diejenigen Ansprüche, auf die Insolvenzgeld gezahlt wird, gehen kraft Gesetzes auf die BA über, sind dann freilich stets Insolvenzforderungen (§ 55 III 1; Rn. 102).

Lohnansprüche **nach Verfahrenseröffnung** sind Masseforderungen (§ 55 I Nr. 2).

Zur Einordnung und Sicherung von Wertguthaben aus **Arbeitszeitkonten** vgl. *Baldringer,* ZInsO 2006, 690 ff.

b) Beendigung des Vertrages

Literatur: *Berscheid*, in: KS, S. 1098 ff.; *Bertram*, Die Kündigung durch den Insolvenzverwalter, NZI 2001, 625 ff.; *Düwell*, Änderungs- und Beendigungskündigung nach der InsO, in: KS, S. 1193 ff.

Auch Dienst- und Arbeitsverhältnisse bestehen nach Verfahrenseröffnung fort (§ 108 I 1). Der Verwalter hat also **kein Wahlrecht** i. S. d. § 103. Er kann allerdings kündigen oder auf Aufhebungsverträge hinwirken. 251

Freilich sind – für beide Seiten – die **Kündigungsfristen verkürzt**. Die Kündigungsfrist beträgt höchstens *drei Monate,* unabhängig davon, ob gesetzlich, tarif- oder einzelvertraglich eine längere Frist vorgesehen ist (§ 113 S. 1, 2).

Eine verfrühte Kündigung durch den Verwalter soll dennoch den Arbeitsvertrag verletzen: Der Arbeitnehmer hat Anspruch auf **Schadensersatz** – auch hier aber nur eine *Insolvenzforderung* (§ 113 S. 3). Immerhin versucht der Gesetzgeber, den Verlust des Arbeitsplatzes auf andere Weise auszugleichen. So werden Ansprüche aus einem Sozialplan den Masseforderungen angenähert (Rn. 259), was der Sache nach ein Rangvorteil für Arbeitnehmer ist (*Häsemeyer*, Rn. 23.16).

252 Der besondere Kündigungsschutz für Arbeitnehmer bleibt jedoch unberührt (z. B. §§ 9 MuSchG, 85 ff. SGB IX). Wichtig ist, dass auch Kündigungen des Verwalters **sozial gerechtfertigt** sein müssen. Das setzt einen *dringenden betrieblichen Grund* voraus, oft auch eine *soziale Auswahl* (§ 1 KSchG). Allerdings wird die – meist problematische – Feststellung, ob eine Kündigung dem § 1 KSchG entspricht, auf zwei Ebenen erleichtert: bei dem sog. Interessenausgleich im Vorfeld einer „Betriebsänderung" und durch ein Beschlussverfahren vor dem Arbeitsgericht (Rn. 255 f.).

c) Interessenausgleich (§ 112 BetrVG)

Literatur: *Friese*, Das kollektive Kündigungsschutzverfahren nach § 126 InsO, ZInsO 2001, 350 ff.; s. auch Lit. vor Rn. 250.

253 In Unternehmen kommt es nach der Insolvenzeröffnung regelmäßig und zwangsläufig zu sog. *Betriebsänderungen.* Diese sind eigentlich erschwert, wenn ein Betrieb i. d. R. mehr als 20 Arbeitnehmer hat. Nach §§ 111 S. 1, 112 BetrVG muss ein Arbeitgeber, der Einschränkungen, Stillegungen oder Verlegungen des Betriebs oder wesentlicher Betriebsteile plant, nämlich einen Interessenausgleich versuchen: Ein **dreistufiges Verfahren** soll ggf. klären, ob die Betriebsänderungen modifizierbar sind. Zunächst sollen Unternehmer und Betriebsrat allein verhandeln. Dann kann jede Seite den Vorstand der BA (oder dessen Beauftragten) um Vermittlung ersuchen und schließlich die Einigungsstelle anrufen (§ 112 II BetrVG). Setzt der Arbeitgeber die Betriebsänderung ohne Interessenausgleich durch, so können entlassene Arbeitnehmer eine Abfindung erzwingen (§ 113 III BetrVG).

254 Diese Grundsätze gelten auch bei Insolvenz, doch hier wird das **Verfahren beschleunigt**: Die BA vermittelt nur auf gemeinsames Ersuchen hin (§ 121). Auch die Einigungsstelle spielt zunächst keine Rolle. Der Insolvenzverwalter kann schon dann, wenn er sich binnen drei Wochen nicht mit dem Betriebsrat einigt, die *Zustimmung des Arbeitsgerichts* zur Betriebsänderung beantragen (§ 122).

Sie ist zu erteilen, wenn die wirtschaftliche Lage des Unternehmens auch unter Berücksichtigung der sozialen Belange der Arbeitnehmer erfordert, dass von dem Verfahren nach § 112 II BetrVG abgewichen wird. Eine solche Entscheidung kann überaus schwierig sein, zumal sie rasch erfolgen soll (näher *Heinze*, NZA 1999, 57, 62; *Berscheid*, ZInsO 1999, 52 ff.).

Eine Zustimmung hat freilich nur beschränkte Wirkung: Der Verwalter bzw. die Masse ist davor geschützt, dass entlassene Arbeiter wegen Verstoßes gegen § 112 BetrVG auf Abfindung klagen (§ 122 I 2).

Um Kündigungsschutz (Rn. 252) können die Arbeitnehmer sich 255
also weiterhin bemühen. Die damit verbundenen Unsicherheiten belasten das Insolvenzverfahren. Daher wird der **Kündigungsschutz begrenzt:**

- Bei Erfolg des Verfahrens nach Rn. 254 – nämlich bei *Interessenausgleich mit namentlicher Bezeichnung* der Arbeitnehmer, denen gekündigt werden soll – wird nach § 125 vermutet, dass die Kündigung dieser Arbeitnehmer aus dringenden betrieblichen Erfordernissen erfolgt. Auch ihre soziale Auswahl darf nur beschränkt überprüft werden (Dauer der Betriebszugehörigkeit, Lebensalter, Unterhaltspflichten), überdies nur auf grobe Fehler hin. Die Auswahl ist hinzunehmen, wenn eine ausgewogene Personalstruktur erhalten oder geschaffen wird (dazu *Lakies*, RdA 1997, 145, 150; *Schrader*, NZA 1997, 70, 74).
- Kommt es nicht zu einem Interessenausgleich, so kann der Insol- 256
venzverwalter vom *Arbeitsgericht feststellen lassen,* dass die Kündigung aus dringenden betrieblichen Erfordernissen erfolgt und sozial gerechtfertigt ist (§ 126 I). Auch hier ist die Überprüfung der sozialen Auswahl beschränkt.

Das hindert Arbeitnehmer nicht, ihrerseits *Kündigungsschutzklagen* zu erheben. Die hier entscheidenden Gerichte sind aber an rechtskräftige Feststellungen nach § 126 gebunden (§ 127 I). Klagt ein Arbeitnehmer, bevor das Verfahren nach § 126 abgeschlossen ist, so ist die Verhandlung über die Kündigungsschutzklage auszusetzen.

d) Ansprüche aus Sozialplan

Literatur: *Ries/Zobel*, Der Sozialplan in der Insolvenz, in: KS, S. 1140 ff.

Soweit eine Betriebsänderung (Rn. 253) geplant ist, mag sie durch 257
Interessenausgleich noch modifizierbar sein. Steht sie dagegen fest, so kann ein Sozialplan die (unabwendbaren) wirtschaftlichen **Nachteile der Betriebsänderung ausgleichen** oder mildern (§§ 112 I 2

BetrVG, 123 I). Anders als ein Interessenausgleich ist ein Sozialplan erzwingbar (Ausnahme: § 112a BetrVG).

Er kann z. B. *Lohnausgleich, Abfindungen, Zuschüsse zur Umschulung, Darlehen* vorsehen und begründet – wie eine Betriebsvereinbarung (§ 112 I 3 BetrVG) – unmittelbare Ansprüche gegen den Insolvenzverwalter.

258 Wird der Sozialplan **nach Insolvenzeröffnung** aufgestellt, so richtet sich das Verfahren wiederum nach §§ 112 BetrVG, 121 (Rn. 254): Entweder einigt sich der Verwalter mit dem Betriebsrat, nachdem er ggf. die Zustimmung der Gläubiger eingeholt hat (§ 160). Oder es entscheidet die *Einigungsstelle* (§ 112 IV BetrVG), nicht das Arbeitsgericht (§ 122 unanwendbar!). Ein solcher Sozialplan darf allerdings nur ein Gesamtvolumen von zweieinhalb Monatsverdiensten der von Entlassung betroffenen Arbeitnehmer haben.

259 Laut § 123 II 1 sind Sozialplanansprüche *Masseverbindlichkeiten.* Sie sind jedoch eigenartig beschränkt: Für ihre Begleichung darf nicht mehr als ein Drittel der Masse verwendet werden, die ohne den Sozialplan an die Insolvenzgläubiger zu verteilen wäre (anders nur bei Insolvenzplänen). Soll mehr verteilt werden, so sind die einzelnen Forderungen anteilig zu kürzen.

Um diese Vorgabe zuverlässig einhalten zu können, wird der Verwalter zunächst alle anderen Masseansprüche begleichen. Auch eine Zwangsvollstreckung der Arbeitnehmer ist vorsorglich untersagt (§ 123 III 2; über § 90 hinaus!).

Berechnungsbeispiel: Nach Tilgung sonstiger Masseverbindlichkeiten verbleibt Masse im Wert von 30.000,– €. Der Sozialplan sieht Leistungen i. H. v. 12.5000,– € vor, für Arbeiter A 4.000,– €. Wieviel muss der Verwalter dem A auszahlen?

Nach § 124 I 2 darf nur 1/3 der Netto-Masse (10.000,– €) verteilt werden, also 1/5 weniger als vorgesehen. Um diesen Anteil sind die Sozialplanleistungen zu kürzen, folglich auch die Einzelansprüche (§ 123 II 3). A erhält somit 3.200,– €.

260 Wurde der Sozialplan schon **vor Insolvenzeröffnung** aufgestellt (nach § 112 BetrVG), so werden darin verbriefte Ansprüche zu *Insolvenzforderungen* (Ausnahme: Beteiligung eines „starken“ vorläufigen Insolvenzverwalters, § 55 II 1). Der Plan ist aber für Insolvenzverwalter und Betriebsrat **widerruflich**, es sei denn, dass die Aufstellung „früher als drei Monate vor dem Eröffnungsantrag“ erfolgte (§ 124 I), also mehr als drei Monate zurückliegt. Auf diese Weise kann ein „insolvenznaher“ Plan an die (verschlechterte) Lage nach der Verfahrenseröffnung angepasst werden, indem ein neuer Plan (Rn. 258)

durchgesetzt wird. Das gilt auch für Arbeitnehmer, die bereits im alten Plan bedacht wurden (§ 124 II).

Hatten sie aufgrund des alten Plans schon *Leistungen erhalten,* so werden diese nicht zurückgefordert, sondern bei Aufstellung des neuen Plans verrechnet (§ 124 III).

e) Sicherung der betrieblichen Altersversorgung

Die Altersversorgung der Rentner erfolgt traditionell (zu ca. 80 %) durch die gesetzliche Rentenversicherung – tatsächlich keine „Versicherung", sondern ein Umlageverfahren, indem die monatlichen Sozialversicherungsbeiträge der Arbeitnehmer und -geber, zunehmend aber auch Steuergelder, gleich wieder ausgezahlt werden. Nicht unwichtig ist daher eine „zweite Säule": die von vielen, vor allem größeren Unternehmen zugesagte betriebliche Altersversorgung (immerhin 5 % Anteil; Privatvorsorge: 15 %). **261**

Derart begünstigte Arbeitnehmer können – entsprechend ihrer Beschäftigungsdauer – unverfallbare Anwartschaften und schließlich Versorgungsansprüche erwerben. Begründet werden die Ansprüche allerdings schon im Zuge des Arbeitsverhältnisses. Daher sind sie bloße Insolvenzforderungen (§ 38), wenn der Arbeitgeber insolvent wird. Die oft bedrückenden Konsequenzen liegen auf der Hand. Der Gesetzgeber hat daher seit 1974 für Insolvenzschutz gesorgt: Ein **Pensionssicherungsverein** (PSV) erhält die Anwartschaften aufrecht bzw. erfüllt die Versorgungsansprüche (§ 7 BetrAVG). Zum Ausgleich erwirbt er die Rechte des Begünstigten gegen den insolventen Arbeitgeber (§ 9 II BetrAVG).

Finanziert wird der PSV durch Pflichtbeiträge aller insolvenzfähigen Arbeitgeber (beachte Rn. 29), die betriebliche Altersversorgung gewähren. Insolvenzbedingte Ausfälle sind also von anderen Unternehmen (u. U. Konkurrenten!) mitzutragen. Dies kann eine arge Kostenlast sein, gerade in Zeiten schlechter Konjunktur: Das Schadenvolumen im Jahre 2009 erreichte als Folge der Finanzkrise ca. 4,3 Mrd. €; der Beitragssatz von nominal 14,2 Promille wurde wegen seiner extremen Höhe auf mehrere Jahre gestreckt.

2. Insolvenz des Dienstverpflichteten

Dienstverhältnisse bestehen nach Verfahrenseröffnung fort (§ 108 I 1). Auch bei Insolvenz eines Arbeitnehmers hat der Verwalter also **kein Wahlrecht** i. S. d. § 103. Schon gar nicht kann er das Arbeitsverhältnis des Schuldners kündigen! Hingegen sollte bei anderen Dienstverpflichtungen mit Massebezug (z. B. bei Insolvenz einer Privat- **262** schule) ein Wahlrecht zugestanden werden; insoweit ist § 108 I 1 zweckentsprechend einzuschränken.

263 **Bezüge des Schuldners,** insbesondere Ansprüche auf Lohn, Gehalt bzw. Entgelt, sind weitgehend **gebunden**. Soweit die Bezüge Tätigkeiten *während des Verfahrens* entgelten, fallen sie nämlich, soweit pfändbar, in die Masse (Neuerwerb; Rn. 147 f.). Andererseits will der Gesetzgeber verhindern, dass über Entgeltansprüche, die *nach dem Insolvenzverfahren* erwachsen, vorzeitig verfügt wird. Denn sie sind ebenfalls den Insolvenzgläubigern vorbehalten, falls der Schuldner Restschuldbefreiung begehrt (Rn. 536). Der Zugriff auf Bezüge ist daher verwehrt:

263a (1) **Vor Verfahrenseröffnung** können Rechte an künftigen Bezügen nicht erworben werden: Der Gesetzgeber folgt der Ansicht, dass ein künftiger Anspruch, der abgetreten wird, nach seiner Entstehung nicht gleich dem Zessionar, sondern erst dem Zedenten zufällt (Durchgangserwerb); bei zwischenzeitlicher Insolvenz des Zedenten hindert folglich § 91 I den Erwerb aus der Masse (BT-Drs. 17/11268, S. 23; *BGH* NZI 2010, 682 Rn. 9).

Bis zum 1. Juli 2014 sah § 114 a. F. allerdings Ausnahmen vor (vgl. 5. Auflage Rn. 263). Daher können Vorausabtretungen von Lohn, die nach Altrecht erfolgt sind, noch mindestens bis 1. Juli 2016 wirksam bleiben (Art. 103h EGInsO).

263b (2) **Während des Verfahrens** ist weder eine Verfügung über die Bezüge (Abtretung, Verpfändung; § 81) noch eine Vollstreckung in sie (§ 89) möglich, auch nicht für die spätere Zeit, d. h. nach dem Verfahren (Rn. 165, 183).

Übersicht: Wahlrecht des Insolvenzverwalters in Sonderfällen

Insolvenz	Wahlrecht	Rechte des Vertragspartners
des Käufers bei Eigentumsvorbehalt	ja (§ 107 II)	§ 103; bei Ablehnung der Erfüllung kann Verkäufer aussondern
des Verkäufers bei Eigentumsvorbehalt	Nein (arg. § 107 I)	Käufer kann also Übereignung erzwingen, muss dem Verwalter aber herausgeben (§ 985 BGB), wenn er nicht zahlen kann
bei Fix-/Finanztermingeschäften	nein (§ 104)	nur Schadensersatzanspruch, der für Vertragspartner Insolvenzforderung ist (§ 104 III 3)

Insolvenz	Wahlrecht	Rechte des Vertragspartners
des Schuldners aus vormerkungsgesichertem Anspruch	nein (§ 106)	Masseanspruch auf Leistung
bei Miet-/Pachtverhältnissen über bewegliche Sachen	ja, für Zukunft (§§ 103, 105 S. 1)	insoweit Masseanspruch bei Erfüllungswahl (§ 55 I Nr. 2), i. ü. Insolvenzforderung
des Vermieters/Verpächters von Immobilien	nein (§ 108 I 1)	alte Entgeltansprüche sind Insolvenzforderungen, solche ab Verfahrenseröffnung Masseansprüche (§ 55 I Nr. 2)
des Mieters/Pächters von Immobilien	nein (§ 108 I 1)	Masseanspruch ab Verfahrenseröffnung (§ 55 I Nr. 2); Kündigung für Vermieter erschwert (§ 112), für Verwalter erleichtert (§ 109 I 1); für beide Seiten u. U. Rücktrittsrecht (§ 109 II)
des Arbeitgebers	nein (§ 108 I 1)	alte Lohn- und Sozialplanansprüche nur Insolvenzforderungen (aber: in 3-Monats-Phase Insolvenzgeld), ab Insolvenzeröffnung Masseschulden (§ 55 I Nr. 2 bzw. § 123 II 1); Kündigung für beide Seiten erleichtert (§ 113)
des Arbeitnehmers	nein (§ 108 I 1)	Anspruch auf Arbeitsleistung besteht fort, da ohne Bezug zur Masse

V. Beschränkung der Vertragsfreiheit

Literatur: *Huber*, Unwirksamkeit insolvenzbedingter Lösungsklauseln – Vertragspraxis, was nun?, ZIP 2013, 493 ff.; *Jacoby*, Lösungsklauseln in der Insolvenz, ZIP 2014, 649 ff.; *Prütting*, Vertragsbeendigung durch Insolvenz?, FS Gerhardt, 2004, S. 761 ff.

Die Regeln über schwebende Rechtsverhältnisse sind großenteils **zwingendes Recht**. Denn § 119 erklärt Vereinbarungen (zwischen Schuldner und Vertragspartner), welche die Anwendung der §§ 103–118 im Voraus ausschließen oder beschränken, für unwirksam. So soll insbesondere das Wahlrecht des Insolvenzverwalters geschützt werden, insofern also die Masse. 264

Beispiele: Unzulässig sind Vereinbarungen, die für den Insolvenzfall
- das Wahlrecht des Verwalters davon abhängig machen, dass zuvor Verhandlungen mit dem Vertragspartner geführt werden und scheitern,
- das Schweigen des Verwalters entgegen § 103 II 3 in ein Erfüllungsverlangen umdeuten,
- entgegen § 105 die Teilbarkeit von Leistungen erschweren,
- die Rückgabe von Vorleistungen des Vertragspartners vorschreiben.

265 Überaus umstritten ist die Zulässigkeit sog. **Lösungsklauseln**. Die „insolvenzabhängigen" Lösungsklauseln lassen nämlich Verträge enden, sobald ein Insolvenzverfahren eröffnet oder auch nur ein Insolvenzantrag gestellt wird, oder geben dem Vertragspartner des Schuldners das Recht, sich dann einseitig vom Vertrag zu lösen.

Noch § 137 II RegE-InsO erklärte Lösungsklauseln für unzulässig. Der Rechtsausschuss des Bundestages lehnte dies allerdings ab. Diese Bewertung dürfte der Deutsche Bundestag übernommen haben. Auch das spricht für restriktive Handhabung des § 119 (Jaeger/*Jacoby*, § 119 Rn. 24 ff.). Diese subjektiv-historische Auslegung soll nach h. M. aber zurücktreten (HK/*Marotzke*, § 119 Rn. 4; *Prütting*, FS Gerhardt, S. 761 ff.).

Die Rspr. hält solche Klauseln jedenfalls dann für unwirksam, wenn sie in Verträgen über fortlaufende Lieferungen enthalten sind (*BGH* NJW 2013, 1159 Rn. 13 ff.), und vermutlich auch im Übrigen (a. A. MünchKomm/*Huber*, § 119 Rn. 40). Offen ist dagegen, ob Lösungsklauseln wenigstens an materielle Insolvenz (z. B. Zahlungseinstellung) oder doch an bestimmte Verschlechterungen der Vermögenslage anknüpfen können.

§ 19. Aufträge, Geschäftsbesorgung, Vollmachten

Literatur: *Marotzke*, Der Einfluß des Insolvenzverfahrens auf Auftrags- und Geschäftsbesorgungsverhältnisse, FS Henckel, 1995, S. 579 ff.; *Obermüller*, Überweisungsverkehr bei Insolvenz unter Berücksichtigung des neuen Rechts der Zahlungsdienste, ZInsO 2010, 8 ff.; *Schilken,* Die Vollmacht in der Insolvenz, KTS 2007, 1 ff.

266 Ein vom Schuldner erteilter **Auftrag** erlischt, soweit er Massebezug hat, mit Verfahrenseröffnung (§ 115 I), es sei denn, dass er dann schon ausgeführt war. Demnach besteht **kein Wahlrecht**.

Jedoch bleibt der Auftrag in zwei Fällen bestehen: In *Notfällen* ist er fortzusetzen, bis der Verwalter anderweitig Fürsorge treffen kann; zum Ausgleich erhält der Beauftragte Masseansprüche (§ 115 II). Ist der Beauftragte in *schuldloser Unkenntnis von der Verfahrenseröffnung*, besteht der Auftrag ebenfalls fort. So kann der Beauftragte noch einen Aufwendungsersatzanspruch (§ 670 BGB) erwerben, freilich nur als Insolvenzforderung (§ 115 III 2).

Hat der Schuldner jemanden zur **Geschäftsbesorgung** verpflichtet, so geschah dies durch gegenseitigen Vertrag (mit Rechtsanwalt, Steuerberater, Hausverwalter usw.; § 675 I BGB). Dennoch hat der Verwalter **kein Wahlrecht**. Auch dieser Vertrag erlischt vielmehr (§§ 115 I, 116 S. 1). Er besteht nur bei *Notgeschäftsführung* bzw. *Gutgläubigkeit* des Geschäftsführers fort. Nur dann wird auch ein Masse- bzw. Insolvenzanspruch auf Aufwendungsersatz und Vergütung gewährt (§§ 116 S. 1 u. 2, 115 II 3). 267

Durch die Verfahrenseröffnung erlöschen auch vom Schuldner erteilte **Vollmachten**, soweit sie sich auf die Masse beziehen (§ 117 I; z. B. Prokura, Prozessvollmacht). Das folgt im Übrigen schon daraus, dass der Schuldner als Vollmachtgeber seine Rechtsmacht verloren hat, ggf. auch aus §§ 168 S. 1 BGB, 115 I. Die Vollmacht besteht jedoch fort, soweit sie einer *Notgeschäftsführung* dient (§ 117 II). Handelte der Bevollmächtigte dagegen in *schuldloser Unkenntnis* von der Verfahrenseröffnung, so ersetzt das nicht die Vollmacht. Auch §§ 168 S. 1 BGB, 115 III 1 sind hier unanwendbar. Dies folgt aus § 117 III, der den Gutgläubigen vor der Haftung nach § 179 BGB schützt (weil dies mangels Vollmacht nötig ist). 268

Auch §§ 115 ff. sind *zwingendes Recht* (näher Rn. 264 f.).

Zur Vertiefung: Banküberweisung und Insolvenz

Die §§ 115 ff. betreffen auch Banküberweisungen. Dabei ist zu trennen zwischen Girovertrag (erweiterter Zahlungsdienste-Rahmenvertrag i. S. d. § 675f II BGB) und der einzelnen Überweisung (Zahlungsauftrag nach § 675f III 2 BGB). Der **Girovertrag** ist Geschäftsbesorgungsvertrag (§ 675c I BGB). Er erlischt daher mit Insolvenzeröffnung nach Maßgabe des § 115 (§ 116 S. 1; Rn. 267). Auch das Kontokorrentverhältnis (§ 355 HGB) endet. Die **Überweisung** selbst erfolgt im Rahmen des Giroverhältnisses (seit dem 01.11.2009) als einseitige Weisung: als sog. Zahlungsauftrag. Für Erfüllung und Bereicherungsausgleich ist wichtig: Der Überweisende leistet an den Überweisungsempfänger und die Bank an den Überweisenden, indem sie dem Empfänger zuwendet. 269

Überweist eine Bank für Rechnung des Schuldners, so ist der Zeitpunkt des Auftrags maßgebend: Wurde der **Überweisungsauftrag vorinsolvenzlich** 270 wirksam, weil er der Bank rechtzeitig zuging (§ 675n I 1 BGB) und vorläufige Insolvenzverwaltung (§ 24 I) nicht entgegenstand (Rn. 98, 103a), so wird er durch die anschließende Verfahrenseröffnung nicht berührt (§ 116 S. 3). Der Verwalter hat also kein Wahlrecht. (Ein vorläufiger Verwalter mit Verfügungsmacht mag freilich noch widerrufen können: § 675p IV BGB.) Gesichert ist die Bank jedenfalls dann, wenn das Konto noch ein Guthaben aufweist, also *kreditorisch* ist: Ggf. lässt sich die Überweisung schon als Leistung an Erfüllungs statt deuten; sie erfolgte seitens der Bank freilich an den Schuldner, kann also (wegen § 80 I Fall 1) nur wirksam sein, falls die Bank von der Insolvenzeröffnung nachweislich nicht wusste (§ 82 S. 1). Im Übrigen steht der Bank Aufwendungsersatz nach §§ 670, 675c I BGB zu, sogar als Masseforderung (§ 116 S. 3 Hs. 2). Damit kann sie gegen den Auszahlungsanspruch des Schuldners aufrechnen (§ 94 beschränkt nur Insolvenzgläubiger). War das Konto – in Krisenzeiten typisch – im Minus (*debitorisch*), so ist die Bank immerhin vorrangig zu befriedigen (§ 53). Ist dennoch unsicher, ob das Geld reicht, so sollte sie den Überweisungsauftrag besser ablehnen (dazu § 675o I, II BGB).

271 Wurde der **Überweisungsauftrag erst nach Insolvenzeröffnung** erteilt, so ist er unwirksam, da dem Schuldner die Verwaltungsmacht fehlte (§ 80 I Fall 1); § 116 S. 3 ändert daran nichts, denn „fort"bestehen kann nur ein Alt-Auftrag (BT-Drs. 14/1931, S. 2 f.). Dennoch kann die Bank geschützt sein:

Wies das Konto ein **Guthaben** auf, so leistet die Bank wieder an Erfüllungs statt, wird also frei, wenn sie noch keine Kenntnis von der Insolvenzeröffnung hatte (§ 82 S. 1; vgl. *BGH* NZI 2014, 156 Rn. 9). Im Übrigen bleibt ihr die Chance, mit einem Gegenanspruch aufzurechnen. Dieser folgt scheinbar nicht aus §§ 670, 675c I BGB, denn der Auftrag war ja unwirksam. Dennoch steht der Bank bei *schuldloser Unkenntnis* Aufwendungsersatz zu, wenn auch nur als Insolvenzforderung. Das lässt sich auf §§ 115 III, 116 S. 1 stützen. Dabei sollte man freilich nicht auf den späten Überweisungsauftrag abstellen, für den eine „Fort"geltung ja ausscheidet, sondern auf seine Grundlage: den Girovertrag, auf dessen Bestand die Bank vertraute. Die Aufrechnung wäre nach §§ 94, 95 I 1 auch zulässig. Hatte die Bank allerdings *Kenntnis* von der Insolvenzeröffnung (dazu Rn. 192) und überweist sie dennoch, weil der befasste Sachbearbeiter arglos war, oder war ihre Unkenntnis *fahrlässig*, so wird sie nicht einmal Insolvenzgläubigerin.

War das Konto **debitorisch,** so kann die Bank etwaige Ansprüche zur Tabelle anmelden.

Nach h. M. bleibt ihr zudem stets der **Durchgriff gegen den Überweisungsempfänger:** Die Zuwendung an diesen sei nicht mehr dem Überweisenden zurechenbar, da dessen Auftrag mit Insolvenzeröffnung entfallen sei (§ 812 I 1 Fall 2 BGB; vgl. *BGH* NZI 2014, 156 Rn. 17).

§ 20. Anhängige Gerichtsverfahren

Literatur: *Damerius,* Das Schicksal schwebender Verfahren des Insolvenzschuldners, 2007; Gottwald/*Gerhardt*, S. 517 ff.; *Henckel*, Einwirkung des Insolvenzverfahrens auf schwebende Prozesse, FS Schumann, 2001, S. 211 ff.

I. Unterbrechung

Der Insolvenzverwalter soll die Masse kontrollieren. Er muss daher auch Prozesse beeinflussen können, die *bei Verfahrenseröffnung* anhängig sind und sich auf die Masse beziehen. Massebezug ist die Regel (auch bei Klage auf Zugewinnausgleich, anders bei diesbezüglicher Auskunft: *OLG Naumburg* NJW-RR 2002, 1704 f.; anders auch bei Ehrenschutz-, Ehesachen, pfändungsfreiem Vermögen). Massebezogene Prozesse werden daher kraft Gesetzes unterbrochen, wenn ein Insolvenzverfahren eröffnet wird (§ 240 S. 1 ZPO). Gleiches gilt bei *Einsetzung eines „starken" vorläufigen Verwalters* (§ 240 S. 2 ZPO). 272

Kommt es dennoch zu Prozesshandlungen, so wirken sie nicht gegen den Gegner (§ 249 II ZPO). Der Lauf der wichtigsten prozessualen Fristen endet (§ 249 I ZPO). Der Verwalter kann sich also in Ruhe überlegen, inwiefern er auf eine gegen den Schuldner erhobene Klage reagieren will (trotz §§ 275 I 1, 296 I ZPO) oder ob er ein Urteil, das dem Schuldner nachteilig ist und vielleicht schon drei Wochen vor Verfahrenseröffnung zugestellt wurde, noch durch Berufung angreifen will (trotz § 517 ZPO).

II. Ende der Unterbrechung

1. Aufnahme des Prozesses

Meist endet die Unterbrechung mit einer Aufnahme des Prozesses (§ 240 S. 1 ZPO), d. h. durch Zustellung eines entsprechenden Schriftsatzes (§ 250 ZPO). Dabei ist zu unterscheiden: 273

a) Aktivprozesse

Im Aktivprozess nimmt der Schuldner Rechte für sich in Anspruch, sei es als Kläger, sei es als Beklagter:

Wurde *„negative Feststellungsklage"* erhoben (§ 256 ZPO), so klagt der Gegner z. B. auf Feststellung, dass dem Beklagten (Schuldner im Insolvenzverfahren), der sich eines Schadensersatzanspruchs wegen Vertragsverletzung berühmt, insoweit keinerlei Ansprüche zustünden. Wurde *Vollstreckungsgegenklage* erhoben (§ 767 ZPO), so will der Gegner die Zwangsvollstreckung durch den Beklagten aus einem bestimmten Leistungsurteil für unzulässig erklären lassen.

Nach Insolvenzeröffnung betrifft dieser Prozess Rechte der Masse. Man spricht deshalb auch vom „Teilungsmasse-Streit". Einen Aktivprozess kann zunächst *allein der Verwalter* aufnehmen (§ 85 I 1). Dies wird er nur tun, wenn er die Klage für sinnvoll hält, weil sie bzw. eine spätere Vollstreckung aussichtsreich ist. Dann prozessiert er als „Partei kraft Amtes", d. h. in gesetzlicher Prozessstandschaft für den Schuldner (§ 80 I; Rn. 180). Verzögert er seine Entscheidung, so droht ihm eine Aufnahmefiktion, folglich auch ein Versäumnisurteil (§ 239 II–IV ZPO; § 85 I 2).

274 Bei *Ablehnung der Aufnahme* verzichtet der Verwalter darauf, die streitbefangene Sache bzw. Forderung für die Masse zu sichern. Das ist eine Freigabe (Rn. 170). Dementsprechend kann nun der Schuldner den Prozess aufnehmen (§ 85 II). Das gleiche Recht hat der Gegner; nimmt er auf, so prozessiert er infolge der Freigabe aber weiterhin „nur" gegen den Schuldner.

Ein ganz anderer Fall ist die **Freigabe im Verwalter-Prozess** (Bsp.: Der Verwalter nimmt einen Prozess auf Herausgabe eines Pkw auf, gibt diesen dann aber frei).

Hier verliert der Verwalter seine (auf § 80 I beruhende) Prozessführungsbefugnis. Nach überw. M. führt er den Prozess dennoch fort, nun als Prozessstandschafter analog § 265 II ZPO (*BGH* FamRZ 1990, 283, 284; *Jaeger/Henckel*, KO, § 6 Rn. 116 ff.; anders BGHZ 46, 249, 250 ff.: Prozessunterbrechung und -fortsetzung mit dem Schuldner).

b) Passivprozesse

275 Ein Passivprozess „des Schuldners" richtet sich gegen das Vermögen des Schuldners; i. d. R. wird dieser verklagt. Hier ist zu unterscheiden:

• Teilweise werden gegen den Schuldner **bevorrechtigte Ansprüche** geltend gemacht, also solche, die nach Verfahrenseröffnung zur Aussonderung (z. B. § 985 BGB) oder Absonderung (z. B. § 1147 BGB) berechtigen oder zur Masseverbindlichkeit geworden sind (z. B. Arbeitslohn ab Insolvenzeröffnung, § 55 I Nr. 2). Solche Prozesse kann der *Verwalter* aufnehmen. Das gleiche Recht hat aber der

Gläubiger (§ 86 I), mit der Folge, dass der Verwalter selbst dann in den Prozess gezogen wird, wenn er die Aufnahme ablehnte.

Nach Aufnahme des Prozesses droht der Masse eine erhebliche **Kostenlast.** 276
Denn **bei Erfolg der Klage** trägt der Beklagte die Prozesskosten (§ 91 ZPO), und diese sind nach h. M. insgesamt Masseschulden (§ 55 I Nr. 1; Rn. 80). Dem Verwalter hilft jedoch ein *sofortiges Anerkenntnis:* Dann gewinnt der Kläger den Prozess (§ 307 S. 1 ZPO), trägt aber dennoch die Kosten (§ 93 ZPO), wenn auch der Schuldner entsprechend geschützt war (weil er die Klage nicht provoziert hatte und den Klaganspruch noch „sofort" hätte anerkennen können, bevor sein Prozess unterbrochen wurde). Hätte der Schuldner dagegen nicht mehr nach § 93 ZPO vorgehen können, so ist das auch dem Verwalter versagt: Trotz des sofortigen Anerkenntnisses kann der Kläger daher Kostenausgleich fordern (§ 91 ZPO), laut § 86 II aber nur als Insolvenzgläubiger!

• Oft sind die eingeklagten Ansprüche nur **Insolvenzforderungen** 277
(„Schuldenmasse-Streit"). Trotz des schwebenden Rechtsstreits sollen diese Forderungen (aus Zeit- und Kostengründen) vorrangig außergerichtlich festgestellt werden. Die Aufnahme des Prozesses wird daher erst nötig, wenn der Verwalter oder ein Gläubiger der Forderung im Prüftermin widerspricht (i. E. Rn. 412 ff.).

2. Ende des Insolvenzverfahrens

Mangels Aufnahme endet die Unterbrechung naturgemäß mit dem 278
Insolvenzverfahren (§ 240 S. 1 ZPO), d. h. mit dem Aufhebungsbeschluss (§§ 9 I 3, 200).

Wichtiger ist, wie ein **im Insolvenzverfahren aufgenommener Prozess** behandelt wird: Kann der Verwalter weiterprozessieren, wenn das Insolvenzverfahren eher als dieser Prozess endet?

I. d. R. ist das nicht möglich. Mit dem Insolvenzverfahren endet nämlich auch die Prozessführungsbefugnis. Sie kann auch nicht analog § 265 ZPO erhalten werden, da der Verwalter entlastet werden muss, nachdem sein Amt endete (*BGH* NJW-RR 2008, 860, 861). Der Prozess wird daher *unterbrochen* und ist vom Schuldner aufzunehmen (analog §§ 239, 250 ZPO); bei anwaltlicher Vertretung des Verwalters wird er u. U. *ausgesetzt* (§ 246 ZPO).

Dagegen dauert die Prozessführungsmacht fort, soweit um Vermögen prozessiert wird, das der Nachtragsverteilung (§ 203) vorbehalten wurde (*Uhlenbruck*, ZIP 1993, 241, 245 f.). Dies bejaht die Praxis auch für Anfechtungsprozesse (BGHZ 83, 102, 103).

6. Kapitel. Anreicherung und Bereinigung der Insolvenzmasse

Überblick

279 Die Vermögensmasse, die der Insolvenzverwalter nach Amtsantritt beim Schuldner vorfindet, ist in aller Regel noch nicht die „Teilungsmasse", aus der die Insolvenzgläubiger befriedigt werden können. Sie bedarf nämlich oft noch einer Mehrung, umgekehrt aber auch einer Bereinigung. Eine **Anreicherung** wird nötig, wenn der Schuldner seinerseits Ansprüche oder Rechte hat, die erst durchgesetzt werden müssen. Oft ist es auch kurz vor der Insolvenzeröffnung (in der „Krise") zu einer Benachteiligung von Gläubigern gekommen, die durch Insolvenzanfechtung rückgängig zu machen ist. Eine **Bereinigung** erfolgt, soweit bestimmte Gegenstände nicht zum haftenden Vermögen des Schuldners gehören (Aussonderung) und soweit Dritte mit Vorrang vor den Insolvenzgläubigern zu befriedigen sind, also zugunsten von Absonderungsberechtigten und Massegläubigern.

§ 21. Forderungseinziehung

Literatur: *Bork*, Gesamt(schadens)liquidation im Insolvenzverfahren, in: KS, S. 1021 ff.; *ders.*, Verfolgungspflichten – Muss der Insolvenzverwalter alle Forderungen einziehen?, ZIP 2005, 1120 ff.; *Oepen*, Die Zuständigkeiten des Insolvenzverwalters für Gesamtschadensersatzansprüche und Gesellschafterhaftung, ZInsO 2002, 162 ff.; *Pape*, Haftungsrechtliche Folgen der Nichtinanspruchnahme von Gesellschaftsorganen und Geschäftsführern, ZInsO 2007, 1080 ff.; *Sander*, Einwendungen gegen die persönliche Haftung der Gesellschafter in der Gesellschaftsinsolvenz, ZInsO 2012, 1285 ff.; *Steenbuck*, Die Gewährung von Prozesskostenhilfe an den Insolvenzverwalter, MDR 2004, 1155 ff.; *Uhlenbruck*, Durchgreifende Auskunfts- und Mitwirkungspflichten im Rahmen der Haftungsrealisierung nach § 93 InsO, FS Kreft, 2004, S. 543 ff.

I. Forderungen des Schuldners

280 Forderungen des Schuldners („Außenstände") können sich gegen Dritte richten und beliebigen Inhalt haben (z. B. auf Herausgabe, auf

Lohnzahlung). Im Einzelfall mögen sie sich auch gegen Insolvenzgläubiger richten. Dann können sie freilich durch Aufrechnung gefährdet sein (Rn. 193 ff.). All diese Forderungen kann der Verwalter dank seiner Verwaltungsbefugnis (§ 80 I) einziehen. Er muss sie auch einziehen, soweit das nicht aussichtslos ist (dann u. U. Freigabe) oder eine Forderung anders verwertet werden soll, z. B. durch Verkauf.

II. Forderungen der Insolvenzgläubiger

In einigen Fällen kann der Verwalter sogar Forderungen geltend **281** machen, die nicht dem Schuldner, sondern Insolvenzgläubigern zustehen.

1. Schadensersatzansprüche

Wenn die Gläubiger gemeinschaftlich geschädigt worden sind, weil ein Dritter vor oder nach Eröffnung des Verfahrens die Masse vermindert hat, erfolgt die **„Gesamtschadensliquidation"** allein durch den Verwalter (§ 92 S. 1), also *zugunsten der Masse*: Die Gläubiger behalten zwar ihre Individualansprüche, verlieren aber das Recht, sie geltend zu machen, solange das Verfahren andauert, ebenso ihre Prozessführungsbefugnis. Dies soll verhindern, dass einzelne Gläubiger bei dem Schädiger eine Zwangsvollstreckung versuchen, was den Solidarzwang des Insolvenzverfahrens verwässern würde. Überdies rechnet § 92 die Ersatzansprüche der Gläubiger jedenfalls wirtschaftlich der Masse zu (vgl. Amtl. Begr., S. 139); das mindert die Gefahr, dass Insolvenzverfahren mangels Masse (§ 26) scheitern. Praktisch geht es vor allem um zwei Fallgruppen:

- **Verspäteter Insolvenzantrag:** Bei Insolvenz juristischer Perso- **282** nen wird nicht selten die Pflicht verletzt, beizeiten Insolvenzantrag zu stellen (Rn. 91; „Insolvenzverschleppung"). Die Folge ist, dass das Unternehmen unnötig weiter heruntergewirtschaftet wird, so dass diejenigen Gläubiger, die bei rechtzeitiger Antragstellung (z. B. am 01.02.) Aussicht auf eine gewisse Verteilungsquote gehabt hätten, spürbar weniger erhalten, wenn der Antrag deutlich später (z. B. am 01.07.) gestellt wird. Dieser sog. **Quotenschaden** ist vom Geschäftsführer bzw. Vorstand zu ersetzen (nach § 823 II BGB i. V. m. § 15a; BGHZ 126, 181, 190 ff.) und vom Verwalter geltend zu machen, denn hier sind die Gläubiger „gemeinschaftlich" geschädigt.

283 Kamen nach dem 01.02. noch weitere Gläubiger hinzu (Neu-Gläubiger), so sind sie zwar ebenfalls Insolvenzgläubiger und erleiden gleichfalls einen Quotenschaden, falls sich die Liquidität neuerlich verschlechtert. Sie werden aber noch weitergehend geschädigt, nämlich insofern, als sie dem Schuldner (mangels Insolvenzantrags) in Unkenntnis der Insolvenz überhaupt noch Kredit gewährten. Ein solcher **Vertrauensschaden** ist vom säumigen Geschäftsführer vollständig zu ersetzen. Dieser Anspruch folgt nach der Rspr. ebenfalls aus § 823 II BGB, ist als Individualanspruch aber **nicht von § 92 erfasst** und außerhalb des Insolvenzverfahrens geltend zu machen (ohne Abzug der mutmaßlichen quotalen Befriedigung, BGHZ 171, 46, 54 f.). Der Quotenschaden des Neu-Gläubigers soll daneben zurücktreten (BGHZ 138, 211, 214 ff.; zu allem Scholz/*K. Schmidt*, Anh. § 64 Rn. 44 ff.).

284 • **Verwalterhaftung:** Masseminderungen durch den Insolvenzverwalter führen ebenfalls zu „Gesamtschäden". Diesbezügliche Ersatzansprüche nach § 60 können daher nur im Insolvenzverfahren geltend gemacht werden. Das geschieht, falls der Verwalter entlassen worden ist, durch seinen Nachfolger, im Übrigen durch einen dafür bestellten Sonderverwalter (§ 92 S. 2; Interessenkollision!).

Zur Vertiefung: Da die Forderungen der geschädigten Gläubiger nicht auf den Insolvenzverwalter übergehen (erst recht nicht auf den Schuldner), macht der Verwalter sie nur treuhänderisch geltend. Eine Ausnahme wird z. T. für Gläubiger gemacht, die nicht am Verfahren teilnehmen, also keine Insolvenzforderung anmelden. Im Übrigen bleibt nach h. M. jeder Gläubiger – als Inhaber – befugt, seine Forderung an Dritte abzutreten; in diesem Fall soll § 92 unanwendbar werden (vgl. KS/*Bork*, S. 1026). Letzteres ist zweifelhaft, schon weil es (nur!) Zessionaren den Gläubigerwettlauf eröffnen würde.

2. Mithaftung von Gesellschaftern

285 Bei Insolvenz einer Personengesellschaft haften den Gläubigern oft auch die Gesellschafter persönlich, z. B. diejenigen der GbR, der OHG (§ 128 HGB) sowie Komplementäre einer KG (§ 161 II HGB). Solche Ansprüche werden ebenfalls zur Masse gezogen, um die insolvenzrechtlichen Ziele (Rn. 281) zu fördern (§ 93; für die Haftung des Kommanditisten s. schon § 171 II HGB).

Beispiel: Im Insolvenzverfahren über das Vermögen einer OHG ist es dem Verwalter V vorbehalten, die Ansprüche der Gläubiger gegen die Gesellschafter A, B und C (§ 128 HGB) zu realisieren. Wird auch A insolvent und sein (Privat-)Vermögen von Verwalter W verwaltet, so darf V die Forderungen bei W (§ 174 I) anmelden (§ 43; näher *Oepen*, ZInsO 2002, 162, 166 f.). Die darauf von W gezahlte Quote fließt zur Masse der OHG und wird verteilt. Mögen B und C liquide bleiben!

Erfasst sind aber eben nur Ansprüche, die **allen Gläubigern** zustehen. Ansprüche einzelner Gläubiger gegen einen/alle Gesellschafter fallen nicht unter § 93. Sie würden ihre Funktion als individuelle Sicherheit nämlich verlieren, wenn sie der Masse zugeschlagen würden (h. M.; *BGH* BB 2002, 1665 f.).

Beispiel: Eine OHG muss dem G ein Darlehen zurückzahlen. Für diesen Anspruch hatte sich Gesellschafter B verbürgt. Wird über die OHG ein Insolvenzverfahren eröffnet, so kann G seinen Anspruch aus § 765 BGB trotz § 93 gegen B geltend machen, auch durch Zahlungsklage (natürlich nur, solange nicht auch über B ein Verfahren eröffnet ist). – Die Gegenansicht will hier § 93 analog anwenden (s. *Bork*, NZI 2002, 362, 363 ff. mit Entgegnung *Haas/Müller*, ebenda, S. 366 f.).

III. Gerichtliche Schritte

Leistet ein Drittschuldner nicht freiwillig, so wird oft Klage geboten sein. Der Verwalter klagt als Partei kraft Amtes (Rn. 180), z. B. „als Insolvenzverwalter über das Vermögen der Y-GmbH". U. U. hatte schon der *Schuldner* geklagt, als er dazu noch befugt war. Dann wird dieser Prozess unterbrochen; der Verwalter braucht ihn lediglich aufzunehmen (Rn. 273). Falls der Schuldner schon ein Urteil erstritten hatte, kann der Verwalter den Titel auf sich umschreiben lassen (§ 727 ZPO), also nicht etwa erneut klagen. 286

Hatte ein *Gläubiger* Ansprüche eingeklagt, die seit der Insolvenzeröffnung wegen §§ 92 f. vom Verwalter geltend zu machen sind, so wird auch dieser Prozess unterbrochen (z. B. das Verfahren gegen einen GbR-Gesellschafter, wenn ein Insolvenzverfahren über die GbR eröffnet wird; *BGH* NJW 2003, 590 f.). Zur Aufnahme solcher Prozesse vgl. *Häsemeyer*, LMK 2003, 77 f.

Der Verwalter kann ggf. **Prozesskostenhilfe** beanspruchen, nach § 116 S. 1 287
Nr. 1 ZPO nämlich dann, wenn die Kosten aus der verwalteten Masse nicht aufgebracht werden können und den am Gegenstand des Rechtsstreits wirtschaftlich Beteiligten nicht zuzumuten ist, die Kosten aufzubringen (ausf. MünchKomm/*Ott/Vuia*, § 80 Rn. 85 ff.). *Wirtschaftlich Beteiligte* sind Insolvenzgläubiger, die bei erfolgreichem Abschluss des Rechtsstreits mit einer verbesserten Befriedigung aus der Masse rechnen können, ggf. auch Absonderungsberechtigte und Massegläubiger. *Zumutbar* ist eine Kostenbeteiligung aber nur bei Aussicht auf eine erhebliche Verbesserung der Befriedigungschancen im Verhältnis zu den aufgewandten Kosten (*BGH* ZInsO 2012, 1941; *OLG Dresden* ZInsO 2004, 275 f.: Prozess hätte Quote auf 10,3 % ge-

steigert), dann freilich ohne Rücksicht auf „Compliance" der Gläubiger (*BGH* NZI 2013, 82 Rn. 10).

§ 22. Insolvenzanfechtung

Literatur: *Bork* (Hrsg.), Handbuch des Insolvenzanfechtungsrechts, 2006; *P. Fischer*, Gefahrenstellen für Kreditinstitute in der Insolvenz ihrer Kunden, ZInsO 2013, 1917 ff.; *Gerhardt*, Gereimtes und Ungereimtes im Anfechtungsrecht der neuen Insolvenzordnung, FS Brandner, 1996, S. 605 ff.; *Gehrlein*, Insolvenzanfechtung von an und durch Banken bewirkten Zahlungen, ZInsO 2010, 1857 ff.; *Gottwald/Huber*, S. 809 ff.; *Jacobi/Böhme*, Mittelbare Gläubigerbenachteiligung durch Drittzahlung bei Anweisung auf Schuld, NZI 2012, 865 ff.; *Kummer*, Die actio Pauliana im 21. Jahrhundert oder: Was blieb von D.42.8?, FS Kreft, 2004, S. 393 ff.; *Wenner/Schuster*, Insolvenzanfechtung im Konzern, ZIP 2008, 1512 ff.; *Wollmann*, Straffreiheit gem. 371, 398a AO zum Nulltarif?, ZInsO 2011, 1521 ff.

I. Grundgedanke

288 Die Befriedigung der Insolvenzgläubiger ist auch durch Minderung des Schuldnervermögens bedroht. Zwar sind die Gläubiger ab Eröffnung des Verfahrens gesichert, denn fortan ist jeder Rechtserwerb vom Schuldner weitgehend und ohne weiteres unwirksam, soweit er die Masse betrifft (§§ 81, 91). Gefahr besteht aber schon vorher, und zwar in doppelter Hinsicht:

(1) Eine **Schädigung aller Gläubiger** droht, wenn ein Schuldner Vermögen verschenkt oder es sogar verschiebt (z. B. an Angehörige, Freunde, Strohmänner) oder verschleudert, um seine Gläubiger leer ausgehen zu lassen. Hier hilft die sog. *Schenkungsanfechtung* bzw. eine *Vorsatzanfechtung* (§§ 133 f.). Beide Anfechtungsarten können übrigens auch die Einzelzwangsvollstreckung erleichtern; sie sind daher (wortgleich!) auch in §§ 3 f. AnfG vorgesehen und waren schon dem römischen Recht bekannt („actio Pauliana"). Folge der Insolvenzanfechtung ist ein Anspruch auf Rückgewähr dessen, was veräußert, weggegeben oder aufgegeben wurde (§ 143). Er steht i. d. R. dem Verwalter zu. Insolvenzanfechtung hat also nichts mit der Anfechtung nach § 142 BGB zu tun; die angefochtene Handlung ist auch weder nichtig noch unwirksam (Rn. 325).

Soweit ein Rechtsgeschäft anfechtbar ist, kann es allerdings (zugleich) **sittenwidrig** sein (§ 138 BGB), wenn zu der Anfechtbarkeit noch erschwerende Umstände hinzukommen (*BGH* ZIP 2002, 1155, 1158). Beispiele: Der Schuldner wirkt mit Dritten kollusiv zusammen, um sein Vermögen vor den Gläubigern zu retten (BGHZ 130, 314, 331). Dem Schuldner wird, obwohl seine Lage erkennbar aussichtslos ist, noch Kredit gewährt, was die Gläubiger gefährdet, dem Kreditgeber aber Vorteile bringen soll (vgl. BGHZ 90, 381, 399).

(2) Vor allem droht eine **Ungleichbehandlung der Gläubiger.** 289 Diese haben schon vor Eröffnung des Insolvenzverfahrens einen „Konkursanspruch" auf anteilige Befriedigung aus der Masse (Rn. 12). Er wird verletzt, wenn bestimmte Gläubiger privilegiert werden, sei es vom Schuldner (aus Sympathie oder nach Pressionen), sei es auf andere Weise. Dann kann die *„besondere Insolvenzanfechtung"* helfen (§§ 130–132). Sie schützt die Masse vor mancherlei Minderungen, die „in der Krise" ausgelöst wurden, nämlich nach Eintritt der Zahlungsunfähigkeit („materielle Insolvenz") oder in sonst verdächtiger Zeitphase. Diese Anfechtung hat größte Bedeutung. Sie wurde ab 1999 deutlich verschärft, um dem Problem der masselosen Konkurse (Rn. 23) beizukommen.

II. Allgemeine Voraussetzungen

1. Rechtshandlung

Anfechtbar sind nur Rechtshandlungen, die vor Verfahrenseröff- 290 nung vorgenommen wurden und die Insolvenzgläubiger benachteiligen (§ 129 I). „Rechtshandlung" ist jede **Willensbetätigung mit Rechtswirkung.** Ein Unterlassen genügt (§ 129 II; Bsp.: Der Schuldner verzichtet auf eine verzugsbegründende Mahnung). Die Handlung kann vom Schuldner oder anderen Personen vorgenommen werden, z. B. von Insolvenzgläubigern. Damit sind sämtliche Aktivitäten erfasst:

- **Rechtsgeschäfte**, nämlich zweiseitige (Verpflichtungsverträge, Übereignungen, Zessionen usw.) wie einseitige (z. B. Kündigung, Verzicht);
- **rechtsgeschäftsähnliche Handlungen**, z. B. eine Mahnung, Fristsetzung (insbesondere gegenüber dem Schuldner, d. h. zu dessen Nachteil);
- **Prozesshandlungen;**

Beispiele: Schuldner S verschafft dem Insolvenzgläubiger G eine vollstreckbare Urkunde (§ 794 I Nr. 5 ZPO). S, der von G verklagt worden ist, erkennt den Klaganspruch augenzwinkernd an (§§ 307 ZPO, 133 I 1). S unterlässt es, die Verjährung eines Anspruchs zu hemmen (§ 204 I BGB) oder gegen ein unrichtiges Urteil Rechtsmittel einzulegen.

Auch *Vollstreckungsakte* sind erfasst (§ 141): G lässt am 02.01. einen Lkw des S pfänden, am 10.01. wird Insolvenzantrag gestellt. G „handelte", indem er die Pfändung initiierte. Diese kann daher anfechtbar sein (§ 131 I Nr. 1; h. M.), fiel freilich schon der Rückschlagsperre zum Opfer (§ 88 I; Rn. 168).

- **Realakte** wie z. B. Verarbeitung i. S. d. §§ 946, 950 BGB (Bsp.: Als Bauunternehmer errichtet S auf dem elterlichen Grundstück ein Haus).

291 Problematisch sind die Akte **vorläufiger Insolvenzverwalter.** Auch sie erfolgen vor Verfahrenseröffnung. Nach dem Wortlaut des § 129 I sind sie also miterfasst und für den später eingesetzten Verwalter anfechtbar, selbst wenn er auch schon vorläufiger Verwalter war! Es mag auch ein Bedürfnis bestehen, nachteilige Geschäfte des vorläufigen Verwalters zu revidieren. Dennoch wird differenziert:

- Der *„starke" vorläufige Verwalter* (§ 21 II 1 Nr. 2 Fall 1) hat laut Insolvenzordnung (§ 22 I) einen Status, der dem des Insolvenzverwalters ähnelt: Er handelt statt des Schuldners und kann oft auch Masseschulden begründen (§ 55 II). Wer darauf vertrauen darf, muss auch vor späterer Anfechtung geschützt sein. Umstritten ist, ob dies auch im Übrigen gilt, z. B. dann, wenn der vorläufige Verwalter Insolvenzforderungen erfüllt oder besichert, weil er von einem Gläubiger unter Druck gesetzt oder überrumpelt wird (vgl. MünchKomm/*Kayser*, § 129 Rn. 44).
- Ein *„schwacher" vorläufiger Verwalter* (§ 21 II 1 Nr. 1) kann für den Schuldner nur handeln, soweit er dazu ermächtigt worden ist (§ 22 II 1). Dann freilich kann er ebenfalls Masseverbindlichkeiten begründen (§ 55 II; Rn. 103). Auch hier verdienen Geschäftspartner daher Schutz vor späterer Anfechtung.
- Hat ein *„halb-starker" vorläufiger Verwalter* (§ 21 II 1 Nr. 2 Fall 2) einem Geschäft des Schuldners zugestimmt, so können daraus keine Masseschulden erwachsen. Doch unabhängig davon kann der Begünstigte darauf vertraut haben, die Mitwirkung des Verwalters werde Bestand haben, und deshalb mag er schutzwürdig sein (*BGH* ZInsO 2013, 551 Rn. 16 ff.).

Beispiele: Hat der vorläufige Verwalter V einem Vertrag zugestimmt, mit dem der Schuldner dem G im Zusammenhang mit Leistungen, die G noch erbringen muss, zusagt, auch dessen Alt-Ansprüche (also künftige Insolvenzforderungen!) zu erfüllen, so sind entsprechende Zahlungen des S später meist der Anfechtung entzogen. Anderes gilt, wenn V sich die Anfechtung vorbehielt oder sich nach anfänglichem Widerstand einer etwaigen Machtposition des Gläubigers beugte (so BGHZ 165, 283 ff.; näher *Spliedt,* ZInsO 2007, 405 ff.).

2. Rechtshandlung vor Verfahrenseröffnung

Anfechtbar sind nur die *vor* Insolvenzeröffnung vorgenommenen Handlungen. Denn spätere Verluste (nun der Masse!) werden schon durch §§ 81, 91 unterbunden. Zu beachten ist aber, dass eine Rechtshandlung laut § 140 I erst dann „vorgenommen" ist, wenn ihre **rechtliche Wirkung** eintritt. Bei mehraktigen Rechtshandlungen kommt es also auf den letzten Teilakt an. Das macht den Schutz der Masse einerseits lückenhaft, andererseits exzessiv. Beides wird korrigiert: 292

• Bei *bedingten oder befristeten Rechtshandlungen* bleibt der Eintritt der Bedingung usw. außer Betracht (§ 140 III): Es soll auf den Zeitpunkt ankommen, zu dem die bedingte Handlung erfolgte.

Wichtige Beispiele: Veräußert S unter *Eigentumsvorbehalt,* so ist der Austausch der Willenserklärungen maßgeblich, selbst wenn der Käufer die letzte Rate erst Monate später zahlt (§ 140 III); dies kann die Anfechtung der Übereignung wesentlich erschweren, da sie meist nur Rechtshandlungen erfasst, die kurze Zeit zurückliegen.

Dem entspricht es, dass die Verpfändung vorhandener Gegenstände (Forderungen, bewegliche Sachen) auch dann als „Vornahme" gilt, wenn sie eine *künftige Forderung sichern* soll (näher BGHZ 170, 196, 201 ff.: Vermieterpfandrecht).

Wird dagegen, wie oft, über eine *künftige Forderung* verfügt (durch Vorausabtretung, Verpfändung oder Pfändung nach § 829 ZPO), so ist auf den Zeitpunkt abzustellen, zu dem sie später entsteht (§ 140 I; *BGH* NZI 2008, 563, 564).

• *Redlicher Erwerb an Masse-Grundstücken,* der erst nach Verfahrenseröffnung abgeschlossen wird, ist trotz der Beschlagnahme wirksam: nämlich entweder gemäß § 81 I 2 (bei Verfügung nach Insolvenzeröffnung) oder nach § 91 II (bei Verfügung vor Insolvenzeröffnung). Im Interesse der Gläubiger sollte nun aber wenigstens überprüfbar sein, ob der Erwerb anfechtbar erfolgt ist. Das erscheint unzulässig, weil der Erwerb entgegen §§ 129, 140 I *nach* Verfahrenseröffnung erfolgte. Daher dehnt § 147 die Anfechtbarkeit entsprechend aus, doch nur bei redlichem Erwerb.

Erwerberschutz nach § 878 BGB ist auch im Insolvenzverfahren gewährleistet (§ 91 II; s. Rn. 190). Dennoch soll auch dieser Erwerb wenigstens anfechtbar sein, hier freilich nur in der Erwerbsphase *bis* 293 *zum Antrag auf Grundbucheintragung*, da ab dann auch § 878 BGB die Erwerbsrisiken ausschaltet. Um anfechtbar zu sein, durfte die „Vornahme" des Grundstückserwerbs demnach nicht erst mit dessen „Wirkung" eintreten (entgegen § 140 I!), sondern zu dem Zeitpunkt, der in § 878 BGB genannt ist. Dies sollte in § 140 II klargestellt werden, wird dort aber wenig deutlich.

Zur Vertiefung: Während § 878 BGB den Erwerber schützt, sobald die dingliche Einigung für den Schuldner bindend geworden ist (§ 873 II BGB) „und der Antrag auf Eintragung bei dem Grundbuchamte gestellt worden ist", stellt § 140 II 1 darauf ab, ob „der andere Teil" – d. h. der Erwerber! – den Antrag gestellt hat. Die Folge ist, dass nur bei *Erwerber*-Anträgen § 140 II 1 eingreift und der Erwerb anfechtbar wird, während Schuldner-Anträge unter § 140 I fallen, also unanfechtbar bleiben. Dieser Unterschied ist sonderbar. Nach h. M. ist er ein Redaktionsversehen, das der Korrektur bedarf (i. E. *Jauernig/Berger*, § 51 Rn. 27).

Die Gegenansicht hält den Unterschied für gewollt: Der RegE habe Anfechtbarkeit nur bei Anträgen des Erwerbers für nötig gehalten und auch nur dessen Anwartschaft schützen wollen, Schuldner-Anträge hingegen für ungefährlich gehalten, da der Verwalter sie zurücknehmen könne (§ 31 GBO) und müsse (MünchKomm/*Kirchhof*, § 140 Rn. 39 m. w. N.). Die Amtl. Begr. verweist jedoch (auch) auf § 91 i. V. m. § 878 BGB (S. 166 f.), und danach ist gleichgültig, wer den Antrag gestellt hat. Dann sollte der Schutz der Masse nicht davon abhängen, ob ein Schuldner-Antrag rechtzeitig zurückgenommen wird: Auch dieser Antrag sollte anfechtbar sein.

Nach h. M. ist § 140 II 1 daher zweckentsprechend weit auszulegen: Auch solche Rechtsänderungen, deren Eintragung *der Schuldner* beantragt hatte, erfolgen vor Insolvenzeröffnung und sind damit anfechtbar.

3. Gläubigerbenachteiligung

Literatur: *Ganter*, Bargeschäfte (§ 142 InsO) von Dienstleistern, ZIP 2012, 2037 ff.; *Huber*, Das anfechtungsrechtlich privilegierte, aber janusköpfige Bargeschäft nach § 142 InsO, ZInsO 2013, 1049 ff.; *Jacoby/Mikolajczak*, Gläubigerbenachteiligung bei Zahlung mittels Bank und sonstiger Dritter, ZIP 2010, 301 ff.

a) Arten der Benachteiligung

294 Anfechtbar sind nur Handlungen, welche die Insolvenzgläubiger benachteiligen. Die Benachteiligung muss **i. d. R. nur mittelbar** sein: Die Rechtshandlung muss die Befriedigungsmöglichkeit der Gläubiger *irgendwie verschlechtert* haben, und sei es erst durch Hinzutreten weiterer Umstände. Demnach genügt es, dass der Nachteil feststeht,

wenn über die Anfechtung zu entscheiden ist. Ein adäquater Kausalzusammenhang ist nicht nötig (BGHZ 143, 246, 253).

Beispiele: G verkaufte dem Schuldner S Ware, so dass er (in der Krise) einen weiteren Anspruch gegen S erwarb, was die Befriedigung der übrigen Gläubiger erschwert. – S zahlte Geld und erhielt dafür zwar Ware, die aber später verlorenging, entwendet wurde oder an Wert verlor. – S veräußerte gegen damals angemessenes Entgelt Ware, deren Wert später deutlich stieg (z. B. wegen Knappheit), nun aber nicht mehr für die Masse realisiert werden kann. – Hatte S seiner Bank einen Werklohnanspruch zur Sicherung abgetreten, so werden seine Gläubiger spätestens benachteiligt, wenn der Anspruch nun auch werthaltig wird, weil S das Werk unter Einsatz seiner Arbeiter vollendet und so den zedierten Anspruch fällig und einredefrei macht (*BGH* NZI 2008, 539, 540 f.). – Die Nutzung eines Kredits soll den Gläubigern selbst dann schaden, wenn sie den Anspruch des S auf Auszahlung gar nicht hätten pfänden können (*BGH* NJW 2009, 3362 ff.). – *Kein Nachteil* liegt in dem Austausch einer insolvenzbeständigen Sicherheit gegen eine andere (schönes Bsp.: *BGH* NZI 2008, 539 f.).

Eine **unmittelbare** Benachteiligung rechtfertigt die Anfechtung 295
erst recht. Nötig ist sie allerdings nur in zwei Fällen: für die „Unmittelbarkeitsanfechtung“ (§ 132 I) und für die erleichterte „Vorsatzanfechtung“ gegenüber Nahestehenden (§ 133 II). Unmittelbare Benachteiligung setzt voraus, dass die Rechtshandlung die Befriedigungsaussicht *ohne weiteres verschlechterte,* also das Schuldnervermögen sofort oder doch im wirtschaftlichen Rahmen des Gesamtgeschäfts minderte.

Beispiele: S überlässt dem Gläubiger G Waren ohne Gegenleistung. – S überlässt G ein Grundstück, das scheinbar vollständig belastet ist, doch einzelne Grundschulden valutieren nicht mehr. – S überträgt einer GmbH ein Grundstück und erhält dafür einen (schwerer verwertbaren!) Anteil an der GmbH (BGHZ 128, 184, 189). – S hat G Sicherungseigentum an einem Kfz übertragen und gestattet G, den Wagen unter Wert zu veräußern (*BGH* NJW 1997, 1063). – S besichert einen (zusätzlichen) Kredit i. H. v. 8.000,– € mit Maschinen im Wert von 30.000,– € (*BGH* WM 1964, 1166).

b) Bargeschäfte

Wichtig ist, dass Bargeschäfte meist **unanfechtbar** sind. Ein sol- 296
cher Leistungs*austausch* wird die Gläubiger oft nicht – jedenfalls nicht unmittelbar – benachteiligen: Der Schuldner erhält ja für das, was er weggibt, einen Ausgleich, so dass sein Vermögenswert zunächst erhalten bleibt. Vor allem soll er die Möglichkeit haben, auch in der Krise irgendwie am Geschäftsleben teilzunehmen, also wenigstens Bargeschäfte zu tätigen: die einzigen Transaktionen, auf deren

Bestand Geschäftspartner jetzt noch vertrauen werden. § 142 sieht daher vor, dass Leistungen, für die der Schuldner „unmittelbar eine gleichwertige Gegenleistung" erhält, i. d. R. unanfechtbar sind.

Das gilt nicht nur für die **Erfüllung** mit gleichwertigen Leistungen, sondern auch für eine **Sicherung der Gegenleistung** (Bsp.: Nach Erhalt der Ware bestellt S dem Verkäufer ein Pfandrecht zur Sicherung der Kaufpreisschuld) und überhaupt **wirtschaftlich** (Bsp.: Nach Erhalt eines Darlehens sichert S den Rückzahlungsanspruch durch Grundschuld; *BGH* NJW 1977, 718). – Das zugrundeliegende Leistungsversprechen, das **Kausalgeschäft**, ist i. d. R. schon deshalb unanfechtbar, weil § 132 I eine unmittelbare Benachteiligung voraussetzt, die beim Bargeschäft ja gerade fehlt.

Der Austausch erfolgt „*unmittelbar*", wenn die Gegenleistung Zug um Zug oder doch in engem zeitlichen Zusammenhang mit der Vorleistung erbracht wird. Wer über längere Zeit vorleistet (als Bauunternehmer, Rechtsanwalt usw.), muss schon vor Abschluss der Arbeiten auf Entgelt dringen, z. B. auf Vorschüsse. Welche Verzögerung noch tolerabel ist, hängt vom Geschäftstyp und den Gepflogenheiten des Geschäftsverkehrs ab. Laut Rspr. dürfen zwischen Leistung und Gegenleistung grds. nicht mehr als *30 Tage* liegen (so für Kaufverträge *BGH* NZI 2007, 517 Rn. 51); man orientiert sich an § 286 III BGB (BGHZ 167, 190, 199 ff.). Ganz anders verfährt das *BAG:* Sogar Lohnzahlungen für die letzten drei Monate sollen noch „Bargeschäft" sein (NZI 2011, 981 Rn. 17 f.; Rechtsfortbildung!).

297 Selbst Bargeschäfte sind aber **in zwei Fällen anfechtbar**:

• § 142 lässt die Anfechtung zu, wenn der Schuldner *mit dem Vorsatz der Benachteiligung* seiner Gläubiger leistete (näher § 133 I). Dies ist selten, da § 142 ohnehin eine gleichwertige Gegenleistung voraussetzt, aber doch möglich, denn für Vorsatzanfechtung genügt mittelbare Benachteiligung.

• Nach h. M. hat das Bargeschäft noch eine weitere – ungeschriebene – Voraussetzung: Die beidseitigen Leistungen müssen spätestens dann verabredet sein, wenn die Vorleistung erfolgt. Demnach muss auch die Gegenleistung dieser Abrede exakt entsprechen, nämlich eine sog. *kongruente Deckung* sein (BGHZ 123, 320, 328 f.; zu den Gründen: *Huber*, ZInsO 2013, 1049). Inkongruente Deckungen (Rn. 308) sind also immer anfechtbar. *Bsp.:* Nachdem der Schuldner ein Darlehen erhalten hat, verschafft er der Bank sogleich Sicherungseigentum, obwohl eine Sicherungszession vereinbart war.

III. Anfechtungsgründe

1. Einführung

Nicht jede Benachteiligung der Gläubiger ist anfechtbar. Hinzukommen muss ein Anfechtungsgrund. Es gibt zwei **Arten**: Die *allgemeinen* Anfechtungsgründe – Vorsatzanfechtung (§ 133), Schenkungsanfechtung (§ 134) – gelten bei Gesamt- und Einzelzwangsvollstreckung (§§ 3 f. AnfG). Die *besonderen* Tatbestände (§§ 130–132, 135 f.) greifen nur im Insolvenzverfahren. Die Anfechtungsgründe selbst differieren nach *objektiver* Anknüpfung (speziell dem erfassten Zeitraum), nach *subjektiven* Merkmalen (z. B. Kenntnis der Zahlungsunfähigkeit) und nach der *Beweislast*. Vgl. Übersicht nach Rn. 328. 298

Der **Beweis** für die Anfechtungsvoraussetzungen obliegt grundsätzlich dem, der sich auf die Anfechtung beruft: dem *Insolvenzverwalter*. Für ihn kann der Beweis jedoch überaus schwierig sein, da die Beteiligten oft im eigenen Interesse schweigen und auch die Unterlagen des Schuldners keinen Aufschluss mehr geben, wenn sie in der Krise unübersichtlich wurden. Nicht selten erleichtert das Gesetz daher den Beweis oder kehrt die Beweislast sogar um. 299

Gegenüber **Personen, die dem Schuldner nahestehen** (§ 138), sind Anfechtung bzw. Beweis oft generell erleichtert. 300

- Einem *Menschen* (§ 138 I) stehen nahe sein Ehegatte, Verwandte und Mitglieder einer häuslichen Gemeinschaft (nichteheliche Lebenspartner, nicht schon Wohngemeinschaften). Eine entsprechende „dienstvertragliche Verbindung" zum Schuldner genügt ebenfalls, freilich nur bei Tätigkeit *im* Unternehmen.

„Nahestehend" sind demnach z. B. Mitarbeiter mit Einblick in die wirtschaftlichen Verhältnisse (Prokuristen, leitende Angestellte), nicht aber Anwälte, Steuerberater und Wirtschaftsprüfer, schon gar nicht die Hausbank (!), Lieferanten oder Kunden. Diese Abgrenzung ist politisch gewollt (Rechtsausschuss, S. 173 f.) und insofern verbindlich.

„Nahe" steht dem Schuldner aber auch eine juristische Person oder Personengesellschaft, wenn der Schuldner (oder sein Ehegatte usw.) hier Vorstand, Geschäftsführer, Mitglied des Aufsichtsrats, persönlich haftender Gesellschafter oder Anteilseigner mit über 25 % Kapitalanteil ist (§ 138 I Nr. 4). Dem steht eine entsprechende „dienstvertragliche Verbindung" zum Schuldner usw. gleich, ebenso eine gesellschaftsrechtliche Verbindung, wenn sie Einblick in dessen wirtschaftliche Verhältnisse erlaubt, so z. B. ein Kapitalanteil von 28 %, den ein Aktionär gemeinsam mit einer von ihm abhängigen Gesellschaft erreicht.

§ 138 I Nr. 4 ist wenig klar und redaktionell misslungen (vgl. *Bork*, ZIP 2008, 1041, 1042; hilfreich Jaeger/*Henckel*, § 138 Rn. 15 ff.).

• Bei *Insolvenz einer juristischen Person oder Personengesellschaft* (§ 138 II) gilt Entsprechendes: Diesen Schuldnern stehen „nahe“: Vorstandsmitglieder, Geschäftsführer, Mitglieder des Aufsichtsrats, persönlich haftende Gesellschafter, Anteilseigner mit über 25 % Kapitalanteil usw.

Erneut sind persönliche Angehörige (§ 138 I) einbezogen. Wiederum genügen auch besondere Informationsmöglichkeiten dank einer dienstvertraglichen Verbindung, die der von Organen oder qualifizierten Gesellschaftern der Schuldnerin vergleichbar ist (§ 138 II Nr. 2). Solche hält die Rspr. hier sogar bei nur externer Beziehung, z. B. zu einem Steuerberater, für möglich (*BGH* ZInsO 2012, 2335 Rn. 10 ff.).

2. Vorsatzanfechtung (§ 133 I)

Literatur: *Ede*, Die Vorsatzanfechtung gegenüber dem uneigennützigen Leistungsmittler, ZInsO 2012, 1541 ff; *G. Fischer*, Gläubigerbenachteiligungsvorsatz bei kongruenter Deckung, NZI 2008, 588 ff.; *Foerste*, Die Ausdehnung der Vorsatzanfechtung – ein rechtsstaatliches Problem, ZInsO 2013, S. 897 ff.; *Gehrlein*, Neuere Rechtsprechung des BGH zur Vorsatzanfechtung, DB 2013, 2843 ff.; *Marotzke*, Vertrauensschutz kontra Gesamtgläubigerinteresse – Gedanken zu Auslegung und Reform des Insolvenzanfechtungsrechts, ZInsO 2014, 417 ff.; *Priebe*, Risiko Ratenzahlung – ein Gespenst geht um in Deutschland: die Vorsatzanfechtung, § 133 InsO, ZInsO 2013, 2479 ff.

301 Der praktisch **wichtigste Anfechtungsgrund** ist heute dank einer weitreichenden, aber fragwürdigen Rspr. § 133 I. Er erfasst Rechtshandlungen des Schuldners, mit denen die Gläubiger wissentlich und willentlich benachteiligt werden sollten, wenn der „andere Teil“ (i. d. R. der Begünstigte) zur Zeit der Handlung den Vorsatz des Schuldners kannte. Hier ist keiner der Beteiligten besonders schutzbedürftig. Die Anfechtung greift daher **bis zu zehn Jahre** (!) zurück. Man rechnet den Anfechtungszeitraum – wie bei den meisten Anfechtungstatbeständen – ab „dem Antrag auf Eröffnung des Insolvenzverfahrens“ zurück (näher § 139). Er verlängert sich aber um die Zeit „nach diesem Antrag“, d. h. bis zur Verfahrenseröffnung.

Der Schuldner hat schon dann Vorsatz zur Benachteiligung, wenn er die Überzeugung verliert, auf absehbare Zeit sämtliche Gläubiger befriedigen zu können, und dies hinnimmt (*Beispiele:* Vermögensverschiebungen an eingeweihte Freunde, frühe Befriedigung des Gläubigers G1 zwecks Schädigung des G2).

Der **Beweis** dieser subjektiven Merkmale ist oft schwierig. Er wird dem Verwalter allerdings doppelt erleichtert: (1) Nach *§ 133 I 2* wird die Kenntnis des Gegners von dem Vorsatz des Schuldners vermutet, wenn der Gegner immerhin wusste, dass Zahlungsunfähigkeit des Schuldners drohte (§ 18 II) und dass dessen Handlung die Gläubiger benachteiligte (zu weiteren Hilfen der Rspr. MünchKomm/*Kayser*, § 133 Rn. 38a f.). (2) Erleichtert wird der Beweis auch in Fällen „*inkongruenter Deckung*": Hier erhält ein Gläubiger nicht exakt das, was ihm gebührt, sondern z. B. statt des geschuldeten Bargeldes einen Kundenscheck oder Geld nicht bei Fälligkeit, sondern schon Wochen vorher. So etwas ist immerhin auffällig. Es gilt daher oft als „Beweisanzeichen" für Benachteiligungsvorsatz und dessen Kenntnis.

Nach h. M. ist aber auch die bloße **Tilgung von Schulden** – als „kongruente Deckung" – über § 133 angreifbar (*BGH* NJW 2006, 2701, 2702; NZI 2013, 253 ff.; *Bork*, ZIP 2014, 797 ff.). Man begnügt sich insoweit mit dem *Wortlaut* der Norm: Die Befriedigung eines bestimmten Gläubigers benachteiligt die übrigen Gläubiger (stets), wenn das verbleibende Geld für diese nicht mehr ausreicht; ein Schuldner, der dies in Kauf nimmt, handelt also offenbar mit (Eventual-) Vorsatz. Der *Gesetzgeber* hielt ein solches Verhalten allerdings für legitim: Wie schon § 130 I Nr. 1 zeigt, sollen Schuldtilgungen grds. unanfechtbar sein, wenn sie früher als drei Monate vor dem Insolvenzantrag erfolgen; dann erhält der Verkehrsschutz also Vorrang. Auch § 133 soll solche Tilgungen daher nur erfassen, soweit sie „unlauter" sind, also unter verschärften Voraussetzungen (näher *Foerste,* FS Picker, 2010, S. 235 ff.). Im Übrigen schützt § 133 die Gläubiger nicht vor Ungleichbehandlung, sondern nur als Gruppe, d. h. vor einem Verlust, der die ganze Gruppe trifft (*Thole*, NZI 2009, 802; zum „Stufenverhältnis" der §§ 130, 133 denn auch *BAG* ZInsO 2014, 659 Rn. 79 ff.). Nach der h. M. müssten sogar Bargeschäfte anfechtbar sein (§ 142 a. E.), was unstreitig zu vermeiden ist, aber kaum vermeidbar ist (vgl. *BAG* a. a. O. Rn. 84 f.; *Foerste*, WM 2014, 1213 ff.). 301a

Auch die h. M. verlangt freilich, dass die Tilgung auf *Handlung des Schuldners* beruht. Und daran kann es fehlen, wenn Geld „nur" per Zwangsvollstreckung beigetrieben wird. Der Schuldner muss diese zumindest gefördert haben: durch eine Handlung oder eine ihr gleichstehende Unterlassung. Die Aushändigung von Geld an den Gerichtsvollzieher soll dafür nicht genügen, wenn der Schuldner ohnehin nur die Wahl hatte, zu zahlen oder die Vollstreckung zu dulden (*BGH* NZI 2012, 658); anders aber z. B. bei Ausstellung eines Schecks für den Gerichtsvollzieher oder bei Hinnahme von Durchsuchungen ohne richterliche Anordnung (so *BGH* NZI 2011, 249, 250).

Für Zahlungen, die eine *Kapitalgesellschaft* trotz eingetretener Überschuldung noch tätigt, ist zwar ihr Leitungsorgan ersatzpflichtig (z. B. § 64 S. 1 GmbHG) – wegen der erhöhten Gläubigergefährdung infolge der Haftungsbeschränkung (Rn. 91). Auch dies erweitert aber nicht die Anfechtung, bricht also nicht den Vertrauensschutz des befriedigten Gläubigers.

Tilgungen kurz vor Insolvenzeröffnung können freilich nach §§ 130 f. anfechtbar sein (Rn. 304 ff.). Zu „Druckzahlungen" s. Rn. 314 a.

302 Stark erleichtert ist die Vorsatzanfechtung **gegenüber Nahestehenden** (§ 133 II; Rn. 300): Sie erfasst ohne weiteres jeden entgeltlichen Vertrag, der die Gläubiger unmittelbar (Rn. 295) benachteiligt (Grund: die erhöhte Verdächtigkeit). Diese strenge Anfechtung ist jedoch *ausgeschlossen,* wenn der Vertrag früher als **zwei Jahre** vor dem Insolvenzantrag geschlossen wurde oder wenn dem Nahestehenden der Vorsatz des Schuldners nicht bekannt war. Das hindert den Verwalter freilich nicht, die Anfechtung wenigstens auf § 133 I zu stützen.

Frage: Wer muss den Ausschluss nach § 133 II 2 beweisen? – Da dieser als Ausnahme zu § 133 II 1 formuliert ist, muss der *Nahestehende* sich entlasten. Darin liegt die Schlagkraft dieser Anfechtung! Sie ist nötig, weil z. B. Verträge gelegentlich rückdatiert werden. Das Risiko derartiger Zweifel soll der Nahestehende tragen.

3. Schenkungsanfechtung (§ 134)

303 Unentgeltliche Leistungen des Schuldners sind ohne weiteres anfechtbar, mit Ausnahme gebräuchlicher Gelegenheitsgeschenke geringen Werts (§ 134; Geburtstag usw.). Schließlich ist der Beschenkte wenig schutzwürdig (vgl. §§ 528, 816 I 2, 822 BGB). Diese Anfechtung ist jedoch *ausgeschlossen,* falls die Schenkung früher als **vier Jahre** vor dem Insolvenzantrag erfolgte. Letzteres hat wiederum der Gegner zu beweisen. Gelingt das, so ist immer noch eine Vorsatzanfechtung denkbar.

Auch in **Drei-Personen-Verhältnissen** kann § 134 helfen (*Huber*, ZInsO 2010, 977 ff.). Bsp.: G hat einen Anspruch gegen D, der (a) illiquide ist oder (b) morgen Geburtstag hat. S, die Freundin des D, springt daher ein und zahlt an G. Als später (auch) S insolvent ist, fordert der Verwalter ihres Vermögens das Geld von G zurück. In solchen Fällen wird der Gläubiger nur dann „beschenkt", wenn sein Vermögen *ohne Verlust* gemehrt wird (BGHZ 174, 228 Rn. 8). G verlor nun immerhin seinen Anspruch gegen D (§§ 362, 267 I

BGB). Eine Einbuße war das aber nur, wenn G diesen Anspruch (gegen D) auch hätte durchsetzen können. In Fall (a) war das nicht möglich; wirtschaftlich verlor G also nichts, so dass die Zahlung der S für ihn ein echter Vorteil war: Die Anfechtung greift. In Fall (b) hätte D offenbar auch selbst noch zahlen können. Dann stellte die Hilfe der S den G wirtschaftlich nicht besser, als er ohnehin stand: keine Anfechtung!

4. Kongruenzanfechtung (§ 130)

Literatur: *Bork*, Wissenszurechnung im Insolvenz(anfechtungs)recht, DB 2012, 33 ff.; *Kirchhof*, Die Anfechtung „ermöglichender" Deckungshandlungen nach §§ 130, 131 InsO, FS Uhlenbruck, 2000, S. 269 ff.

Die „Kongruenzanfechtung" (§ 130) – auch: Anfechtung wegen kongruenter Deckung – greift ein, wenn einem Insolvenzgläubiger eine Sicherung oder Befriedigung gewährt oder ermöglicht worden ist. „Ermöglicht" wird die Befriedigung usw., wenn die anfechtbare Handlung sie lediglich vorbereitete. *Beispiele:* Gläubiger verschafft sich eine aufrechenbare Forderung (Rn. 197); Schuldner erkennt Klageforderung an, was dem Gläubiger zu Titel und Vollstreckung verhilft. 304

Der **Begriff** Kongruenzanfechtung meint eigentlich nur den Fall, dass der Gläubiger einen Anspruch auf die Sicherung bzw. Befriedigung hatte: dass Anspruch und Erfolg „kongruent" sind. Das ist aber ungenau, denn § 130 erfasst durchaus auch „inkongruente" Deckungen. Korrekter spricht man daher (allgemeiner) von „Deckungsanfechtung". Die praktische **Bedeutung** der Deckungsanfechtung ist allerdings stark zurückgegangen, seitdem der BGH die – meist weiterreichende – Vorsatzanfechtung regelmäßig auf Schuldtilgung anwendet (Rn. 301a).

Beispiele für Kongruenz: S erfüllt den alten Anspruch des G auf Zahlung von 3.000,– €. – S hatte seiner Bank für ein früher gewährtes Darlehen eine Grundschuld zugesagt und bestellt diese später, in der Krise, tatsächlich. – S hatte seiner Bank zur Sicherung einer Darlehnsschuld seine Forderung gegen D abgetreten, blieb aber ermächtigt, diese einzuziehen; das so vereinnahmte Geld leitete er der Bank weiter: eine kongruente Deckung der Darlehnsschuld; anfechtungsfest wäre die Bank vorgegangen, hätte sie selber bei D eingezogen, d. h. nach Widerruf ihrer Einziehungsermächtigung (*BGH* NZI 2006, 403 f.).

Eine *Befriedigung „ermöglicht"* wird dem Gläubiger vor allem, wenn ihm eine **Aufrechnungslage** verschafft wird. Ob so etwas kongruent oder inkongruent ist, lässt sich dem Gesetz nicht entnehmen. Die Rspr. nimmt im Zweifel wohl Inkongruenz an, nämlich Kongruenz nur dann, wenn sich die Aufrechnungsbefugnis aus einem – offenbar besonderen – „Rechtsverhältnis" zwischen den Beteiligten ergibt (*BGH* NZI 2006, 345, 346). Nach vermittelnder Ansicht ist danach zu unterscheiden, wer zuerst schuldete: der Aufrechnende (dann Kongruenz) oder der insolvente Schuldner (dann Inkongruenz). I. d. R. spricht jedoch mehr für Kongruenz, d. h. für Anfechtbarkeit nach § 130 (Jaeger/*Windel,* InsO, § 96 Rn. 59).

Solche „kongruenten" Handlungen des Schuldners sind nur scheinbar harmlos. Wenn sie nämlich nach Eintritt der Zahlungsunfähigkeit erfolgen, verletzen sie den „Konkursanspruch" aller übrigen Gläubiger (Rn. 12). Andererseits verdient der Gläubiger, der vom Schuldner bedacht wird, auch Vertrauensschutz. Die Schuldner-Handlung ist daher nur anfechtbar, wenn der Gläubiger Anhalt dafür hatte, dass er keine Sondervorteile mehr beanspruchen durfte. § 130 I 1 unterscheidet zwei Fälle:

305 • Nr. 1 setzt voraus, dass die Rechtshandlung in den letzten **drei Monaten vor dem Insolvenzantrag** vorgenommen wurde, dass der Schuldner zu dieser Zeit zahlungsunfähig war (Rn. 109 f.) und dies dem Gläubiger bekannt war.

Für den *Nachweis der Zahlungsunfähigkeit* genügt im Anfechtungsprozess, dass der Insolvenzverwalter belegt: Zum maßgeblichen Zeitpunkt bestanden fällige Verbindlichkeiten, von denen der Schuldner mind. 10 % bis zur Verfahrenseröffnung nicht mehr beglich. Anders ist es, wenn seinerzeit konkrete Umstände die Annahme erlaubten, der Schuldner werde die Zahlungsrückstände dennoch rechtzeitig begleichen können (*BGH* NZI 2007, 36, 38).

306 • Nr. 2 setzt voraus, dass die Rechtshandlung **nach dem Eröffnungsantrag** erfolgte und dass der Gläubiger entweder den Antrag oder eine Zahlungsunfähigkeit kannte. Der *Insolvenzantrag* geht zwar nicht zwingend mit Zahlungsunfähigkeit einher. Er ist aber allemal ein Warnzeichen und soll der Insolvenz deshalb gleichstehen. Seine Kenntnis genügt daher selbst dann, wenn Zahlungsunfähigkeit erst später eintrat (so dass der Antrag verfrüht war!) oder wenn dem Antrag gar nicht wegen Zahlungsunfähigkeit, sondern wegen Überschuldung stattgegeben wurde (HK/*Kreft*, § 130 Rn. 22).

Problematisch sind allerdings Anträge, die der Schuldner stellte und nur auf *drohende Zahlungsunfähigkeit* (§ 18) stützte. Sie haben keinen hinreichenden Bezug mehr zur „materiellen" Insolvenz, so dass auch ihre Kenntnis nicht ausreichen kann. § 130 Nr. 2 ist daher – zweckentsprechend – eng auszulegen (*Gerhardt*, FS Brandner, S. 605, 617; str.).

Der Anfechtungszeitraum

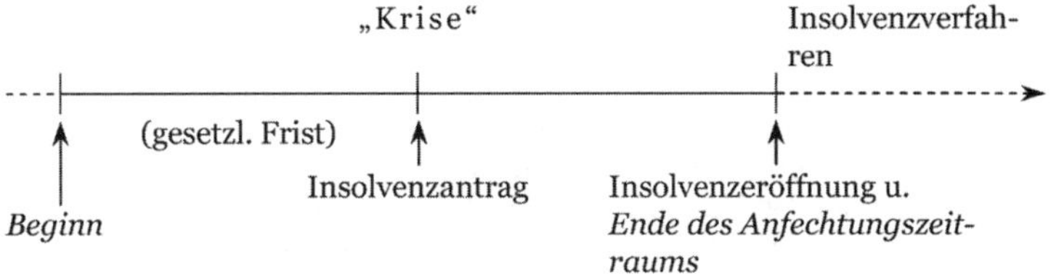

An die **Kenntnis des Gläubigers** wurden früher strenge Anforderungen gestellt. Nicht genügen sollte insbesondere, dass der Gläubiger (nur) die Tatsachen kennt, aus denen sich die Zahlungsunfähigkeit usw. ergibt, hieraus aber nicht die gebotenen Schlüsse zieht. 307

Hält man daran fest und lässt sich die jeweilige Kenntnis nicht nachweisen, so hilft heute jedenfalls § 130 II. Danach genügt die Kenntnis *von Umständen,* die zwingend auf Zahlungsunfähigkeit bzw. Eröffnungsantrag schließen lassen.

Beispiele für Umstände *der Zahlungsunfähigkeit:* Nichteinhaltung von Zahlungszusagen; ggf. bloße Teilzahlung trotz angedrohter Zwangsvollstreckung oder Zahlung erst nach Androhung eines Insolvenzantrags oder nach diesem Antrag (BGHZ 149, 178, 190); längere Nichtabführung von Sozialversicherungsbeiträgen (*OLG Celle* ZInsO 2002, 979, 980: wegen § 266a StGB; *OLG Dresden* NZI 2001, 472); *des Eröffnungsantrags:* plausible Ankündigung eines anderen Gläubigers, „morgen Insolvenzantrag zu stellen“, ohne Vergewisserung des Begünstigten, ob dies wirklich geschehen ist. – Zur Kenntnis der Zahlungsunfähigkeit des Arbeitgebers bei *Lohnempfängern* aber zurückhaltend *BGH* ZInsO 2009, 515, 516 ff.

Bei *Nahestehenden* wird die Kenntnis sogar vermutet (§ 130 III). Ihnen gegenüber hat der Verwalter also nur die objektiven Anfechtungsvoraussetzungen zu beweisen.

Frage: Kann der Verwalter eine Überweisung anfechten, mit der S Halbfabrikate bezahlte, die er eine Woche vor Insolvenzeröffnung bei G erwarb, der die Zahlungsunfähigkeit des S kannte?

Nein, denn S tätigte offenbar ein Bargeschäft i. S. des § 142 (Rn. 296). Bargeschäfte schließen speziell die Kongruenzanfechtung aus. Sie setzen auch keineswegs voraus, dass Bar*geld* fließt.

Fall 5 – Zur Vertiefung: Gläubiger G1 beantragte im Juli, ein Insolvenzverfahren über das Vermögen des S zu eröffnen, da S nicht mehr zahlen konnte. Im September bezahlte S die Forderung des G1 doch noch. G1 erklärte seinen Eröffnungsantrag daher „für erledigt". Im November stellte G2 einen Insolvenzantrag, der zur Verfahrenseröffnung führte. Kann der Verwalter die Zahlung an G1 anfechten?

Lösungshinweise: Anfechtbarkeit *nach § 130 I 1 Nr. 2?* Die zur Befriedigung des G1 führende Zahlung erfolgte nach dem Eröffnungsantrag. Dass G1 diesen selber gestellt hatte, ist belanglos. Aus § 139 II 1 lässt sich auch schließen, dass dann, wenn zwei Insolvenzanträge gestellt werden, bereits der frühere Antrag für § 130 I 1 Nr. 2 maßgeblich ist (BGHZ 149, 178, 180 f.). Andererseits setzt diese Vorschrift einen Antrag voraus, der zur Eröffnung hätte führen können: Anträge, die vorher zurückgewiesen, zurückgenommen oder für erledigt erklärt wurden, genügen nicht (*Wazlawik*, NZI 2009, 368 ff.).

Anfechtbarkeit *nach § 130 I 1 Nr. 1?* S zahlte in den letzten drei Monaten vor dem Antrag des G2. Die Zahlung erfolgte ferner nach Eintritt der Zahlungsunfähigkeit des S; an dieser änderte auch die spätere Zahlung nichts mehr (Rn. 110). Fraglich ist, ob der Verwalter nachweisen kann, dass G1 die Zahlungsunfähigkeit zur Zeit *der Zahlung* kannte. Denn G1 dürfte geltend machen, er habe aus dem Umstand, dass die Zahlung möglich war, geschlossen, S sei finanziell wieder auf die Beine gekommen. Dies genügt aber nicht: Wer als Gläubiger und Antragsteller nach dem Antrag noch Geld vom Schuldner erhält, weiß, dass dies typischerweise nur geschieht, um das Insolvenzverfahren abzuwenden, und dass die übrigen Gläubiger denn auch keineswegs gleichermaßen befriedigt werden (können). Er weiß also, dass die Zahlungsfähigkeit keineswegs allgemein wiederhergestellt ist (BGHZ 149, 178, 189 f.).

Zur Abgrenzung: Leistungen, die eine **Kapitalgesellschaft** ihrem Gläubiger erbringt, obwohl sie bereits überschuldet ist, muss deren *Leitungsorgan* erstatten (vgl. z. B. § 64 S. 1 GmbHG). Dies ist unabhängig von einer Anfechtungsmöglichkeit gegenüber dem Empfänger (näher BGHZ 146, 264, 278 f. zu § 64 II GmbHG a. F.).

5. Inkongruenzanfechtung (§ 131)

Literatur: *Berger*, Insolvenzanfechtung der Nachbesicherung von Krediten, ZIP 2010, 2078 ff.; *Huber*, Befriedigung von Geldforderungen durch Zwangsvollstreckung oder Druckzahlungen und Anfechtungsrisiko in der Insolvenz des Schuldners, JuS 2006, 1078 ff.; *Jacoby*, Globalzession gerettet – Handlungsbedarf bleibt, ZIP 2008, 385 ff.; *Marotzke*, Freiwillige Forderungserfüllung, Zwangsvollstreckung und Vollstreckungsdruck im Fokus des Insolvenzanfechtungsrechts, DZWiR 2007, 265 ff.

308 Die Anfechtung ist erleichtert, falls dem Insolvenzgläubiger eine Sicherung oder Befriedigung gewährt oder ermöglicht wird, die er *so* nicht zu beanspruchen hatte (§ 131). Denn solche, mit der Insolvenz-

forderung nicht „kongruenten“ Vorteile sind **verdächtig** und möglicher Hinweis darauf, dass der Gläubiger Kenntnis von der „Krise“ hatte.

Der Schuldner macht sich sogar **strafbar**, wenn er in Kenntnis seiner Zahlungsunfähigkeit einen Gläubiger durch inkongruente Deckung absichtlich oder wissentlich vor den übrigen Gläubigern begünstigt. Hinzukommen muss allerdings eine Zahlungseinstellung, die Eröffnung eines Insolvenzverfahrens oder Antragsabweisung mangels Masse (§ 283c I, III StGB).

a) Inkongruenz

Die Inkongruenz kann darin liegen, dass der Gläubiger die Deckung **„nicht zu beanspruchen“** hatte. So ist es, wenn die Forderung verjährt war (§ 214 BGB) oder der Vertrag formnichtig war (mag er durch die Erfüllung auch wirksam werden: z. B. nach § 766 S. 3 BGB). Auch Verpflichtungsgeschäfte, die ihrerseits nach §§ 129 ff. angefochten werden, erlauben letztlich keine Deckung.

Beispiel: Ein Mietvertrag, der dem Schuldner unangemessen hohe Mietzahlungen aufbürdet, ist anfechtbar (§ 132 I Nr. 1). Er kann also, sofern der Verwalter ihn später anficht, auch keine Grundlage für Mietzahlungen in der Krise sein.

Ein Anspruch auf *Sicherung* folgt nicht etwa daraus, dass der Schuldner ja sogar Erfüllung schuldet. Beides ist streng zu trennen. Die Sicherung muss dem Gläubiger daher gesondert zugesagt worden sein oder ihm kraft Gesetzes gebührt haben. Dafür scheint zu genügen, dass die Verpflichtung zur Sicherung noch (kurz!) vor Gewährung der Sicherheit (Rn. 292) eingegangen wurde. Eine solche Verpflichtung „im letzten Moment“ ist aber i. d. R. unbeachtlich, da auch sie nach § 131 anfechtbar sein soll (MünchKomm/*Kirchhof*, § 131 Rn. 10) und ggf. nach § 132 anfechtbar ist. Daher gilt als Faustregel: Eine Sicherung ist inkongruent, wenn zu Beginn des jeweiligen Anfechtungszeitraums kein Anspruch auf sie bestand.

Dieser Anspruch auf Sicherheit muss überdies hinreichend bestimmt sein: Nach der Rspr. muss schon die Verpflichtung zur Sicherheit deren Identität festlegen.

Mangels solcher Festlegung soll das **AGB-Pfandrecht der Banken** daher inkongruent sichern (*BGH* NJW 2002, 1722 ff.).

Die **revolvierende Globalzession** (Rn. 371) soll aber noch kongruent sein, obwohl die hier einbezogenen Forderungen z. Z. des Sicherungsvertrags großenteils noch nicht konkretisiert sind, weil meist unabsehbar ist, welche Forderungen an die Stelle der ursprünglichen, jeweils durch Erfüllung erlöschenden Ansprüche treten werden (*BGH* NJW 2008, 430 ff.; *Piekenbrock*, WM 2007, 141 ff.). Demnach kann nur § 130 greifen. Immerhin führt das dazu, dass die Bank neue Forderungen nicht mehr anfechtungsfest erwerben kann, sobald sie Kenntnis von der Zahlungsunfähigkeit erlangt. Sie wird daher die bisherige Ermächtigung an den Schuldner, die (unanfechtbar erworbenen) Kundenforderungen einzuziehen, rasch widerrufen und auch den (ggf. nicht mehr voll gesicherten) Kredit kündigen. Der **verlängerte Eigentumsvorbehalt** mit Vorauszession soll ebenfalls kongruent sein (*BGH* NZI 2011, 366 Rn. 38 ff.).

309 Nach h. M. kann auch *Zwangsvollstreckung* (dazu § 141) nur inkongruente Deckung verschaffen. Dafür spricht immerhin, dass der Gläubiger auf den Vollstreckungserlös nur dank des Pfändungspfandrechts zugreifen kann, dass er eben dieses Pfandrecht (als Sicherheit, vgl. § 50 I) aber offenbar „nicht zu beanspruchen“ hatte. Zweifelhaft ist dies bei Pfändung von Bargeld. Denn dessen Wegnahme gilt laut § 815 III ZPO als „Zahlung“ des Schuldners; das scheint auf eine Befriedigung hinzudeuten, die denn auch kongruent sein dürfte. Der BGH betont jedoch, der Gesetzgeber habe (sämtliche) Vollstreckungshandlungen für den Gläubiger ausdrücklich als inkongruent bewertet; gerade die Befriedigung durch „staatliche Machtmittel“ sei anstößig (*BGH* JZ 1998, 307 ff. m. Anm. *Münzberg*). Dies soll sogar gelten, wenn der Schuldner *zahlt*, um eingeleitete oder angedrohte Zwangsvollstreckung abzuwehren (*BGH* NZI 2011, 140; s. auch Rn. 314a).

All das *überzeugt wenig* (vgl. *BAG* ZIP 1998, 33, 35; *Jauernig/Berger*, § 52 Rn. 32; *Becker*, Rn. 618 m. w. N.). Unter der Konkursordnung hatte die Zwangsvollstreckung (samt Zahlung bei drohender Vollstreckung) einer freiwilligen Leistung gleichgestellt werden sollen. Im Übrigen gab man dem Gläubiger die Chance, sich bei Einzelzwangsvollstreckung per Pfändungspfandrecht nach dem Reihenfolgeprinzip zu befriedigen. Diese Entscheidung war durchaus politisch (Rn. 7). Sie wird konterkariert, wenn man redliche Zwangsvollstreckung anfechtungsrechtlich für anstößig erklärt (näher *Foerste*, FS Musielak, 2004, S. 141, 152 ff.). Doch auch die Insolvenzordnung sollte das Konkursrecht insoweit nicht ändern. Der Gesetzgeber nahm den Stand der Rspr. zwar zur Kenntnis, wollte ihn aber nicht verbindlich machen (*Foerste*, a. a. O., S. 166 f.; anders MünchKomm/*Kayser*, § 131 Rn. 26 ff.). Die strengere Rspr. trifft vor allem *Finanzämter und Sozialversicherungsträger*, die noch rasch wegen rückständiger Steuern bzw. Abgaben vollstrecken wollen (vgl. *BGH* NZI 2006, 159 ff.). Sie kennen die wirtschaftliche Lage des Schuldners oft besonders gut und dürfen sogar selber vollstrecken.

310 Oft ist die Deckung **„nicht in der Art zu beanspruchen“**: Statt Geld erhält der Gläubiger z. B. einen Kundenscheck, eine Forderung

des Schuldners gegen dessen Lieferanten (erfüllungshalber) oder Waren (Leistung an Erfüllungs statt, § 364 BGB). Unverdächtig, da verkehrsüblich, ist es dagegen, wenn der Schuldner statt Barzahlung überweist oder einen *eigenen* Scheck hingibt. Anfechtbar ist auch eine Sicherungszession, falls „nur" eine Sicherungsübereignung versprochen wurde, nicht aber eine geringfügige Abweichung (z. B. Sicherungseigentum statt Pfandrecht, Hypothek statt Grundschuld).

„Nicht zu der Zeit zu beanspruchen" ist die *Erfüllung* eines auf- 311
schiebend bedingten oder nicht fälligen (z. B. gestundeten) Anspruchs, ebenso eine *Sicherung*, deren Zusage von bestimmten, noch nicht eingetretenen Umständen abhängig gemacht worden war.

b) Anfechtungszeiträume

§ 131 I unterscheidet drei Zeitstufen mit unterschiedlichen Anfor- 312
derungen:

• Nr. 1 erfasst Rechtshandlungen, die **im letzten Monat vor dem Eröffnungsantrag oder danach** vorgenommen wurden. Auf Zahlungsunfähigkeit oder das Wissen des Anfechtungsgegners kommt es *hier* nicht an. Denn wegen der Inkongruenz der erlangten Deckung soll genügen, dass bereits einen Monat nach der schädlichen Handlung ein Insolvenzantrag (Rn. 306) gestellt werden „musste", der erfolgreich ist, bzw. dass schon vor der Handlung Insolvenzantrag gestellt worden war.

Frage: Fallen auch Zwangsvollstreckungen durch Insolvenzgläubiger unter § 131 I Nr. 1?

Nach h. M. gelten hierfür auch die §§ 131, 141 (Rn. 309). Der Zeitraum des § 131 I Nr. 1 deckt sich allerdings mit dem der Rückschlagsperre nach § 88 I. Diese erfasst zwar nur *Sicherungen* des Gläubigers (Rn. 169), wirkt insoweit aber kraft Gesetzes, so dass die Anfechtbarkeit nicht mehr geltend gemacht werden muss. Bedeutsam wird das freilich nur, wenn die dreijährige Anfechtungsfrist (§ 146 I) – mangels Klageerhebung (Rn. 338) – abgelaufen ist.

• Nr. 2 erfasst Rechtshandlungen **im zweiten oder dritten Monat** 313
vor dem Eröffnungsantrag, wenn der Schuldner zur Zeit der Handlung zahlungsunfähig war. Zu diesem frühen Zeitpunkt soll Inkongruenz also zwar nicht die Zahlungsunfähigkeit ersetzen, jedoch weiterhin die *Kenntnis* des Gläubigers von der Insolvenz entbehrlich machen – „wegen der besonderen Verdächtigkeit inkongruenten Erwerbs" (Amtl. Begr., S. 159).

Frage: Ist eine Befriedigung durch Zwangsvollstreckung anfechtbar, wenn sie durch Pfändung vom 1. März ermöglicht wurde, am 5. April abgeschlossen wurde und der Insolvenzantrag am 1. Juli gestellt wird?

Nein (Uhlenbruck/*Hirte*, § 131 Rn. 21). Die Befriedigung aus dem Pfande war für die Gläubiger nicht mehr nachteilig (§ 129), nachdem die Masse (gepfändete Forderung) schon unanfechtbar war, nämlich vor dem Zeitraum des § 131 I Nr. 2 mit dem Pfändungspfandrecht (Absonderungsrecht) belastet worden war.

314 • Nr. 3 gilt Rechtshandlungen **im zweiten oder dritten Monat vor dem Eröffnungsantrag**, wenn dem Gläubiger zur Zeit der Handlung bekannt war, dass sie die übrigen Gläubiger benachteiligte: dass deren Aussicht auf Befriedigung also verschlechtert werden würde. Umgekehrt heißt das: Trotz des relativ frühen Zeitpunktes, der für die Handlung genügt, muss nicht einmal *Zahlungsunfähigkeit* („materielle“ Insolvenz) eingetreten sein, wenn Inkongruenz und wissentliche Benachteiligung zusammentreffen.

Die *Kenntnis der Benachteiligung* ist u. U. schwer nachweisbar. § 131 II hilft dem Verwalter aber mit einer doppelten Beweiserleichterung: Auch hier genügt die Kenntnis von entsprechenden „Umständen“ (§ 131 II 1; Rn. 307). Und zu Lasten Nahestehender (Rn. 300) wird deren Kenntnis sogar vermutet (§ 131 II 2).

c) Abgrenzung zur Vorsatzanfechtung

314a Inkongruente Deckung ist zwar „verdächtig“, aber kein Fall der Vorsatzanfechtung (MünchKomm/*Kayser*, § 131 Rn. 49). Bei dieser (§ 133 I) will der Schuldner die Gläubiger benachteiligen, und der begünstigte Gläubiger weiß das. Dagegen lässt § 131 I Nr. 3 das Gläubiger-Wissen um die Benachteiligung ausreichen. Dennoch wird die Norm verschiedentlich als Sonderfall der Vorsatzanfechtung verstanden: Die inkongruente Deckung durch den Schuldner sei ein starkes Beweisanzeichen dafür, dass auch er die Gläubiger habe benachteiligen wollen.

Vorsatzanfechtung ist aber **neben Deckungsanfechtung** denkbar, z. B. bei sog. **Druckzahlungen,** die ein Gläubiger (G) erzwingt, indem er dem Schuldner mit Zwangsvollstreckung oder Insolvenzantrag droht. Erfolgte die Zahlung binnen drei Monaten vor dem Eröffnungsantrag, so gilt sie als inkongruente Deckung (Rn. 309). Erfolgte sie früher, so soll sie laut *BGH* (auch) nach § 133 zu bewerten sein, ggf. also noch nach zehn Jahren (!) anfechtbar sein (BGHZ 155, 75, 82 ff.; 157, 242, 253 ff.). Zu dieser frühen Zeit soll sie zwar noch „kongruente“ Deckung sein, wenn der Gläubiger nur mit Zwangsvollstreckung drohte, hingegen „inkongruente“ Deckung, wenn G mit Insolvenzantrag drohte. In beiden Fällen soll der Schuldner seine übrigen Gläubiger benachteiligen wollen, weil es ihm weniger auf die Tilgung als auf die Abwehr des G ankomme (MünchKomm/*Kayser*, § 133 Rn. 33 ff.). – Das ist bedenklich

(*Paulus/Zenker*, WuB VI C. § 133 InsO 1.03). Trotz Geldmangels darf der Schuldner nämlich i. d. R. frei entscheiden, welche Gläubiger er noch befriedigt (Rn. 301a), also auch an solche zahlen, die ihn bedrängen oder bedrohen (*RG*, Gruchot 51, 396, 398 f.; *Foerste*, NZI 2006, 6 ff.). Ohnehin ist die strengere Rspr. leicht umgehbar, indem der Schuldner zunächst nicht zahlt, also die Zwangsvollstreckung provoziert und sie dann entweder hinnimmt oder unter Vollstreckungszwang zahlt. Denn beides ist nur begrenzt anfechtbar (Rn. 309; BGHZ 162, 143, 151 ff.; konsequent *Jensen*, NZI 2011, 798 ff.: „Vollstreckt gnadenlos!").

Fall 6 – Zur Wiederholung und Vertiefung: Wegen eines Kaufpreiszahlungsanspruchs i. H. v. 8.000,– € erwirkt G gegen S einen Vollstreckungsbescheid. Auf Antrag des G pfändet das Vollstreckungsgericht die Lohnansprüche des S gegen dessen Arbeitgeber DS und überweist sie dem G. DS zahlt daraufhin monatlich den pfändbaren Lohnanteil von jeweils 311,40 € an G. Nach sechs Monaten folgt ein Insolvenzantrag, bald darauf die Insolvenzeröffnung über das Vermögen des S. Rechtslage?

Lösungshinweise: Die Lohnpfändung (an sich wirksam mit Zustellung nach § 829 III ZPO) erstreckte sich auch auf Lohnansprüche, die S erst in den Folgemonaten erwarb (§ 832 ZPO); die Pfändung solcher Folge-Ansprüche wirkt aber erst, wenn diese jeweils entstehen (vgl. Rn. 292). Demnach sind die Pfändungen der frühen Lohnansprüche wirksam und auch kaum anfechtbar. Hingegen sind die Pfändungen, welche im ersten Monat vor dem Insolvenzantrag und danach bis zur Insolvenzeröffnung wirksam wurden, nach § 88 unwirksam, es sei denn, sie führten dank der Überweisung (§ 835 ZPO) und der periodischen Zahlungen des DS auch schon zur Befriedigung des G (Rn. 169). Diese unterliegt ihrerseits freilich der Insolvenzanfechtung, ggf. sogar in weiterem Umfang: nach §§ 131, 140 I, 143 I nämlich frühestens drei Monate vor dem Insolvenzantrag bis hin zur Insolvenzeröffnung (Rn. 292, 309). Nach Insolvenzeröffnung war jede Vollstreckungsmaßnahme des G unwirksam (§ 89 I); und auch die fragliche Pfändung konnte, obschon vorinsolvenzlich vollzogen, zum Teil erst Wirkung entfalten, als die späteren Lohnansprüche entstanden. Insoweit verhinderte auch § 91 I, dass G noch Pfandrechte an der Masse erwarb (Jaeger/*Windel*, InsO, § 91 Rn. 67). Im Ergebnis wird der Insolvenzverwalter von G also einige der erhaltenen Zahlungen zurückfordern können.

Exkurs: Anfechtung von Kontokorrentverrechnungen

Literatur: *Bork*, Kontokorrentverrechnung und Bargeschäft, FS Kirchhof, 2003, S. 57 ff.

Praktisch sehr wichtig ist die Anfechtbarkeit der Rückführung „debitorischer" (im Soll stehender) Konten. Im Giroverhältnis zwischen Schuldner und kontoführender Bank fasst die Kontokorrentabrede die einzelnen Gut- 315 schriften und Lastschriften zusammen, damit diese verrechnet werden und der Saldo feststellbar wird. Die Saldierung erfolgt periodisch mit dem Rechnungsabschluss (vgl. § 355 HGB). Mit Insolvenzeröffnung erlischt die Kontokorrentabrede, so dass sie Verrechnungen nicht länger gestattet (s. auch Rn. 269 f.). Vor Insolvenzeröffnung kann die Verrechnung die anderen Gläubiger benachteiligen, da sie es der Bank erlaubt, sich wegen ihrer Ansprüche gegen den Schuldner vorrangig zu befriedigen. Ist das Konto nämlich debitorisch, so hat die Bank einen Anspruch auf Ausgleich, der sukzessive erfüllt wird, wenn für den Schuldner (z. B. durch Überweisungen an ihn) Ansprüche auf Gutschrift entstehen (§ 675t I BGB), die im Kontokorrent gebunden sind und bei der nächsten Saldierung den Schuldsaldo mindern. In der Krise ist eine Verrechnung jedoch (wie eine Aufrechnung) unzulässig, wenn die Bank als spätere Insolvenzgläubigerin die Möglichkeit der Verrechnung durch eine anfechtbare Rechtshandlung erlangt hat (§ 96 I Nr. 3; Rn. 197). Dies hängt zunächst davon ab, ob die Verrechnung zu einer kongruenten oder inkongruenten Deckung führt, nach h. M. nämlich davon, ob die Bank zu der Zeit, als der Schuldner Anspruch auf Gutschrift erhielt, einen fälligen Anspruch auf Rückführung des debitorischen Saldos hatte. Kongruent ist die Deckung jedenfalls dann, wenn die Bank einen Anspruch aus Überziehungskredit (§ 505 BGB), gekündigtem Kredit oder Kredit mit beendeter Laufzeit hat.

Häufig wird dem Kunden eine **Kreditlinie eingeräumt**, in deren Rahmen er nach Belieben (auch) über die gutgeschriebenen Beträge verfügen kann. *Bsp:* Kreditlinie bis zu 500.000,– €; zu Beginn der Krise (am 05.03.) hatte der Schuldner Kredit i. H. v. 380.000,– € in Anspruch genommen und ihn bei Stellung des Insolvenzantrags (am 04.04.) auf 240.000,– € zurückgeführt; im selben Monatszeitraum erfolgten Gutschriften i. H. v. 400.000,– € und Lastschriften i. H. v. 260.000,– €. – Ausgangspunkt: Solange die Kreditlinie nicht gekündigt ist, besteht auf die Rückführung des Schuldsaldos noch kein fälliger Anspruch (h. M.). Das spricht an sich für inkongruente Deckung. Dennoch unterscheidet die BGH-Rspr.:

(1) Die **Verrechnungen als solche** sollen grundsätzlich *kongruente Deckung* gewähren, da sie auf der Absprache zwischen Bank und Schuldner beruhten und dazu dienten, die Kreditlinie offen zu halten (BGHZ 150, 122, 126 ff.). I. d. R sollen die Verrechnungen der Anfechtung sogar ganz entzogen sein, nämlich *„Bargeschäfte"* (§ 142; Rn. 296) sein können: Die jeweiligen Gutschriften und erneuten Kreditgewährungen (durch Inanspruchnahme der Kreditlinie) stünden im Verhältnis von Leistung und Gegenleistung. Für ein Bargeschäft spreche auch dessen Zweck, dem Schuldner selbst in kritischer Zeit gewisse Rechtsgeschäfte zu ermöglichen. Bestünde nämlich umgekehrt die Gefahr einer Anfechtung, würde die Bank die eingeräumte Kreditlinie sofort kündigen (BGHZ 150, 130 ff.; näher *Kirchhof*, ZInsO 2003, 149, 154 f.). Richtigerweise kann von einem Bargeschäft (als Austauschvertrag!) keine Rede sein. Gegen Anfechtbarkeit spricht aber, dass die Bank sich nicht endgültig begünstigt, solange sie die Werte, die ihr bei Rückführung des Schuldsaldos zufließen, gleich wieder dem Schuldner zur Verfügung stellt (einschr. *Heublein*, ZIP 2000, 161, 171 f.; *Bork*, ZBB 2001, 271, 275 f.).

(2) Anderes gilt, soweit in kritischer Zeit der **Schuldsaldo zurückgeführt** wird, weil die verrechneten Einzahlungen die Auszahlungen übersteigen (im Fall also: Reduzierung der Schuld bis zum 04.04. um 140.000,– €). In diesem Umfang sind die Gläubiger benachteiligt, und zwar durch *inkongruente Deckung*, da die Bank keinen Anspruch auf Rückführung des Saldos hatte und den Schuldner insoweit nicht wieder über die Eingänge auf seinem Konto verfügen ließ (*BGH* NZI 2002, 311, 312 f.; zum Berechnungszeitraum *BGH* NZI 2011, 675 f.).

Anfechtbar sind also nur Verrechnungen i. H. v. 140.000,– €, insoweit aber nach § 131 I Nr. 1.

6. Unmittelbarkeitsanfechtung (§ 132 I)

Rechtsgeschäfte des Schuldners können nach § 132 I anfechtbar **316** sein. Das gilt freilich nicht für Geschäfte, die zur Sicherung oder Befriedigung eines Gläubigers führen: § 132 I ist nämlich – sein Wortlaut verbirgt das leider – *nur Auffangtatbestand* neben §§ 130 f. (Amtl. Begr., S. 159). Sonstige Rechtsgeschäfte sind anfechtbar, wenn sie in den letzten **drei Monaten** vor dem Eröffnungsantrag oder danach vorgenommen wurden und wenn der andere Teil zur Zeit des Geschäfts die Zahlungsunfähigkeit des Schuldners bzw. den Eröffnungsantrag kannte. Der Nachweis dieser Kenntnis wird dem Verwalter auch hier erleichtert (§ 132 III).

Lerntipp: Der Anfechtungsgrund des § 132 I entspricht weitgehend dem der Kongruenzanfechtung!

Das Rechtsgeschäft muss allerdings *unmittelbar nachteilig* (Rn. 295) für die Gläubiger gewesen sein.

Beispiele: S erlässt eine Schuld, nimmt ein überteuertes Darlehen auf, vermietet allzu billig, verleiht (kostenlos!) auf längere Zeit; S übernimmt eine Bürgschaft (und verringert so die Befriedigungsaussicht der bisherigen Gläubiger); S kündigt einen für ihn günstigen Kredit; S ficht ein ihm günstiges Geschäft wegen Irrtums an.

S hatte P beauftragt, eine Industrieanlage zu errichten; nach einem Insolvenzantrag will P nur weiterarbeiten, wenn S außer der diesbezüglichen Vergütung auch Altschulden bei P bezahlt; S stimmt dem zu, weil er sich von der Fertigstellung (nur) mittelbare Vorteile verspricht: Laut *BGH* hängen die Vorteile deshalb nicht unmittelbar mit dem Opfer des S zusammen, so dass die Absprache unmittelbar nachteilig sei (BGHZ 154, 190, 194 ff.).

Zur Wiederholung: S hat sein Kfz in der Krise an G übereignet, der von der Zahlungsunfähigkeit des S wusste. Ist das anfechtbar?

Das hängt von den Umständen ab: Die Übereignung scheint als Rechtsgeschäft und (unmittelbarer) Vermögensabfluss unter §§ 129, 132 I zu fallen.

Diente sie freilich dazu, einen vor der Krise geschlossenen Kaufvertrag zu erfüllen, so ist § 132 I unanwendbar (s. o.) und die Befriedigung des G nach § 130 oder nach § 131 anfechtbar. Erfolgte die Übereignung bald nach dem Kauf, so war sie als angemessenes Bargeschäft (Rn. 296) jedenfalls der Anfechtung nach § 130 entzogen, jener nach § 132 I ohnehin.

7. Andere Rechtshandlungen des Schuldners (§ 132 I, II)

317 § 132 II erstreckt die Anfechtung auf bestimmte „Rechtshandlungen" des Schuldners. Auch diese Vorschrift ist *nur Auffangtatbestand,* nämlich verdrängt durch § 132 I sowie bei Sicherungen bzw. Befriedigungen (§§ 130 f.). Die Norm ist nicht sehr klar gefasst: Es bedarf einer „anderen" Handlung als des Rechtsgeschäfts i. S. d. § 132 I. Praktisch kommen nur **Prozesshandlungen und Unterlassungen** in Betracht.

Diese Handlung muss eine bestimmte **Folge** haben:

- Der Schuldner *verliert ein Recht* (Bsp.: Er unterlässt es, die Ersitzung des Eigentums durch den Besitzer zu unterbrechen, § 941 BGB; er unterlässt den Wechselprotest nach Art. 44 WG und erwirbt daher nicht die entsprechenden Rechte).
- Der Schuldner *kann ein Recht nicht mehr geltend machen* (Bsp.: Er unterlässt es, gegen ein unrichtiges Urteil Rechtsmittel einzulegen oder, als Gläubiger, die Verjährung – nach § 204 I BGB – zu hemmen).
- Ein massebezogener *Anspruch gegen den Schuldner wird erhalten* (Bsp.: Schuldner übt sein Rücktrittsrecht nicht aus, unterlässt die rechtzeitige Irrtumsanfechtung nach §§ 119, 121 BGB).
- Ein massebezogener *Anspruch gegen den Schuldner wird durchsetzbar* (Bsp.: Schuldner unterlässt es, Einrede der Verjährung zu erheben).

Dies muss die *Gläubiger benachteiligen.* I. d. R. ist es für sie sogar unmittelbar nachteilig; nötig ist das – anders als für § 132 I – allerdings nicht (Amtl. Begr., S. 159; h. M.). Im Übrigen bleibt es bei den Erfordernissen des § 132 I: Anfechtbar wird die Schuldner-Handlung erst, wenn sie **in der Krise** erfolgte und „der andere Teil" (der Profiteur) damals **Kenntnis** i. S. d. § 132 I hatte (vgl. Rn. 316).

8. Anfechtung zur Kapitalerhaltung

a) Deckung der Darlehensansprüche von Gesellschaftern (§ 135)

Literatur: *Gehrlein,* Die Rechtslage im Insolvenzrecht nach MoMiG, in: KS, S. 825 ff.; *Habersack*, Gesellschafterdarlehen nach MoMiG: Anwendungsbereich, Tatbestand und Rechtsfolgen der Neuregelung, ZIP 2007, 2145 ff.; *Marotzke*, Darlehen und sonstige Nutzungsüberlassungen im Spiegel des § 39 Abs. 1 Nr. 5 InsO ..., JZ 2010, 592 ff.

Die Anfechtung nach § 135 hilft bei Insolvenz juristischer Perso- **318** nen. Sie ergänzt das **Kapitalgesellschaftsrecht**. Es verbietet, das zur Erhaltung des Stammkapitals erforderliche Vermögen der Gesellschaft an die Gesellschafter auszuzahlen (§ 30 I 1 GmbHG; anders meist nur bei gleichwertigem Gegenanspruch gegen Gesellschafter). Auch Nachschüsse eines Gesellschafters dürfen nur zurückgezahlt werden, soweit sie nicht erforderlich sind, um einen Verlust am Stammkapital zu decken (§ 30 II GmbHG). Sind dennoch Zahlungen an die Gesellschafter erfolgt, so müssen sie erstattet werden (§ 31 I GmbHG). Die Gesellschafter werden daher Nachschüsse vermeiden wollen, wenn die Gesellschaft in Schwierigkeiten gerät.

Sie werden ihr eher Darlehen oder andere Finanzierungshilfen ge- **319** ben. Nicht selten wird die Gesellschaft trotzdem insolvent. Dann wären die **Ansprüche auf Darlehensrückzahlung** eigentlich Insolvenzforderungen: Die Gesellschafter wären allen anderen Gläubigern gleichgestellt und hätten Anrecht auf quotale Befriedigung. Dies wäre aber oft unbillig. Denn einerseits führten sie die Gesellschaft trotz erkannter Risiken fort, andererseits wollten sie nicht das dazu nötige Kapital aufbringen. Nach § 39 I Nr. 5 sollen Gesellschafter-Ansprüche auf Darlehensrückzahlung daher **nachrangig** sein, nämlich erst an letzter Stelle befriedigt werden; damit sind sie i. d. R. wertlos. Das gilt nicht nur für Kapitalgesellschaften, sondern auch für Personengesellschaften, für deren Verbindlichkeiten letztlich keine natürliche Person persönlich haftet (näher § 39 IV 1).

Nachrangig sind auch die einem Darlehen **gleichgestellten Forderungen**. Beispiele: *(1) Rückgriff des Sicherungsgebers:* Soll eine GmbH trotz Krise noch einen Kredit erhalten, bürgt daher ein Gesellschafter für den Rückzahlungsanspruch und wird er deshalb später von der Bank in Anspruch genommen, so kann er von der GmbH Ausgleich verlangen, z. B. nach § 774 I 1 BGB. Mit dieser Insolvenzforderung (Rn. 64) wird er jedoch zurückgesetzt. *(2) Nutzungsentgelt:* Der Gesellschafter mag wertvolle Güter an die GmbH vermietet oder verpachtet haben. Bei deren Insolvenz kann er insoweit zwar aussondern, etwaige Forderungen auf rückständige Miete sollen jedoch wieder nachrangig sein (näher *Marotzke*, ZInsO 2008, 1281 ff.).

320 **Ausnahmen** erfährt die Zurücksetzung allerdings durch ein

• *Sanierungsprivileg*, nämlich bei einem Erwerb von Gesellschaftsanteilen zum Zeitpunkt (drohender) Insolvenz der Gesellschaft, um diese zu sanieren (§ 39 IV 2),

• *Kleinbeteiligungsprivileg* für Gesellschafter, die am Haftkapital der Gesellschaft mit maximal 10 % beteiligt und nicht Geschäftsführer sind (§ 39 V).

321 Der Zurücksetzung des Gesellschafters nach § 39 I Nr. 5 soll andererseits seine **vorrangige Inanspruchnahme** durch Gläubiger der Gesellschaft entsprechen. Erhält eine GmbH einen Kredit, dessen Rückzahlung ein Gesellschafter besichert, so hat die Bank bei Insolvenz der GmbH zwar eigentlich die Wahl, ob sie als Insolvenzgläubiger diese Schuldnerin in Anspruch nimmt oder besser die Sicherheit realisiert, z. B. gegen den Bürgen oder aus dem Pfandrecht vorgeht (§§ 43, 52). Davon macht § 44a aber eine Ausnahme: Er gestattet der Bank die Anmeldung einer Insolvenzforderung nur in Höhe ihres Ausfalls und erreicht so, dass die Masse der Kapitalgesellschaft möglichst geschont wird.

322 Die erwähnten Regeln haben mit **Insolvenzanfechtung** freilich nichts zu tun. Einer Anfechtung bedarf es erst, wenn die Kapitalgesellschaft Vermögen verloren hat: § 135 I gestattet die Anfechtung **gegenüber einem Gesellschafter**, der für einen Darlehensrückzahlungsanspruch i. S. d. § 39 I Nr. 5 (Rn. 319) oder für gleichgestellte Forderungen Befriedigung oder eine Sicherung (z. B. Sicherungseigentum) erhalten hat, sei es nach dem Eröffnungsantrag, sei es in der vorausgehenden Frist. Diese ist für Sicherungen (mit 10 Jahren!) sehr viel länger als für Befriedigungen (1 Jahr). Das hat aber seinen Sinn, denn Sicherungen können unauffällig erfolgen und gefährden die Gesellschaftsgläubiger daher besonders.

Trat die Befriedigung (Nr. 2) ein, weil der Gesellschafter vor Beginn der Jahresfrist eine Sicherheit (Nr. 1) verwerten konnte, so soll gleichwohl die lange Anfechtungsfrist nutzbar sein (*BGH* ZInsO 2013, 1573 ff.; umstr.).

323 § 135 II eröffnet die Anfechtung **gegenüber einem Darlehnsgeber** („Dritten“), dessen Rückzahlungsanspruch von der Kapitalgesellschaft im letzten Jahr vor dem Insolvenzantrag befriedigt wurde, obwohl ein Gesellschafter für diesen Anspruch eine Sicherheit bestellt hatte oder als Bürge haftete. Treffen soll die Anfechtung allerdings *den Gesellschafter* (§ 143 III). Denn er sollte ja in erster Linie haften

(§ 44a, Rn. 321). Da es dazu nicht kam und er durch die Rückzahlung des Darlehns – als Tilgung des gesicherten Anspruchs – sogar frei wurde, muss er diese Leistung der Gesellschaft (den Wert seiner Befreiung) nun „zur Masse“ erstatten, d. h. zu Händen ihres Insolvenzverwalters – freilich nur bis zur Höhe der von ihm gewährten Sicherheit.

b) Einlagen stiller Gesellschafter (§ 136)

Wer sich an einer stillen Gesellschaft (§ 230 HGB) beteiligt, kann seine Einlage bei Insolvenz des Geschäftsinhabers als regulärer Insolvenzgläubiger zurückfordern (§ 236 I HGB), soweit er den Verlust nicht mitzutragen hat (dazu § 231 I HGB). Anfechtbar sind laut § 136 aber die **Rückgewähr der Einlage** und der **Erlass einer Verlustbeteiligung** des Stillen, wenn die entsprechende Vereinbarung in der Krise erfolgte, d. h. *im letzten Jahr* vor dem Eröffnungsantrag. 324

§ 136 II macht allerdings eine wichtige Ausnahme: wenn der Eröffnungsgrund – die „materielle Insolvenz“ – erst nach der Vereinbarung eintrat. Dies hat freilich der Stille zu beweisen.

IV. Rechtsfolgen

Literatur: *Allgayer*, Rechtsfolgen und Wirkungen der Gläubigeranfechtung, 2000; *Eckardt*, Aspekte einer „Vorteilsanrechnung“ im Anfechtungsrecht, ZInsO 2004, 888 ff.; *ders.*, Anfechtung und Aussonderung – Zur Haftungspriorität des Insolvenzanfechtungsanspruchs im Verhältnis zu den Eigengläubigern des Anfechtungsgegners, KTS 2005, 15 ff.; *Kreft*, Der Rechtsweg für Insolvenzanfechtungsklagen, ZIP 2013, 241 ff.

1. Rückgewähranspruch

a) Rechtsnatur

Nach § 143 I ist das, was durch die anfechtbare Handlung aus dem Vermögen des Schuldners veräußert, weggegeben oder aufgegeben ist, zur Insolvenzmasse zurückzugewähren. Dies klingt nach einer schlichten Obligation. Doch die Folgen der Insolvenzanfechtung sind seit jeher umstritten (näher *Haas/Müller*, ZIP 2003, 49 ff.). Hierzu wollte der Gesetzgeber nicht näher Stellung nehmen, obwohl die Rückgabepflicht i. R. d. Insolvenzordnung neu gefasst worden ist. 325

Die **dinglichen Theorien** hielten anfechtbare Verfügungen für nichtig bzw. für relativ unwirksam (dazu §§ 135 f. BGB). Einen gewissen Anhalt fand dies in § 29 KO („können als den Konkursgläubigern gegenüber unwirksam ... angefochten werden"). Dieser Standpunkt wurde aufgegeben (zur Kritik *Henckel*, JuS 1985, 836, 841). Erwogen wird freilich eine funktional beschränkte Unwirksamkeit des anfechtbaren Geschäfts, die insoweit gegenüber jedermann wirken soll (*Marotzke*, KTS 1987, 1, 4 f., 22 ff.)

326 Aus heutiger Sicht bleibt das angefochtene Geschäft als solches wirksam. Dabei folgt die überw. M. der **schuldrechtlichen Theorie** (BGHZ 101, 286, 288): Mit Eröffnung des Insolvenzverfahrens soll ein schuldrechtlicher Anspruch auf Rückgewähr der anfechtbar erworbenen Positionen entstehen.

327 Nach der (vordringenden) **haftungsrechtlichen Theorie** liegen die Folgen der Anfechtung im „Grenzbereich zwischen schuldrechtlicher und dinglicher Wirkung" (*Gerhardt*; näher *K. Schmidt*, JuS 1970, 545, 548; *G. Paulus*, AcP 155, 299 ff., 323 ff.). Diese Theorie respektiert zwar, dass eine vom Schuldner übereignete Sache, eine zedierte Forderung usw. fortan dem Erwerber gehört, also gegenständlich aus dem Schuldnervermögen ausscheidet. Dennoch zählt sie solche Gegenstände weiterhin zum *haftenden* Vermögen des Schuldners. Dessen Gläubiger sollen daher weiterhin darauf zugreifen können, und zwar schon vor Rückgabe dieses Gegenstandes. Dies kann die Insolvenzanfechtung stärken, wie an drei Beispielen gezeigt sei:

328 **(1)** S veräußert in der Krise seinen Pkw anfechtbar an E. Bei E lässt dessen Gläubiger G den Wagen pfänden. Über S wird das Insolvenzverfahren eröffnet.

Eigentlich muss E den Pkw rückübereignen und an den Insolvenzverwalter herausgeben (§ 143 I 1). Dem könnte aber die hoheitliche Verstrickung bzw. die Pfändung durch G entgegenstehen. Jedoch ist, wie gerade die **schuldrechtliche Theorie** betont, auch die Vollstreckung durch G anfechtbar. Man kann G nämlich wie einen „Rechtsnachfolger" des E behandeln, d. h. analog § 145 II Nr. 3 (MünchKomm/*Kirchhof*, § 145 Rn. 21; *K. Schmidt*, JZ 1987, 889, 891 f.). Folglich muss G sein Pfandrecht zurückgewähren (§ 143 I 1), also den Gerichtsvollzieher anweisen, das Siegel zu entfernen („Entstrickung"). Notfalls wird der Verwalter *Anfechtungsklage* (Rn. 338) erheben, damit G zur Freigabe des Pkw verurteilt wird. – Diese Klage ist am Wohnsitz des G zu erheben (§§ 12 f. ZPO). Schickt G sich an, den Pkw versteigern zu lassen, kann dem Verwalter nur eine einstweilige Verfügung helfen (§§ 935, 938 ZPO).

Übersicht: Anfechtungstatbestände (vereinfacht)

Bezeichnung	Zeitraum im Verhältnis zum Antrag	Tatbestandskern	subjektive Voraussetzungen beim „anderen Teil“
Vorsatzanfechtung			
§ 133 I	10 Jahre vor o. danach	vorsätzliche Gläubigerbenachteiligung	Kenntnis des Vorsatzes
§ 133 II	2 Jahre vor o. danach	*unmittelbare* vorsätzliche Gläubigerbenachteiligung (Vorsatz aber vermutet!)	Kenntnis des Vorsatzes (aber vermutet!)
Schenkungsanfechtung (§ 134)	4 Jahre vor o. danach	unentgeltliche Leistung	
Kongruenzanfechtung			
§ 130 I 1 Nr. 1	3 Monate vor	Deckung z. Z. der Zahlungsunfähigkeit	Kenntnis von Zahlungsunfähigkeit/Antrag (bei Nahestehenden vermutet!)
§ 130 I 1 Nr. 2	danach	Deckung nach Eröffnungsantrag	
Inkongruenzanfechtung			
§ 131 I Nr. 1	1 Monat vor o. danach	inkongruente Deckung	
§ 131 I Nr. 2	2–3 Monate vor	inkongruente Deckung z. Z. der Zahlungsunfähigkeit	
§ 131 I Nr. 3	2–3 Monate vor	inkongruente Deckung	Kenntnis von Benachteiligung der Gläubiger (bei Nahestehenden vermutet!)
Unmittelbarkeitsanfechtung			
§ 132 I Nr. 1	3 Monate vor	*unmittelbar* nachteiliges Rechtsgeschäft z. Z. der Zahlungsunfähigkeit	Kenntnis der Zahlungsunfähigkeit (bei Nahestehenden vermutet!)
§ 132 I Nr. 2	danach	*unmittelbar* nachteiliges Rechtsgeschäft	Kenntnis von Zahlungsunfähigkeit/Antrag (bei Nahestehenden vermutet!)
Anfechtung zur Kapitalerhaltung			
§ 135 I Nr. 1	10 Jahre vor o. danach	Sicherung eines Gesellschafter-Darlehens	
§ 135 I Nr. 2	1 Jahr vor o. danach	Befriedigung wegen Gesellschafter-Darlehens	

Für die **haftungsrechtliche Theorie** ist entscheidend, dass der Pkw wegen der Anfechtbarkeit gegenüber E nicht zu dessen „haftendem" Vermögen gehört. Demnach durfte G nicht auf den Wagen zugreifen. Dies soll der Insolvenzverwalter des S (auch) mit einer *Drittwiderspruchsklage* (§ 771 ZPO) gegen G rügen können. Mit ihr wird ein Drittrecht geltend gemacht, demzufolge die Veräußerung der Pfandsache rechtswidrig wäre: Der Verwalter beantragt, die Zwangsvollstreckung in den Pkw für unzulässig zu erklären, weil der für den Beklagten gepfändete Wagen nicht zum haftenden Vermögen des Vollstreckungsschuldners (E), sondern zu dem des S gehöre (näher *K. Schmidt*, JZ 1990, 619, 621 ff.). – Örtlich zuständig ist das Gericht, in dessen Bezirk die Pfändung erfolgte (§§ 771 I, 802 ZPO). Dieses Gericht kann auch für angemessenen vorläufigen Schutz sorgen (§§ 769, 771 III ZPO).

329 **(2)** G ist Gläubiger des S und ließ in der Krise anfechtbar einen Pkw des S pfänden. Nun wird über S das Insolvenzverfahren eröffnet.

Das für G entstandene Pfändungspfandrecht am Pkw ist anfechtbar, so dass eine *Anfechtungsklage* auf Freigabe Erfolg hätte. Nach der **haftungsrechtlichen Theorie** ist allerdings (auch) eine *Drittwiderspruchsklage* denkbar. Anders als im Fall Rn. 328 fehlt es hier zwar an dem für § 771 ZPO vorausgesetzten Drei-Personen-Verhältnis zwischen Vollstreckungsgläubiger, -schuldner und dem Dritten mit dem „besseren" Recht. Auf das Verhältnis zwischen S (Verwalter) und G wird die Norm aber teilweise analog angewendet (zur KO s. *K. Schmidt*, JZ 1990, 619, 623 ff.; a. M. *BGH* JZ 1990, 654 ff.).

330 **(3)** S veräußert in der Krise seinen Pkw anfechtbar an E. Erst über das Vermögen des S, dann über E werden Insolvenzverfahren eröffnet.

Nach der **schuldrechtlichen Theorie** ist der Insolvenzverwalter für S darauf beschränkt, den Rückgewähranspruch im Insolvenzverfahren über E zur Tabelle anzumelden (nach Umrechnung, § 45). Der Verwalter erhält im Insolvenzverfahren über E also nur *quotale Befriedigung* und ist dort nicht etwa zur Aussonderung (§ 47) berechtigt (h. M., s. *Häsemeyer*, Rn. 21.16). Für die **haftungsrechtliche Theorie** liegt dagegen ein *Aussonderungsrecht* nahe (bejaht jetzt von BGHZ 156, 350, 358 ff.).

b) Inhalt

331 „Rückgewähr" i. S. d. § 143 I 1 bedeutet, dass die Masse so gestellt werden muss, wie sie ohne die angefochtene Handlung stünde:

• Nach angefochtener *Übereignung* muss der Empfänger die Sache zurückübereignen (§ 929 bzw. § 925 BGB).

• Nach angefochtener *Zession* ist die Forderung rückabzutreten (§ 398 BGB).

• Ist die *Begründung einer Forderung* gegen den Schuldner angefochten, so muss der Gläubiger einem Aufhebungs- oder Verzichtsvertrag zustimmen (erzwingbar nach § 894 ZPO). Die Forderung darf auch nicht zur Insolvenztabelle angemeldet werden (sonst Widerspruch: § 178).

Hatte der Schuldner auf die angefochtene Schuld *schon geleistet,* so geschah dies ohne Rechtsgrund: Das Erlangte ist zur Masse zurückzugewähren (Jaeger/*Henckel*, InsO, § 129 Rn. 110).

• Ist die *Bestellung eines Pfandrechts* an Mobiliar angefochten, so hat der Inhaber auf das Recht zu verzichten und die Pfandsache zurückzugeben.

• Hatte sich der Gläubiger ein *Pfändungspfandrecht* verschafft, so muss er darauf verzichten: durch Freigabe. Teilweise eröffnet man dem Insolvenzverwalter auch die Drittwiderspruchsklage (Rn. 328 f.).

• Ist eine *Bestellung einer Grundschuld* angefochten, so muss der Erwerber diese rückübertragen oder rangwahrend auf sie verzichten.

• Hatte der Schuldner anfechtbar eine *Schuld erlassen,* so muss der begünstigte Drittschuldner in eine Aufhebung des Erlassvertrages einwilligen oder sogleich erfüllen (zur Masse).

Laut § 143 I 2 haftet der Rückgewährpflichtige wie ein Bereiche- **332**
rungsschuldner, der den Mangel des Rechtsgrundes kannte. Damit ist zunächst auf § 818 I BGB verwiesen: Herauszugeben sind auch **gezogene Nutzungen und Surrogate** (z. B. Versicherungsleistungen, Ersatzansprüche gegen Schädiger). Geldschulden sind zu verzinsen (näher BGHZ 171, 38, 42 ff.).

Bei Unmöglichkeit der Herausgabe ist analog § 818 II BGB der Wert zu ersetzen (Bsp.: Wer sich anfechtbar eine Forderung abtreten ließ und sie einzieht, muss den erlangten Geldwert ersetzen). Entreicherung entlastet trotz § 818 III BGB nicht. Denn wegen der Kenntnisfiktion besteht eine **allgemeine Ersatzpflicht** (nach §§ 989, 292 I, 818 IV, 819 I BGB).

Nur für *Beschenkte* bleibt der Einwand der Entreicherung (§ 143 II 1), es sei denn, dass sie wissen mussten, dass die Schenkung die Gläubiger benachteiligte (Beweislastumkehr auf Verwalter!). Grund für diese Schonung ist, dass Gutgläubige, die ihr Geschenk konsumiert haben, nicht gezwungen werden sollen, für eine Ersatzleistung ihr sonstiges Vermögen zu opfern (Motive zur KO, S. 148). – Ein plausibler Gedanke, aber sollte er nicht für *alle* Redlichen gelten?

Die Verpflichtung zum Schadensersatz setzt freilich *Verschulden* voraus. Auch eine Zufallshaftung nach § 287 S. 2 BGB greift erst ein, wenn der Rückgewährschuldner nach allgemeinen Grundsätzen in Verzug war (arg. § 990 II BGB; a. A. *Bork*, Rn. 226, Fn. 113). Schuldhaft nicht gezogene Nutzungen sind ebenfalls zu ersetzen (§§ 987, 292 I BGB). Umgekehrt sind dem Pflichtigen u. U. Verwendungen zu erstatten (§§ 994 ff., 292 I BGB).

c) Rückgewährgläubiger (Anfechtungsberechtigter)

333 Im **regulären Verfahren** ist der Insolvenzverwalter anfechtungsberechtigt (§ 129). Er macht auch den Rückgewähranspruch geltend, dies freilich nur kraft seines Amtes (vgl. BGHZ 83, 102, 105; Rn. 180). Der Rückgewähranspruch gehört zur Masse: Er besteht zwar im Interesse der Gläubiger, steht aber schuldrechtlich dem Schuldner zu (umstr.). Er erlischt i. d. R. mit Abschluss des Insolvenzverfahrens, da er nur dessen Zielen dient (BGHZ 83, 102, 106). Entsprechendes gilt bei **Eigenverwaltung**, d. h. für die Insolvenzanfechtung durch den Sachwalter (§ 280).

d) Rückgewährschuldner (Anfechtungsgegner)

334 Schuldner des Rückgewähranspruchs ist grundsätzlich, wer durch die anfechtbare Handlung etwas erhalten hat, nämlich der **„Empfänger“** (vgl. §§ 143 I 2, 144 I). Das gilt auch bei mittelbaren Zuwendungen: Wies der spätere Schuldner seinen Abnehmer an, nicht an ihn, sondern an einen Dritten zu zahlen, so wird dieser (erkennbar) aus dem Schuldnervermögen befriedigt; nur er ist also Anfechtungsgegner (BGHZ 142, 284, 288).

335 Auch der Rechtsnachfolger kann haften. Ohne weiteres haftet ein **Gesamtrechtsnachfolger** (§ 145 I), z. B. der Erbe und ein Erbschaftskäufer. Solche Personen müssen ohnehin für sämtliche Schulden des Verstorbenen einstehen (§§ 1967, 2382, 2385 BGB). Entsprechendes gilt bei Verschmelzung bzw. Spaltung von Unternehmen (§§ 20 I Nr. 1, 36, 131 I Nr. 1 UmwG).

336 **Einzelrechtsnachfolger** ist, wer vom Vorgänger nur den anfechtbar erlangten Gegenstand erwirbt. Kraft Zivilrechts haftet er nicht für Schulden des Vorgängers. Anfechtungsgegner ist er daher nur unter den weiteren Voraussetzungen des § 145 II:

- Nr. 1 setzt voraus, dass der Erwerber zur Zeit seines Erwerbs *Kenntnis* von den Umständen hatte, welche die Anfechtbarkeit bei seinem Vorgänger begründen.
- Nr. 2 verzichtet auf die Kenntnis, wenn der Erwerber dem Schuldner *nahestand* (Rn. 300). Der Nahestehende kann sich aber entlasten, indem er seine Unkenntnis beweist.
- Nr. 3 lässt Personen, die den Gegenstand *unentgeltlich* erwarben, ohne weiteres haften. Auch sonst hält der Gesetzgeber Beschenkte ja für wenig schutzbedürftig (vgl. die strenge Schenkungsanfechtung, § 134; ferner §§ 816 I 2, 822 BGB). Ein Wegfall der Bereicherung kann freilich entlasten (Rn. 332).

Die Rechtsnachfolge setzt übrigens **nicht unbedingt Vollerwerb** voraus. 337
Auch *Teilerwerb* genügt (z. B. der Erwerb von Miteigentum), nach dem Normzweck sogar eine *Belastung* des Gegenstandes (Bsp.: S veräußerte ein Grundstück anfechtbar an E, der seinem Sohn daran eine Grundschuld bestellt) oder die Ableitung eines neuen Rechts (Bsp.: Stellt der Schuldner anfechtbar einen Scheck für M aus, den M dem Konto seiner Frau gutschreiben lässt, so ist auch sie Anfechtungsgegnerin, *BGH* NJW 2002, 1342 f.).

Zur Übung: Wer ist Anfechtungsgegner, wenn S einen Brillantring anfechtbar an E veräußerte, E ihn seiner Freundin F schenkte und F ihn, nach Trennung von E, an K veräußerte, dem sie erzählt hatte, dass es sich um ein Geschenk handelte?

Rechtsvorgänger und -nachfolger haften nebeneinander (Gesamtschuldner i. S. d. § 421 BGB). Sie können einzeln oder gemeinsam (dann als einfache Streitgenossen, § 61 ZPO) verklagt werden. Demnach haftet E auf Schadensersatz wegen Vereitlung der Rückgabe (§§ 989, 292, 818 IV, 819 BGB, 143 I 2). Auch F haftet (§ 145 II Nr. 3), denn sie ist nicht entreichert i. S. d. § 143 II 1, da sie für den Ring das Entgelt erhielt. K kann nur nach § 145 II Nr. 1 haften: Dafür kann aber nicht genügen, dass K vom unentgeltlichen Erwerb durch F wusste, denn die Anfechtbarkeit *ihres* Erwerbs setzte zusätzlich voraus, dass auch der Erwerb ihres Rechtsvorgängers (E) anfechtbar war (so im Erg. auch Gottwald/*Huber*, § 51 Rn. 69). Und davon wusste K offenbar nicht.

e) Geltendmachung

Der Rückgewähranspruch entsteht mit der Verfahrenseröffnung, 338
und zwar kraft Gesetzes. Doch erst die **Anfechtungserklärung** des Verwalters macht den Anspruch durchsetzbar, ähnlich wie bei „verhaltenen" Ansprüchen (z. B. § 368 S. 1 BGB; im Erg. auch *BGH* ZInsO 2008, 508 f.: „Willensäußerung").

Diese Anfechtung bezieht sich auf die Handlung, die jeweils angefochten werden soll, z. B. auf einen nachteiligen Kaufvertrag des Schuldners *oder* auf seine Erfüllung (Deckung), praktisch aber oft auf beide Geschäfte (dazu auch MünchKomm/*Kayser*, § 129 Rn. 57 ff.). Eine konkludente Äußerung genügt, z. B. die Aufforderung zur Rückgabe des anfechtbar Erlangten.

Darüber hinaus ist **Anfechtungsklage** geboten, wenn der Anfechtungsgegner nicht freiwillig rückgewährt oder wenn Verjährung droht: Der Anspruch verjährt *binnen drei Jahren* ab dem Zeitpunkt, in dem der Verwalter Kenntnis von den Umständen erlangt, aus denen sich Anfechtbarkeit und Anspruch ergeben (§§ 195, 199 BGB, 146 I); zur Verjährungshemmung §§ 203 ff. BGB. Geklagt wird auf Rückgewähr zur Masse (näher Rn. 331) bzw. auf Wertersatz usw., ggf. mit Haupt- und Hilfsantrag.

Zuständig sind stets die Zivilgerichte (§ 13 GVG; *BGH* NJW 2011, 1365 Rn. 5 f.), und zwar nach allgemeinen Regeln. Klagen auf Rückzahlung von Arbeitsentgelt sollen jedoch vor die Arbeitsgerichte gehören (*GmS-OGB* NJW 2011, 1211, 1212 f.; sehr umstr.).

339 Die Anfechtbarkeit kann aber auch durch prozessuale **Einrede** geltend gemacht werden (§ 146 II). So erhält der Verwalter eine (echte) Einrede gegenüber Angriffen auf die Masse. Das ist wichtig, wenn eine Rückgewähr wegen Verjährung nicht mehr erzwungen werden kann. Hilfreich ist es auch sonst:

- Gegner klagt kraft Eigentums auf Herausgabe, will also aussondern; Verwalter wendet ein, der Kläger habe vom Schuldner anfechtbar erworben.
- Gegner will wegen Pfandrechts absondern und klagt auf Auskehr des Verwertungserlöses; Verwalter wendet Anfechtbarkeit des Pfandrechtserwerbs ein.
- Gegner meldete einen Erfüllungsanspruch zur Tabelle an und versucht nun, den Widerspruch des Verwalters durch Feststellungsklage auszuräumen (§ 179 I); Verwalter wendet ein, die Klagforderung sei anfechtbar begründet worden.
- S hatte seinen Anspruch gegen D anfechtbar an Z abgetreten. D weiß von nichts. Er zahlt daher später an den Insolvenzverwalter (und wird frei: § 407 I BGB). Z verklagt den Verwalter auf Herausgabe des Erlangten (§ 816 II BGB), muss sich aber entgegenhalten lassen, dass er den Klaganspruch anfechtbar erwarb (*BGH* WM 1970, 756, 757).
- Verwalter klagt aus § 985 BGB auf Herausgabe. Beklagter beruft sich auf einen langfristigen Mietvertrag, den der Verwalter für anfechtbar erklärt (Jaeger/*Henckel,* InsO, § 146 Rn. 73, zugleich abgrenzend).

2. Ausgleich für Anfechtungsgegner

340 Soweit Insolvenzanfechtung die Masse anreichern kann, ist umgekehrt auch dem Interesse des Anfechtungsgegners Rechnung zu tragen. Denn die Masse darf infolge der Anfechtung nicht besser stehen als ohne die anfechtbare Handlung. Dafür sorgt § 144, der allerdings schwer verständlich ist. Im einzelnen kommt es darauf an, was genau anfechtbar ist:

a) Anfechtbarkeit der Leistung

Ist eine Leistung anfechtbar, so geht es meist um die Deckung eines Anspruchs, also um Anfechtung wegen kongruenter oder inkongruenter Deckung (§§ 130 f.), u. U. aber auch um Schenkungsanfechtung. *Beispiele:* Angefochten wurde die Erfüllung eines Kaufvertrags, die Rückzahlung eines Darlehns. Gewährt hier der Anfechtungsgegner das Erlangte zurück, so soll seine **Forderung wieder aufleben** (§ 144 I).

Das ist konsequent. Die Deckung durch den Schuldner ließ den Anspruch zwar zunächst einmal erlöschen (§ 362 BGB). Mit der Anfechtung werden aber die Prinzipien des Insolvenzrechts vorgezogen: Da die Deckungsleistung in die Masse zurückfällt, kann sie auch nicht mehr als Erfüllung gelten. Der Gläubiger wird also rückwirkend Insolvenzgläubiger – freilich nur, wenn das schuldrechtliche Geschäft Bestand hat: Wird es ebenfalls angefochten, so kann auch nichts mehr „aufleben“! § 144 I hilft daher nur, **wenn das Kausalgeschäft unanfechtbar** ist oder jedenfalls nicht angefochten wurde (MünchKomm/*Kirchhof*, § 144 Rn. 5a; HK/*Kreft*, § 144 Rn. 2).

Wichtig ist, dass mit der Forderung *auch Sicherungsrechte* erstarken, die für sie bestellt worden waren (Hypotheken, Grundschulden, Bürgschaften usw.; Einzelheiten str.).

Andererseits erhält der Gläubiger eine schon erbrachte **Gegenleistung nicht zurück**. Denn wenn er laut § 144 I auf seinen Hauptanspruch immerhin die Quote erhält, kann er nicht auch noch seine Gegenleistung zurückbekommen. Diese bleibt vielmehr in der Masse. Der Gläubiger steht sich also wie jeder andere, der so mutig war vorzuleisten: Er ist auf die Quote beschränkt (Rn. 207). Soweit § 144 II 1 eine Rückerstattung der Gegenleistung vorsieht, muss daher ein anderer Fall gemeint sein.

b) Anfechtbarkeit des Kausalgeschäfts

Der Fall, dass ein Kausalgeschäft anfechtbar ist, ist in § 144 II 1 geregelt (und zwar *nur* dieser Fall, entgegen dem unklaren Wortlaut). Zur Erinnerung: Mit Vorsatz- bzw. Unmittelbarkeitsanfechtung wird geltend gemacht, dass z. B. ein Kaufvertrag die Gläubiger (unmittelbar) benachteiligt, weil der vom Schuldner versprochene Preis zu hoch ist. Auch hier muss der Anfechtungsgegner die vom Schuldner erhaltene Leistung (z. B. den Kaufpreis) zurückgeben (§ 812 BGB; Rn. 331). Da der **Vertrag insgesamt hinfällig** ist, hat aber auch die Masse nicht mehr Anspruch auf die Gegenleistung (z. B. Ware). Daher ist Ausgleich geboten, wenn die Gegenleistung schon erbracht worden war: **341**

Die **Gegenleistung wird erstattet**, soweit sie in der Masse „noch unterscheidbar vorhanden ist“ (Rn. 365) oder soweit „die Masse um ihren Wert bereichert ist“ (z. B. nach Tausch gegen gleichwertige Sachen). Für diese Bereicherung genügt, dass die Gegenleistung bei Insolvenzeröffnung in die Masse gelangt war, mag sie auch anschließend untergegangen sein (näher Jaeger/*Henckel*, InsO, § 144 Rn. 27; str.). Soweit ein Rückerstattungsanspruch besteht, ist er *vorrangig zu befriedigen* (§ 55 I Nr. 3). **342**

Andernfalls ist der Anfechtungsgegner **auf die Quote beschränkt** (§ 144 II 2). Der Gesetzgeber wollte ihn – auch hier – nicht besser **343** behandeln als jeden anderen Insolvenzgläubiger, der vorgeleistet hat, und meinte zudem, bei einer generellen Erstattungspflicht würde die Insolvenzanfechtung jeden Wert verlieren (Motive zur KO, S. 149).

Fall 7 – Zur Übung und Vertiefung: Obwohl G von der Zahlungsunfähigkeit des S weiß, veräußert er dem S am 01.04. eine Maschine zu deutlich überhöhtem Preis. Diesen überweist S am 01.05. an G. Am 13.05. wird beantragt, über S das Insolvenzverfahren zu eröffnen. Das geschieht. Wie ist die Rechtslage?

Lösungshinweise: Anfechtbar ist jedenfalls der Kaufvertrag (§ 132 I Nr. 1). Anfechtbar ist aber auch die ihm geltende Deckung, da im Fall ein Bargeschäft ausscheidet (Rn. 296). Wegen der Selbstständigkeit der Anfechtungsgründe (Rn. 338) folgt die Anfechtbarkeit der Deckung übrigens aus § 130 I 1 Nr. 1, wenn der Kaufvertrag unangefochten bleibt (und so weiterhin für Kongruenz sorgt), hingegen aus § 131 I Nr. 1, wenn er ebenfalls angefochten wird.

Ficht der Verwalter die von S gewährte *Deckung* an, so muss G den Kaufpreis zur Masse zurückzahlen (§ 143 I). Wenn er zahlt, scheint wegen § 144 I sein Kaufpreisanspruch wieder aufzuleben. Dies scheitert aber, wenn der Verwalter auch den Kaufvertrag anficht (Rn. 340). Dann kann G die Kaufpreisforderung nicht zur Tabelle anmelden (Rn. 339): entweder gar nicht oder doch nur i. H. des Wertes der gelieferten Ware (so Jaeger/*Henckel*, InsO, § 146 Rn. 72). Die Anfechtung des *Kaufvertrags* stellt G aber andererseits sogar besser: Er erhält nämlich immerhin die Chance, die an S gelieferte Maschine zurückzubekommen bzw. Wertersatz aus der Masse (§ 144 II 1) zu erhalten. Zumindest die Quote davon ist ihm sicher (§§ 45 S. 1, 144 II 2).

Bei alldem irritiert, dass der Verwalter sich schlechter steht, wenn er neben der Deckung auch das Kausalgeschäft anficht. Dessen Anfechtbarkeit sollte die Masse doch eher stärken! Umgekehrt ist schwer einzusehen, dass der Verwalter den Anfechtungsgegner um den Schutz nach § 144 II 1 bringen kann, indem er nur die Deckung, nicht aber das Grundgeschäft anficht. Die Regelung ist m. E. insgesamt zweifelhaft. Man kann sich eine Alternative vorstellen, z. B. die, dem Anfechtungsgegner seine Gegenleistung stets, aber nur dann zurückzugeben, wenn er nicht vorgeleistet hatte (Jaeger/*Henckel*, InsO, § 144 Rn. 8: insoweit Vorrang des § 144 II gegenüber § 144 I). Das entspräche dem bekannten Prinzip, dass auf eigene Gefahr (nur) handelt, wer vorleistet (z. B. Rn. 207).

§ 23. Aussonderung

Literatur: *Chr. Berger*, Zur Aussonderung aufgrund obligatorischer Herausgabeansprüche, FS Kreft, 2004, S. 191 ff.; *Gottwald/Gottwald/Adolphsen*,

S. 622 ff., 662 ff., 733 ff.; *Marotzke*, Die dinglichen Sicherheiten im neuen Insolvenzrecht, ZZP 109 (1996), 429 ff.

I. Grundsätze

Während die „Ist"-Masse einerseits ergänzt werden muss (Rn. 280–343), ist sie andererseits zu bereinigen. Denn zur „Soll"-Masse als haftendem Vermögen gehören nur Güter *des Schuldners:* die ihm bei Verfahrenseröffnung zustehenden Sachen und Rechte (§ 35 I). Das Vermögen anderer Personen – eines Insolvenzgläubigers oder Dritter – ist daher weder beschlagnahmt noch zur Verteilung bestimmt. Vielmehr ist **nichthaftendes Vermögen zu schützen**. Dafür sorgt bei Einzelzwangsvollstreckung die Drittwiderspruchsklage (§ 771 ZPO), in Insolvenzverfahren die Aussonderung. Zu ihr sagt § 47 S. 1: Wer aufgrund eines dinglichen oder persönlichen Rechts geltend machen kann, dass ein Gegenstand nicht zur Masse gehört, ist (insoweit) nicht Insolvenzgläubiger. Er darf sein Recht also ungeschmälert geltend machen. 344

Die **Wahrung des Drittrechts** erfolgt „nach den Gesetzen, die außerhalb des Insolvenzverfahrens gelten" (§ 47 S. 2) – z. B. für den Eigentümer eines Kfz nach §§ 985, 1004 BGB; für den Eigentümer eines Grundstücks, das im Grundbuch fälschlich dem Schuldner zugeschrieben ist, nach § 894 BGB; für den Gläubiger einer Forderung, die irrtümlich der Verwalter geltend macht, nach Zivilprozessrecht (z. B. §§ 64, 66, 256 ZPO). Aussonderung erstreckt sich jedoch nicht auf die Beseitigung von Schäden, die einer Sache schon anhafteten, als das Verfahren eröffnet wurde (wichtig bei Altlasten: BGHZ 148, 252, 255 ff.). Der *Gebrauch* aussonderungsfähiger Gegenstände ist dem Verwalter allenfalls vorläufig gestattet (z. B. § 107 II), die Nutzung von Gegenständen, die einer Gesellschaft i. S. d. § 39 IV von einem Gesellschafter überlassen worden sind, auch nur gegen Ausgleich (§ 135 III, IV). 345

Der Verwalter *prüft* das Aussonderungsbegehren. Seine Anerkennung bedarf in besonders bedeutsamen Fällen der Zustimmung von Gläubigerausschuss bzw. -versammlung und der Unterrichtung des Schuldners (§§ 160 f.). Lehnt der Verwalter die Aussonderung ab, so muss er verklagt werden.

Oft weiß nicht einmal der Bevorrechtigte, ob Gegenstände, die ihm früher einmal gehörten, überhaupt noch im Besitz des Schuldners bzw. Verwalters sind oder inzwischen veräußert oder verarbeitet worden sind. Dann trifft den Insolvenzverwalter, anstelle des Schuldners, auch eine **Auskunftspflicht,** freilich nur in den Grenzen des Zumutbaren (*BGH* NJW 2000, 3777, 3779 f.).

Befindet sich die jeweilige Sache **beim Schuldner** und steht außer Streit, dass sie nicht zur Masse gehört, so ist Aussonderung entbehrlich. Vielmehr ist gegen den Schuldner selbst vorzugehen. Er kann trotz des Insolvenzverfahrens sogar verklagt werden, denn hier wird gerade nicht um Masse gestritten.

346 Der allgemeine **Gerichtsstand für Klagen gegen den Verwalter** wird durch den Sitz des Insolvenzgerichts (Rn. 36 f.) bestimmt (§ 19a ZPO). Zuständig ist also stets dieses Amtsgericht oder aber das Landgericht, in dessen Bezirk das Insolvenzgericht liegt. Alternativ kann in einem besonderen Gerichtsstand geklagt werden (§ 35 ZPO). Zu dem Fall, dass bereits der Schuldner verklagt war, s. Rn. 275.

II. Recht zur Aussonderung

1. Dingliche Rechte

347 Wenn ein Gegenstand nicht zur Soll-Masse gehört, beruht das vor allem auf dinglichen Rechten, speziell auf **Eigentum**. Aussondern kann z. B., wer eigene Sachen an den Schuldner vermietet, verliehen hat oder von ihm bestohlen wurde. Er muss sein Recht freilich beweisen, zumal die Vermutung des § 1006 I BGB i. d. R. für Eigentum des Schuldners sprechen wird. Zudem scheidet Aussonderung aus, solange der Schuldner noch ein Recht zum Besitz hat (§ 986 BGB), z. B. bis zur Beendigung seines Mietverhältnisses nach §§ 109, 112. Im Übrigen ist zu unterscheiden:

348 • **Einfacher Eigentumsvorbehalt** berechtigt zur *Aussonderung*. Herausgeben muss der Verwalter die Kaufsache allerdings erst, wenn der Schuldner kein Besitzrecht mehr hat (§ 986 BGB). Da der Käufer nach § 433 I 1 BGB verlangen kann, dass er an der Kaufsache Besitz erhält (und behält), muss zunächst der Kaufvertrag entfallen sein. Dafür mag schon ein früherer Rücktritt gegenüber dem Schuldner gesorgt haben (§§ 323, 449 II BGB; erschwert bei Ratenkäufen: §§ 498 S. 1, 506 BGB). Im Übrigen verliert der Vertrag an Wirkung, wenn der Verwalter nicht an ihm festhält (Rn. 239 f.; § 103 II 3).

Mit dem Wegfall des Kaufvertrags erlischt auch der Kaufpreisanspruch des Lieferanten. Dies zeigt, dass Vorbehaltseigentum *nicht den Kaufpreisanspruch sichert,* zumal dieser den Wert der Kaufsache übersteigen kann, erst recht nach deren Abnutzung! Das Vindikationsrecht ergänzt lediglich den (schuldrechtlichen) Anspruch auf Rückgewähr der Kaufsache, der dem Verkäufer nach seinem Rücktritt zusteht (§§ 346 I, 323 BGB): Während der Rückgewähranspruch (nach Umrechnung in Geld, § 45) nur Insolvenzforderung wäre (§ 38), sorgt Aussonderung für vollständige Herausgabe, „sichert" mittelbar also ebenfalls vor den Insolvenzfolgen.

• **Sicherungseigentum** überträgt der Schuldner dem Gläubiger zur Sicherung eines Anspruchs: der späteren Insolvenzforderung. Trotz seines Vollrechts-Erwerbs kann der Gläubiger nur *absondern* (§ 51 Nr. 1). Das hat gute Gründe. Vor allem hat Sicherungseigentum nur die Funktion eines besitzlosen Pfandrechts. 349

So darf der Gläubiger sein „Eigentum" im Sicherungsfall nicht behalten. Er muss die Sache verwerten und einen Mehrerlös dem Schuldner auskehren (für Pfandrechte vgl. § 1247 S. 2 BGB). Dass Sicherungsübereignungen so beliebt sind, beruht denn auch nur darauf, dass der Gläubiger gesichert werden kann, obwohl die Sache *beim Schuldner verbleibt* (§ 930 BGB) und dort genutzt werden kann, um die Erlöse zu erzielen, aus denen der Gläubiger befriedigt werden soll. Pfandsachen dagegen müssen dem Gläubiger ausgehändigt werden (§ 1205 BGB). Trotz alldem kann der Sicherungseigentümer in der *Einzelzwangsvollstreckung* die Sache herausverlangen (§ 771 ZPO; h. M.) und sie so auch dem Zugriff anderer Gläubiger entziehen. Daran besteht im Insolvenzverfahren aber kein legitimes Interesse mehr.

Zweitens könnte eine Aussonderung wichtiger Stücke die Fortführung eines Unternehmens bzw. dessen Sanierung massiv erschweren. Hinzu kommt, dass der Insolvenzverwalter Sicherungsgut meist professioneller verwerten kann. Dies wird erleichtert, wenn man dem Eigentümer den Zugriff von vornherein verwehrt.

• **Erweiterter Eigentumsvorbehalt** lässt das Eigentum nicht schon mit Zahlung des Preises für die jeweilige Kaufsache übergehen, sondern z. B. erst, wenn weitere Ansprüche des Verkäufers getilgt sind (aber kein Konzernvorbehalt, § 449 III BGB). *Aussondern* kann der Verkäufer hier nur, soweit er sich auf Nichterfüllung des Vertrags stützt, der Anlass zur Vereinbarung des erweiterten Vorbehalts gab (wie bei einfachem Eigentumsvorbehalt: Rn. 348). War dieser Vertrag jedoch erfüllt worden und wird das Eigentum jetzt nur noch wegen sonstiger Forderungen geltend gemacht, so kann der Verkäufer nur *absondern* (wie bei Sicherungseigentum: Rn. 349). 350

Im Gesetz findet diese Unterscheidung nur an ganz anderer Stelle Ausdruck: in § 811 II ZPO, d. h. bei der Vollstreckung wegen einer *Geld*forderung.

351 • **Verlängerter Eigentumsvorbehalt mit Verarbeitungsklausel** erlaubt dem Schuldner, was eigentlich eine Sachbeschädigung ist: die Kaufsache zu verarbeiten, bevor er den Preis bezahlt hat. Zum Ausgleich erwirbt der Verkäufer das Eigentum an der neu entstehenden Sache. Doch insoweit kann er nicht mehr aussondern, sondern nur *absondern* (wie bei Sicherungseigentum, Rn. 349). Das ist nahezu unstreitig, unabhängig davon, wie man den Eigentumserwerb an der neuen Sache begründet.

Nach noch h. M. erlangt der **Verkäufer** Eigentum an dem Produkt (gemäß § 950 BGB). Dank der Verarbeitungsklausel sei er auch insoweit *Hersteller,* der die Fabrik des Käufers lediglich nutze (BGHZ 20, 159, 163 f.). Aus dieser Sicht muss er dem Käufer zwar auch die neue Sache unter aufschiebender Bedingung der Kaufpreiszahlung übereignen. Das rechtfertigt aber keine Parallele zum einfachen Eigentumsvorbehalt, denn der Mehrwert der Käufer-Verarbeitung darf dem Verkäufer nicht als Eigentümer, sondern allenfalls i. R. vorrangiger Befriedigung zufließen.

Nach a. A. wird zunächst der **Käufer** Eigentümer. Dies folge aus § 950 BGB als zwingendem Recht im Interesse des wirtschaftlich verantwortlichen Herstellers. Aus dieser Sicht besagt die Herstellerklausel nur, dass der Käufer dem Verkäufer die neue Sache antizipiert – auflösend bedingt – zur Sicherung übereigne (vgl. *Medicus/Petersen*, Rn. 515 ff.). Dies spricht erst recht für die Anwendung des § 51 Nr. 1: für bloße Absonderung.

352 • **Verlängerter Eigentumsvorbehalt mit Vorausabtretungsklausel** erlaubt dem Schuldner, was eigentlich Unterschlagung ist: die Kaufsache zu veräußern, bevor er den Preis bezahlt hat. Diese Einwilligung (§ 185 I BGB) gibt der Verkäufer, weil ihm zur Sicherheit Forderungen des Käufers gegen dessen Abnehmer abgetreten werden (Zessionsverbote nach § 399 Fall 2 BGB wirken übrigens beim Handelskauf nicht: § 354a HGB). Die so erworbenen Forderungen scheinen zwar nicht mehr zur Masse zu gehören. Dennoch kann der Verkäufer – wie bei Rn. 351 – nicht aussondern, sondern nur *absondern* (§ 51 Nr. 1 Fall 2; BGHZ 72, 308, 312).

353 Das beruht vor allem darauf, dass Sicherungsabtretungen nur die Funktion eines Pfandrechts haben (vgl. Rn. 349): Sie sind besonders beliebt, weil sie – anders als die Verpfändung (§ 1280 BGB) – dem Schuldner nicht angezeigt werden müssen, also auch diskret erfolgen können. So vermeidet der Zedent, dass seine Bereitschaft, Sicherheiten zu gewähren, zur Unzeit (zumal von Böswilligen) so interpretiert werden kann, als stehe seine Liquidität in Frage.

354 Wichtig ist, dass jeder *Zessionar gefährdet* ist, wenn die ihm abgetretene Forderung dem Wahlrecht des Insolvenzverwalters (§ 103) unterliegt.

Beispiel: V veräußerte unter verlängertem Eigentumsvorbehalt an S, der also künftige Kundenforderungen an V abtrat. Sodann verkaufte S an K weiter. Dieser Vertrag wurde aber beidseits nicht mehr erfüllt, bis über S das Insolvenzverfahren eröffnet wurde. – Mit der Eröffnung wurde die zedierte Kaufpreisforderung des S gegen K undurchsetzbar. Falls der Verwalter an dem Vertrag mit K festhält (§ 103 I), entsteht sie (nach BGH-Rspr.) gleichsam „neu", deshalb aber auch zu spät (Rn. 221). **In der Praxis** ist das freilich oft anders. Denn Händler (wie S) verkaufen auch ihrerseits gerne unter Eigentumsvorbehalt oder mögen sich dazu ihren Lieferanten gegenüber sogar verpflichtet haben. Dann schließt § 107 I (bei Verkäufer-Insolvenz) ein Wahlrecht des Verwalters aus.

• **Treuhandeigentum** – hier verstanden als Recht des uneigennützigen Treuhänders („Verwaltungstreuhand") – gibt *überhaupt keine Sicherheit.* Formal hat der Treuhänder zwar Eigentum, doch das ihm anvertraute Gut gehört weiterhin zum haftenden Vermögen des Treugebers. Wird dieser insolvent, so ist also – umgekehrt – an dessen Insolvenzverwalter zurückzugeben, es sei denn, der Treuhänder hat Zurückbehaltungsrechte (wegen seiner Aufwendungen usw.). 355

• **Beschränkt dingliche Rechte** berechtigen i. d. R. nur zur Absonderung. Denn typischerweise geht es um Pfand- oder Grundpfandrechte und „nur" darum, deren Sicherungswert zu realisieren (vgl. § 50). *Aussondern* kann der Inhaber aber z. B. einen Nießbrauch (§ 1030 BGB), ferner Pfandrechte, deren Substanz der Verwalter zu Unrecht in Anspruch nimmt: Hat der Verwalter eine Hypothek löschen lassen, die für H am Schuldner-Grundstück eingetragen war, und besteht die Hypothek in Wahrheit fort, so kann H – außerhalb des Insolvenzverfahrens – Grundbuchberichtigung durchsetzen (§ 894 BGB). 356

Das *Anwartschaftsrecht* des Vorbehaltskäufers berechtigt i. d. R. nicht zur Aussonderung, bevor es mit vollständiger Bezahlung des Kaufpreises zum Eigentum erstarkt. Es verhindert aber, dass bei Verkäuferinsolvenz der Verwalter über die Kaufsache verfügt (§§ 161 I BGB, 107 I 1). Dies schützt den Käufer meist hinreichend.

• **Dingliche Ansprüche auf Herausgabe und Besitzschutz** berechtigen ebenfalls zur Aussonderung, so z. B. Ansprüche auf possessorischen Besitzschutz (§ 861 BGB) und Herausgabe an den früheren Besitzer (§ 1007 BGB). Denn die Tatsache, dass der Besitz überhaupt geschützt wird, gibt immer auch (schwachen) Anhalt für Vermögenszuweisung. Dieser Schutz sollte sich daher auch in der Insolvenz behaupten. 357

Beispiel: Ein Mieter kann vorbringen, die in der Masse befindliche Sache sei ihm vom Schuldner durch verbotene Eigenmacht entzogen worden und gehöre seinem Vermieter, also jedenfalls nicht zur Schuldner-Masse. Dank seines Besitzrechts hat der Mieter auch ein berechtigtes Interesse daran, dies geltend zu machen (MünchKomm-ZPO/*K. Schmidt/Brinkmann*, § 771 Rn. 38).

2. Schuldrechtliche Ansprüche

358 Nach § 47 S. 1 ist eine Aussonderung auch aufgrund „persönlichen Rechts" möglich. Gemeint sind schuldrechtliche Ansprüche. Sie müssen aber ergeben, dass der Gegenstand „nicht zur Insolvenzmasse gehört". Daher genügen **Verschaffungsansprüche nicht**, z. B. nicht der Anspruch des Käufers auf Übereignung der Kaufsache oder auf Zession der Forderung, ebenso wenig Ansprüche auf Überlassung der Mietsache oder auf Auszahlung eines zugesagten Darlehens. Nicht einmal Rückgewähransprüche nach § 812 I 1 Fall 1 BGB genügen; denn dass der Schuldner rechtsgrundlos erlangt hat, ändert nichts daran, dass das Erlangte in sein haftendes Vermögen gelangt ist (und eben deshalb ja erst kondiziert werden muss): Der Kondiktionsgläubiger kann nicht besser stehen als ein Käufer!

359 Zur Aussonderung berechtigen aber **Rückgabeansprüche**, die erweisen, dass das geforderte Gut nicht zum haftenden Schuldnervermögen gehört (BGHZ 148, 252, 255 f.). Aussondern können daher der Vermieter die Mietsache (§ 546 I BGB), also auch der Leasinggeber das Leasinggut, der Verleiher die entliehene Sache (§ 604 BGB) und der Besteller sein Werkstück (z. B. einen dem Schuldner zur Reparatur überlassenen Pkw).

Aber: Das Aussonderungsrecht des Vermieters beschränkt sich auf die Herausgabe als solche. Es umfasst *nicht eine Räumung* und deren Kosten. Insoweit hat der Vermieter nur eine Insolvenzforderung (BGHZ 148, 255 ff.).

360 Hatte der Schuldner als *eigennütziger Treuhänder* Sicherheiten angenommen (Eigentum, Forderungen; auch eine Mietkaution), so kann der Geber aussondern, da er zumindest einen schuldrechtlichen Anspruch auf Rückgewähr hat. Uneingeschränkt gilt das freilich erst, wenn der gesicherte Anspruch getilgt ist; bis zur Tilgung darf der Insolvenzverwalter die Sicherheit zurückhalten.

361 War der Schuldner *uneigennütziger Treuhänder* (z. B. Vermögensverwalter oder Inkassobeauftragter), so kann der Geber jederzeit aussondern: überlassene Güter wie auch übertragene Forderungen.

Treugut muss als solches allerdings ausreichend erkennbar sein. Die Rspr. verlangt daher, dass es *unmittelbar* aus dem Vermögen des Treugebers an den

Treuhänder übertragen wurde (vgl. BGHZ 155, 227, 231). Richtigerweise genügen aber auch andere Übertragungswege, wenn der Treugutcharakter dennoch nachweisbar ist (*Gernhuber*, JuS 1988, 355, 360 ff.).

Auch der *Kommittent* kann aussondern: in der Insolvenz des Verkaufskommissionärs den Kaufpreisanspruch (§§ 384 II, 392 II HGB), bei Insolvenz des Einkaufskommissionärs die diesem übereignete Ware (analog § 392 II HGB; *Häsemeyer*, Rn. 11.08). 362

III. Ersatzaussonderung

Literatur: *Dieckmann*, Zur Reform des Ersatzaussonderungsrechts, FS Henckel, 1995, S. 95 ff.; *Ganter*, Der Surrogationsgedanke bei der Aus- und Absonderung, NZI 2008, 583 ff.

Ist Aussonderungsgut widerrechtlich veräußert worden, so hat der Inhaber oft **Ersatzansprüche**: 363

- War der *Schuldner* verantwortlich, so haftet er nach § 823 I BGB (oder §§ 989 f. BGB), bei wirksamer Verfügung auch nach § 816 I BGB.

War seine Haftung *vor Verfahrenseröffnung* entstanden, so ist sie nur noch Insolvenzforderung. Immerhin überdauert sie das Insolvenzverfahren (§ 201 I; u. U. trotz Restschuldbefreiung: § 302 Nr. 1). Veräußert der Schuldner dagegen erst *nach Verfahrenseröffnung*, so nimmt der Ersatzberechtigte an diesem Verfahren nicht einmal teil (§ 38).

- Hatte der *Insolvenzverwalter* schuldhaft fremdes Gut veräußert, so haftet er zumindest nach § 60, ggf. auch nach § 816 I BGB. Die Masse haftet mit (§ 55 I Nr. 1: Masseschuld).

Ergänzend – und unabhängig vom Verschulden des Schädigers – kann der Berechtigte per **Ersatzaussonderung** auf Surrogate zugreifen, wenn sein Gut vom Schuldner vor Verfahrenseröffnung oder vom Insolvenzverwalter unberechtigt veräußert wurde: Hatte der Erwerber noch nicht gezahlt, so muss der Verwalter den *Anspruch auf den Erlös* abtreten (§ 48 S. 1). War schon erfüllt worden, so ist die *Gegenleistung* herauszugeben, wenn sie in der Masse noch unterscheidbar vorhanden ist (§ 48 S. 2). Dann ist auch gleichgültig, wie sie in die Masse gelangte, ob sie z. B. gar noch vom Schuldner vor Verfahrenseröffnung angenommen wurde. 364

I. d. R. wird die **Gegenleistung in Geld** bestehen. Eine *Barzahlung* ist jedoch nicht mehr unterscheidbar, wenn sie mit Kassenbeständen vermengt und dann Geld entnommen wurde; Miteigentum i. S. d. § 948 I BGB ändert daran 365 nichts. Demgegenüber soll bei *Überweisung* ein dem Schuldnerkonto gutgeschriebener Betrag unterscheidbar bleiben, solange das Konto ein Guthaben (Tagessaldo) in mindestens dieser Höhe aufweist (BGHZ 141, 116, 119 ff.; a. A. *Gerhardt*, KTS 1990, 1, 6 ff.). Tatsächlich steht die Unterscheidbarkeit wohl schon mit der nächsten Soll-Buchung, jedenfalls mit dem nächsten periodischen Rechnungsabschluss (§ 355 HGB) in Frage (näher *Krull*, ZInsO 2000, 304, 306 ff.).

366 Ist § 48 S. 2 unanwendbar, so befindet sich mitunter noch der Wert der Gegenleistung in der Masse. Dann hat der frühere Berechtigte immerhin einen **Masseanspruch wegen Bereicherung** der Masse (§ 55 I Nr. 3). Das verhindert, dass die Gläubiger sich auf Kosten Dritter befriedigen.

367 *Rechtspolitisch problematisch* ist die Ersatzaussonderung bei Veräußerungen des Schuldners. Denn jedes andere rechtswidrige Verhalten des Schuldners vor Verfahrenseröffnung gibt dem Geschädigten später nur eine Insolvenzforderung. Warum also wird der Eigentümer privilegiert? (Vgl. *Dieckmann*, FS Henckel, 1995, S. 95, 101 ff.)

Frage: Ist Ersatzaussonderung auch dann möglich, wenn der Schuldner fremde Sachen *nach* Verfahrenseröffnung veräußert?

Diesen Fall erfasst § 48 eigentlich nicht. Das dürfte aber eine planwidrige Lücke sein, zumal Schuldner-Verfügungen über massefremde Gegenstände auch nicht an §§ 81, 91 scheitern. Zudem fallen *Ansprüche* aus dem Verkauf massefreier Gegenstände und die dem Schuldner zufließenden *Gegenleistungen* in die Masse (§ 35 I Fall 2). Das spricht für Analogie zu § 48 (MünchKomm/*Ganter*, § 48 Rn. 13).

Fall 8: V hatte S eine Maschine für 10.000,– € unter Eigentumsvorbehalt verkauft und sogleich eine Anzahlung von 2.500,– € erhalten. Später veräußert S die Maschine zum Preis von 6.000,– € an den redlichen D, der sie in seiner Fabrik installierte. D zahlte 2.000,– € an S und – nach Eröffnung des Insolvenzverfahrens über S – weitere 1.000,– € an den Verwalter, der dafür einen PC kauft. Der Verwalter lehnt die Erfüllung des Vertrages mit V ab (§§ 103 II, 107 II). Hat V Ansprüche?

Lösungshinweise:

I. Anspruch gegen D auf Herausgabe der Maschine nach § 985 BGB?

V hatte sein Eigentum nicht gemäß § 929 S. 1 BGB an S verloren; denn mangels vollständiger Zahlung war die aufschiebende Bedingung (§ 449 I BGB) für den Eigentumserwerb des S nicht eingetreten. V verlor sein Eigentum aber an D, da D den S offenbar als Eigentümer ansah (§§ 929 S. 1, 932 BGB). V hat also keinen Anspruch nach § 985 BGB.

II. Anspruch gegen Verwalter auf Herausgabe nach §§ 985 BGB, 47?

Ein solcher Anspruch besteht nicht. Denn weder hat V heute noch Eigentum (s. o.), noch hat der Verwalter Besitz an der Maschine, die nie in die Masse gelangte.

III. Anspruch gegen Verwalter auf Abtretung eines Restanspruchs i. H. v. 3.000,– € gegen D nach § 48 S. 1?

1. Hätte V sein Eigentum an der Maschine nicht verloren, so hätte er nach §§ 985 BGB, 47 aussondern können. Nachdem der Verwalter nämlich den Vertrag zwischen V und S abgelehnt hatte, wäre sein Besitzrecht aus §§ 986, 433 I 1 BGB erloschen.

2. S hatte vor Insolvenzeröffnung die dem V gehörende Maschine veräußert, und zwar unberechtigt, da er sachenrechtlich nur über sein Anwartschaftsrecht, nicht aber über das Eigentum verfügen durfte.

3. Aus dem Kaufvertrag mit D steht S noch ein Anspruch auf Zahlung von 3.000,– € zu. Diesen muss der Verwalter (kraft seiner Verfügungsmacht, § 80 I) dem V abtreten.

IV. Anspruch gegen Verwalter auf Auskehrung der 2.000,– €, die D an S zahlte, nach §§ 985 BGB, 48 S. 2?

Der Anspruch besteht nicht. Es ist nicht einmal erkennbar, dass diese Summe (per Insolvenzeröffnung) überhaupt in die Masse gelangte. V hat nur Ansprüche gegen S (Rn. 363).

V. Anspruch gegen Verwalter auf Auskehrung der 1.000,– €, die D an ihn zahlte?

1. Eine Ersatzaussonderung des Geldes nach §§ 985 BGB, 48 S. 2 scheidet aus, da es nicht mehr „in der Masse ... vorhanden" ist.

2. V hat aber einen Masseanspruch (§ 55 I Nr. 3) auf Zahlung von 1.000,– € als Ausgleich der Bereicherung um den PC, der noch in der Masse ist und mit Geld angeschafft wurde, das dem V gebührte.

§ 24. Absonderung

Literatur: *Bork*, Die Verbindung, Vermischung und Verarbeitung von Sicherungsgut durch den Insolvenzverwalter, FS H. F. Gaul, 1997, S. 71 ff.; *Eckardt*, Grundpfandrechte im Insolvenzverfahren, 12. Aufl., 2009; *Gottwald/Gottwald/Adolphsen*, S. 672 ff., 758 ff.; *H. Huber*, Ist die Globalzession noch werthaltig?, ZInsO 2012, 1343 ff.; *Langer*, Die Mietkaution als Pfandrecht i. S. d. § 50 InsO, ZInsO 2012, 1093 ff.; *Marotzke*, Die dinglichen Sicherheiten im neuen Insolvenzrecht, ZZP 109 (1996), 429 ff.; *Obermüller*, Die Kreditklemme und der Niedergang der Kreditsicherheiten, NZI 2010, 201 ff.; *Onusseit*, Die insolvenzrechtlichen Kostenbeiträge unter Berücksichtigung ihrer steuerrechtlichen Konsequenzen sowie Massebelastungen durch Grundstückseigentum, ZIP 2000, 777 ff.; *Suilmann*, Wohnungseigentümer insolvent – was nun?, ZWE 2010, 385 ff.

I. Grundsätze

368 Wer Vermögen hat, das nicht zur Haftungsmasse des Schuldners gehört, kann *aussondern* und sich so nicht nur den Wert, sondern auch die Substanz dieses Gegenstandes sichern: Er kann ihn verwerten, aber auch behalten (Rn. 344). Demgegenüber erlaubt ein Absonderungsrecht nur die **vorrangige Befriedigung** aus bestimmten Gegenständen, die zur Haftungsmasse des Schuldners gehören (§ 170 I 2). Der Absonderungsberechtigte wird also nicht als Insolvenzgläubiger behandelt (Rn. 86 f.), sondern privilegiert – aber mit doppeltem Unterschied zur Aussonderung: Die *Verwertung* des Gutes zwecks Befriedigung steht nicht notwendig dem Absonderungsberechtigten zu (u. U. kann der Verwalter auch professioneller verwerten); und ein *Erlös,* der den Anspruch des Absonderungsberechtigten übersteigt, kommt der Masse zugute, d. h. allen Insolvenzgläubigern. Das Absonderungsrecht ist somit die insolvenzrechtliche „Parallele" zur Klage auf vorzugsweise Befriedigung in der Einzelzwangsvollstreckung (§ 805 ZPO).

II. Recht zur Absonderung

369 Die Absonderungsrechte ergeben sich aus §§ 49–51. Sie scheitern allerdings, soweit ihr Erwerb anfechtbar ist (§§ 129 ff.) oder – als Vollstreckungserwerb – gar der Rückschlagsperre zum Opfer fällt (§ 88; Rn. 168).

1. Absonderungsrechte an unbeweglichem Vermögen

Nach § 49 ist zur Absonderung berechtigt, wer sich aus einem Gegenstand befriedigen kann, der der Zwangsvollstreckung in das unbewegliche Vermögen unterliegt. Der Immobiliarvollstreckung unterfallen Grundstücke und Erbbaurechte (§ 864 I ZPO), ferner bewegliche Sachen und Forderungen, die nach §§ 1120 ff. BGB zum Haftungsverband der Hypothek gehören (§ 865 ZPO). Ein Recht auf Befriedigung besteht für Hausgeldansprüche nach WEG (§ 10 I Nr. 2 ZVG), vor allem aber für **Inhaber von Grundpfandrechten** (§ 10 I Nr. 4 ZVG) und – nachrangig – auch für **persönliche Gläubiger,** welche die Beschlagnahme erwirkt haben (§ 10 I Nr. 5 ZVG).

Beispiel: Hat G1 ein Zahlungsurteil erwirkt und erreicht er, dass am 1. März die Zwangsversteigerung (oder Zwangsverwaltung) eines Grundstücks des S angeordnet wird, so ist er bei Insolvenzeröffnung am 1. Juni vor den ungesicherten Insolvenzgläubigern zu befriedigen (§ 10 I Nr. 5 i. V. m. §§ 15, 20, 22, 146 I ZVG) – trotz § 89.

Soweit eine Sicherung auf Einzelzwangsvollstreckung beruht, wird sie allerdings durch **Rückschlagsperre** unwirksam, wenn sie im letzten Monat vor dem Insolvenzantrag usw. erlangt wurde. „Erlangt" wird eine Zwangshypothek oder -grundschuld (§ 10 I Nr. 4 ZVG) schon mit Eintragung (§ 867 ZPO). Für dinglich nicht gesicherte Gläubiger (§ 10 I Nr. 5 ZVG) ist der Zeitpunkt der Beschlagnahme (z. B. § 22 ZVG) entscheidend.

2. Absonderungsrechte an beweglichem Vermögen

Klassische Absonderungsrechte erwachsen aus **Pfandrechten** 370 (§ 50 I). Diese können auf *Rechtsgeschäft* (z. B. „Faustpfandrecht" an Sachen, §§ 1204 ff. BGB; Verpfändung von Forderungen, §§ 1279 ff. BGB) oder auf *Gesetz* beruhen (z. B. §§ 562, 647 BGB, 397 HGB). Die Absonderung kraft Vermieterpfandrechts ist freilich beschränkt, z. B. auf Ansprüche aus den letzten 12 Monaten vor Insolvenzeröffnung (§ 50 II). Auch *Pfändungspfandrechte* gestatten die Absonderung – dank Sachpfändung (§ 804 ZPO) oder Rechtspfändung (§ 829 ZPO) –, doch wieder vorbehaltlich einer Rückschlagsperre.

Absonderung erlauben auch die Rechte des § 51, vor allem **Siche-** 371 **rungseigentum und -zession** (Nr. 1). Mit der Übertragung auf den Sicherungsnehmer scheiden Eigentum bzw. Forderung zwar eigentlich aus dem Schuldnervermögen (der Masse) aus. Dennoch soll der Erwerber nicht aussondern können: Wegen der Pfandrechtsähnlichkeit seiner Sicherung ist er auf Absonderung beschränkt (näher Rn. 349, 353). Soweit es dem Verwalter obliegt, das Sicherungsgut zu verwerten, darf er folglich auf *fremde* Sachen bzw. Forderungen zugreifen!

Probleme kann die Globalzession aufwerfen (Bsp.: Zur Sicherung eines Kredits werden der Bank alle aktuellen und künftigen Forderungen gegen Kunden abgetreten, deren Name mit den Buchstaben F–K beginnt). Meist geht es um **revolvierende Globalzession**: Die Bank ermächtigt den Schuldner, die zedierten Forderungen weiterhin einzuziehen (§§ 185 I analog, 362 II BGB); an die Stelle der damit sukzessiv erlöschenden Sicherheiten treten dann die Forderungen, die gegen neue Kunden entstehen und (als künftige) mitabgetreten worden waren. Die Einzugsermächtigung gilt im Zweifel auch diesen Forderungen. Die Bank darf sie aber widerrufen, wenn der Schuldner in Verzug gerät usw. (§ 183 BGB). Die so geschützten neuen Forderungen geben der Bank dennoch kein Absonderungsrecht, wenn dieses erst nach Insolvenzeröffnung entstand (Rn. 263a) oder zwar vorher entstand, aber als kongruente oder gar inkongruente Sicherung anfechtbar ist (Rn. 308).

Übersicht: Aussonderung und Absonderung

	Rechte des Treuhänders i. w. S. (Gläubiger, Vorbehaltsverkäufer, Gesicherter, Sicherungseigentümer usw.) **bei Insolvenz des Treugebers**	**Rechte des Treugebers i. w. S.** (Schuldner, Vorbehaltskäufer, Sicherungsgeber usw.) **bei Insolvenz des Treuhänders**
bei Eigentumsvorbehalt	*Aussonderung* (§ 47 i. V. m. § 985 BGB) in Insolvenz des Käufers, wenn dortiger Verwalter Erfüllung ablehnt oder zwar Erfüllung wählt, aber nicht zahlt	*Aussonderung* (§ 47 i. V. m. § 985 BGB) in Insolvenz des Verkäufers i. d. R. nicht schon kraft Anwartschaftsrechts, sondern erst, wenn Käufer Eigentum erworben hat
bei Sicherungsübereignung, Sicherungszession, verlängertem Eigentumsvorbehalt	*Absonderung* (§§ 50 f.) [bei Einzelzwangsvollstreckung gegen Schuldner: nach h. M. Drittwiderspruchsklage gegen Gläubiger, die in Sicherungsgut vollstrecken, § 771 ZPO]	*Aussonderung* (§ 47) kraft Rückgabeanspruchs, i. d. R. freilich erst nach Fortfall des Sicherungszwecks
bei uneigennütziger Treuhand („Verwaltungstreuhand")	*keine Rechte* (Treuhänder muss Treugut dem Insolvenzverwalter sogar herausgeben.)	*Aussonderung* (§ 47) kraft Rückgabeanspruchs

372 Auch **Zurückbehaltungsrechte** an Sachen können dazu berechtigen, sich aus der Sache vorzugsweise zu befriedigen. Dies ist in § 51 Nr. 2 für *wertsteigernde Verwendungen* vorgesehen (z. B. nach § 1000 BGB wegen Ersatzansprüchen nach §§ 994, 996 BGB), in § 51 Nr. 3 für *handelsrechtliche Zurückbehaltungsrechte* (z. B. nach § 369 HGB wegen fälliger Ansprüche aus beiderseitigem Handelskauf). Soweit hier das Privatrecht dem Gläubiger gestattet, sich aus dem zurückbehaltenen Gut zu befriedigen (vgl. §§ 1003 BGB, 371 HGB), hält das Insolvenzrecht daran fest.

3. Exkurs: Der Sicherungspool

Literatur: *Berner*, Sicherheitenpools der Lieferanten und Banken im Insolvenzverfahren, 2006; Gottwald/*Gottwald/Adolphsen*, S. 768 ff.; *Gundlach/Frenzel/Schmidt*, Die Zulässigkeit des Sicherheiten-Poolvertrags nach der Insolvenzordnung, NZI 2003, 142 ff.; *Peters*, Pool-Verträge in der Unternehmenskrise, ZIP 2000, 2238 ff.

In der Praxis machen Sicherungsberechtigte ihre Vorrechte oft gemeinsam geltend, vor allem Absonderungsrechte, ggf. aber auch Aussonderungsrechte: Sie bündeln ihre Vorrechte in einer Art „Pool", gründen z. B. eine *BGB-Gesellschaft* mit dem Ziel der Durchsetzung (oder auch Verwertung) individuell erlangter Sicherheiten; teilweise geben sie einem Verwalter auch nur *Vollmacht*, ihre Einzelrechte geltend zu machen (MünchKomm/*Ganter*, § 47 Rn. 189 ff.; s. auch Jaeger/*Henckel*, § 47 Rn. 90 ff.). Pool-Verträge können die einzelnen Sicherungsrechte gegenüber dem Schuldner bzw. der Masse nicht verändern – schon gar nicht nach Verfahrenseröffnung (§ 91), jedenfalls nicht ohne Zutun des Verwalters. Sinnvoll und zulässig können aber Maßnahmen zur Behebung von Beweisschwierigkeiten sein (vgl. *OLG Karlsruhe* DB 1978, 1636). Jedoch ist zu unterscheiden: **373**

Ein sog. **Bassinvertrag** lässt Sicherungsrechte von vornherein nicht für die einzelnen Gläubiger, sondern für eine Gesellschaft oder einen Treuhänder entstehen, die im Interesse der Gläubiger agieren. Dieser (dreiseitige) Vertrag wird zwischen Gläubiger, Drittem und Schuldner geschlossen. Kam er vor Verfahrenseröffnung zustande, so ist er wirksam, ggf. aber anfechtbar (§§ 130 f.). **374**

Lieferanten mit **Vorbehaltseigentum** können schon kraft Gesetzes zu einer Gemeinschaft von Miteigentümern werden, wenn der Schuldner die gelieferten Waren verwertet (§§ 947 I, 948 I, 950 BGB). Ihre Rechte können von allen Miteigentümern gemeinsam (§§ 744 I, 747 S. 2 BGB) oder von einem Miteigentümer (§§ 1011, 432 BGB) geltend gemacht werden. Das kann die Aussonderung erleichtern, u. U. auch die Geltendmachung von Schadensersatzansprüchen. **375**

Beispiel: Der Verwalter hat ein Kfz beschädigt, das der Schuldner aus Zulieferteilen herstellte. Wenn sich der Eigentumsanteil der einzelnen Lieferanten nicht exakt bewerten lässt, kann die Gemeinschaft den Gesamtschaden geltend machen und sich dann im Innenverhältnis um billigen Ausgleich bemühen (s. auch *BGH* WM 1958, 899).

Ist nicht einmal klar, welche Lieferanten Miteigentümer sind, so kann die Bestellung eines Pflegers (§ 1913 BGB) helfen. Zu dem Problemfall, dass auch der Schuldner Miteigentümer ist, s. MünchKomm/*Ganter*, § 47 Rn. 198.

376 Ein **verlängerter Eigentumsvorbehalt** mit Vorausabtretungsklausel bereitet dann Probleme, wenn ein Lieferant den Forderungserwerb – als Absonderungsrecht – nicht (genau) beweisen kann.

Hatte der Schuldner ihm seine eigene Kaufpreisforderung abgetreten, z. B. in Höhe des Betrages, der „dem Anteilswert des Verkäufers am Miteigentum entspricht" (vgl. *BGH* NJW 1975, 1226, 1227), so kann die Bewertung im Verhältnis zu den übrigen Lieferanten überaus schwierig sein. Ggf. muss der Absonderungswillige auch noch beweisen, dass in das jeweilige Produkt gerade seine Zulieferteile eingebaut wurden – und nicht etwa gleiche Teile eines anderen Lieferanten, von dem der Schuldner ebenfalls (früher, später oder gleichzeitig) bezog.

Solche Schwierigkeiten lassen sich vermeiden, wenn alle gesicherten Lieferanten die ihnen abgetretenen Ansprüche bündeln, z. B. an einen Treuhänder abtreten (dazu *Riggert*, NZI 2000, 525 ff.; MünchKomm/*Ganter*, § 47 Rn. 202 f.). Denn dieser muss dann alle Ansprüche erworben haben. Über die Verteilung im Innenverhältnis werden sich die Gläubiger schon einigen. Diese Pool-Abrede ist nach h. M. auch nicht anfechtbar, da sie lediglich den Beweis erleichtert.

III. Verwertung von Absonderungsgut

Literatur: *Bork*, Die „kalte Zwangsverwaltung" – ein heißes Eisen, ZIP 2013, 2129 ff.; *Eickmann*, Grundstücke in der Insolvenz – Chance oder Risiko, in: Chr. Berger (Hrsg.), Dritter Leipziger Insolvenzrechtstag, 2002, S. 49 ff.; *Gundlach/Frenzel/Schmidt*, Die Verwertungsbefugnis aus §§ 166 ff. InsO, NZI 2001, 119 ff.; *Knees*, Die Bank als Grundpfandrechtsgläubiger in der Unternehmensinsolvenz, ZIP 2001, 1568 ff.; *Muth*, Die Zwangsversteigerung auf Antrag des Insolvenzverwalters, ZIP 1999, 945 ff.; *Tetzlaff*, Probleme bei der Verwertung von Grundpfandrechten und Grundstücken im Insolvenzverfahren, ZInsO 2004, 521 ff.; *Vallender*, Zwangsversteigerung und Zwangsverwaltung im Lichte des neuen Insolvenzrechts, RPfl. 1997, 353 ff.

1. Grundstücke

a) Verwertungsberechtigte

377 Der **Gläubiger** hätte schon *vor Insolvenzeröffnung* die Zwangsversteigerung oder -verwaltung einleiten dürfen (§§ 15 ff., 146 ff. ZVG). Dann hätte er als Grundpfandgläubiger mit Vorrang vollstreckt (§§ 10 I Nr. 4, 11 I ZVG). Dieses Vorrecht bleibt *nach Insolvenzeröffnung* erhalten: Ein Absonderungsberechtigter darf weiterhin die Vollstreckung betreiben bzw. fortsetzen (§§ 49, 80 II 2).

Wer sein Grundpfandrecht verwerten will, benötigt einen **Titel auf Duldung der Zwangsvollstreckung** (§§ 1147, 1192 I BGB; Ausnahme für Zwangshypotheken: § 867 III ZPO). Vor Insolvenzeröffnung ist ein Titel gegen den Schuldner als Eigentümer nötig (bei Bestellung eines „starken" vorläufigen Verwalters: gegen diesen), danach gegen den Insolvenzverwalter. Banken verfügen i. d. R. von vornherein über vollstreckbare Urkunden (§§ 794 I Nr. 5, 800 ZPO). Titel gegen den Schuldner können gegen den Verwalter umgeschrieben werden (§§ 727 analog, 797 II ZPO; dann ggf. Vollstreckungsgegenklage des Verwalters: §§ 767, 797 III–V ZPO).

Der Verwalter kann allerdings die *einstweilige Einstellung der Zwangsversteigerung* verlangen (§ 30d I ZVG). Hierfür genügt eine der folgenden Voraussetzungen: 378

- Der Berichtstermin steht noch bevor (dort könnte ja beschlossen werden, dass das insolvente Unternehmen fortgeführt wird, wofür man vielleicht gerade das Grundstück braucht).
- Das Grundstück wird nach dem Berichtstermin für eine Betriebsfortführung oder übertragende Sanierung (Rn. 430) benötigt.
- Die Durchführung eines Insolvenzplans würde gefährdet.
- Die angemessene Verwertung der Masse würde sonst wesentlich erschwert.

Die Einstellung muss dem Gläubiger jedoch unter Berücksichtigung seiner wirtschaftlichen Verhältnisse *zumutbar* sein (§ 30d I 2 ZVG). Das wird meist zu bejahen sein. Denn die Einstellung erfolgt mit der Auflage, dem Gläubiger nach dem Berichtstermin die laufenden Zinsen auf den gesicherten Anspruch zu zahlen. Bei Wertverlust durch Nutzung ist zudem ein Ausgleich zu zahlen (§ 30e ZVG; Masseschulden!). Dennoch mag dem Gläubiger der Verlust einer Chance drohen, z. B. weil momentan Verkaufsgelegenheit besteht oder die Preise hoch sind.

Zu Einstellungsanträgen für *vorläufige Verwalter* vgl. § 30d IV ZVG, zur Einstellung der *Zwangsverwaltung* s. § 153 b ZVG.

Auch der **Verwalter** kann das Grundstück verwerten: § 165 eröffnet ihm *Zwangsversteigerung und -verwaltung* nach Maßgabe des ZVG. Hatte schon der Absonderungsberechtigte die Vollstreckung eingeleitet, so kann der Verwalter beitreten (§§ 27, 172 ZVG). Alternativ kann der Verwalter das Grundstück aber auch *freihändig veräußern.* Dazu berechtigt seine Verwaltungs- und Verfügungsbefugnis (§ 80 I). Intern muss der Verwalter jedoch die Zustimmung des Gläubigerausschusses einholen (näher § 160 I, II Nr. 1). Dort sind auch die 379

Absonderungsberechtigten repräsentiert (§ 67 II). Gerade sie werden auf einen angemessenen Kaufpreis dringen, um nicht „auszufallen".

b) Praktische Probleme

380 Ein Versteigerungserlös wird nach Maßgabe der §§ 10 ff. ZVG verteilt. Betreibt der Verwalter die Zwangsversteigerung, so handelt er für alle ungesicherten Gläubiger, d. h. im Range des § 10 I Nr. 5 ZVG. Für ihn sind also sämtliche Grundpfandrechte vorgehende Rechte (§ 10 I Nr. 4 ZVG). Doch wird auf diese Rechte nicht etwa schon gezahlt. Vielmehr werden sie in das **„geringste Gebot"** eingestellt (§§ 44 I, 45 I ZVG). Sie bleiben also bestehen und sind erst gegen den neuen Eigentümer durchsetzbar, der das Grundstück ersteigert (§§ 44 I, 52 I 1 ZVG). Das wirft zwei Probleme auf:

- Bei Insolvenzen stellt sich regelmäßig heraus, dass die Grundstücke des Schuldners wertausschöpfend belastet sind. Dies *erhöht das „geringste Gebot"* derart, dass sich im Versteigerungstermin u. U. kaum noch Bieter finden.
- Ein Insolvenzgläubiger, der durch Hypothek usw. gesichert ist, kann die Insolvenzforderung nur geltend machen, soweit er bei der Befriedigung aus dem Grundstück ausgefallen ist (oder auf diese verzichtet, § 52 S. 2). Dieser *Vollstreckungsausfall* ist aber kaum feststellbar, wenn sein Pfandrecht bestehen bleibt. Immerhin könnte der Gläubiger als Hypothekar selber die Versteigerung betreiben. Dafür braucht er aber einen Vollstreckungstitel (Rn. 377), der ihm vielleicht noch fehlt.

381 Hier hilft eine **Reduzierung des geringsten Gebots**. Nach **§ 174 ZVG** kann der *gesicherte Gläubiger* beantragen, (auch) abweichend auszubieten, nämlich so, dass nur die *ihm* vorgehenden Rechte in das „geringste Gebot" aufzunehmen sind. Werden dementsprechende Gebote abgegeben, so kann das Grundpfandrecht dieses Gläubigers erlöschen (§ 52 I 2 ZVG). Er wird dann befriedigt, soweit der Erlös das erlaubt (§§ 52 I 2, 91 I, 92 I ZVG). Andernfalls steht wenigstens sein Ausfall fest. Aber: Oft stellt kein Gläubiger den Antrag nach § 174 ZVG, in der Hoffnung, dass der Verwalter dann von einer Zwangsversteigerung ganz Abstand nimmt und das Grundstück selber veräußert.

382 Dem soll **§ 174a ZVG** abhelfen: Danach kann auch der *Verwalter* abweichende Ausbietung beantragen. Sie verringert das „geringste Gebot" sogar weitaus stärker, da nur noch Rechte nach § 10 I Nr. 1 ZVG zu berücksichtigen sind. Voraussetzung ist freilich, dass Fest-

stellungskosten i. S. d. § 10 I Nr. 1a ZVG angefallen sind, weil (zufällig!) mithaftendes Mobiliar auf dem Grundstück ist.

Erhält das abweichende Ausgebot den Zuschlag, so erlöschen alle nachrangigen Rechte, also auch die Grundpfandrechte i. S. d. § 10 I Nr. 4 ZVG. Dies wiederum kann jeder Grundpfandgläubiger abwenden, indem er die Ansprüche aus § 10 I Nr. 1a ZVG berichtigt (§ 268 BGB analog; BT-Drs. 12/3803, S. 69 f.).

Um von vornherein Probleme zu vermeiden, bevorzugt der Verwalter nicht selten die **freihändige Veräußerung** (Rn. 379). Sie kann zugleich Kosten sparen und oft auch rascher abgewickelt werden. Hier gibt es kein „geringstes Gebot", aber zweierlei Wege: (1) Die Absonderungsrechte bleiben bestehen, weil der Käufer das Grundstück mit allen Belastungen übernimmt. Der Erlös ist entsprechend gering. Wenigstens ist er nicht mit den Absonderungsberechtigten zu teilen, sondern verbleibt der Masse. (2) Leichter wird das Grundstück verkäuflich sein, wenn es lastenfrei ist. Dann müssen sich die Absonderungsberechtigten bereit erklären, auf ihre Rechte zu verzichten, wenn sie aus dem Kaufpreis rangentsprechend befriedigt werden. Rangschlechtere Grundpfandgläubiger mögen dabei ausfallen; wenn sie sich dennoch weigern, auf ihr Recht zu verzichten, muss ihnen diese Blockadeposition u. U. „abgekauft" werden (*Hörmann,* VIA 2014, 9, 11 f.). 383

2. Bewegliche Sachen

Der **Verwalter** darf das Mobiliar verwerten, an dem er Besitz erlangt hat (§ 166 I i. V. m. § 148 I). 384

Dies soll verhindern, dass einzelne Gläubiger das Sicherungsgut aus dem Verbund des Schuldnervermögens herauslösen, und so die etwaige Fortführung des Unternehmens erleichtern oder doch die (ggf. lukrativere) Verwertung in einer Vermögenseinheit offenhalten. Oft wird der Verwalter auch besseren Zugang zu Abnehmerkreisen haben als der Gläubiger. Das ist wichtig, wenn bei optimaler Verwertung nicht nur der Absonderungsberechtigte befriedigt wird, sondern auch ein Überschuss zu erwarten ist, von dem die Masse, d. h. die ungesicherten Gläubiger profitieren.

Dem Zugriff des Verwalters unterliegen vor allem die Sachen, die der Schuldner nach § 930 BGB zur Sicherheit übereignet hatte oder die von einem verlängerten Eigentumsvorbehalt erfasst wurden (Rn. 351 ff.). Verpfändete Sachen wird dagegen der Absonderungsberechtigte besitzen. Anders ist es bei besitzlosem Pfandrecht (z. B.

Vermieterpfandrecht an HiFi-Anlage des Schuldners). Im Übrigen genügt mittelbarer Besitz gegenüber Dritten (Bsp.: Schuldner hatte die Sache in Reparatur gegeben).

385 Auch solche Sachen, die ein *Gerichtsvollzieher gepfändet* hatte, darf der Verwalter verwerten, falls sie im Gewahrsam des Schuldners belassen wurden (§ 808 II ZPO).

Sie sind allerdings „verstrickt". Teilweise wird daher angenommen, vor der Verwertung müsse der Gerichtsvollzieher die Verstrickung der Sache aufheben (so auch Amtl. Begr., S. 178). Dann aber würde das Pfändungspfandrecht entfallen. Als Ausweg wird empfohlen, dass der Verwalter nach § 825 ZPO beim Vollstreckungsgericht die Erlaubnis einholt, selber zu verwerten (vgl. *Bork*, FS H. F. Gaul, 1997, S. 71, 80). Nach dem Normzweck des § 166 I tritt die Verstrickung jedoch zurück: Der Verwalter muss ohne weiteres verwerten können (*Jauernig/Berger*, § 45 Rn. 21; *Smid*, ZInsO 2001, 433, 441 ff.).

386 Der Verwalter *verwertet „freihändig"*, d. h. nach freiem Ermessen (s. aber § 160 II Nr. 1). Immerhin muss er dem Absonderungsberechtigten eine Veräußerung ankündigen, ihm Gelegenheit geben, auf eine günstigere Verwertungsmöglichkeit hinzuweisen, und diese ggf. auch wahrnehmen (§ 168), auf Verlangen auch Auskunft über den Zustand der Sache geben und eine Besichtigung gestatten (§ 167 I).

Der Absonderungsberechtigte (G) mag interessiert sein, den Gegenstand, aus dem er sich befriedigen darf, selber zu erwerben, sog. **Selbsteintritt.** Darauf muss der Verwalter eingehen, wenn das Angebot des G günstiger als andere Verwertungen ist (klarstellend: § 168 III). G schuldet der Masse den vereinbarten Kaufpreis, darf aber mit seinem Anspruch auf den Erlös (§ 170 I 2) aufrechnen. – Falls G den Gegenstand (zur Überraschung des Verwalters) mit Gewinn weiterverkaufen kann, darf er diesen behalten (*BGH* NZI 2006, 32, 33). Seine Insolvenzforderung besteht fort, soweit sie durch den (Netto-)Erlös nicht getilgt ist (§ 52 S. 2). Folgerichtig darf G insoweit auch noch andere Sicherheiten in Anspruch nehmen, einschließlich eines Bürgen (*Foerste,* ZBB 2009, 285, 297 f.; anders *BGH* a. a. O.).

Eine *Nutzung* des Sicherungsguts – immerhin einer fremden Sache! – ist dem Verwalter erlaubt, bei etwaigem Wertverlust aber nur gegen laufenden Ausgleich (§ 172; Masseschuld nach § 55 I Nr. 1). Selbst Verbindung, Vermischung und Verarbeitung sind zulässig, soweit eine Minderung der Sicherung nicht eintritt oder ausgeglichen wird (z. B. wie Rn. 351). Vor *Verzögerung* der Verwertung schützt § 169: Spätestens „vom Berichtstermin an" sind dem Gläubiger die laufenden Zinsen zu zahlen, die auf den gesicherten Anspruch entfallen, es sei denn, dass auch eine zeitige Verwertung keine Tilgung (und Zinsersparnis) ermöglicht hätte.

Soweit der Verwalter nicht verwerten darf, kann der **Gläubiger** verwerten (§ 173 I). Er verwertet also Sachen, an denen er Besitz hat (z. B. Faustpfand, Sicherungseigentum mit unmittelbarem Besitz), ferner dann, wenn der Verwalter ihm die Verwertung überlässt (arg. § 170 II). Auch dem Gläubiger steht es frei, wie und wann er verwertet. Er muss allerdings die zivilrechtlichen Schranken beachten (z. B. den Sicherungsvertrag oder § 1228 BGB) und bestmöglich verwerten. Zum Schutz vor *Verzögerung* kann das Insolvenzgericht ihm auf Antrag des Verwalters eine Frist zur Verwertung setzen (§ 173 II). Das ist wichtig, wenn der Erlös den gesicherten Anspruch übersteigen dürfte. Nach Fristablauf darf der Verwalter verwerten. 387

3. Forderungen

Der **Verwalter** verwertet Forderungen, die der Schuldner zur Sicherung eines Anspruchs *abgetreten* hatte (§ 166 II), und zwar durch Einziehung (Rn. 280, 286 f.) oder in sonstiger Weise (z. B. Verkauf, §§ 433, 453 I BGB). In anderen Fällen soll der **Gläubiger** verwerten (§ 173 I), praktisch also solche Schuldnerforderungen, die ihm *verpfändet* worden waren oder die er hatte *pfänden* lassen. 388

Diese Divergenz mag überraschen. Der Gesetzgeber will abgetretene Forderungen u. a. deshalb vom Verwalter einziehen lassen, weil Zessionen oft stillschweigend erfolgen, so dass der Drittschuldner überrascht würde, wenn der ihm fremde Zessionar einzöge. Solches sei nach Verpfändungen usw. nicht zu besorgen, da diese dem Drittschuldner ohnehin bekannt würden: nach §§ 1280 BGB, 829 III ZPO (Amtl. Begr., S. 178 f.). Muss dann aber der Gläubiger nicht auch verwerten dürfen, wenn eine Sicherungszession „offen“ erfolgte oder später offengelegt wird? (Dagegen *BGH* NJW 2002, 3475 ff.; s. auch *Marotzke*, ZZP 109 [1996], 429, 446 ff.)

IV. Kostenbeteiligung des Berechtigten

Ein zentrales Anliegen der Insolvenzrechtsreform war es, gesicherte Gläubiger zwecks Stärkung der Masse mit einem Abschlag zu belasten. Nach § 170 I 1 sollen sie die Kosten der Feststellung und Verwertung von Sicherheiten tragen, sofern der Insolvenzverwalter verwertet. Die Bemessung erfolgt meist anhand des Verwertungserlöses, einschließlich der Umsatzsteuer. Die **Feststellungskosten** sind die „der tatsächlichen Feststellung des Gegenstands“ (Ermittlung und Erfassung des Sicherungsgutes) und „der Feststellung der 389

Rechte" daran. Feststellungskosten betragen stets *4 % des Erlöses* (§ 171 I; Erlös inkl. USt.). Sie fallen jedoch nicht bei Verwertungen durch Gläubiger oder Schuldner an (zur Eigenverwaltung: § 282 I 2).

Bei Grundstücksversteigerungen beziehen sie sich nur auf mithaftendes Mobiliar (§ 10 I Nr. 1a ZVG). Zudem sind die Kosten aus dem Versteigerungserlös vorrangig zu tilgen. Daher belasten sie auch keineswegs jeden Grundpfandgläubiger, sondern nur rangschlechtere Gläubiger, für die der Erlös (deshalb) nicht mehr ausreicht.

390 Zusätzlich werden **Verwertungskosten** angesetzt (§ 171 II), und zwar pauschal mit *5 % des Erlöses* (inkl. USt.), hingegen die tatsächlichen Kosten, wenn sie erheblich niedriger oder höher sind, z. B. nur halb bzw. doppelt so hoch. Etwaige Umsatzsteuer kommt hinzu.

Beispiel: In der Fabrik des S lagert eine Maschine, an der G Sicherungseigentum hat. Der Verwalter kann sie für 10.000,– € verkaufen. Davon sind vorab 19 % USt. abzuführen, so dass nur 8.403,36 € verbleiben. Dennoch werden die (pauschalen) Abzüge nach der Bruttosumme berechnet, so dass zusätzlich 400,– € für Feststellung und 500,– € für Verwertung einzubehalten sind. G erhält also nur 7.503,36 €.

Die Kostenbeteiligung soll sicherstellen, dass die Arbeitskraft des Verwalters nicht für Gesicherte auf Kosten der ungesicherten Gläubiger in Anspruch genommen wird. Eine Umlegung erfolgt daher *nicht*, wenn der *Verwalter nicht verwertet*, weil er dies dem Gläubiger überlässt (§ 170 II) oder der Rechtspfleger verwertet (bei Zwangsversteigerung: § 3 Nr. 1 lit. i RPflG). Zur Eigenverwaltung s. § 282 I 3.

Übersicht: Verwertung von Absonderungsgut

	Immobilien	bewegliche Sachen	Forderungen
Verwertungsbefugte	Absonderungsberechtigte, Verwalter	Verwalter für Sachen in seinem Besitz, i. Ü. Absonderungsberechtigte	Verwalter für abgetretene Forderungen, Absonderungsberechtigte für ge- oder verpfändete Forderungen
Kostenbeteiligung	für Feststellung, ggf. für Verwertung	für Feststellung u. Verwertung	für Feststellung u. Verwertung

Wer sich Sicherheiten bestellen lässt, wird die absehbare **Schmälerung des Absonderungsrechts** einkalkulieren: Er wird auf höheren Sicherheiten bestehen. Das ist auch zulässig. Davon ging bereits der Gesetzgeber aus (Amtl. Begr., S. 89). Dementsprechend hat der BGH inzwischen eine Deckungssumme von 110 % zuzüglich des Umsatzsteuersatzes akzeptiert, praktisch also eine Sicherung i. H. v. 129 % des Forderungsbetrags (*Großer Zivilsenat*, BGHZ 137, 212, 228 f.). Eine daran orientierte Sicherungspraxis usurpiert zwar nicht gerade Ressourcen, die insolvenzrechtlich bereits den ungesicherten Gläubigern zugewiesen sind. Doch die schleichende Entwertung der Masse, die mit jedem Absonderungsrecht verbunden ist, d. h. die Gefährdung der übrigen Gläubiger, nimmt auf diese Weise noch zu. Letztlich ist das aber wohl kaum vermeidbar, will man die Fremdfinanzierung der mittelständischen Wirtschaft (Rn. 3) auch in Zukunft sicherstellen. 391

V. Ersatzabsonderung

Literatur: *Harder*, Ersatzabsonderung und dingliche Surrogation, KTS 2001, 97 ff.

Das *Aussonderungs*recht erstreckt sich bei unbefugter Veräußerung des Aussonderungsgutes auf dessen Surrogate (§ 48; Rn. 364). Für Absonderungsberechtigte gibt es (wie schon in der KO) keine entsprechende Vorschrift. Dennoch ist (wie nach der KO) eine Ersatzabsonderung anzuerkennen: analog § 48. Davon ging auch der Gesetzgeber aus. Er hielt es nur für entbehrlich, dies im Gesetz klarzustellen 392 (vgl. Rechtsausschuss, S. 160). Das heißt: Hat der **Schuldner** vor Verfahrenseröffnung unbefugt über Absonderungsgut verfügt und damit die Befriedigungsmöglichkeit vereitelt, so erstreckt sich das Absonderungsrecht auf den Erlösanspruch bzw. auf den Erlös selbst, soweit er noch unterscheidbar in der Masse ist (Rn. 364 f.).

Beispiele: Veräußert wird *Grundstückszubehör* (Maschinen der Fabrik, Möbel des Hotels), das zum Haftungsverband der Grundpfandrechte gehört (§§ 1120 ff., 1192 I BGB) und damit der vorrangigen Befriedigung der Grundpfandgläubiger diente (Bsp.: *OLG Dresden* ZInsO 2003, 472). – Die Veräußerung von *Sicherungseigentum* ist oft nur im „ordnungsgemäßen Geschäftsgang" (nicht im Insolvenzverfahren) erlaubt, auch nur bei Abtretung entsprechender Forderungen gegen die Abnehmer (und nicht, wenn die Abtretung scheitert). – Bei *Forderungen* steht die Einziehung der Verfügung gleich: Hatte S dem G eine Forderung gegen D zur Sicherheit abgetreten, zog er sie aber dennoch wirksam ein (§ 407 I BGB!), so kann G das dem S zugeflossene Geld absondern (*BGH* NZI 2010, 339).

Auf diese Weise werden bestimmte Forderungen (Ersatzansprüche gegen den Schuldner) entgegen § 87 begünstigt. Das mag systemwidrig sein (Rn. 367). Es ist aber gewollt und deshalb hinzunehmen (h. M.; anders *Marotzke*, ZZP 109 [1996], 429, 434 ff.).

Entsprechendes gilt, wenn der **Insolvenzverwalter** unbefugt verfügt. Soweit er Absonderungsgut *verwertet*, ist er dazu allerdings oft ermächtigt (s. nur § 166). Dann setzt sich das Absonderungsrecht am Verwertungserlös – als Surrogat – fort (so *BGH* NJW 2007, 1588, 1591); im Übrigen haftet die Masse schon nach § 170 I 2.

VI. Streit um Absonderungsrechte

393 Weigert sich der Insolvenzverwalter, ein Absonderungsrecht anzuerkennen, so kann eine Klage nötig werden: Ist der Verwalter zur Verwertung berechtigt, so genügt i. d. R. ein Feststellungsurteil gegen ihn „als Insolvenzverwalter über das Vermögen des/der …" (§ 256 ZPO). Zum Gerichtsstand beachte § 24 ZPO (hat Vorrang vor § 19a ZPO; Rn. 346). Notfalls muss eine Klage auf Auszahlung nach § 170 I 2 folgen.

§ 25. Befriedigung der Massegläubiger

Literatur: *Bley*, Die Haftung des Gemeinschuldners für Masseansprüche, ZZP 62 (1941), 111 ff.; *Dinstühler*, Die Abwicklung massearmer Insolvenzverfahren nach der Insolvenzordnung, ZIP 1998, 1697 ff.; *Kübler*, Die Behandlung massearmer Insolvenzverfahren nach der Insolvenzordnung, in: KS, S. 573 ff.; *H. Roth*, Prozessuale Rechtsfolgen der „Insolvenz in der Insolvenz", FS H. F. Gaul, 1997, S. 573 ff.

I. Grundsätze

Die Rohmasse verringert sich zusätzlich um die Beträge, die den 394 Massegläubigern gebühren. Denn Masseverbindlichkeiten (Rn. 75 ff.) sind „vorweg zu berichtigen" (§ 53). Hierfür sorgt der Verwalter, ggf. nach Verwertung von Massegegenständen. Andernfalls kann er auf Leistung verklagt werden.

Verklagt wird er natürlich nur „als Insolvenzverwalter über das Vermögen des…" (Rn. 180, 346). Soll er aus besonderem Anlass (s. *BGH* NZI 2008, 39) auch persönlich in Anspruch genommen werden, damit auch in sein Privatvermögen vollstreckt werden kann, so ist er ohne Zusatz, d. h. nur unter seinem Namen, zu verklagen. Dann gibt es zwei Beklagte! (Streitgenossen i. S. der §§ 59, 61 ZPO)

Wird eine Zwangsvollstreckung in die Masse nötig, so erfolgt sie nach den Regeln der ZPO. Insoweit gilt also das **Reihenfolgeprinzip**. Es gilt freilich nur, wenn der Verwalter nicht leisten *will* – nicht bei Masseunzulänglichkeit (Rn. 399).

Im Übrigen gibt es **Vollstreckungsbeschränkungen**. So sieht § 90 395 eine *Schonfrist von 6 Monaten* seit Verfahrenseröffnung vor. Sie soll verhindern, dass in der Phase, in welcher der Verwalter besonders dringend auf den Erhalt der Masse angewiesen ist – sei es zur Herstellung einer minimalen Liquidität, sei es zur Fortführung eines Unternehmens –, wichtige Massestücke entzogen werden. Das gilt jedoch nur *für „oktroyierte" Masseverbindlichkeiten,* d. h. solche, die ohne seinen Einfluss entstanden (§ 90 I: „nicht durch eine Rechtshandlung des Insolvenzverwalters"). Das sind z. B. Lohnansprüche der Arbeitnehmer und Mietzinsforderungen für die Zeit ab Insolvenzeröffnung.

Soweit der Verwalter nämlich selber Masseverbindlichkeiten schafft, kennt er die Vollstreckungsgefahr, benötigt also keine Schonfrist. Umgekehrt tut sich der Rechtsverkehr leichter, mit einem Insolvenzverwalter Geschäfte abzuschließen, wenn entsprechende Masseschulden notfalls sofort eingetrieben werden könnten.

396 Daraus zieht § 90 II die Konsequenz: **Ohne Sperrfrist vollstreckbar** sind Masseschulden

- aus einem gegenseitigen Vertrag *nach Erfüllungswahl* des Verwalters (Nr. 1), d. h. soweit § 103 ein Wahlrecht einräumte;
- aus einem Dauerschuldverhältnis für die Zeit *nach frühest möglicher Kündigung* für den Verwalter (Nr. 2);

Beispiel: Wer dem Schuldner ein Büro vermietet hatte, kann für die Zeit ab Verfahrenseröffnung Masseschulden geltend machen (§§ 55 I Nr. 2, 108 I 1). Sofort vollstrecken kann er aber nur wegen solcher Ansprüche, die nach dem Zeitpunkt entstanden, zu dem der Verwalter nach § 109 I 1 hätte kündigen können, dies aber unterließ – d. h. seitdem der Verwalter das Mietverhältnis willentlich fortsetzte.

- aus einem Dauerschuldverhältnis *seit Inanspruchnahme der Gegenleistung* durch den Verwalter (Nr. 3).

Beispiele: Der Verwalter kann dem Arbeitnehmer N erst zum 30. Juni kündigen (vorher also kein Fall des § 90 II Nr. 2). Er nimmt dessen Arbeitsleistung daher noch ab Mai in Anspruch (statt N sogleich „freizustellen"). Damit sind die Lohnforderungen für Mai/Juni nicht nur Masseschulden (§§ 55 I Nr. 2, 108 I 1), sondern N kann auch sofort vollstrecken, wenn er rasch genug einen Titel erwirkt (z. B. nach § 794 I Nr. 4 ZPO).

Der Verwalter kann dem Vermieter V erst zum 30. Juni kündigen. Er gebraucht die Mietsache daher noch ab Mai (statt V sogleich „freizustellen", d. h. *ihm* die weitere Nutzung anzubieten, die Sache herauszugeben usw.: BGHZ 154, 358, 364 ff.).

Aber auch über § 90 II hinaus kann wegen jedes nicht-oktroyierten Masseanspruchs vollstreckt werden, z. B. wegen einer unerlaubten Handlung des Verwalters (Rn. 79).

II. Mangelfälle

1. Nichtdeckung der Verfahrenskosten

397 Oft ist der Schuldner derart verarmt, dass sein Vermögen nicht einmal die Masseverbindlichkeiten deckt. Reicht es nicht einmal für die Verfahrenskosten („Massekosten") – Gerichtskosten, Auslagen und Honorare –, so steht schon die *Eröffnung des Verfahrens* in Frage:

Wenn das Gericht die Massearmut bemerkt, weist es den Insolvenzantrag mangels Masse ab, es sei denn, dass die Verfahrenskosten vorgeschossen oder gestundet werden (§ 26; Rn. 121 f.). Tritt die Massearmut dagegen erst später zutage, so wird das **Insolvenzverfahren eingestellt**, auch dies freilich nur, wenn weder Vorschuss noch Stundung erfolgen (§ 207 I, II).

Allerdings werden Barmittel, die sich in der Masse finden, quotal verteilt, um die Verfahrenskosten wenigstens anteilig zu decken (§ 207 III 1). Dabei werden erst die Auslagen, dann Honorare entgolten. Wichtig ist, dass der Verwalter *nicht mehr verwerten muss* (§ 207 III 2). Schließlich erhält er ja auch sein Honorar nicht (vollständig). Er *darf* allerdings verwerten, solange er noch verwaltungsbefugt ist (§ 80), d. h. bis zur Einstellung des Verfahrens.

2. Nichtdeckung von Masseschulden

Sind zwar die Massekosten (§ 53), nicht aber die fälligen Masseschulden (Rn. 78 ff.) gedeckt, so ist die Masse nur „unzulänglich" (§ 208 I 1). Gleiches gilt, wenn Masseschulden erst später fällig werden, die Masse aber voraussichtlich nicht ausreichen wird, um sie dann zu erfüllen (§ 208 I 2). In beiden Fällen ist das Insolvenzverfahren fortzusetzen (§ 208 III). Der Verwalter ist aber zur **Anzeige der Masseunzulänglichkeit** verpflichtet (§ 208 I 1). Das Insolvenzgericht macht die Anzeige bekannt (§ 208 II). Die Anzeige ist sehr wichtig: Einerseits entscheidet sie über den *Rang der Masseschulden,* denn die bisherigen Massegläubiger werden nun schlechter gestellt. Andererseits wird der *Verwalter entlastet.* Ihm droht ja persönliche Haftung, wenn er Masseschulden begründet, deren Erfüllbarkeit erkennbar in Frage steht (§ 61). Seine Anzeige drängt die alten Masseschulden aber zurück und schafft damit Freiraum, neue Verbindlichkeiten einzugehen. 398

Die **Befriedigung** der Massegläubiger folgt wegen der Mangelsituation nicht länger dem Reihenfolgeprinzip (entgegen Rn. 394). Vielmehr ist – wie bei Insolvenzgläubigern – *quotale Befriedigung* vorgesehen (§ 209 I: „nach dem Verhältnis ihrer Beträge"). Daher sind auch Leistungsklagen nicht länger zulässig (nur noch Feststellungsklagen). Gläubigergleichbehandlung erfolgt aber nur *innerhalb dreier Rangklassen:* 399

(1) Mit erstem Rang werden die **Massekosten** (Rn. 397) getilgt. Ihrer bedurfte es schließlich, um die weiteren Barmittel überhaupt verfügbar zu machen.

400 **(2)** Mit zweitem Rang werden die **Neumassegläubiger** befriedigt: die Gläubiger, deren Ansprüche *nach Anzeige* der Masseunzulänglichkeit (Rn. 398) begründet wurden. Gemeint sind aber nur Schulden, die der Verwalter willentlich begründete; das ergibt sich aus § 209 II. Die Norm entspricht § 90 II (näher Rn. 396).

Laut § 209 II Nr. 1 kann der Verwalter u. a. über die *Erfüllung von gegenseitigen Verträgen* entscheiden (die beidseits nicht erfüllt sind). Das gilt jedenfalls für Verträge i. S. d. § 103, die noch vor Verfahrenseröffnung geschlossen wurden. Umstritten ist, ob das Wahlrecht nach § 209 II Nr. 1 auch für Verträge i. S. d. § 55 I Nr. 1 besteht, die der Verwalter selbst abgeschlossen hat (näher MünchKomm/*Hefermehl*, § 209 Rn. 25 ff.). Nötig erscheint das nicht.

401 **(3)** Den dritten Rang haben die „übrigen Masseverbindlichkeiten", vor allem die **Altmassegläubiger,** also Ansprüche, die *vor Anzeige* der Masseunzulänglichkeit begründet wurden. Zumindest hier wird das Geld nur für quotale Befriedigung reichen. Zum Schutz der vorrangigen Gläubiger ist den Altmassegläubigern eine Zwangsvollstreckung generell verboten (§ 210; durchsetzbar nach § 766 ZPO). Nach der Verteilung der Masse stellt das Insolvenzgericht das Insolvenzverfahren ein (§ 211 I).

Die Benachteiligung der Altgläubiger ist eine *Notmaßnahme.* Sie dient dem Insolvenzverfahren. Denn ohne sie dürfte ein Verwalter keine Geschäfte mehr tätigen (§ 61). Nach Anzeige der Masseunzulänglichkeit fände er auch kaum noch jemanden, der dazu bereit ist. Dann müsste die weitere Verwaltung und Verwertung der Masse oft abgebrochen werden – zum Schaden *aller* Beteiligten.

Frage: Was soll der Verwalter tun, wenn das Geld nicht einmal für alle *Neumassegläubiger* ausreicht?

Gesetzlich ist das nicht geregelt. Auch hier können aber *Leistungs*klagen nicht länger zulässig sein (*BGH* NJW 2006, 2997 Rn. 25). Auch hier muss der Verwalter (analog § 210) verhindern können, dass einzelne Neu-Gläubiger mittels Einzelzwangsvollstreckung vorpreschen: Er kann diese für unzulässig erklären lassen (§ 767 ZPO).

402 Den Fall, dass **Masseansprüche zu spät bekannt werden**, regelt § 206. Danach sind die betroffenen Massegläubiger von der jeweils eingeleiteten Verteilung ausgeschlossen. Sie können nur hoffen, dass bei der nächsten Verteilung genug Geld für sie übrig bleibt. Folge: Wer als Insolvenzgläubiger von der Übergehung eines Massegläubigers profitiert, darf das Erlangte behalten, obwohl er noch gar nicht „an der Reihe" war! Auf § 53 kann folglich kein Bereicherungsanspruch gestützt werden.

3. Befriedigung nach dem Insolvenzverfahren

Gehen Massegläubiger im Insolvenzverfahren leer aus, werden sie 403
anschließend den Schuldner persönlich in Anspruch nehmen wollen. Ausdrücklich geregelt ist ein Nachforderungsrecht aber nur für Insolvenzgläubiger (§ 201 I). Dennoch haftet der Schuldner auch für Verbindlichkeiten, die vor Verfahrenseröffnung noch von ihm begründet und später Masseschulden wurden (§ 55 I Nr. 2; allg. M.), z. B. für Mietzahlungen jedenfalls bis zu dem Termin, zu welchem der Verwalter erstmals hätte kündigen können. Für sonstige Masseschulden, die im Zuge des Verfahrens entstehen, haftet er nach h. M. dagegen nur mit dem Vermögen, das ihm nach dem Insolvenzverfahren ausgehändigt wird, d. h. **beschränkt auf die verbliebene Masse** (*LAG München* ZIP 1990, 1217, 1218) – praktisch also gar nicht: Er soll nicht unbegrenzt Schulden tragen, deren Entstehung er nicht beeinflussen konnte. Der Gesetzgeber hielt eine Nachhaftung jedoch für angemessen (Motive zur KO, S. 240; ebenso *Häsemeyer*, Rn. 25.28 ff.). Zumindest für die Verfahrenskosten (§ 54) muss der Schuldner aufkommen (vgl. § 788 ZPO).

7. Kapitel. Feststellung der Insolvenzforderungen

Literatur: *Eckardt*, Die Feststellung und Befriedigung des Insolvenzgläubigerrechts, in: KS, S. 533 ff.; *Kahlert*, Beseitigung des Widerspruchs des Schuldners gegen den Haftungsgrund der vorsätzlichen unerlaubten Handlung im Insolvenzverfahren, ZInsO 2006, 409 ff.; *K. Schmidt/Jungmann*, Anmeldung von Insolvenzforderungen mit Rechnungslast des Schuldners, NZI 2002, 65 ff.; *Schreiber/Birnbreier*, Die Berichtigung der Insolvenztabelle bei Rechtsnachfolge, ZInsO 2009, 2377 ff.

§ 26. Feststellung für das Verteilungsverfahren

I. Grundgedanke

404 Das Insolvenzverfahren soll vornehmlich Insolvenzgläubiger befriedigen. Somit ist festzustellen, wer zur Zeit der Verfahrenseröffnung einen persönlichen Vermögensanspruch gegen den Schuldner hatte (§ 38). Nach den Grundsätzen des Zivilprozessrechts müsste dies im Streitfall gerichtlich erfolgen, z. B. durch Klage gegen den Schuldner bzw. dessen Verwalter. Das Insolvenzrecht geht einen anderen Weg: Soweit möglich, sollen die Gläubigeransprüche in einem Prüfungstermin **einvernehmlich festgestellt** werden. Das soll sogar *ohne den Schuldner* möglich sein; denn dessen Vermögen wird gänzlich verteilt, so dass es für ihn sekundär ist, ob wirkliche oder vermeintliche Gläubiger befriedigt werden. Erst wenn eine angemeldete Forderung auf den *Widerspruch* des Verwalters oder eines anderen Gläubigers stößt, soll sie gerichtlich festgestellt werden. Der Gesetzgeber verlässt sich also ganz auf den Spürsinn des Verwalters und auf das Misstrauen konkurrierender Gläubiger, deren Quote durch „Mondforderungen“ unnötig geschmälert würde.

405 **Zum Nachdenken:** Ist dieses Verfahren für den Schuldner völlig ungefährlich?

Bedenklich mag erscheinen, dass der Schuldner oft die einzigen und jedenfalls bessere Kenntnisse über angemeldete Forderungen hat als der Verwalter und die übrigen Gläubiger. Allerdings kann er dies fruchtbar machen, indem er den Verwalter informiert; er ist sogar auskunftspflichtig (§§ 97 f., 152, 153 II). Doch mag der Verwalter einen Prozess mit dem Anmelder scheuen.

Dann kann ein berechtigter Widerspruch des Schuldners übergangen und eine Schein-Forderung bedacht werden. Das mindert die Quote der wahren Gläubiger. Diese behalten *nach Verfahrensbeendigung* umso höhere Restforderungen gegen den Schuldner (§ 201 I; anders bei Restschuldbefreiung). Wegen dieses „Quotenschadens" mag der Schuldner zwar Ansprüche gegen den Anmelder haben (wenn *er* der angeblichen Forderung widersprochen hatte: Rn. 422). Doch kann der Anmelder nun seinerseits insolvent sein!

II. Anmeldung der Forderungen

1. Allgemeines

Feststellbar sind nur Forderungen, die **beim Insolvenzverwalter** angemeldet werden (§ 174). Das gilt selbst für Forderungen, die schon gerichtlich festgestellt worden sind (titulierte Forderungen). Anzumelden ist schriftlich, nach Zustimmung des Verwalters auch durch elektronisches Dokument. Dabei ist der „Grund" der Forderung anzugeben, d. h. der Sachverhalt, der ihr zugrunde liegt. 406

Der **Entstehungsgrund** ist besonders **wichtig,** wenn die Anmeldung eine Verjährungsfrist hemmen soll (§ 204 I Nr. 10 BGB), aber auch für Schadensersatzansprüche wegen vorsätzlicher unerlaubter Handlung, für Unterhaltsansprüche, die vorsätzlich pflichtwidrig unerfüllt blieben, und für Steuerforderungen, sofern der Schuldner im Zusammenhang damit wegen einer Steuerstraftat verurteilt worden ist. Denn solche Ansprüche bestehen trotz einer Restschuldbefreiung fort (§ 302 Nr. 1). Auf dieses Risiko soll das Gericht den Schuldner daher sogleich hinweisen, damit er alsbald entscheiden kann, ob sich der mühsame Weg bis zur Restschuldbefreiung (dennoch) für ihn lohnt, bzw. überzogene Ansprüche abwehren kann (§ 175 II).

Beizufügen sind etwaige Urkunden, aus denen sich die Forderung ergibt (§ 174 I 2), z. B. Verträge und Rechnungen; schon dies sorgt nämlich oft für Plausibilität und hält von Widersprüchen ab. Der Verwalter trägt die angemeldeten Forderungen in die **Insolvenztabelle** ein (§ 175 I 1). Dort wird auch der *Tag der Anmeldung* vermerkt (Grund: § 204 I Nr. 10 BGB!). Die Tabelle wird nach Ablauf der Anmeldefrist nebst Anlagen im Insolvenzgericht zur Einsicht der Beteiligten *ausgelegt* (§ 175 I 2), damit sich auch die anderen Gläubiger auf den Prüfungstermin vorbereiten können.

2. Verspätete Anmeldung

Zur Anmeldung setzt das Insolvenzgericht – schon bei Verfahrenseröffnung – eine Frist von *max. drei Monaten* (§ 28 I). Wird eine For- 407 derung verspätet gemeldet, so bleibt ihre **Prüfung dennoch möglich**. Dazu soll der *reguläre Prüfungstermin* (Rn. 409) genutzt werden (§ 177 I 1). Die bis dahin verbleibende Zeit mag aber allzu kurz sein. Deshalb kann der Verwalter oder ein Gläubiger der Prüfung widersprechen. Dann bestimmt das Insolvenzgericht einen *besonderen Prüfungstermin* (§ 177 I 2, III; alternativ: schriftliches Prüfungsverfahren), nun aber auf Kosten des Säumigen. Gleiches gilt, wenn die Forderung erst nach dem regulären Prüfungstermin angemeldet wird. Dies ist noch bis zum Schlusstermin möglich, wenn dessen Tagesordnung es gestattet (*BGH* NZI 2012, 323).

408 Dann droht dem Gläubiger – außer der Kostenlast – freilich ein **Ausfall bei der Verteilung:** Bei *Abschlagsverteilungen* (§ 187 II 1) bleibt er unberücksichtigt, wenn seine Forderung bestritten wurde und er deshalb auf Feststellung klagen musste (Rn. 412), dies jedoch nicht in der zweiwöchigen Ausschlussfrist schafft, die mit der Bekanntmachung i. S. d. § 188 S. 3 begann (§ 189 III). Gleiches muss gelten, wenn die Forderung zwar unbestritten bleibt, aber das Verteilungsverzeichnis nicht mehr rechtzeitig (§ 188 S. 2) geändert wurde. Die Einbuße des Gläubigers ist allerdings bei späteren Verteilungen auszugleichen, wenn er das Versäumte bis dahin nachholt (§ 192). Bei der *Schlussverteilung* (§ 196) ist die Forderung zu berücksichtigen, wenn sie vor Bekanntgabe des Schlussverzeichnis (§ 188 S. 2) angemeldet und in einem besonderen Prüfungstermin festgestellt wurde (*BGH* NZI 2007, 401 Rn. 10; s. auch *Gerbers/Pape,* ZInsO 2006, 685 ff.).

III. Prüfungstermin

409 Den Prüfungstermin bestimmt das Insolvenzgericht schon bei Verfahrenseröffnung. Er soll frühestens eine Woche und spätestens zwei Monate nach Ende der Anmeldefrist stattfinden (§ 29 I Nr. 2). Im Termin ist zunächst zu prüfen, ob die Forderungen mit **Betrag und Rang angemeldet** sind (§ 176 S. 1). Diese (formale) Prüfung obliegt letztlich dem *Gericht.*

Der Rang ist zu klären, wenn eine **nachrangige Forderung** (i. S. d. § 39) als reguläre Insolvenzforderung angemeldet wird. Allerdings reicht die Masse i. d. R. nicht einmal aus, um diese regulären Forderungen zu erfüllen. Nachrangige Forderungen sollen daher überhaupt nur angemeldet werden, wenn das Insolvenzgericht dazu auffordert (§ 174 III), weil der Wert der Masse das ausnahmsweise rechtfertigt. Dies zeigt sich u. U. erst im Laufe des Verfahrens (dann besonderer Prüfungstermin: § 177 II).

410 Die **Begründetheit der Forderung** wird nur von *Verwalter und Gläubigern* geprüft, oft auch nur oberflächlich oder bei Anhalt für

Ungereimtheiten. Meist geschieht das schon vor dem Termin, denn die Beteiligten müssen sich zeitig darüber klar werden, ob sie widersprechen wollen. Eine „gemeinsame Erörterung“ soll sogar nur bei bestrittenen Forderungen stattfinden (§ 176 S. 2). Zulässig ist allerdings auch ein *vorläufiger Widerspruch* (*OLG Celle* ZInsO 2009, 1819). Er gibt dem Widersprechenden Bedenkzeit und dem Anmelder ggf. Anlass zu näherer Darlegung. Das Ergebnis der Prüfung – Feststellung oder Widerspruch – wird in der Insolvenztabelle festgehalten (§ 178 II).

IV. Das weitere Verfahren

1. Kein Widerspruch von Verwalter oder Gläubiger

Eine Forderung, gegen die weder der Verwalter noch ein Gläubiger Widerspruch erhebt, gilt als **festgestellt** (§ 178 I 1): Sie wird bei der Masseverteilung ohne weiteres berücksichtigt. Ein Widerspruch des Schuldners ändert daran nichts (§ 178 I 2; Rn. 404). Dementsprechend wirkt die *Eintragung* der festgestellten Forderung in die Tabelle im Insolvenzverfahren wie ein rechtskräftiges Urteil (§ 178 III): Der Verwalter hat es bei der späteren Verteilung zugrunde zu legen, und auch konkurrierende Gläubiger müssen dies hinnehmen. **411**

2. Widerspruch von Verwalter oder Gläubiger

Bei Widerspruch des Verwalters oder anderer Gläubiger wird die Forderung nicht festgestellt. Das hat unterschiedliche Folgen, je nachdem, ob die Forderung „tituliert“ ist, also schon durch Urteil, Vollstreckungsbescheid usw. (§§ 704, 794 ZPO) gegen den Schuldner festgestellt worden ist: **412**

a) Nicht-titulierte Forderungen

Wer eine nicht-titulierte Forderung angemeldet hat, muss versuchen, für Feststellung zu sorgen, indem er den Widerspruch beseitigt (§§ 178 I 1 a. E., 179 I). Dies geschieht mittels Prozesses: entweder durch Klage gegen den Widersprechenden oder – bei schwebendem Prozess – durch dessen Aufnahme.

Auch ein *„vorläufiger“ Widerspruch* (Rn. 410) muss beseitigt werden. Der Gläubiger tut aber gut daran, zuvor durch Nachfrage oder angemessene Fristsetzung zu klären, ob der vorläufige Widerspruch aufrechterhalten wird. Klagt er nämlich vorschnell, so trägt er die Prozesskosten, falls der Verwalter sich später entscheidet, den Widerspruch zurückzunehmen bzw. den Anspruch sofort anzuerkennen (§ 93 ZPO; *BGH* NZI 2006, 295 f.).

413 • I. d. R. ist eine **Feststellungsklage** geboten (§ 256 ZPO), z. B. auf Feststellung, dass der Kläger Anspruch „auf Zahlung von 5.000,– € zur Insolvenztabelle im Insolvenzverfahren über das Vermögen der S-GmbH hat".

Leistungsklagen scheiden aus: gegen den Verwalter deshalb, weil dem Insolvenzgläubiger nicht die Klagesumme, sondern nur die entsprechende Quote gebührt, gegen andere Gläubiger ohnehin. Zu klagen ist außerhalb des Insolvenzverfahrens, nämlich „im ordentlichen Verfahren" (§ 180 I). Der *Rechtsweg* folgt allgemeinen Grundsätzen (§ 13 GVG). Z. B. muss ein Arbeitnehmer seine Lohnforderungen beim Arbeitsgericht feststellen lassen (vgl. § 185 S. 1). Haben Zivilgerichte zu entscheiden, so ist die *sachliche Zuständigkeit* – wie stets – nach §§ 23 ff., 71 GVG zu beurteilen. Dabei ist als Streitwert nur der geringe Betrag anzusetzen, der bei der Masseverteilung zu erwarten wäre (§ 182). Die *örtliche Zuständigkeit* ist modifiziert: Als Amtsgericht ist das Insolvenzgericht ausschließlich zuständig, als Landgericht dasjenige, in dessen Bezirk das Insolvenzgericht liegt. An eine *Frist* ist die Klageerhebung nicht gebunden. Wer allerdings die Ausschlussfrist des § 189 I versäumt, läuft Gefahr, bei der Verteilung übergangen zu werden (Rn. 408).

414 Bei **mehreren Widersprüchen** (z. B. des Verwalters und eines Gläubigers; mehrerer Gläubiger) sind mehrere Klagen nötig. Laut § 178 I 1 muss ja *jeder* Widerspruch beseitigt werden. Dem Anmelder steht es frei, ob er die Bestreitenden einzeln (BGHZ 112, 95, 97 f.) oder gemeinsam verklagt. Im letzten Fall sind die Beklagten notwendige Streitgenossen (§ 62 I Fall 1 ZPO), da die Feststellung der angemeldeten Forderung gegenüber den (allen!) Gläubigern einheitlich erfolgt (vgl. §§ 178 III, 183 I).

415 Die **Entscheidung des Gerichts** entfaltet Rechtskraft gegenüber dem Verwalter und allen Insolvenzgläubigern (§ 183 I). Hatte z. B. nur der Verwalter widersprochen, war also nur er verklagt worden und wird die Klage abgewiesen, wirkt das Urteil auch zugunsten aller Insolvenzgläubiger (entbehrlich wegen § 178 I!). Hatte nur *ein* Insolvenzgläubiger widersprochen und war er verklagt worden, so nützt die Klageabweisung den anderen Gläubigern wie dem Verwalter. Hat die Klage gegen diesen Insolvenzgläubiger dagegen Erfolg, so ist die Berechtigung zur Teilhabe an der Masse allseits festgestellt (entbehrlich wegen § 178 III!).

Entgegen seinem Wortlaut passt § 183 I aber nicht für **Teilentscheidungen über mehrere Widersprüche:** Haben die Gläubiger X und Y der Forderung des G widersprochen, verklagt G aber nur den X, so wirkt ein stattgebendes Urteil (die Feststellung gegenüber X) nicht auch gegen Y, denn Y kann (theoretisch) noch die Abweisung der Klage erreichen, die gegen ihn zu erheben wäre, und dann bliebe sein Widerspruch wirksam (Rn. 414). Es wäre also verfrüht, das Urteil gegen die übrigen Gläubiger wirken zu lassen. – Wird die Klage gegen X allerdings abgewiesen, so steht schon jetzt fest, dass G nicht *alle* Widersprüche wird beseitigen können.

Wer den Prozess gewinnt, sollte beim Insolvenzgericht die *Berichtigung der Tabelle* beantragen (§ 183 II), z. B. durch Vermerke wie „Forderung festgestellt durch Urteil …", „Widerspruch für begründet erklärt …", „Widerspruchsklage abgewiesen …".

• Die Feststellung erfolgt durch **Aufnahme des Rechtsstreits,** 416
wenn die angemeldete Forderung bei Insolvenzeröffnung schon rechtshängig gemacht worden war (meist durch Leistungsklage gegen den Schuldner). Dann wurde der Rechtsstreit unterbrochen (Rn. 272). Der Anmelder muss ihn zwecks Feststellung aufnehmen (§ 180 II; Rn. 273), nun aber nicht mehr gegen den Schuldner, sondern gegen den Bestreitenden; das ist *Parteiwechsel.* Hatten mehrere widersprochen, so steht es dem Anmelder frei, ob er den Prozess gegen einzelne Bestreitende oder gegen alle aufnimmt (*Häsemeyer*, Rn. 22.32; a. M. BGHZ 76, 206, 210). War bisher auf Leistung geklagt worden, so muss auch insoweit umgestellt werden: in einen Feststellungsantrag. Das ist *Klageänderung,* aber zulässig (nach § 264 Nr. 2 oder analog Nr. 3 ZPO).

b) Titulierte Forderungen

Wer bereits einen Titel über seine Forderung hat, ist nicht auf wei- 417
tere Feststellung angewiesen. Vielmehr obliegt es dem, der widersprochen hat, „den Widerspruch zu verfolgen" (§ 179 II), ihn also gegenüber dem Titel durchzusetzen. Bei **Untätigkeit des Widersprechenden** gilt der Anmelder ohne weiteres als Gläubiger, wenn die Masse verteilt wird: Sein Titel genügt (arg. §§ 179 II, 189).

Dieser Titel belegt allerdings noch nicht den *Rang* der titulierten Forderung. Diesbezügliche Widersprüche muss daher der Anmelder beseitigen lassen (Rn. 412; zum Streitgegenstand eines solchen Prozesses s. KS/*Eckardt*, S. 564 f.).

Im Übrigen wird der Bestreitende für **negative Feststellung** sor- 418
gen. Er beantragt festzustellen, dass sein Widerspruch begründet ist

oder dass die angemeldete Forderung nicht besteht. Dabei muss er aber den Titel des Anmelders angreifen:

• Meist ist der Titel aus einem Prozess gegen den Schuldner hervorgegangen. Ist dieser *Rechtsstreit noch anhängig* und durch die Insolvenzeröffnung unterbrochen worden (Rn. 272), so obliegt dem Widersprechenden die **Aufnahme des Rechtsstreits** (§ 180 II). Mit der Aufnahme (Rn. 273) setzt er den Prozess anstelle des Schuldners fort (Parteiwechsel), z. B. im Berufungs- oder Revisionsverfahren oder durch Einspruch gegen ein Versäumnisurteil, das gegen den Schuldner ergangen war. Mehrere Bestreitende können den Rechtsstreit gemeinsam, aber auch einzeln aufnehmen (str.; Rn. 416). Zuständig ist das Gericht, bei dem der Rechtsstreit anhängig ist.

Infolge der Aufnahme ist weiterhin über die Klage des Gläubigers zu entscheiden (obschon dessen bisherige Leistungsklage in eine Feststellungsklage zu ändern ist, Rn. 416). Hier muss der Widersprechende daher nicht noch seinerseits (negative) Feststellung beantragen: Es genügt, dass er (wie bisher der Schuldner) *Abweisung der Klage* begehrt (MünchKomm/*Schumacher*, § 179 Rn. 37; str.).

419 • Oft wird die Aufnahme allerdings daran scheitern, dass der *Rechtsstreit beendet* ist, weil der Titel rechtskräftig ist. An diese Rechtskraft ist dann auch der Insolvenzverwalter gebunden (wie ein Rechtsnachfolger des Schuldners, § 325 I ZPO), ebenso ein widersprechender Gläubiger. Hätte allerdings der Schuldner – ohne Insolvenzeröffnung – noch **Vollstreckungsgegenklage** (§ 767 ZPO) erheben oder **Wiederaufnahme** (§§ 578 ff. ZPO) betreiben können, so stehen solche Rechtsbehelfe auch dem Widersprechenden zu, Einwände gegen den Rang der Forderung ohnehin (Rn. 409, 417).

• Eine *vollstreckbare Urkunde* (§ 794 I Nr. 5 ZPO) kann stets durch Vollstreckungsgegenklage angegriffen werden (§§ 767, 795 S. 1, 797 IV ZPO).

Übersicht: Feststellung angemeldeter Forderungen für Insolvenzverfahren

	Feststellung einer nicht-titulierten Forderung	Feststellung einer titulierten Forderung
kein Widerspruch gegen Forderung oder Widerspruch nur des Schuldners	ja (§ 178 I 1)	ja (§ 178 I 1)
Widerspruch des Verwalters oder eines Insolvenzgläubigers	nur bei Erfolg einer Feststellungsklage des Anmelders (§§ 178 I 1, 179 I), ggf. unter Aufnahme eines früher gegen den Schuldner geführten Rechtsstreits	wenn Widersprechender – nicht gegen Titel vorgeht – Titel nicht mehr angreifen kann – Titel zwar angreift, diesen Rechtsstreit aber verliert

§ 27. Feststellung zwecks Nachforderung gegen den Schuldner

Die Feststellung einer Insolvenzforderung (Rn. 404 ff.) bindet Insolvenzverwalter und -gläubiger (§ 178 III). Sie gibt jedoch nur die Gewähr, bei der Masseverteilung bedacht zu werden. Soweit das geschieht, erlischt die Forderung. Doch die Restforderung bleibt bestehen. Nach dem Insolvenzverfahren gibt sie ein **Nachforderungsrecht** (§ 201 I), nun gegen den Schuldner. Ob dieser je wieder zu Geld kommt, ist eine andere Frage. Der Nachhaftung unterliegen allerdings nur natürliche Personen, und auch das nur in den Grenzen einer Restschuldbefreiung (§ 201 III). 420

Gesellschaften wie die AG, GmbH, OHG und KG werden nämlich aufgelöst und später meist auch gelöscht, wenn über sie ein Insolvenzverfahren eröffnet wird (Rn. 172) oder der Eröffnungsantrag gar mangels Masse abgewiesen wird (Rn. 125). 421

Zu einer Art Nachforderung kommt es freilich dann, wenn nachträglich noch Vermögen der Gesellschaft entdeckt wird. Ausnahmsweise können Gesellschaften sogar fortbestehen. So können die Gesellschafter einer GmbH die Fortsetzung der Gesellschaft beschließen, wenn das Insolvenzverfahren auf Antrag des Schuldners eingestellt wird oder wenn es aufgehoben wird, nachdem das Gericht einen Insolvenzplan bestätigt hat, der den Fortbestand der GmbH vorsieht (§ 60 I Nr. 4 Hs. 2 GmbHG). Hier haftet die Gesellschaft weiter, soweit ihre Schulden laut Insolvenzplan (entgegen § 227 I) nicht erlöschen sollten.

422 Die Nachforderung ist nach allgemeinen Regeln durchsetzbar. Demnach müsste jeder Gläubiger, der bisher keinen Vollstreckungstitel hatte, einen solchen noch erwirken. Das wäre zeitraubend und kostspielig, denn Prozesskosten werden bei dem Schuldner kaum beizutreiben sein, bevor seine finanzielle Lage sich bessert. Nach § 201 II 1 gilt daher die **Insolvenztabelle als Vollstreckungstitel**, wenn die Forderung festgestellt ist (Rn. 404 ff.) und im Prüfungstermin auch vom Schuldner nicht bestritten wurde (zur Versäumung des Prüfungstermins s. § 186). Dieses Prinzip – Schweigen des Schuldners rechtfertigt einen Vollstreckungstitel – gilt auch sonst (vgl. §§ 331 ff., insb. §§ 688 ff. ZPO).

Auf die Folgen dieses Schweigens ist der Schuldner gesondert hinzuweisen, wenn einer jener besonderen Ansprüche angemeldet worden ist, die von der Restschuldbefreiung ausgenommen sind (§§ 175 II, 302 Nr. 1). Er soll gewarnt werden, um sich ggf. schützen zu können (Rn. 406)!

Zur Sonderzuständigkeit für Rechtsbehelfe vgl. § 202.

423 Zusätzlich hilft das Gesetz bei einem **Widerspruch des Schuldners** gegen die angemeldete Forderung. Dieser Widerspruch ist nämlich beachtlich (§ 201 II; anders als Rn. 404!). Seine Beseitigung obliegt i. d. R. dem Anmelder. Sie ist schon während des Insolvenzverfahrens möglich (§ 184 I). So gewinnt der Gläubiger Zeit, und die Masse ist ohnehin nicht betroffen, da es um die Haftung nach Abschluss des Verfahrens geht. Dennoch ist nur eine *Feststellungsklage* zulässig (so jedenfalls § 184 I 1; str.); das zuständige Gericht ist nach allgemeinen Regeln zu ermitteln (z. B. GVG, ZPO; s. auch § 185). War schon vor Insolvenzeröffnung ein Prozess anhängig, so wurde er unterbrochen (Rn. 272). Dann ist die *Aufnahme des Rechtsstreits* nötig (Rn. 273), oft auch der Wechsel vom ursprünglichen Leistungs- zum Feststellungsantrag (Klageänderung).

Ist eine angemeldete Forderung auf **vorsätzlich unerlaubte Handlung** gestützt, so kann der Schuldner sich darauf beschränken, diesem Rechts*grund* zu widersprechen (arg. § 175 II). Ein derart „isolierter Schuldnerwiderspruch" hindert den Gläubiger zwar nicht grundsätzlich, später kraft § 201 II zu vollstrecken, wohl aber im Falle einer Restschuldbefreiung. Wer selbst bei Restschuldbefreiung vollstrecken will (nach § 302 Nr. 1), darf und sollte daher analog § 184 I den besonderen Rechtsgrund seiner Forderung feststellen lassen (*BGH* NJW 2006, 2922 ff.; *Gaul*, FS Gerhardt, 2004, S. 193, 208 ff.).

Liegen **mehrere Widersprüche** vor, nämlich auch solche des Verwalters oder anderer Gläubiger, so steht es dem Anmelder frei, gegen alle oder nur gegen einzelne Bestreitende vorzugehen. Soweit er den Schuldner zusammen mit Dritten verklagt, sind diese im Verhältnis zum Schuldner nur einfache Streitgenossen (§§ 59 f. ZPO; *BGH* WM 1980, 164). Vgl. auch Rn. 414.

Hatte der Gläubiger sogar schon einen Titel erstritten, so ist es allerdings Sache des Schuldners, seinen Widerspruch zu verfolgen (näher § 184 II).

8. Kapitel. Verwertung und Verteilung der Masse

§ 28. Masseverwertung

Literatur: *Berscheid*, „Übertragende Sanierung" in der Insolvenz und Personalabbau, in: KS, S. 1119 ff.; *Bork*, Grundfragen des Restrukturierungsrechts, ZIP 2010, 397 ff.; *Buth/Hermanns*, Restrukturierung; Sanierung, Insolvenz, 4. Aufl. 2014; *Eidenmüller*, Unternehmenssanierung zwischen Markt und Gesetz, 1999; *Schmerbach/Staufenbiel*, Die übertragende Sanierung im Insolvenzverfahren, ZInsO 2009, 458 ff.; *Thiele*, Steuerliche Folgen von Sanierungsschritten innerhalb und außerhalb der Insolvenz, ZInsO 2014, 325 ff., 373 ff.; *Uhlenbruck/Leibner*, Die Sanierung von Krisenunternehmen als Herausforderung für die Beratungspraxis, KTS 2004, 505 ff.; *Zimmermann*, Beschlussfassung des Gläubigerausschusses/der Gläubigerversammlung bzgl. besonders bedeutsamer Rechtshandlungen (§ 160 InsO), ZInsO 2012, 245 ff.

I. Grundsätze

424 Nach dem Berichtstermin muss der Insolvenzverwalter die Masse unverzüglich verwerten. Das gilt nicht, soweit die Gläubigerversammlung anderes beschließt, z. B. das Schuldner-Unternehmen fortgeführt wissen will (§ 159). Wie verwertet wird, steht prinzipiell **im Belieben des Verwalters**.

- Er kann zwischen *Einzel- und Gesamtverwertung* entscheiden, also zwischen der Veräußerung der einzelnen Massestücke zu (niedrigen) Liquidationspreisen und dem Verkauf des Schuldnerunternehmens (oder eines Betriebs) im Ganzen (Rn. 427 ff.).
- *Bewegliche Sachen* kann er an beliebige Interessenten veräußern (zur Haftung für Mängel s. *Marotzke*, ZInsO 2002, 501 ff.).
- *Grundstücke* kann er ebenfalls „aus freier Hand" (ohne bindendes Verfahren) veräußern, aber auch vom Rechtspfleger zwangsversteigern lassen (§ 165; Rn. 379). Letzteres hat den Vorteil, dass Gewährleistungsansprüche ausgeschlossen sind (§ 56 S. 3 ZVG). Alternativ ist auch bloße Vermietung oder Verpachtung bzw. Zwangsverwaltung (§ 165) denkbar.
- *Forderungen* können eingezogen (Rn. 280) oder verkauft werden. Bei Verkauf ist natürlich mit Abschlägen vom Nennwert zu rechnen.

Beschränkungen bestehen freilich, soweit Gegenstände mit *Absonderungsrechten* belastet sind (Rn. 377 ff.); und dies ist die Regel! *Vorgaben* für die Verwertung kann auch die Gläubigerversammlung machen: sowohl im Rahmen eines Insolvenzplans (§ 157 S. 2) als auch durch konkrete Einzelweisungen (§ 159 Hs. 2). Davon unabhängig bedürfen Verwertungsmaßnahmen „von besonderer Bedeutung" der *Zustimmung* des Gläubigerausschusses (mangels eines solchen: der Gläubigerversammlung). Das gilt insbesondere, wenn der Verwalter das insolvente Unternehmen oder das Warenlager im Ganzen veräußern will, ein Grundstück aus freier Hand verkaufen oder bedeutsame Prozesse führen will, um z. B. Forderungen einzuziehen (§ 160 I, II). Darüber muss er den Schuldner und die Gläubiger unterrichten. Diese können dann *intervenieren* und auf vorläufige Untersagung und Befassung der Gläubigerversammlung dringen (§ 161; zu allem Rn. 435 ff.). Verstöße gegen §§ 160 f. machen die Maßnahme zwar nicht unwirksam (§ 164). War diese aber nachteilig, so haftet der Verwalter den Gläubigern auf Ersatz (§ 60). 425

Der beträchtliche Spielraum des Verwalters soll sicherstellen, dass der **Verwertungserlös optimiert** wird. Auch insofern kommt alles auf die Qualifikation des Verwalters (Rn. 48a f.) an, aber auch auf seine Sorgfalt: „Kunstfehler" bei der Verwertung können zum Schadensersatz verpflichten (§ 60), vor allem gegenüber den Gläubigern. Pflichtwidrig ist eine Maßnahme natürlich nicht schon deshalb, weil sie sich als ungünstig erweist. Fast jede Verwertungsentscheidung beruht auf einer Prognose und entsprechenden Unsicherheiten, z. B. über den Zeitpunkt, zu dem der höchste Preis erzielbar ist (Entwicklung der Marktverhältnisse), über die Chance, bei Zuwarten einen anderen und besser zahlenden Abnehmer zu finden, über die Erfolgsaussicht eines Rechtsstreits zwecks Einziehung usw. bis hin zur Zuverlässigkeit und Solvenz von Kaufinteressenten. Im Interesse der Gläubiger, die auf ihr Geld warten, sollte die Verwertung sich auch nicht allzu lange hinziehen. Dies mag zu Kompromissen zwingen. 426

II. Unternehmensverkauf und -sanierung

1. Wirtschaftliche Bedingungen

In Unternehmensinsolvenzen ist der Liquidationsverkauf einzelner Massestücke (Grundstücke, Maschinen, Büromöbel, Computer usw.) 427

oft sehr nachteilig. Denn bei Notverkäufen und für Gebrauchtsachen lassen sich kaum einmal angemessene Preise erzielen („Zerschlagungswerte“). Schon deshalb wäre es vorteilhaft, das Unternehmen oder wenigstens einzelne Betriebe als organische Einheiten zu veräußern und auf diese Weise die **höheren Fortführungspreise** (Rn. 117 ff.) zu realisieren. Bei Fortführung des Unternehmens könnten auch Arbeitsplätze erhalten werden, was ganz im Sinne der Insolvenzordnung wäre (§ 1: „Erhalt des Unternehmens“). Zur Übertragung von Firma und freiberuflich betriebener Praxis s. Rn. 144 f. Gesunde Betriebe sind leicht zu verkaufen. Auch ein marodes Unternehmen mag in dem (schlechten) Zustand verkäuflich sein, in dem es ist. Der dafür erzielbare Preis wird jedoch recht gering sein, denn der Erwerber ist oft nur an „Ausschlachtung“ interessiert, wenn eine Fortführung ausscheidet.

428 Bisweilen lässt sich ein insolventes Unternehmen allerdings wieder profitabel machen. Dann mag sich eine **Sanierung des Unternehmens** lohnen. Sie muss aber betriebswirtschaftlich sinnvoll sein. So muss auch künftig Nachfrage nach den angebotenen Leistungen bestehen. Zumindest muss das Fertigungsprogramm mit vertretbarem Aufwand auf nachgefragte Produkte umgestellt werden können. Gerade Qualität und Preise müssen den Marktverhältnissen gerecht werden. Nicht selten hat ein überhoher Lohnkostenanteil flexible Reaktionen auf verschärften Wettbewerb erschwert und so zur Insolvenz beigetragen. Dann sind Rationalisierungsmaßnahmen nachzuholen. Sie setzen ihrerseits qualifiziertes Personal voraus, andererseits oft auch die Trennung von anderen Arbeitnehmern (Rn. 251 ff.). Soweit wichtige Produktionsmittel mit Vorrechten belastet sind, kommt es darauf an, dass die Verwertung der Sicherheiten zurückgestellt wird (was u. U. aber auch gegen den Willen der Bevorrechtigten möglich ist: vgl. Rn. 378, 386).

429 Vor allem erfordert jedwede Sanierung *neue Finanzmittel*, oft in erheblichem Umfang. Das Eigenkapital einer Gesellschaft kann durch „Kapitalschnitt“ gemehrt werden. Hier folgt einer Kapitalherabsetzung in Höhe der bisherigen Verluste eine Kapitalerhöhung (näher *Hirte*, ZInsO 1999, 616 ff.). Doch Bereitschaft zur Übernahme der neuen Gesellschaftsanteile wird bei alten Gesellschaftern wie Dritten nur bestehen, wenn die Sanierungschancen günstig sind. Nur dann wird auch Fremdkapital fließen, denn die Banken werden kaum dem „schlechten Geld noch gutes hinterherwerfen“. Anders ist es, wenn sie angemessen gesichert werden. Doch dies gelingt kaum einmal

noch mit Mitteln der (ausgezehrten) Masse, allenfalls durch Rücktritt der Insolvenzgläubiger in einem Insolvenzplan (§§ 264 ff.) oder durch staatliche Hilfen. Unabhängig davon muss aber regelmäßig auch die Schuldenlast gemindert werden; vor allem von Großgläubigern wird ein gewisser Forderungsverzicht erwartet. – Die *Sanierungsaussichten* kann das Insolvenzgericht schon vor Eröffnung des Verfahrens prüfen lassen (§ 22 I 2 Nr. 3 a. E.). *Sanierungsgewinne* sind grds. zu versteuern; das erleichtert Sanierungen nicht (zu begünstigenden BMF-Erlassen s. aber K. Schmidt/*Schmittmann*, Anh. Rn. 147 ff.).

Staatliche Interventionen erfolgen meist durch Kredite oder Bürgschaften. Gerne werden die Landesbanken oder die Kreditanstalt für Wiederaufbau eingeschaltet. Tatsächlich zahlen immer die *Steuerzahler.* Solche Hilfen sind oft nicht nur politische Gesten. Sie können z. B. in strukturschwachen Gebieten Arbeitsplätze retten, auch dadurch, dass Folgeinsolvenzen anderer (wirtschaftlich abhängiger) Unternehmen vermieden werden. Und Arbeitslosigkeit zwänge zu Unterstützungen, die Sozialversicherungen und Staatshaushalt – je nach Zuschnitt der sozialen Leistungen – ebenfalls stark belasten könnten. Problematisch sind Staatshilfen vor allem, wenn das insolvente Unternehmen bei nüchterner Betrachtung nicht mehr sanierungsfähig ist, sondern gleichsam künstlich ernährt wird: Dann sind die Steuergelder konsumiert! Staatliche Beihilfen verzerren auch leicht den Wettbewerb. Sie unterliegen daher der Überprüfung durch die Europäische Kommission (Art. 108 EUV; vgl. *App*, NZI 2002, 594 ff.).

Meist geht die Sanierung mit der Veräußerung des Unternehmens 430
einher (dazu instruktiv *Wellensiek*, NZI 2002, 233 ff.). Dies nennt man **übertragende Sanierung**: Der Insolvenzverwalter löst die jeweiligen Vermögenswerte des Unternehmens von dem insolventen Träger – dem Schuldner (Einzelkaufmann, GmbH, OHG usw.) – und überträgt sie dank seiner Verfügungsmacht auf den Erwerber. Dieser ist nicht selten eine Übernahmegesellschaft, die speziell hierfür gegründet worden ist (§ 260 III) und den vereinbarten Kaufpreis zahlt (zu Varianten *Zipperer*, NZI 2008, 207 f.). Dieser Erlös wird an die Insolvenzgläubiger verteilt (Rn. 441 ff.). Das Insolvenzverfahren über das (aufgezehrte) Vermögen des Unternehmensträgers nimmt Fortgang, bei Gesellschaften bis hin zur Liquidation (Rn. 139).

Mitunter lassen sich die Insolvenzgläubiger auch auf eine **Sanie-** 431
rung des Schuldners selbst ein („Reorganisation"). Hier wird das Unternehmen saniert, verbleibt jedoch bei seinem Träger, so dass dieser profitiert. Soweit das erstarkte Unternehmen Erträge abwirft, fließen sie aber dennoch den Gläubigern zu: Entweder fallen sie noch in die Masse (§ 35 I Fall 2) und werden vom Verwalter verteilt, oder sie

sind nach dem Insolvenzverfahren vom Schuldner zu verteilen – nach Maßgabe eines zuvor beschlossenen Insolvenzplans. Die Reorganisation einer insolventen Gesellschaft bietet die Chance, dass die Gesellschafter sich mit eigenen Geldern an der Sanierung beteiligen.

432 Eine rechtzeitige Sanierung könnte sogar das Insolvenzverfahren abwenden. **Außergerichtliche Sanierungen** sind freilich ebenso schwierig wie wünschenswert: Der für Verhandlungen bleibende Zeitraum ist meist überaus knapp, da viele insolvente Gesellschaften verpflichtet sind, die Eröffnung des Verfahrens zu beantragen (Rn. 91). Vor allem müssen sich *sämtliche* Gläubiger einig werden, nicht zuletzt auch über ihre Opfer, z. B. Forderungsverzichte (näher Gottwald/*Drukarczyk/Schöntag*, S. 62 ff.). Das Sanierungsvorhaben einer Gläubigermehrheit muss von dissentierenden Gläubigern („Akkordstörer") auch keineswegs mitgetragen werden (BGHZ 116, 319, 322 ff.; a. A. *Eidenmüller*, a. a. O., S. 551 ff.). Zudem ist das Schuldnervermögen – ohne eine Selbstbindung der Gläubiger – durch Einzelzwangsvollstreckungen gefährdet, zumal solche, falls es doch noch zum Verfahren käme, kaum noch der kurzen Rückschlagsperre (§ 88 I) und allenfalls der Insolvenzanfechtung unterfallen würden. Bei übertragender Sanierung drohen auch hohe Sozialplanansprüche der Arbeitnehmer (ohne die Begrenzung nach § 123!) und eine Haftung für Steuerschulden des Schuldners nach § 75 AO (näher *Wellensiek*, NZI 2002, 233, 236 f.; zur rechtspolitischen Diskussion: *Bork*, ZIP 2010, 397 ff.).

433 Bei Insolvenz muss jedenfalls verhindert werden, dass schon die bloße **Stilllegung des Unternehmens** irreversible Fakten schafft: Wenn erst einmal die besten Mitarbeiter abgesprungen sind, die Unterbrechung der Produktion Werte vernichtet hat oder Kunden auf konkurrierende Firmen ausgewichen und damit verloren sind, kann sich die Aussicht auf Verkauf oder Sanierung des Unternehmens – oft eine Schicksalsfrage – entscheidend verschlechtern. Über Betriebseinstellungen befindet denn auch die Gläubigerversammlung. Da sie aber erst im Berichtstermin entscheidet (§ 157 S. 1), darf ihr nicht vorgegriffen werden:

• Schon ein *vorläufiger Insolvenzverwalter* soll das Unternehmen möglichst vorläufig fortführen: seinem Amt entsprechend bis zur Verfahrenseröffnung (§ 22 I 2 Nr. 2).

• Will der *Insolvenzverwalter* stilllegen, so muss er die Zustimmung des (etwaigen) Gläubigerausschusses einholen (§ 158 I). In jedem Fall hat er den Schuldner zu unterrichten. Auf dessen Antrag kann das Insolvenzgericht die Stilllegung untersagen, wenn sie sich ohne erhebliche Masseminderung bis zum Berichtstermin aufschieben lässt (§ 158 II). Diese Beurteilung mag schwierig sein. Oft wird sich das Gericht auf eine Plausibilitätskontrolle beschränken dürfen (zur Haftung s. freilich Rn. 47, 53). Beschließt die Gläubigerversammlung, das Unternehmen vorläufig fortzuführen (§ 157), so ist der Verwalter daran gebunden.

2. Zulässigkeit nach Insolvenzrecht

Kraft §§ 80 I, 159 Hs. 1 **entscheidet der Insolvenzverwalter** auch über die Veräußerung des Schuldner-Unternehmens. Er ist jedoch in doppelter Weise beschränkt, wenn auch nur im Innenverhältnis (§ 164; s. aber § 60!): Ab dem Berichtstermin binden ihn Weisungen der Gläubigerversammlung (§ 159 Hs. 2; str.). Im Übrigen bedarf eine Veräußerung der Zustimmung: 434

Die **Zustimmung des Gläubigerausschusses** (Rn. 71 f.) ist unerlässlich, wenn schon vor dem Berichtstermin veräußert werden soll (§ 158 I; Schuldnerschutz nach § 158 II). Sie ist ferner nötig, soweit das Unternehmen, ein Betrieb oder die Beteiligung des Schuldners an einem anderen Unternehmen, die der Herstellung einer dauernden Verbindung zu diesem Unternehmen dienen soll, veräußert werden soll (§ 160 I 1, II Nr. 1).

Die **Zustimmung der Gläubigerversammlung** (Rn. 67 ff.) ist nach § 160 I 2, II Nr. 1 nötig, falls ein Gläubigerausschuss nicht bestellt ist. – Im Übrigen *kann* das Insolvenzgericht die Gläubigerversammlung entscheiden lassen, nämlich *auf Antrag* des Schuldners oder der Berechtigten i. S. d. § 75 I Nr. 3 (mit einem Anteil von mind. 20 % an Schuldenmasse und Absonderungsrechten). Damit die Beteiligten von dem Vorhaben erfahren, muss der Verwalter sie unterrichten (§ 161 S. 1). 435

Die Entscheidung des Gerichts, die Gläubigerversammlung zu befassen, setzt eine *Bewertung* der geplanten Veräußerung voraus, ggf. auch des Risikos einer verfehlten, z. B. opportunistischen Entscheidung im Gläubigerausschuss. Im Besonderen kann ein Antragsteller glaubhaft machen (Rn. 89), dass eine *günstigere Veräußerung* möglich ist, als vom Verwalter beabsichtigt (§ 163 I). Ist er erfolgreich, so sind ihm etwaige Kosten aus der Masse zu erstatten (§ 163 II), die schließlich durch sein Engagement (und den höheren Kaufpreis) gemehrt worden ist.

Praktisch wichtig ist die (folgenschwere!) *Zustimmungsfiktion* bei Beschlussunfähigkeit (§ 160 I 3).

Schon kraft Gesetzes muss das Plenum zustimmen, wenn *Manipulationsgefahr* bezüglich der Verkaufsbedingungen besteht, sei es wegen eines Informationsvorsprungs (für „Insider“), sei es durch erhöh- 436 ten Einfluss auf die Entscheidung über Käufer und Konditionen: § 162 stellt darauf ab, ob der Erwerber oder eine Person, die an seinem Kapital zu mind. 20 % beteiligt ist, dem Schuldner nahesteht (Rn. 300) oder zugleich nicht-nachrangiger Insolvenzgläubiger oder Absonderungsberechtigter mit mind. 20 % Anteil an Schuldenmasse und Absonderungsrechten ist. Auch mittelbare Beteiligungen sind suspekt (§ 162 II).

437 Für eine **übertragende Sanierung** (Rn. 428 ff.) stehen grds. zwei Wege offen:

- Der *Verwalter* führt Sanierung wie Veräußerung durch (Rn. 434 ff.). Kraft seiner Verwaltungs- und Verfügungsmacht darf er nämlich auch sanieren, freilich wieder nur in den Grenzen der §§ 159, 160 f. Maßstab seiner Entscheidung ist denn auch allein das Gläubigerinteresse: die rasche Befriedigung und eine Maximierung des Verteilungserlöses. Er ist „kein freischwebender Sozialingenieur, der etwa möglichst viele Arbeitsplätze in aussterbenden Industrien zu retten hätte“ (*Balz*).
- Oft empfiehlt sich aber der *Rahmen eines Insolvenzplans:* Auch hier kann der Verwalter initiativ werden. Oder die Gläubiger weisen ihn an, ein Sanierungskonzept auszuarbeiten (§§ 157 S. 2, 218 II). Der entsprechende Insolvenzplan wird dann von den Gläubigern beschlossen (Rn. 500 ff.) und vom Verwalter ausgeführt.

3. Schuldenhaftung des Erwerbers

438 Der rechtsgeschäftliche Erwerb eines Betriebs oder Betriebsteils führt zum **Eintritt in Arbeitsverhältnisse**, die im Zeitpunkt des Übergangs bestehen (§ 613a I 1 BGB; näher *Schiefer*, NJW 1998, 1817 ff.). Sie können nur durch Kündigung beendet werden. Diese darf nicht wegen des Betriebsübergangs erfolgen (§ 613a IV BGB). Immerhin sind die Hürden des Kündigungsschutzes bei Insolvenz etwas gesenkt (Rn. 255 f.). Das gilt auch bei Betriebsänderungen, die erst nach einer Betriebsveräußerung durchgeführt werden sollen (§ 128). Dennoch erschwert § 613a BGB Sanierungen ganz erheblich.

Die Praxis sucht daher **Auswege:** (1) Teils wird – im Einvernehmen der Beteiligten – eine *Beschäftigungsgesellschaft* (Transfergesellschaft) zwischengeschaltet. Auf sie werden (in einem Interessenausgleich, Rn. 253 ff.) alle oder ausgewählte Arbeitsverhältnisse übertragen, begleitet von der Aufhebung der alten Arbeitsverhältnisse und dem Abschluss neuer (befristeter) Verträge mit der Beschäftigungsgesellschaft (dazu *BAG* NZA 1999, 422 ff.). Bei dieser kann sich dann die benötigten Arbeiter aussuchen, wer das sanierte Unternehmen übernimmt. Beschäftigungsgesellschaften sind – bisher – wesentlich aus öffentlichen Mitteln finanziert worden (strukturelles Kurzarbeitergeld, Europäischer Sozialfonds). (2) Alternativ ist eine „*Veräußererkündigung aufgrund Erwerberkonzepts*" möglich. Hier kündigt bereits der Insolvenzverwalter, aber entsprechend dem Personal- und Sanierungskonzept eines Erwerbers, wiederum flankiert durch Interessenausgleich. Das BAG sieht darin keinen Verstoß gegen § 613a IV BGB, im Betriebsübergang nämlich nur den „äußeren Anlass" für die Kündigung (NJW 2003, 3506 f.).

Nach § 613a I 1 BGB scheinen auch *rückständige Lohn- und Gehaltsansprüche* auf den Erwerber überzugehen. Sie haben oft erheblichen Umfang. Daher könnte § 613a BGB davon abhalten, insolvente Unternehmen überhaupt zu erwerben, obwohl dies durchaus im Interesse der Gläubiger – und gerade auch der Arbeitnehmer – ist. Zumindest gäbe die drohende Schuldübernahme Kaufinteressenten Anlass, den Kaufpreis entsprechend zu drücken. Auch das würde die Masse schmälern, also die Insolvenzgläubiger benachteiligen, während Arbeitnehmer einen zusätzlichen (liquiden!) Schuldner erhielten. Beides widerspräche den Insolvenzzielen. Nach dem Zweck des § 613a I 1 BGB gehen daher nur solche Schulden über, die *nach Insolvenzeröffnung* entstanden sind (*BAG* NJW 1980, 1124, 1125 f.; näher *Kempter*, NZI 1999, 93 ff.). 439

Ebenso wenig haftet der Erwerber wegen **Firmenfortführung** (§ 25 I HGB), d. h. für (sämtliche!) Schulden, die im Betrieb des Schuldners begründet wurden. Für Erwerbungen aus der Insolvenzmasse passt § 25 I HGB nämlich nicht. Sein Zweck, die Gläubiger zu begünstigen, würde durch einen Schuldübergang geradezu vereitelt; denn im Gläubigerinteresse *muss* das Unternehmen veräußert werden, und eine Haftung nach § 25 HGB würde Interessenten nur abschrecken (BGHZ 104, 151, 154 f.). Ohnehin wäre ein Haftungsausschluss möglich (§ 25 II HGB). Auch für **Steuerschulden** des insolventen Unternehmensträgers haftet der Erwerber nicht (§ 75 II AO). 440

§ 29. Masseverteilung an die Insolvenzgläubiger

Literatur: *Eckardt*, Die Feststellung und Befriedigung des Insolvenzgläubigerrechts, in: KS, S. 533 ff.; Gottwald/*Eickmann*, S. 999 ff.

I. Grundlagen

441 Ist die Masse in Geld umgesetzt, so sind zunächst etwaige Absonderungsberechtigte zu befriedigen (Rn. 368), dann die Massegläubiger (Rn. 394 ff.). Aus der verbleibenden „Teilungsmasse“ werden – endlich – die Insolvenzgläubiger befriedigt, soweit die angemeldeten Ansprüche feststehen. Auch diese Verteilungen obliegen dem Verwalter. Er muss aber vor jeder Verteilung die Zustimmung des Gläubigerausschusses einholen, wenn ein solcher bestellt ist (§ 187 III). Das Gesetz unterscheidet **drei Arten der Verteilung**: Je nach Verwertungs- und Kassenlage sind *Abschlagsverteilungen* möglich. Nach Abschluss der Verwertung folgt die *Schlussverteilung*. In bestimmten Fällen kann noch eine *Nachtragsverteilung* nötig werden. Grundlage jeder Verteilung ist das Verteilungsverzeichnis.

II. Verteilungsverzeichnis

442 Vor einer Verteilung hat der Verwalter ein Verteilungsverzeichnis aufzustellen (§ 188 S. 1). Das muss nicht nur vor Abschlagsverteilungen, sondern auch vor der Schlussverteilung geschehen („Schlussverzeichnis“). Jedes Verzeichnis ist für die Beteiligten auf der Geschäftsstelle des Insolvenzgerichts einsehbar.

Die Summe der Forderungen und der Gesamtbetrag, der jeweils verteilt werden soll, sind **öffentlich bekannt zu machen** (§ 188 S. 3). Der Zeitpunkt der Bekanntmachung (Rn. 43) ist wichtig, weil er zwei Fristen in Lauf setzt: (1) die *zweiwöchige Ausschlussfrist* (§ 189 I), in welcher der Gläubiger einer bestrittenen Forderung nachweisen muss, dass er sie gerichtlich geltend macht; (2) die *dreiwöchige Frist für Einwendungen* gegen das Verzeichnis einer Abschlagsverteilung (§ 194 I).

443 Das Verzeichnis weist die bei der Verteilung **zu berücksichtigenden Forderungen** aus (§ 188 S. 1). Eine Berücksichtigung erfolgt auf zweierlei Weise: Entweder wird dem Gläubiger die auf ihn entfallende Quote ausgezahlt. Oder der entsprechende Betrag wird zurückbehalten, bis feststeht, dass er dem Gläubiger gebührt. Zu berücksichtigen sind:

- **reguläre festgestellte Forderungen**, d. h. solche, die einerseits unbedingt und ungesichert sind, andererseits nach Maßgabe der

§§ 178 ff. festgestellt worden sind (Rn. 404 ff.). Auf solche Forderungen ist zu *zahlen.*

• **reguläre bestrittene Forderungen** nach Maßgabe des § 189. Solche Forderungen müssen noch festgestellt werden, nämlich durch ein Gericht (Rn. 412 ff.). Leitet der Gläubiger dies aber in die Wege und weist er das in einer zweiwöchigen Ausschlussfrist nach, so wird er berücksichtigt, solange sein Rechtsstreit anhängig ist (§ 189 I, II). Der Verwalter muss das Verteilungsverzeichnis entsprechend ändern (§ 193). Solange die streitige Forderung nicht feststeht, darf der Gläubiger allerdings kein Geld bekommen: Zunächst wird sein Anteil *zurückbehalten.* 444

Forderungen, für die jene Initiative nicht nachgewiesen wird, bleiben außer Acht (§ 189 III): Der anteilige Betrag kommt den übrigen Gläubigern zugute. Damit kann er endgültig verloren sein, so z. B., wenn alles Geld ausgezahlt ist, so dass weitere Verteilungen nicht möglich sind.

• **reguläre bestrittene titulierte Forderungen.** Eine solche Forderung ist zwar nicht festgestellt (Rn. 412). Da der Gläubiger aber immerhin einen Vollstreckungstitel hat, wird er berücksichtigt (Rn. 417). Ihm gebührt sogar *Zahlung*. Geht derjenige, der der Forderung widersprochen hat, allerdings gegen den Titel vor (Rn. 418 f.), so sollte der Geldbetrag zunächst zurückbehalten werden (analog § 189 II). 445

• **auflösend bedingte festgestellte Forderungen,** denn auflösende Bedingungen bleiben außer Acht, solange die Bedingung nicht eingetreten ist (§ 42). Dem Gläubiger wird also *gezahlt.* Tritt später die Bedingung ein, so entfällt der Rechtsgrund: Der Gläubiger muss in die Masse zurückzahlen. Geschieht dies nach der Schlussverteilung, so kommt es zur Nachtragsverteilung (§ 203 I Nr. 2). 446

• **aufschiebend bedingte festgestellte Forderungen** nur nach Maßgabe des § 191: Bei Abschlagsverteilungen werden sie voll berücksichtigt, wenn auch nur durch *Zurückbehaltung*, denn es kann ja sein, dass die Bedingung nicht mehr eintritt. Ist die Bedingung bis zur Schlussverteilung immer noch nicht eingetreten, so bleibt die bedingte Forderung außer Acht, wenn die Möglichkeit des Eintritts der Bedingung so fern liegt, dass die Forderung wertlos ist (§ 191 II; vom Verwalter zu beweisen!). 447

Frage: Wie ist eine Forderung zu behandeln, die zur Zeit der Schlussverteilung *nicht wertlos* ist?

Nach dem Prinzip, das in § 191 I zum Ausdruck kommt, ist sie (weiterhin) zu berücksichtigen, indem der Anteil zurückgehalten wird (§§ 191 I analog, 198).

448 • **gesicherte Forderungen** nur nach Maßgabe des § 190: Hat der Gläubiger zugleich ein Absonderungsrecht, so ist seine Forderung selbst dann ungewiss, wenn ihr niemand widersprochen hat. Nach § 52 S. 2 ist sie ja nur zu berücksichtigen, soweit der Gläubiger auch mit der abgesonderten Befriedigung ausgefallen ist oder auf diese verzichtet hat (Rn. 87). Den Schwebezustand bis zur Klärung des Ausfalls behandelt das Gesetz unterschiedlich, je nachdem, wer das Absonderungsgut zu verwerten hat und so für Klärung sorgen kann:

449 Hat der **Verwalter** zu verwerten, so muss er den Ausfall schätzen (das Sicherungsgut also taxieren) und den entsprechenden Betrag zurückbehalten (§ 190 III). Hält er zu wenig Geld zurück, weil er die Sicherung überbewertet hat, so ist er ggf. zum Schadensersatz verpflichtet. All das gilt jedenfalls für Abschlagsverteilungen. Bis zur Schlussverteilung sollte das Absonderungsgut ohnehin verwertet sein, der Ausfall also zuverlässig feststehen (Amtl. Begr., S. 186).

450 Darf der **Gläubiger** verwerten, so wird seine Forderung bei *Abschlagsverteilungen* berücksichtigt, wenn er innerhalb der zweiwöchigen Ausschlussfrist (Rn. 444) seinen Ausfall oder Verzicht nachweist (§ 190 I 1; dann Zahlung). Es genügt auch, dass er nachweist, die Verwertung zu betreiben, und seinen mutmaßlichen Ausfall glaubhaft macht (§ 190 II 2: dann Zurückbehaltung). Um an der *Schlussverteilung* teilzunehmen, muss der Gläubiger dagegen stets seinen exakten Ausfall oder seinen Verzicht nachweisen, und zwar in der Ausschlussfrist, die dieser Verteilung vorausgeht. Andernfalls bleibt die gesicherte Forderung endgültig außer Acht (§ 190 I 2).

451 Wer bei einer Abschlagsverteilung außer Acht geblieben ist, soll möglichst keinen Nachteil erleiden: Er ist **nachträglich zu berücksichtigen**, indem er bei der jeweils folgenden Verteilung vorab einen Ausgleichsbetrag erhält (§ 192). Dies hilft nicht nur in den Fällen der §§ 189 f., sondern auch bei verspäteter Anmeldung von Forderungen (Rn. 408) – natürlich aber nur, wenn überhaupt noch Geld übrig ist!

III. Abschlagsverteilungen

452 Zur Verteilung kann der Verwalter schreiten, **sooft hinreichende Barmittel** vorhanden sind (§ 187 II 1). Ist ein Gläubigerausschuss bestellt, so muss er der Verteilung zustimmen (§ 187 III 2). Im Übrigen ist das Verteilungsverzeichnis maßgebend (Rn. 442).

453 **Einwendungen gegen das Verteilungsverzeichnis** sind nur einem Gläubiger möglich (zum Schuldner s. Rn. 404). Sie sind beim Insolvenzgericht zu erheben (§ 194 I), und zwar binnen drei Wochen ab

Bekanntgabe nach § 188 S. 03. Bei *Zurückweisung* der Einwendung steht dem betroffenen Gläubiger die sofortige Beschwerde zu (§§ 6 I, 194 II 2), bei *Erfolg* der Einwendung – d. h. bei Anordnung, das Verzeichnis zu berichtigen – dem Verwalter und jedem anderen Insolvenzgläubiger (§ 194 III 2).

Wenn das Verteilungsverzeichnis unanfechtbar ist, kann die **Verteilungsquote** festgelegt werden: das Verhältnis der Barmittel zu den Forderungen, die nach Rn. 443 ff. zu berücksichtigen sind. Darüber entscheidet der etwaige Gläubigerausschuss (auf Vorschlag des Verwalters, aber ohne Bindung an den Vorschlag), im Übrigen der Verwalter (§ 195 I).

IV. Schlussverteilung und Aufhebung des Verfahrens

Die Schlussverteilung erfolgt, sobald die **Verwertung der Masse beendet** ist (§ 196 I). Dabei schadet nach h. M. nicht, dass zugunsten der Masse noch Aktivprozesse anhängig sind (*BAG* KTS 1973, 269, 270). Erzielt der Schuldner kontinuierlich nennenswerte Einkünfte, z. B. Arbeitseinkünfte, so wird die Masse zwar beständig vergrößert (§ 35 I Fall 2). Auch dies hindert aber nicht die Schlussverteilung (§ 196 I), denn andernfalls könnte § 35 I lebenslange Insolvenzverfahren provozieren und auch eine Restschuldbefreiung verhindern. 454

Die Schlussverteilung bedarf doppelter **Zustimmung**: Falls ein *Gläubigerausschuss* bestellt wurde, muss er zustimmen (§ 187 III 2), wegen der Bedeutung der Schlussverteilung aber auch das *Insolvenzgericht* (§ 196 II). Bei ihm stellt der Verwalter daher entsprechenden Antrag. 455

Er sollte dem Gericht zugleich seine Schlussrechnung (§ 66 II) vorlegen, ferner einen Schlussbericht (z. B. über Masseverwertung, Vertragsabwicklung, schwebende Prozesse). Das Gericht prüft zwar nur die Rechtmäßigkeit der Amtsführung, kann die Richtigkeit der vorgelegten Unterlagen aber von einem Sachverständigen untersuchen lassen.

Stimmt das Gericht der Schlussverteilung zu, so bestimmt es den **Schlusstermin** für eine abschließende Gläubigerversammlung (§ 197 I 1, II). Hier soll – unter Leitung des Gerichts (§ 76 I) – die Schlussrechnung des Verwalters erörtert und über nicht verwertbare Massegegenstände entschieden werden. Auch *Einwendungen gegen das Schlussverzeichnis* können nur hier erhoben werden (§ 197 I 2 Nr. 2); die anschließende Entscheidung des Gerichts ist anfechtbar (§ 197 III; Rn. 453). Mit der Bestandskraft des Schlussverzeichnisses steht auch die Verteilungsquote fest. 456

457 Nun darf die **Verteilung** vollzogen werden. Soweit der Verwalter nicht auszahlt, weil er bestimmte Beträge noch zurückbehalten muss (Rn. 444 f., 447), hat er sie für die Beteiligten bei einer geeigneten Stelle zu hinterlegen (§ 198). Denn sein Amt geht nun dem Ende zu.

Können alle Insolvenzforderungen berichtigt werden (sehr theoretisch!), so ist ein **Überschuss** dem Schuldner herauszugeben (§ 199 S. 1) – ein Prinzip, das aus dem Recht der Einzelzwangsvollstreckung geläufig ist: §§ 1247 S. 2 BGB, 804 II ZPO. Ist der Schuldner eine juristische Person, so ist jedem Teilhaber (z. B. dem Aktionär) der Anteil herauszugeben, der ihm nach den gesellschaftsrechtlichen Regeln über die Liquidation zustünde (§ 199 S. 2). Hier soll der Insolvenzverwalter die Liquidation also mit übernehmen (dazu schon Rn. 175).

458 Die **Aufhebung des Insolvenzverfahrens** beendet das Verfahren. Sie erfolgt durch Beschluss des Insolvenzgerichts, sobald die Schlussverteilung vollzogen ist (§ 200 I). Wirksam wird sie mit diesem Beschluss, d. h. wenn nach dem Tage seiner Veröffentlichung zwei weitere Tage verstrichen sind (§ 9 I 3). Jetzt enden die Wirkungen der Verfahrenseröffnung. Das bedeutet:

459 • Der **Insolvenzbeschlag endet**. Ohnehin blieb der Schuldner stets Inhaber seines Vermögens. Nun kann er auch wieder darüber verfügen. Das betrifft i. d. R. nur wertlose Reste, die der Verwalter weder verwertet noch freigegeben hatte, aber auch Gegenstände, die versehentlich nicht zur Masse gezogen wurden oder ihr vorenthalten wurden (s. aber Rn. 462). Soweit in Grundbüchern Insolvenzvermerke eingetragen wurden (Rn. 130), sind sie von Amts wegen zu löschen (§§ 32 II 1 analog, 200 II 2).

Frage: Wie ist die Rechtslage, wenn der Schuldner ein Aktienpaket geheimhalten konnte, dieses nach Insolvenzeröffnung seiner Frau F übereignete und nun das Insolvenzverfahren aufgehoben wird?

Der Insolvenzbeschlag erfasst auch verborgenes Vermögen des Schuldners einschließlich unbekannter Herausgabeansprüche gegen Treuhänder, heimlichen Neuerwerbs usw. Die Vermögensübertragung auf F war daher unwirksam (§ 81 I 1). Sie wurde aber wirksam, als die Verfügungsbeschränkung später entfiel (§ 185 II 1 Fall 2 BGB analog; Küber/Prütting/*W. Lüke*, § 81 Rn. 20). Daher scheidet auch eine Nachtragsverteilung aus (abw. MünchKomm/*Kayser*, § 129 Rn. 213). Helfen kann freilich Insolvenzanfechtung, wenn ein neuer Insolvenzantrag gestellt wird.

460 Eine *Fortdauer der Beschlagnahme* wird jedoch angenommen, soweit diese schon ausgenutzt wurde und ein Gegenstand deshalb noch vor Aufhebung des Verfahrens (zumindest stillschweigend) einer

Nachtragsverteilung vorbehalten worden ist (krit. *Uhlenbruck*, ZIP 1993, 241, 245). Das gilt z. B. für Geldbeträge, die der Verwalter nach § 198 hinterlegt hat, und für Ansprüche, die er z. Z. der Aufhebung in Aktivprozessen verfolgte.

• **Schwebende Prozesse**, die der Verwalter führt, werden i. d. R. unterbrochen (Rn. 278). 461

• Den Gläubigern steht wieder die **Einzelzwangsvollstreckung offen**, soweit sie im Insolvenzverfahren nicht befriedigt wurden. Als Vollstreckungstitel genügt die Eintragung in die Insolvenztabelle (§ 201 II), soweit die Forderung „festgestellt" ist (gegenüber Insolvenzgläubigern und Verwalter; Rn. 411 ff.) und soweit auch der Schuldner ihr nicht widersprochen hat oder sein Widerspruch beseitigt worden ist (Rn. 423).

Das gilt, wie § 201 III klarstellt, natürlich nicht, wenn **Restschuldbefreiung** eintritt (§ 301 I) oder auch nur angekündigt worden ist (§ 291).

V. Nachtragsverteilung

Eine Nachtragsverteilung wird nötig, wenn das beschlagnahmte Vermögen in der Schlussverteilung nicht vollständig verteilt werden konnte. Das ist nicht ganz selten. § 203 I unterscheidet **drei Fälle:** 462

• *Zurückbehaltene Beträge werden frei.*

Beispiele: Ein Gläubiger verliert den Prozess um die Feststellung seiner Forderung (§ 189) oder nimmt seine Klage zurück. Die aufschiebende Bedingung, unter der eine Forderung stand (§ 191 I), fällt aus.

• *Ausgezahlte Beträge fließen zurück.*

Beispiele: Nach der Schlusszahlung des Verwalters auf eine auflösend bedingte Forderung tritt die Bedingung ein, so dass der Gläubiger zurückzahlt (Rn. 446). Der Empfänger einer irrtümlichen Zahlung erstattet zurück (z. B. der Insolvenzverwalter eine überhöhte Auslagenerstattung).

• *Nachträglich ermittelte Masse.*

Beispiele: Entdeckt werden versteckte Vermögenswerte; Güter, die versehentlich Dritten zugeordnet worden waren; Kondiktionsansprüche wegen irrtümlicher Auszahlungen; Gelegenheiten zur (weiteren) Insolvenzanfechtung (BGHZ 83, 102, 103); ein Übererlös aus späterer Verwertung einer Sicherheit durch den Gläubiger (*BGH* NZI 2006, 180 f.). Der Schuldner gibt seine Mietwohnung auf, so dass sein Anspruch auf Rückzahlung einer Mietkaution fällig wird (dieser gehört zur Masse, wenn die Kaution vor Insolvenzeröffnung geleistet wurde, Amtl. Begr. InsOÄndG, S. 27).

Hatte der Schuldner ein *Sparkonto* verschwiegen, so gehören zur Masse der Rückzahlungsanspruch nebst Sparbuch und die während des Insolvenzverfahrens aufgelaufenen Zinsen (Neuerwerb, § 35 I Fall 2). Auf spätere Zinsen kann nur per Einzelzwangsvollstreckung zugegriffen werden, wenn es nicht zu einem neuen Insolvenzverfahren kommt.

463 Hier ordnet das Insolvenzgericht die Nachtragsverteilung an, selbst dann, wenn das Insolvenzverfahren schon beendet ist (§ 203 II). Das geschieht von Amts wegen (z. B. auf Anregung interessierter Gläubiger) oder auf Antrag des Insolvenzverwalters (einschränkend § 203 III). Gegen den **Gerichtsbeschluss** ist sofortige Beschwerde eröffnet (§§ 6 I, 204). Erst dieser Beschluss führt zum nötigen Insolvenzbeschlag, es sei denn, dass die Beschlagnahme kraft der früheren Insolvenzeröffnung ausnahmsweise andauerte (Rn. 460). Zu den Wirkungen des Beschlags s. §§ 81, 91. Die Beschlagnahme setzt allerdings voraus, dass der betreffende Gegenstand dem Schuldner gehört. Sie scheitert also, wenn er nach Aufhebung des früheren Verfahrens oder vorher (Bsp. Rn. 459) veräußert worden war!

Die **Verwertung und Verteilung** der neuen Masse folgt den bekannten Regeln. Zuständig ist also der Insolvenzverwalter, der sein Amt zu diesem Zweck wieder aufnehmen muss (§ 205). Für die Verteilung ist weiterhin das Schlussverzeichnis maßgeblich (§ 205 S. 1; Rn. 456).

9. Kapitel. Beendigung des Insolvenzverfahrens

§ 30. Aufhebung und Einstellung des Verfahrens

Literatur: Gottwald/*Klopp/Kluth*, S. 1117 ff.

I. Aufhebung

Bei regulärem Verlauf endet das Insolvenzverfahren **nach der Schlussverteilung**, nämlich mit seiner Aufhebung durch das Gericht (§ 200). Damit endet der Insolvenzbeschlag (näher Rn. 458 ff.), den Gläubigern verbleibt ein Nachforderungsrecht (Rn. 420 ff.). Hat der Schuldner *Restschuldbefreiung* beantragt, so darf freilich erst aufgehoben werden, wenn über deren Ankündigung rechtskräftig entschieden ist (§ 289 II 2). In *Planverfahren* wird das Insolvenzverfahren aufgehoben, wenn der von den Gläubigern beschlossene Insolvenzplan rechtskräftig bestätigt ist (§ 258 I; Rn. 520). 464

II. Einstellung

1. Voraussetzungen

Einstellung ist die außerordentliche Beendigung des eröffneten Verfahrens. Eingestellt wird einerseits, wenn die **Masseverbindlichkeiten nicht erfüllbar** sind: 465

- Hier wird entweder *mangels Masse* eingestellt (§ 207; Rn. 397), weil nicht einmal die Verfahrenskosten gedeckt sind, also auch kein Kostenvorschuss geleistet wurde und keine Stundung erfolgte.
- Oder es wird *nach Anzeige der Masseunzulänglichkeit* eingestellt (§ 211; Rn. 398 ff.), weil sonstige Masseschulden nicht (vollständig) beglichen werden konnten und der Insolvenzverwalter die vorhandene Masse verteilt hat. In diesem Fall ist ggf. noch eine Nachtragsverteilung möglich (§ 211 III).

Auf Antrag des Schuldners ist auch bei **Wegfall des Eröffnungsgrundes** einzustellen (§ 212; zum Verfahren § 214). 466

• Das liegt auf der Hand, wenn ein Eröffnungsgrund (Rn. 108 ff.) seinerzeit gegeben war und *nachträglich entfallen* ist (z. B. wegen zwischenzeitlicher Schenkung, Erbschaft, Eintreibung von Außenständen usw.).

• Es gilt aber auch dann, wenn die *irrtümliche Annahme* eines Eröffnungsgrundes zur Verfahrenseröffnung führte und dieser Beschluss rechtskräftig wurde. Denn nach § 212 S. 1 ist nur wichtig, dass für den Schuldner (warum auch immer) zur Zeit der Einstellung kein Eröffnungsgrund gegeben ist. Umgekehrt bedeutet das: Es genügt nicht, dass früher z. B. irrig Überschuldung bejaht wurde, wenn heute immerhin Zahlungsunfähigkeit vorliegt.

467 Auf Antrag des Schuldners ist ferner bei **Zustimmung der Insolvenzgläubiger** einzustellen (§ 213).

Im laufenden Verfahren kann der Eröffnungsantrag zwar nicht mehr *zurückgenommen* werden (§ 13 II). Doch dient das Verfahren hauptsächlich den Gläubigern und dem Schuldner. Wollen sie daran nicht festhalten, so fehlt ihm die Grundlage.

Das steht außer Frage, wenn alle Gläubiger zustimmen, die innerhalb der Anmeldefrist Forderungen angemeldet haben (näher § 213 I). Vor Ablauf der Anmeldefrist *kann* das Gericht einstellen, wenn andere Gläubiger als die, welche zugestimmt haben, nicht bekannt sind (§ 213 II). Zum Verfahren s. § 214.

2. Einstellungsbeschluss

468 Die Einstellung des Verfahrens und ihr Grund sind öffentlich bekanntzumachen (§ 215 I). Wirksam wird die Einstellung mit Ablauf von zwei Tagen nach dem Tage der Bekanntmachung (§ 9 I 3). Damit endet der Insolvenzbeschlag: Der Schuldner erhält die Verfügungsmacht über die frühere Masse zurück (§ 215 II 1; Rn. 459 ff.), muss nun aber auch mit Nachforderungen und Zwangsvollstreckung seiner Gläubiger rechnen (§ 215 II 2; Rn. 420 ff.).

Zu *Rechtsmitteln* gegen den Gerichtsbeschluss s. § 216.

10. Kapitel. Insolvenzplan

Literatur: Gottwald/*Braun*, S. 1038 ff.; *Leipold*, Zur Rechtsnatur des Insolvenzplans, KTS 2006, 109 ff.

§ 31. Zweck des Insolvenzplans

Das bisher dargestellte Regelverfahren zur gemeinschaftlichen Be- 469
friedigung der Insolvenzgläubiger ist recht genau vorgegeben. Andererseits will die Insolvenzordnung die **Autonomie der Gläubiger stärken**: Diese haben großen Einfluss auf das Verfahren, schon auf die Person des Insolvenzverwalters (§§ 56a f.), dann auf die Fortführung des insolventen Unternehmens (§ 157) und die Verwertung (§ 159 Hs. 2) wie überhaupt auf besonders bedeutsame Rechtshandlungen des Verwalters (§§ 160 ff.), sei es als Gläubigerversammlung, sei es über den Gläubigerausschuss.

Nicht unproblematisch ist allerdings, dass die Stimmrechte in der Gläubigerversammlung i. d. R. (nur) von der Forderungshöhe abhängen (§ 76 II), während der Gläubigerausschuss (nur) mit Kopfmehrheit entscheidet (§ 72). Zudem können die Gläubiger nur i. R. ihrer (begrenzten) gesetzlichen Zuständigkeiten entscheiden, denn im Übrigen soll das Insolvenzverfahren ja in der Hand des Verwalters liegen. Auch die Grundregeln dieses Verfahrens sind nicht verfügbar. Besonders schwierig sind Absprachen der Gläubiger mit dem Schuldner (z. B. über Forderungserlasse, Stundungen, Sanierung, übertragende Sanierung), zumal ein Konsens *aller* Gläubiger oft nicht erreichbar ist (Rn. 432).

Das Gesetz bietet den Gläubigern – und übrigens auch dem 470
Schuldner – daher eine **zusätzliche Option**: Wollen sie weitergehend von Vorgaben der Insolvenzordnung abweichen, weil sie einen besseren Weg zu kennen glauben, so können sie alles Nötige weitgehend autonom entscheiden. Sie werden schon wissen, was gut für sie ist! Das Gesetz gibt dann lediglich den Rahmen vor: das Planverfahren. Vorschläge für gemeinsame Entscheidungen sind nämlich in einem *Insolvenzplan* niederzulegen, sei es vom Schuldner, sei es vom Insolvenzverwalter (ggf. auf Weisung der Gläubiger). Es folgt eine gewisse

Vorprüfung durch das Insolvenzgericht. Sodann müssen die Gläubiger – in Gruppen eingeteilt – den Plan mehrheitlich billigen, und zwar (im Prinzip) in jeder Gruppe. Auch der Schuldner muss (im Prinzip) zustimmen. Hinzukommen muss die Bestätigung des Gerichts, dass der Plan vorschriftsmäßig zustande gekommen ist.

471 Ein Insolvenzplan wird sich **hauptsächlich bei Unternehmensinsolvenzen** empfehlen, also für juristische Personen, Gesellschaften ohne Rechtspersönlichkeit und Einzelkaufleute. Er kann aber auch für Verbraucher interessant sein, zumal er eine Restschuldbefreiung ermöglicht (§ 227); näher Rn. 664 f.

472 Das Planverfahren hat mehrere **Vorteile**: Nicht nur Insolvenzforderungen, sondern sogar Vorrechte gesicherter Gläubiger können abgeändert werden, wenn alle Beteiligten davon profitieren. Die Einteilung in Gruppen fördert die Einigung von Gläubigern mit ähnlichen Interessen. Opportunistischem Stimmverhalten sind Grenzen gesetzt, weil eine Billigung des Plans jeweils Forderungs- *und* Kopfmehrheiten erfordert. Andererseits besteht ein Obstruktionsverbot, so dass eine Einigung nicht am Widerstand einzelner Gläubiger („Akkordstörer") scheitern muss – nicht einmal dann, wenn in manchen Gruppen keine Mehrheit zustande kommt! Auch der Schuldner kann den Plan nicht blockieren, wenn er keine Nachteile erleidet. Umgekehrt hat er bei frühzeitiger Vorlage eines eigenen Plans (und Eigenverwaltung, § 270) die Chance einer Eigensanierung. Erleichtert werden auch Sanierungskredite, die angestrebte Umgestaltung der Rechtsverhältnisse und die Überwachung der Planerfüllung. Dennoch ist **umstritten**, inwieweit ein Insolvenzplan sinnvoll ist und ob das nicht ganz einfache Planverfahren in angemessener Zeit bewältigt werden kann, zumal dann, wenn dissentierende Gläubiger ihre Rechtsbehelfe nutzen (zuversichtlich aber *Braun*, NZI 1999, 473 ff.). Heute werden nur ca. 2 % der eröffneten Verfahren durch Insolvenzplan abgeschlossen.

473 **Vorläufer des Insolvenzplans** war einerseits der *Vergleich* i. S. d. Vergleichsordnung (1935). Er sollte ein Konkursverfahren vermeiden, setzte aber voraus, dass die Gläubiger eine Quote von mind. 35 % erhielten. In der Praxis spielte er daher keine nennenswerte Rolle. Demgegenüber sollte der *Zwangsvergleich* Konkursverfahren beenden (§§ 173 ff. KO). Er erforderte allerdings einen hohen Grad an Zustimmung (Gläubiger mit mind. 75 % der Konkursforderungen), u. U. auch eine Mindestquote von 20 % (§§ 182, 187 KO).

474 Die **Rechtsnatur** des Insolvenzplans ist umstritten. Ein Vergleich zwischen Gläubigern und Schuldner (§ 779 BGB) kann er nicht sein;

denn er setzt nicht notwendig voraus, dass die Gläubiger dem Schuldner (z. B. durch Schulderlass) entgegenkommen: Sie können von einer Schuldbefreiung (§ 227 I) u. U. absehen. Nach h. M. ist der Insolvenzplan ein *Vertrag,* den die Insolvenzgläubiger mit dem Schuldner oder dem Verwalter schließen (ausf. MünchKomm/*Eidenmüller,* § 217 Rn. 9 ff.: materiellrechtlicher und Prozessvertrag; *Häsemeyer,* FS H. F. Gaul, 1997, S. 175 ff.). Hiergegen spricht jedoch, dass auch solche Gläubiger an den Plan gebunden sein können, die gegen ihn gestimmt haben (§ 245). Demnach muss der Insolvenzplan ein Institut eigener Art sein.

Lernhinweis: Die Einzelheiten des Insolvenzplanverfahrens sind – auch angesichts der geringen Zahl dieser Verfahren – **kaum noch Grundwissen**. Dennoch ist die folgende Darstellung relativ ausführlich, um das Verständnis zu erleichtern. Studenten werden sich aber auf die groben Linien beschränken können.

§ 32. Inhalt des Insolvenzplans

Literatur: *Braun/Frank,* Der Kreditrahmen gem. § 264 InsO als Finanzierungsinstrument des Sanierungsplans ..., in: KS, S. 809 ff.; *Haas,* Mehr Gesellschaftsrecht im Insolvenzplanverfahren, NZG 2012, 961 ff.; *Horstkotte/Martini,* Die Einbeziehung der Anteilseigner in den Insolvenzplan nach ESUG, ZInsO 2012, 557 ff.; *H.-F. Müller,* Entrechtung der Gesellschafter im Insolvenzverfahren? – Anmerkungen zum Fall Suhrkamp, DB 2014, 41 ff.; *Spliedt,* Debt-Equity-Swap und weitere Strukturänderungen nach dem ESUG, GmbHR 2012, 462 ff. – Vgl. auch Literatur vor Rn. 469.

I. Überblick

Die Befriedigung der Insolvenzgläubiger erfolgt traditionell durch Liquidation des Schuldnervermögens und anschließende Verteilung des Erlöses. Wie § 1 S. 1 programmatisch erklärt, kann durch Insolvenzplan aber auch „eine abweichende Regelung" getroffen werden, „insbesondere zum **Erhalt des Unternehmens**" – nicht zuletzt auch der Arbeitsplätze. Gerade die Sanierung des Unternehmens kann durch einen Insolvenzplan begleitet werden, da er für alle nötigen Absprachen einen flexiblen Rahmen bietet. Zwar kann eine „übertragende Sanierung" auch im Regelverfahren erfolgen (Rn. 437). Durch Insolvenzplan lässt sich aber z. B. der häufigen Abrede Rechnung tra- 475 gen, dass der Erwerber des Unternehmens die Gläubiger aus dessen Erträgen befriedigen soll (§ 229).

476 Doch auch **sonstige Regelungen** sind möglich: Abweichungen vom Gesetz gestattet § 217 für

- die *Befriedigung der Absonderungsberechtigten,* z. B. eine Vereinbarung, in der auf Sicherungsrechte (partiell) verzichtet wird;
- die *Befriedigung der Insolvenzgläubiger:* So gehen nachrangige Insolvenzgläubiger nach § 225 I weitgehend leer aus. Reguläre Insolvenzgläubiger können – in Grenzen – ungleich behandelt, d. h. mit unterschiedlichen Quoten bedacht werden (näher Rn. 484, 509);
- die *Masseverwertung und -verteilung:* Nicht nur die Liquidation, auch Sanierung und/oder Übertragung des Unternehmens an einen Erwerber können besonders geregelt werden. Bei der Verteilung der Masse kann von §§ 187 ff. abgewichen werden, z. B. vom Grundsatz der Geldauszahlung, indem Grundstücke, Maschinen oder Waren verteilt oder Anteile am insolventen Unternehmen bzw. an einer Auffanggesellschaft übertragen werden. So wird der Plan zu einem „universellen Instrument der Masseverwertung" (Amtl. Begr., S. 90);
- die *Verfahrensabwicklung* auch im Übrigen;
- die *Haftung des Schuldners* nach Beendigung des Verfahrens: Sie endet entgegen § 201 I, nämlich dann, wenn der Schuldner die im Plan vorgesehenen Leistungen erbracht hat, es sei denn, dass der Plan Abweichendes bestimmt (§ 227 I);
- *Anteils- und Mitgliedschaftsrechte der am Schuldner beteiligten Personen:* Während Änderungen der Gesellschaftsverfassung eigentlich den Gesellschaftern vorbehalten sind, sollen sie im Plan auch den Verfahrensbeteiligten freistehen (§ 225a), so insbesondere die Umwandlung von Insolvenzforderungen gegen Anteilsrechte (Rn. 493a).

Im Übrigen aber soll es bei dem Gesetz bleiben: **Zwingendes Recht** sind die Vorschriften über Voraussetzungen, Beteiligte, Organe, allgemeine Wirkungen des Insolvenzverfahrens (§§ 1–147) und dessen Ablauf (§§ 148–186) bis zum Wirksamwerden des Plans (näher HK/*Flessner,* § 217 Rn. 7).

477 Entsprechend der **Funktion**, die der Insolvenzplan haben soll, lässt sich von einem „Sanierungsplan", einem „Übertragungsplan" (bei Unternehmensverkauf) oder von einem bloßen „Liquidationsplan" sprechen. Oft treffen aber mehrere Funktionen zusammen.

Der Insolvenzplan besteht aus zwei Teilen: Ein *darstellender* Teil soll die Beteiligten informieren (§ 220). Der *gestaltende* Teil legt fest, wie die Rechtsstellung der Beteiligten durch den Plan geändert werden soll (§ 221).

II. Darstellender Teil

Dieser Teil soll alle Angaben zu Grundlagen und Auswirkungen **478**
des Plans enthalten, die für die Entscheidung der Beteiligten und für die abschließende Prüfung des Insolvenzgerichts erheblich sind (§ 220 II). Nähere Anforderungen formuliert das Gesetz (bis auf § 229) nicht. Schon § 220 II verlangt aber **umfassende Information**: über die bisherige Entwicklung, die Organisation und rechtlichen Verhältnisse des Unternehmens (z. B. Gesellschaftsrecht, Kapitalerhaltung, Beteiligungen), die finanzwirtschaftlichen Verhältnisse, über Beschaffung, Produktion und Absatz, die Ursachen der Insolvenz und die aktuelle Lage, vor allem aber über das Planziel. Zu berichten ist auch über die Aktivitäten nach Verfahrenseröffnung (z. B. Betriebsstilllegungen, Entlassungen, Verhandlungen über Sozialplan), erst recht über die Maßnahmen, mit denen die Planziele rechtlich und betriebswirtschaftlich erreicht werden sollen (§ 220 I). Sofern saniert werden soll, ist also auch das Sanierungskonzept vorzustellen. Vielfach wird eine *Vergleichsrechnung* nötig sein, die aufzeigt, inwiefern der Plan die Gläubiger besser stellen kann als bei Liquidation im Regelverfahren.

Ggf. sind dem Plan **wichtige Anlagen** beizufügen (§ 219 S. 2):

- falls das Unternehmen fortgeführt und die Gläubiger aus den künftigen Erträgen befriedigt werden sollen, eine Vermögensübersicht, in der Aktiva und Passiva, die sich bei Wirksamwerden des Plans gegenüberstünden, bewertet werden, eine Darstellung der zu erwartenden Aufwendungen und Erträge sowie der Zahlungsfähigkeit im Sanierungszeitraum (§ 229);
- falls der Schuldner sein Unternehmen fortführen soll, seine Bereitschaftserklärung bzw. die der persönlich haftenden Gesellschafter (§ 230 I);
- falls Gläubiger Anteils- oder Mitgliedschaftsrechte an einer Gesellschaft übernehmen, die Zustimmung dieser Gläubiger (§ 230 II);
- falls ein Dritter Verpflichtungen gegenüber den Gläubigern übernommen hat, die Erklärung des Dritten (§ 230 III).

III. Gestaltender Teil

479 In diesem Teil des Insolvenzplans wird festgelegt, wie die Rechtsstellung der Beteiligten geändert werden soll (§ 221). Zudem kann der Insolvenzverwalter bevollmächtigt werden, den Plan umzusetzen.

1. Beteiligte

Beteiligte i. S. d. § 221 sind die Insolvenzgläubiger, die Absonderungsberechtigten, der Schuldner und die an ihm beteiligten Personen. Nur in ihre Rechte kann der Plan eingreifen. Unantastbar sind dagegen die Positionen der Aussonderungsberechtigten und Massegläubiger. Selbstverständlich können Nicht-Beteiligte aber freiwillig auf Rechte verzichten und so dazu beitragen, dass der Plan eine Mehrheit findet.

2. Beteiligten-Gruppen

480 Die Interessen der Beteiligten sind keineswegs einheitlich. Nach § 222 sind die Beteiligten daher ggf. in Gruppen aufzuteilen. So kann einerseits **unterschiedlichen Prioritäten** entsprochen werden.

Vielfältig ist schon die *Situation der Gläubiger* (näher Amtl. Begr., S. 199): Nachrangige Insolvenzgläubiger (§ 39) haben i. d. R. keine Aussicht auf Befriedigung, reguläre Insolvenzgläubiger oft durchaus. An einer Sanierung des Unternehmens werden dessen Inhaber, Geschäftspartner des Schuldners oder Angehörige, die z. B. ein Darlehen gewährt haben, eher als andere Gläubiger interessiert sein, *Absonderungsberechtigte* weniger als Insolvenzgläubiger, im Übrigen je nach dem Wert des Absonderungsgutes, zumal dann, wenn ihre Forderung zwar vom Fortführungswert, nicht aber vom Liquidationswert gedeckt wäre (Rn. 117).

Dementsprechend sind die Beteiligten nur innerhalb der jeweiligen Gruppe gleich zu behandeln (§ 226 I, II), während andere Gruppen besser oder schlechter gestellt werden dürfen.

Andererseits wird auch eine **Einigung erleichtert,** denn die Beteiligten stimmen später in Gruppen über den Plan ab (§§ 243 f.).

481 **Obligatorisch** ist die Gruppenbildung, soweit **Beteiligte mit unterschiedlicher Rechtsstellung** betroffen sind (§ 222 I): Die wichtigste Gruppe besteht aus den *regulären Insolvenzgläubigern* (§ 222 I 2 Nr. 2). Sie kann zugleich die einzige Gruppe bleiben! Denn *Absonderungsberechtigte* sind nur dann eine weitere Gruppe,

wenn der Plan in ihre Rechte eingreift; das scheint die Ausnahme zu sein (§ 223 I 1), ist aber nicht selten. Sollen *Gesellschafter* der Schuldnerin Eingriffe in ihre Anteilsrechte hinnehmen (§ 225a), so zählen sie als weitere Gruppe. *Arbeitnehmer* „sollen" eine besondere Gruppe bilden, wenn sie als Insolvenzgläubiger nicht unerhebliche Forderungen haben (§ 222 III 1; ein Verstoß macht den Insolvenzplan freilich nicht unwirksam). *Nachrangige Insolvenzgläubiger* gelten nur dann als Gruppe, wenn der Plan bestimmt, dass ihre Forderungen nicht als erlassen gelten (§ 222 I 2 Nr. 3)

Fakultativ können weitere Gruppen gebildet werden, indem aus 482
Gläubigern mit gleicher Rechtsstellung – also regulären, nachrangigen Insolvenzgläubigern oder Absonderungsberechtigten – **Gläubiger mit gleichartigen wirtschaftlichen Interessen** zusammengefasst werden (§ 222 II 1). Exemplarisch nennt § 222 III 2 *Kleingläubiger:* Die Zusammenführung der Gläubiger kleinerer Forderungen mag das Verfahren erleichtern.

Zu denken ist z. B. an Forderungen, die – auf Kosten der Großgläubiger – vollständig (!) erfüllt werden sollen. Dann haben die befriedigten Gläubiger auch kein Stimmrecht (§ 237 II).

Empfehlen mag sich auch eine Unterscheidung zwischen *Banken und Lieferanten* (Geld- bzw. Warenkredit), nach leitenden Angestellten und sonstigen Arbeitnehmern, nach den am insolventen Unternehmen *beteiligten Gläubigern,* bei Absonderungsberechtigten nach der *Werthaltigkeit der Sicherung* usw.

Der **Zuschnitt der Gruppen** liegt in der Hand des Planverfassers. 483
Er entscheidet also auch darüber, ob gleichartige wirtschaftliche Interessen die Bildung weiterer Gruppen nahelegen. Damit kann er freilich auch gewissermaßen „Wahlkreise" zuschneiden und für die weiteren Gruppen eine abweichende Behandlung vorschlagen (Ungleichbehandlung!).

Er kann z. B. diejenigen Gläubiger, die dem Plan voraussichtlich gewogen sind, in zwei Gruppen aufteilen (Bsp.: die Kleingläubiger in Lieferanten und Handwerker!), und ihnen so doppeltes Stimmgewicht geben. Ggf. ist der Plan nämlich schon angenommen, wenn eine *Mehrheit der Gruppen* ihm zustimmt (§ 245 I Nr. 3).

Das ist problematisch. Zum Schutz vor Manipulation müssen die Gruppen zumindest **sachgerecht abgegrenzt** sein (§ 222 II 2; MünchKomm/*Eidenmüller,* § 222 Rn. 8 ff.). Damit dies überprüfbar ist (§ 231 I Nr. 1), sind die maßgebenden Kriterien im Plan zu benennen (§ 222 II 3). Weitergehende Kontrollen lehnt die h. M. jedoch ab.

Frage: Wird die Manipulationsgefahr nicht dadurch beherrschbar, dass vor der Abstimmung über den Plan schon die Gläubiger die Gruppengrenzen überprüfen?

Dies steht den Gläubigern zwar frei. Es hilft ihnen aber nicht, da sie ihrer Missbilligung nur durch Abstimmung innerhalb der vorgegebenen Gruppen Ausdruck geben können und vielleicht gerade deshalb in der Minderheit bleiben. – Immerhin ist die Manipulationsgefahr begrenzt. Denn eine Gruppe, die gegenüber anderen Gruppen benachteiligt wird, kann den Plan verhindern, indem sie ihn ablehnt. Dies gilt auch nicht als „Obstruktion" i. S. d. § 245 I (s. Rn. 504 ff.).

3. Mögliche Vereinbarungen

a) Allgemeines

484 Die Beteiligten haben beträchtliche Gestaltungsmöglichkeiten. Selbst der Grundgedanke des Insolvenzrechts wird modifiziert: **Gläubigergleichbehandlung** ist nur innerhalb der jeweiligen Gruppe geboten. Nur hier bedarf eine Ungleichbehandlung der schriftlichen Zustimmung jedes betroffenen Mitglieds dieser Gruppe (§ 226 I, II). *Unterschiedliche Behandlungen der Gruppen* sind dagegen zulässig und sogar erwünscht, da dies (mehrheitlich) gewollt ist und demnach offenbar die Abwicklung fördert (Bsp.: Für Kleingläubiger kann eine Quote von 25 %, für andere Insolvenzgläubiger eine 10 %-Quote vorgesehen werden).

Oberstes Gebot ist allerdings die *Transparenz des Verfahrens.* Daher ist jede Abrede nichtig, mit der sich ein Beteiligter für sein Verhalten bei Abstimmungen oder sonst im Zusammenhang mit dem Verfahren einen Vorteil gewähren lässt, der nicht im Plan vorgesehen ist (§ 226 III).

485 Zudem gilt ein **Verschlechterungsverbot**: Ein Gläubiger, der dem Plan widerspricht, darf durch ihn voraussichtlich nicht schlechter gestellt sein, als er ohne Plan stünde (§ 251 I), d. h. bei Liquidation im Regelverfahren. Wer dort z. B. eine Quote von 12 % erwarten könnte, muss sich im Planverfahren nicht mit 6 % begnügen. Entsprechendes gilt für Absonderungsberechtigte (§ 251 I), aber auch für den Schuldner (§ 247 II). Die Feststellung einer Schlechterstellung kann freilich sehr schwierig sein (Rn. 505 f.). Ein Verstoß gegen § 251 wird auch *nur auf Antrag berücksichtigt.*

b) Die Stellung Absonderungsberechtigter

Absonderungsberechtigte haben dank ihrer Sicherung oft Aussicht, 486
in erheblichem Umfang befriedigt zu werden. Ihre Bereitschaft, Einbußen hinzunehmen, ist daher weniger entwickelt. Zu solchen Verzichten können sie auch nicht gezwungen werden, da sie sonst schlechter als im Regelverfahren stünden, wo Absonderungsrechte respektiert werden (Rn. 485). Mit Rücksicht darauf bestimmt § 223 I 1, dass der Plan Absonderungsrechte im Zweifel **nicht berührt**. Der Plan kann aber Abweichendes vorsehen (§ 223 II). Dies mag auch dem Berechtigten nützen (Bsp.: Der Wert seiner Sicherheit ist unzureichend). Dann kann er durch Teil- oder Totalverzicht zur Sanierung beitragen, z. B. einer Stundung der Erlösauskehr oder einem Austausch von Sicherheiten zustimmen (zur Einbringung in einen Sicherungspool, Rn. 373 ff.), u. U. jeweils gegen Aufstockung der gesicherten Forderung, d. h. gegen eine erhöhte Quote.

Frage: Kann der Insolvenzplan vorsehen, dass sämtliche Absonderungsrechte um jeweils 3.000,– € „gekürzt" werden?

Da die Absonderungsrechte (wie auch etwaige gesicherte Forderungen) ganz unterschiedlichen Umfang haben dürften, würden bezifferte Abschläge hochwertige Absonderungsrechte wenig, geringwertige Sicherheiten wesentlich stärker treffen. Das verstieße gegen § 226 I, jedenfalls dann, wenn die Absonderungsberechtigten derselben Gruppe angehören und nicht (gemäß § 226 II) sämtlich zustimmen (Nerlich/Römermann/*Braun*, § 223 Rn. 18).

c) Die Stellung der Insolvenzgläubiger

Die regulären **Insolvenzforderungen** können jedweder Regelung 487
unterworfen werden, freilich in den Grenzen von Rn. 484 f. Beispielhaft nennt § 224 eine anteilige *Kürzung* (Teilerlass), eine *Stundung* für einen definierten Zeitraum und eine *Sicherung*. So wird ein Gläubiger sich mit wesentlichen Kürzungen oder Stundungen eher abfinden, wenn ihm die reduzierte Befriedigung wenigstens sicher ist, weil er angemessene Sicherheit erhält.

Vereinbar ist auch ein sog. **Kreditrahmen** (§§ 264 ff.). Er soll spä- 488
ter, wenn das Insolvenzverfahren aufgehoben ist, aber die Erfüllung des Insolvenzplans überwacht werden soll (Rn. 521) und eine Sanierung ansteht, dem Schuldner bzw. der Übernahmegesellschaft Gelegenheit geben, die nötigen Kredite aufzunehmen. Kreditgeber werden sich – so bald nach dem Insolvenzverfahren – natürlich nur finden, wenn sie eine hinreichende Aussicht auf Rückzahlung sehen. Dafür kann ein Kreditrahmen sorgen, weil die Insolvenzgläubiger in diesem Umfang zurücktreten: Sie begnügen sich mit dem Nachrang

ihrer Forderungen gegenüber den neuen Ansprüchen auf Kreditrückzahlung. Für die nötige Rechtssicherheit sorgt § 264 II.

489 Bedeutung erlangt der Kreditrahmen freilich erst, wenn es zu einem *zweiten Insolvenzverfahren* kommt – Bsp.: die Sanierung scheitert – und dieses eröffnet wird, bevor die Überwachung des Plans aus dem ersten (beendeten) Verfahren aufgehoben wird (§ 266 I). Dann haben die Kreditgeber Vorrang gegenüber den anderen Insolvenzgläubigern, die im zweiten Verfahren Forderungen anmelden, laut Plan des Erst-Verfahrens aber Nachrang haben sollen. § 265 erweitert den Vorrang sogar zu Lasten anderer vertraglicher Ansprüche, die erst nach Aufhebung des Insolvenzverfahrens begründet wurden.

Dennoch bleiben die **Kreditgeber gefährdet**: vor allem durch Aus- und Absonderungsrechte im zweiten Verfahren, aber auch durch Neu-Gläubiger, die sich (entgegen § 265) auf *gesetzliche* Ansprüche stützen können, z. B. auf §§ 823 ff. BGB, 7 StVG. Es bleibt daher abzuwarten, ob der Kreditrahmen praktische Bedeutung erlangt.

490 Für **nachrangige Insolvenzgläubiger** (§ 39) besteht im Regelverfahren kaum einmal Aussicht auf eine Quote. Dann soll bereits die Anmeldung zur Tabelle unterbleiben (Rn. 409). Demnach besteht wenig Anlass, in einem Insolvenzplan für nachrangige Forderungen Zahlungen vorzusehen. Eine solche Übergehung müsste i. d. R. auch hingenommen werden (Rn. 485). Folgerichtig sieht § 225 I vor, dass nachrangige Forderungen als erlassen gelten, wenn im Plan nichts anderes bestimmt ist. – Modifiziert wird dies für *Geldstrafen* und gleichgestellte Ansprüche i. S. d. § 39 I Nr. 3: Hierfür haftet der Schuldner jedenfalls nach Beendigung des Insolvenzverfahrens (§ 225 III), also selbst dann, wenn er nach § 227 I von den Restschulden befreit ist (ebenso § 302 Nr. 2).

d) Die Stellung des Schuldners

491 Im Regelverfahren ist vorgesehen, dass der Schuldner den Insolvenzgläubigern nach Abschluss des Verfahrens (weiter) haftet, soweit die anteiligen Zahlungen des Verwalters nicht zur Befriedigung führten (§ 201 I). Eine **Restschuldbefreiung** ist an enge Voraussetzungen gebunden (§§ 286 ff.). Im Planverfahren liegt sie jedoch näher. Denn hier steht die Sanierung des Unternehmens im Vordergrund. Davon können sogar Gesellschaften profitieren, denn teilweise bestehen sie trotz der Insolvenz fort, falls der Plan dies vorsieht (Rn. 421). Ein Forderungserlass mag im Plan ausdrücklich bestimmt sein. Aber auch wenn dies nicht der Fall ist – Bsp.: Laut Plan ist eine Quote von 25 % zu zahlen –, wird der Schuldner **im Zweifel** frei, falls er die Gläubiger so befriedigt, wie der Plan es ihm aufgibt (§ 227 I; ge-

nauer: § 255). Ausgenommen sind nur Forderungen i. S. d. § 39 I Nr. 3 (z. B. Geldstrafen und Zwangsgelder; § 225 III).

Allerdings ist die **Befreiung ausschließbar** (§ 227 I Hs. 1). Das wiederum muss der Schuldner nicht hinnehmen, wenn es ihn schlechter stellt (Rn. 485), weil ihm im Regelverfahren die *Restschuldbefreiung nach §§ 286 ff.* möglich wäre und er dadurch besser stünde als nach Plan. Diese Schuldbefreiung wird freilich nur natürlichen Personen zuteil, und auch nur, wenn kein Versagungsgrund nach § 290 I entgegensteht. Oft erfordert sie auch periodische Leistungen über sechs Jahre hinweg (Rn. 558 ff.). Dann dürfen dem Schuldner entsprechende Opfer auch durch Plan abverlangt werden, nur eben nicht mehr: keine Zahlungen auf Restschulden! **492**

Bei Insolvenz einer Personengesellschaft wird die Befreiung auf **persönlich haftende Gesellschafter** ausgedehnt (§ 227 II). Denn anders wäre der mit dem Plan angestrebte „fresh start" *der Gesellschaft* gar nicht realisierbar. Die Haftung der Gesellschafter ist übrigens vom Insolvenzverwalter geltend zu machen (Rn. 285). Soweit sie fortdauern soll, ist sie also ebenfalls im Insolvenzplan zu fixieren. Sie darf aber nicht über die Haftung der Gesellschaft hinausgehen. **493**

e) Die Stellung von Gesellschaftern der Schuldnerin

Seit dem Jahre 2012 kann der Insolvenzplan auch die Anteils- oder Mitgliedschaftsrechte der Personen einbeziehen, die an dem Schuldner – i. d. R. einer Gesellschaft – beteiligt sind (§§ 217 S. 2, 225a). Vor allem können Insolvenzforderungen von Gläubigern (mit deren Einverständnis) in Anteilsrechte am Schuldner umgewandelt werden (§ 225a II 1). Man nennt dies auch Umwandlung von Fremd- in Eigenkapital oder, nach dem US-Recht, *debt-equity-swap*. Eine solche **Umwandlung von Forderungen in Anteilsrechte** geschieht häufig im Zuge eines „Kapitalschnitts". Hier folgt einer Kapitalherabsetzung in Höhe der bisherigen Verluste (typischerweise auf „0") eine Kapitalerhöhung (§ 225a II 3). An dieser sollen sich nun aber weniger die Alt-Gesellschafter beteiligen (§ 225a II 3: deren Bezugsrechte sind ausschließbar), sondern die Gläubiger: Sie bringen ihre Insolvenzforderungen als Sacheinlagen in die insolvente Gesellschaft ein. Dabei erlöschen die Forderungen (durch Erlass oder Konfusion). Ist die Gesellschaft dann wieder solvent, so muss sie (entgegen Rn. 139, 172 ff.) nicht mehr gelöscht werden: Das Insolvenzverfahren wird aufgehoben (§ 258) und die Gesellschaft auf Beschluss hin fortgesetzt (§ 225a III und z. B. § 60 I Nr. 4 GmbHG), also erhalten. **493a**

Das kann sinnvoll sein: Auf diese Weise lassen sich für die Masse Immaterialgüterrechte wahren, die rechtlich an den Schuldner gebunden sind (z. B. Lizenzen, Genehmigungen), also verloren worden wären, hätte man die Gesellschaft aufgegeben und nur das übertragbare Vermögen verwertet. Und die Anteilserwerber erhalten die Chance, ihre früheren Ausfälle auszugleichen, weil sie bei gelingender Sanierung der Gesellschaft an deren Mehrwert, dem Sanierungsgewinn, teilhaben.

Problematisch ist, dass eine Sacheinlage, deren wahrer Wert nicht den Nennbetrag des dafür übernommenen Geschäftsanteils erreicht, zur Differenzhaftung in Geld führt (z. B. § 9 GmbHG). Umstritten ist daher, ob ausgerechnet eine Insolvenzforderung zum Nominalwert eingebracht werden darf. Zwar schließt § 254 Abs. 4 eine Differenzhaftung aus, doch willkürliche Überbewertungen mögen gleichwohl unzulässig sein (näher K. Schmidt/*Spliedt*, § 225a Rn. 22 ff.).

493b Der Plan kann auch jede andere Regelung vorsehen, die gesellschaftsrechtlich zulässig ist (§ 225a III), z. B. eine Satzungsänderung, einen Ausschluss von Gesellschaftern, eine Umwandlung der Gesellschaft und wohl auch einen Austausch der Geschäftsführung.

Tritt ein Gesellschafter infolge der beschlossenen Änderungen zulässigerweise aus der Gesellschaft aus, so ist sein *Abfindungsanspruch* beschränkt (§ 225a V). Vertragspartner der Gesellschaft vereinbaren oft, dass Änderungen der Mehrheitsverhältnisse an der Gesellschaft zu Rücktritt oder Kündigung berechtigen sollen (*change-of-control*-Klausel); derartige Abreden sind jedoch unwirksam, soweit sie an Maßnahmen nach § 225a II, III anknüpfen (§ 225a IV).

f) Dingliche Rechtsänderungen

494 In den Plan können nicht nur schuldrechtliche Geschäfte, sondern auch dingliche Willenserklärungen der Beteiligten aufgenommen werden (§ 228 S. 1), vor allem **Erfüllungsgeschäfte**. Der Planverfasser kann also bereits Erklärungen aufnehmen, die erst abzugeben wären, wenn der Plan angenommen würde und dann erfüllt werden müsste (näher Rn. 517).

Beispiele: Übereignungen nach § 929 BGB, Zessionen nach § 398 BGB, Grundschuldbestellungen, Abtretung eines GmbH-Anteils.

§ 33. Insolvenzplanverfahren

Literatur: *Braun/Frank*, Der Kreditrahmen gem. § 264 InsO als Finanzierungsinstrument des Sanierungsplans ..., in: KS, S. 809 ff.; *Bruns*, Grundpfandrechte im Insolvenzplanverfahren – das Ende deutscher Immobiliarsicherheiten?, KTS 2004, 1 ff.; Gottwald/*Braun*, S. 1070 ff.; *Heinrich*, Insolvenzplan „reloaded" – Zu den Änderungen im Insolvenzplanverfahren durch das Gesetz zur weiteren Erleichterung der Sanierung von Unternehmen, NZI 2012, 235 ff.; *Smid*, Stellung der Grundpfandgläubiger, Zwangsversteigerung und Schuldenreorganisation durch Insolvenzplan, FS Gerhardt, 2004, S. 931 ff. – Vgl. auch Literatur vor Rn. 469.

I. Aufstellung des Plans

Die **Vorlage des Plans** muss spätestens im Schlusstermin erfolgen. **495**
Vorzulegen ist dem Insolvenzgericht. Ein Vorlegungsrecht haben Insolvenzverwalter und Schuldner (§ 218 I 1). Der *Verwalter* kann aus eigener Initiative tätig werden. Die Gläubigerversammlung kann ihn aber auch anweisen, einen Plan (mit bestimmter Zielsetzung) auszuarbeiten (§§ 157 S. 2, 218 II). Entscheiden sich die Gläubiger umgekehrt gegen einen Plan, so ist der Verwalter auch daran gebunden. Natürlich kann er stets versuchen, die Gläubigerversammlung zu einer Änderung ihrer ablehnenden Haltung zu bringen (vgl. § 157 S. 3).

Der *Schuldner* ist als Kenner seines Unternehmens prädestiniert, **496**
einen Plan vorzulegen. Er kann dies mit einem eigenen Insolvenzantrag verbinden (§ 218 I 2) – am besten nach Vorbereitung im Vorfeld der Insolvenz, vielleicht gar nach Abstimmung mit den wichtigsten Gläubigern („prepackaged plan"; zur Praxis *Kußmaul/Steffan*, DB 2000, 1849 ff.). Der Schuldner mag zugleich hoffen, den Plan als Eigenverwalter umsetzen zu können (vgl. §§ 270 ff., 284). Nötig ist freilich Realismus. Bei Insolvenz einer Gesellschaft müssen sämtliche Vertretungsberechtigte den Plan vorlegen (vgl. demgegenüber § 15 I).

U. U. legen Verwalter und Schuldner **verschiedene Pläne** vor. Über die Pläne ist getrennt abzustimmen. Theoretisch können *beide* Pläne angenommen werden! Dann soll das Insolvenzgericht keinen Plan bestätigen (so z. B. HK/*Flessner*, § 248 Rn. 5) oder den Plan bestätigen, der die meisten Stimmen erhielt (so Gottwald/*Braun*, § 67 Rn. 21).

Trotz Vorlegung des Plans nimmt das Regelverfahren Fortgang. **497**
Das kann die Durchführung des Plans (und die Selbstbestimmung

der Gläubiger) gefährden. In diesem Fall ordnet das Insolvenzgericht die **Aussetzung der Verwertung und Verteilung** an, wenn der Schuldner oder der Verwalter das beantragt (§ 233 S. 1; zu Ausnahmen S. 2).

498 Im Übrigen soll eine **Vorprüfung des Plans** durch das Gericht erfolgen: In bestimmten Fällen ist der Plan zurückzuweisen (§ 231; dagegen sofortige Beschwerde: §§ 6 I, 231 III).

Zurückzuweisen ist der Plan,

- wenn die *Vorlegung oder sein Inhalt* nicht den Vorschriften entspricht und der Mangel nicht behebbar ist oder innerhalb einer angemessenen Frist, die das Gericht setzt, nicht behoben wird (§ 231 I Nr. 1). Beispiele: Dem Plan fehlen Anlagen i. S. d. §§ 229 f.; die Beteiligtengruppen sind nicht sachgerecht abgegrenzt (Rn. 483). Irrelevant sind Verstöße gegen das Verschlechterungsverbot (Rn. 485), denn dieses ist erst später durchzusetzen: auf Intervention des Beteiligten.
- wenn er als *Schuldnerplan offensichtlich keine Erfolgsaussicht* hat, weil er bei den Beteiligten keine Mehrheit finden wird oder vom Gericht nicht bestätigt werden wird (§ 231 I Nr. 2). Diese Barriere dürfte praktisch jedoch wenig bedeutsam sein, denn das Gericht darf der Meinungsbildung der Beteiligten nicht vorgreifen: In der Not mögen diese noch so schlechte Konditionen akzeptieren!
- bei *offensichtlicher Nichterfüllbarkeit* eines Schuldnerplans (§ 231 I Nr. 3), d. h. der im gestaltenden Teil vorgesehenen Ansprüche. Ist diese Prognose schwierig, so muss den Gläubigern allerdings Gelegenheit zur eigenen Entscheidung gelassen werden.
- wenn es sich um einen *neuen Plan des Schuldners* handelt, dessen früherer Plan erfolglos blieb und der Verwalter die Zurückweisung beantragt (i. E. § 231 II).

499 Gibt der Plan keinen Anlass zur Beanstandung, so wird seine **Erörterung vorbereitet**: Er ist *zur Stellungnahme weiterzuleiten:* ggf. an Gläubigerausschuss und Betriebsrat, im Übrigen an den Schuldner bzw. an den Verwalter (unter Fristsetzung, § 232). In der Geschäftsstelle des Gerichts wird der Plan samt Anlagen und eingegangenen Stellungnahmen *zur Einsicht niedergelegt* (§ 234). Zudem bestimmt das Gericht den *Erörterungs- und Abstimmungstermin* (§§ 235, 241). Er soll i. d. R. binnen eines Monats nach Ablauf der Stellungnahme-Frist stattfinden, nicht aber vor dem Prüfungstermin (§ 236); er ist öffentlich bekanntzumachen (zu Ladungen s. § 235 III).

II. Annahme des Plans durch die Gläubiger

Der Insolvenzplan – bisher ja nur ein Vorschlag – bedarf der Annahme durch die Gläubiger. Dem dient der **Erörterungs- und Abstimmungstermin** (§ 235 I 1): eine spezielle Gläubigerversammlung. Zu *erörtern* ist das Stimmrecht der Gläubiger, vor allem aber der Plan. Dessen Fassung kann der Planvorleger bei Bedarf noch im Termin ändern, z. B. wenn das Meinungsbild zeigt, dass andernfalls keine Mehrheit der Gläubiger zu gewinnen ist (§ 240). Sodann wird über den Plan *abgestimmt,* u. U. in einem gesonderten Termin (§ 241; dann auch schriftliche Stimmabgabe: § 242). 500

1. Stimmberechtigung

Das Stimmrecht der **Insolvenzgläubiger** ist problematisch, weil die angemeldeten Forderungen oft noch nicht feststehen, wenn abgestimmt wird. Laut § 237 I 1 soll die Feststellung daher entsprechend § 77 erfolgen (näher Rn. 68). Kein Stimmrecht haben jedoch Gläubiger, deren Forderungen der Plan gar nicht beeinträchtigt (§ 237 II), z. B. weil sie vollständig erfüllt werden sollen. – Auch *nachrangige Insolvenzgläubiger* haben ein Stimmrecht, da § 77 I 2 unanwendbar ist (s. aber § 246). 501

Auch **Absonderungsberechtigte** haben Stimmrecht, soweit die Vorrechte unstreitig sind, im Übrigen nach Maßgabe einer Einigung bzw. Gerichtsentscheidung (§ 238), es sei denn, dass der Plan sie gar nicht beeinträchtigt. Eine andere Frage ist es, ob Absonderungsberechtigte wegen ihrer gesicherten Forderung auch als Insolvenzgläubiger abstimmen können. Dies ist erschwert (§ 237 I 2), um Doppelbegünstigungen zu vermeiden (Rn. 87, 448). 502

Das Stimmrecht der **Anteilsinhaber** (§ 222 I 2 Nr. 4) richtet sich ausschließlich nach ihrer Beteiligung am gezeichneten Kapital bzw. Vermögen (§ 238a). 502a

Sämtliche Stimmrechte sind in einer Stimmliste festzuhalten (§ 239).

2. Nötige Mehrheiten

Nach § 243 stimmt jede Gruppe der stimmberechtigten Beteiligten (Rn. 480 ff.) gesondert über den Plan ab. Dessen Annahme setzt voraus, dass in jeder Gruppe eine Mehrheit der Abstimmenden zu- 503 stimmt – **Kopfmehrheit** – und die von diesen repräsentierten Ansprüche bzw. Anteilsrechte mehr als die Hälfte aller Ansprüche der Abstimmenden betragen – **Summenmehrheit** – (§ 244 I). Enthaltungen bleiben also außer Acht.

Die Schwelle ist höher als sonst in Gläubigerversammlungen: Dort genügt Summenmehrheit (§ 76 II). Der Grund liegt darin, dass die Entscheidung über Insolvenzpläne für jeden Gläubiger von überragender Bedeutung ist und niemand durch wenige Großgläubiger übervorteilt werden soll. Im Vergleich zum früheren Recht (Rn. 473) ist die Mehrheitsbildung freilich erleichtert worden. Auch das ist konsequent. Denn der Gesetzgeber erhebt den Anspruch, überstimmte Minderheiten jedenfalls vor einer Schädigung durch den Plan schützen zu können (Rn. 485, 515). Demnach besteht kein Grund, dissentierende Gläubiger zu stärken, obwohl die Mehrheit von dem Plan zu profitieren glaubt.

Gleichwohl ist *festzuhalten:* Die Mehrheit wird verfehlt, wenn auch nur in einer Gruppe die Kopf- oder die Summenmehrheit ausbleibt. Außer Acht bleiben jedoch „passive Gruppen“, in denen kein Beteiligter abstimmt (z. B. §§ 246 Nr. 2, 246a).

3. Obstruktionsverbot

504 Der Gesetzgeber will die Annahme des Plans aber nicht schon deshalb scheitern lassen, weil einzelne Gruppen opponieren. Diese Opposition soll unter bestimmten Bedingungen unbeachtlich sein, im Kern nämlich dann, wenn die opponierenden Gläubiger durch den Plan nicht benachteiligt werden. In diesem Fall vermutet das Gesetz „Obstruktion“ (= willkürliche Blockierung) – und fingiert die Zustimmung.

Insoweit wird das **Mehrheitsprinzip relativiert**, übrigens angeregt durch das US-amerikanische Insolvenzrecht („cram-down“, wörtlich: das Hinunterwürgen des ungeliebten Plans!). In der Amtl. Begr. (S. 79) heißt es sogar: „In wirtschaftlichen Angelegenheiten hat die Mehrheit prinzipiell nicht mehr recht als die Minderheit. Mehrheitsentscheidungen garantieren nicht das wirtschaftliche Optimum. Im Insolvenzverfahren ist das Mehrheitsprinzip nicht ein Element politischer oder verbandsrechtlicher Demokratie, sondern ein technischer Behelf zur Erleichterung der Entscheidungsfindung einer unkoordinierten Vielzahl Beteiligter“ (ähnlich *Balz*, ZIP 1988, 274, 278 f.). Dies dürfte freilich überspitzt sein: Wenn zwecks Entscheidungsfindung gerade auf das Mehrheitsprinzip zurückgegriffen wird, soll dieses sicherlich auch legitimieren. Obwohl das Obstruktionsverbot für eine Rationalitätskontrolle sorgen soll, bleiben Mehrheitsentscheidungen konstitutiv, nicht nur innerhalb der Gruppen (Rn. 511).

Obstruktion hat nach § 245 I **drei Voraussetzungen:** 505

(1) Die Angehörigen der opponierenden Gruppe stehen sich durch den Plan voraussichtlich **nicht schlechter als ohne Plan.** Der Plan darf für sie also nicht ungünstiger als eine Liquidation im Regelverfahren sein. Andernfalls würde ohnehin gegen das Verschlechterungsverbot verstoßen (Rn. 485), so dass der Plan bei Widerspruch des Betroffenen nicht wirksam werden könnte. Der vorgeschriebene Vergleich kann allerdings zu *schwierigen Bewertungen* und Prognosen zwingen. Dass sie einem Gericht überlassen sind, ist nicht unproblematisch. Wie immer, mögen zwar Sachverständige helfen. Deren Gutachten werden aber umso umstrittener sein, je mehr auf dem Spiel steht, so vielleicht schon die Frage, ob für das hypothetische Regelverfahren Zerschlagungswerte oder die höheren Werte etwaiger (übertragender) Sanierung zugrunde zu legen sind. Das kann die Verfahrenskosten hochtreiben – und die Verteilungsmasse mindern (zum Hintergrund der Regelung *Smid*, FS Pawlowski, 1997, S. 387 ff.). Wichtig ist daher die *Beweislast.* Sie liegt hier bei der Beteiligtenmehrheit, die den Plan durchsetzen will.

Typische Fragen sind z. B. die, ob die im Plan festgelegten Zahlungen später wirklich vom Schuldner erbracht werden können und ob dies wahrscheinlicher ist als die Aussicht auf sofortige Kasse bei Verwertung zu Liquidationspreisen im Regelverfahren (dazu *Eidenmüller*, NJW 1999, 1837 ff.).; zum Risiko erneuter Insolvenz *LG Traunstein* WM 2000, 680, 683 f. – Oft wird der Plan auch nur ratenweise Zahlungen vorsehen. Derart bedachte Gläubiger dürfen nicht benachteiligt werden. Daher müssen die erst später auszuzahlenden Beträge *„diskontiert"* (abgezinst) werden: Erst durch Abzug der bis zur Fälligkeit auflaufenden Zinsen werden die verbleibenden Nominalbeträge den Barauszahlungen (der Quote) vergleichbar. Doch mit welchem Zinssatz ist zu diskontieren? – Weitere Probleme ergeben sich, wenn der Plan bestimmten Gläubigern nicht Geld, sondern z. B. Rechte, gar eine Gesellschafterstellung, zuweist (vgl. Gottwald/*Braun*, § 68 Rn. 68 f.). 506

(2) Die Angehörigen der opponierenden Gruppe werden **angemessen an dem wirtschaftlichen Wert beteiligt**, der den Beteiligten laut Plan zufließen soll. Das wird in § 245 II, III präzisiert: 507

- II Nr. 1: Kein anderer Gläubiger darf *mehr als den vollen Betrag seines Anspruchs* erhalten. Denn dies würde die Masse unnötig mindern – auf Kosten (auch) der Opponenten. Dann wäre die Ablehnung des Plans gerechtfertigt.
- II Nr. 2: Kein Gläubiger, der *ohne Plan mit Nachrang* gegenüber der opponierenden Gruppe zu befriedigen wäre, darf einen wirt- 508

schaftlichen Wert erhalten (wichtig im Verhältnis zu und zwischen nachrangigen Insolvenzgläubigern, § 39).

• Auch der *Schuldner oder eine an ihm beteiligte Person* darf keinen wirtschaftlichen Wert erhalten. Darin spiegelt sich, dass der Schuldner im Regelverfahren nur dann bedacht wird, wenn alle Insolvenzgläubiger befriedigt worden sind (§ 199; s. auch wieder § 245 I Nr. 1).

Problematisch scheinen demnach auch *Sanierungen des Schuldners* (Rn. 431) zu sein. Denn hiervon profitiert eben auch der Schuldner, obwohl die Gläubiger praktisch nie vollständig befriedigt werden. Immerhin sind der Sanierung die Leistungen gegenüberzustellen, die der Schuldner aus dem Unternehmen sukzessive zu erbringen hat (näher *LG Traunstein* WM 2000, 680, 685; Gottwald/*Braun*, § 68 Rn. 76 ff.; MünchKomm/*Drukarczyk*, § 245 Rn. 77 ff.).

509 • II Nr. 3: Schließlich darf kein Gläubiger, der *ohne Plan gleichrangig* mit den Gläubigern der opponierenden Gruppe zu befriedigen wäre, besser als diese Gläubiger gestellt werden. Zwar ist es gerade die Eigenheit des Plans, dass Gläubiger verschiedener Gruppen ungleich behandelt werden können (Rn. 484). Doch das soll nur gelten, wenn die benachteiligte Gruppe dem wirklich zustimmt. Andernfalls bleibt es bei dem Gebot der Gläubigergleichbehandlung (s. wieder § 245 I Nr. 1).

510 • III: Soweit es um die Gruppe der *Anteilsinhaber* (§ 222 I 2 Nr. 4) geht, darf kein Gläubiger *mehr als den vollen Betrag seines Anspruchs* erhalten und *kein Anteilsinhaber gegenüber den Mitinhabern besser stehen*, als er ohne Plan stünde.

511 **(3)** Im Übrigen soll Obstruktion nur vorliegen, wenn die **Mehrheit der abstimmenden Gruppen** dem Plan zugestimmt hat.

Dies ist nicht unproblematisch. Erst der Rechtsausschuss des Bundestages hat § 245 I Nr. 3 in den Entwurf eingefügt. Nimmt man den Obstruktions-Gedanken jedoch ernst, so kann es eigentlich nicht darauf ankommen, ob in wenigen oder vielen Gruppen „obstruiert“ wurde (vgl. Gottwald/*Braun*, § 68 Rn. 57). Andererseits stärkt die Norm die demokratische Legitimation des Plans.

III. Zustimmung des Schuldners

512 Grundsätzlich muss auch der Schuldner dem Plan zustimmen. Schließlich geht es um die Verteilung seines Vermögens bzw. um

seine künftigen Pflichten. Andererseits verlöre der Schuldner auch im Regelverfahren praktisch alles, was er hat. Das relativiert seine Zustimmung: Sie **gilt als erteilt**, wenn er dem Plan nicht widerspricht (§ 247 I). Das muss spätestens im Abstimmungstermin schriftlich geschehen.

Im Übrigen darf auch der Schuldner nicht obstruieren: Sein **Widerspruch ist unbeachtlich**, wenn er durch den Plan voraussichtlich nicht schlechter steht, als er nach einem Regelverfahren stünde (Rn. 485, 493), und wenn kein Gläubiger mehr als den vollen Betrag seines Anspruchs erhält (§ 247 II). 513

Frage: Was bezweckt die letztgenannte Einschränkung (§ 247 II Nr. 2)?
Sie soll Schädigungen des Schuldners verhindern. Sein Vermögen wird zwar oft vollends verteilt. Jedenfalls dürfte seine Belastung durch den Plan kaum einmal höher sein als die Summe seiner Schulden. Gesteht der Plan den Insolvenzgläubigern allerdings Nachforderungsansprüche zu (Rn. 493), so ist der Schuldner benachteiligt, soweit Gläubiger X aus der Masse deshalb nicht befriedigt werden konnte, weil Gläubiger Y zuviel erhielt (s. schon Rn. 405).

IV. Gerichtliche Bestätigung des Plans

1. Prüfung durch das Gericht

Nach der Annahme bedarf der Plan der Bestätigung durch das Insolvenzgericht (§ 248 I). Diese Entscheidung ist wichtig, nämlich die Schwelle zur Inkraftsetzung des Plans. Zuvor sind daher Verwalter und Schuldner anzuhören, auch der (etwaige) Gläubigerausschuss. Das Gericht prüft **von Amts wegen**, ob der Plan angenommen worden ist, ggf. also auch, ob fehlende Zustimmungen ersetzt werden (Rn. 504 ff.). Sollen laut Plan bestimmte Bedingungen erfüllt sein, bevor bestätigt wird, so sind auch sie festzustellen (§ 249: ggf. Fristsetzung). 514

Beispiel: Laut Plan sollen die Gesellschafter eine Kapitalerhöhung beschließen, wenn die Gläubiger dem Plan zustimmen. Hier kann das Gericht kraft § 249 eine Frist zur Kapitalerhöhung setzen und so insolvenz- und gesellschaftsrechtliche Beschlussfassung koppeln.

Die Bestätigung ist zu versagen (§ 250), wenn die Vorschriften über Planinhalt oder Planverfahren in einem wesentlichen Punkt nicht beachtet worden sind und der Mangel nicht behoben werden kann. Dem steht es gleich, dass die Annahme des Plans unlauter herbeigeführt wurde, z. B. durch Begünstigung einzelner (§ 226 III; Bsp.: *BGH* NZI 2005, 325 ff.).

515 **Auf Antrag** ist die Bestätigung zu versagen (§ 251 I), wenn ein Insolvenzgläubiger oder Absonderungsberechtigter dem Plan spätestens im Abstimmungstermin widersprochen hat, er voraussichtlich **durch den Plan schlechtergestellt** wird, als er ohne Plan stünde (Rn. 485), und das auch bis zum Abstimmungstermin (!) glaubhaft machen konnte (Rn. 89). Wegen der typischen Bewertungsprobleme (Rn. 505) wird es oft auf die *Beweislast* ankommen: Hier liegt sie beim Antragsteller.

Das kann **ernste Folgen** haben: Ein Sicherungseigentümer E, der nach herkömmlichem Verständnis gesichert war (Rn. 371), weil er bei Liquidationsverkauf jederzeit einen Mindesterlös erwarten konnte, mag gezwungen sein, sich auf die Unwägbarkeiten eines mehrheitlich beschlossenen Plankonzepts einzulassen, weil der vom Insolvenzgericht beigezogene Sachverständige (noch?) zu wenig Anhalt sieht, um die Erwartungen der Mehrheit zu relativieren. Selbst wenn der Experte den Unsicherheiten Rechnung trägt (z. B. durch entsprechende Abschläge von den Werten, die der Plan dem E zuweist) und den E deshalb immer noch besser gestellt sieht als bei Liquidationsverkauf, muss E sich doch mit einer *Chance* begnügen: Seine Sicherheit wandelt sich!

Immerhin kann ein Versagungsantrag zu umfangreicher Beweisaufnahme zwingen und so die Realisierung des Insolvenzplans beträchtlich verzögern. Damit dies nicht von Planverfahren abhält, sind **Versagungsanträge abzuweisen, wenn** im Plan vorsorglich **finanzieller Ausgleich** für den Fall vorgesehen ist, dass ein Beteiligter seine Schlechterstellung nachweisen kann (§ 251 III). Ob ein solcher Ausgleich geschuldet wird, soll dann im regulären Zivilprozess geklärt werden (näher K. Schmidt/*Spliedt,* § 251 Rn. 24 ff.).

2. Entscheidung des Gerichts

516 Die Entscheidung des Gerichts ist im Abstimmungstermin oder gesondert zu verkünden (§ 252 I). Gegen den Beschluss steht den Insolvenzgläubigern, den einbezogenen Absonderungsberechtigten, dem Schuldner und etwaigen Anteilsinhabern die **sofortige Beschwerde** zu (§§ 6 I, 253). Sie ist allerdings stark eingeschränkt; denn ein Beschwerdeverfahren kann die Wirkungen des Plans verzögern und damit auch die angestrebte Sanierung des Unternehmens wegen des großen Zeitdrucks gefährden, was schon im Vorfeld davon abhalten könnte, überhaupt einen Insolvenzplan in Betracht zu ziehen.

Zulässig ist die Beschwerde daher nur, wenn der Beschwerdeführer – als Schuldner – spätestens im Abstimmungstermin widersprochen hat (Rn. 512) oder – als sonstiger Beteiligter – gegen den Plan gestimmt hat und glaubhaft macht, dass er durch den Plan „wesentlich" (um mind. 10 %) schlechtergestellt wird, als er ohne Plan stünde, und dass dieser Nachteil nicht durch Mittel i. S. d. § 251 III kompensierbar ist (§ 253 II). Dessen ungeachtet ist die Beschwerde auf Antrag des Insolvenzverwalters **bei überwiegenden Nachteilen zurückzuweisen:** wenn die Nachteile einer Verzögerung des Planvollzugs (durch das Beschwerdeverfahren) die Nachteile für den Beschwerdeführer (durch den Vollzug des u. U. rechtswidrigen Plans) überwiegen (§ 253 IV). Für diese Abwägung ist bedeutsam, dass der Beschwerdeführer im Falle einer Schlechterstellung durch den Plan zwar keinen Ausgleich durch den Plan selbst bekommt (vgl. § 253 II Nr. 3), aber immerhin Schadensersatz aus der Masse erhalten soll (§ 253 IV 3, 4). Besonders schwere Rechtsverstöße sind allerdings stets zu berücksichtigen (§ 253 IV 2). Näher *G. Fischer*, NZI 2013, 513 ff.

Mit Ablauf der Beschwerdefrist bzw. mit Abschluss eines Beschwerdeverfahrens wird der Bestätigungsbeschluss rechtskräftig.

3. Wirkungen des bestätigten Plans

Mit Rechtskraft der Bestätigung des Plans treten die Wirkungen 517
ein, die im gestaltenden Teil festgelegt wurden, und zwar **für und gegen alle Beteiligten** (§ 254 I). Das bedeutet: Die durch Plan begründeten *Ansprüche* entstehen; *Erlasse* (§ 397 BGB) und *Stundungen* von Insolvenzforderungen werden wirksam. Soweit der Plan bereits *Verfügungen* vorsieht, wirken diesbezügliche Willenserklärungen ungeachtet strengerer Formvorschriften (§ 254a I); selbst eine Auflassung ist möglich (§ 925 I 3 BGB). Bezieht der Plan *Anteilsrechte* der am Schuldner beteiligten Personen ein (Rn. 493a f.), so gelten auch die in den Plan aufgenommenen Beschlüsse der Anteilsinhaber oder sonstigen Willenserklärungen als formgerecht bewirkt (§ 254a II 2, III). Nicht entbunden wird freilich von etwa nötigen Realakten (Übergabe, Grundbuch-, Registereintragung usw.). Der Plan wirkt auch für Beteiligte, die ihm widersprochen haben, und für Insolvenzgläubiger, die ihre Forderungen nicht angemeldet haben (§ 254b; zum Schutz der Planerfüllung vor Nachzüglern s. auch §§ 259a f.).

Erhält ein Gläubiger mehr, als ihm laut Plan gebührt, so darf er den Über- 518
schuss behalten (§ 254 III). Eine Rückgewährpflicht nach § 812 I 1 BGB ist also ausgeschlossen: Trotz des Erlasses soll eine „natürliche Verbindlichkeit" des Schuldners fortbestehen (Amtl. Begr., S. 213). Eine solche **Naturalobligation** gibt zwar keinen Anspruch, jedoch einen Rechtsgrund zum Behalten, falls der Schuldner freiwillig leistet.

519 Soweit der Plan Insolvenzforderungen beschränkt, könnte dies auch **akzessorische Sicherungsrechte gegen Dritte** schmälern. Z. B. ist für die Haftung des Bürgen ja stets der jeweilige Bestand der Hauptschuld maßgebend (§§ 767 I 1, 768 I 1 BGB). Für den Insolvenzplan macht § 254 II 1 jedoch eine Ausnahme: Rechte gegen Mitschuldner, Bürgen, aus Pfandrecht oder Hypothek (auch Grundschuld) an massefremden Gegenständen werden durch den Plan **nicht berührt**. Der Gläubiger kann also aus der Sicherheit vorgehen, soweit der Plan nicht zu seiner Befriedigung führt. Andererseits sollte der Plan den Schuldner entlasten. Dieses Ziel darf nicht unterlaufen werden. Daher ist ein *Rückgriff des Sicherungsgebers* gegen den Schuldner (z. B. nach § 774 I 1 BGB) nur *beschränkt* möglich, soweit der Schuldner dem Gläubiger trotz des Plans weiterhin haftete (§ 254 II 2).

Fazit: Eine Begünstigung des Schuldners durch den Plan ist z. B. vom Bürgen zu tragen! Das ist nicht unbedenklich, da die Bürgenhaftung i. d. R. nur übernommen wird, weil zumindest ein Anspruch auf Rückgriff besteht. Die Belastung des Bürgen ist jedoch relativ. Denn auch ohne Plan wäre ihm nur die Insolvenzquote sicher (Rn. 64). Nach § 201 I erhielte er zwar noch ein Nachforderungsrecht. Das hilft aber oft nicht viel (Rn. 420 f.).

V. Das weitere Verfahren

1. Aufhebung des Insolvenzverfahrens

520 Ungeachtet der Insolvenzgläubiger und des beschlossenen Plans muss der Verwalter dafür sorgen, dass *Masseansprüche* vorrangig erfüllt werden: Er berichtigt sie, soweit sie unstreitig sind; für die streitigen muss er Sicherheit leisten oder ein Finanzplan Erfüllung gewährleisten (§ 258 II). Dann hebt das Insolvenzgericht das Insolvenzverfahren auf (für verfahrensbeendende Pläne: § 258 I). Dieser Beschluss ist bekanntzumachen (§ 258 III 1). Er wird wirksam, wenn nach dem Tage seiner Veröffentlichung zwei weitere Tage verstrichen sind (§ 9 I 3). Damit **enden die Wirkungen der Verfahrenseröffnung** (§ 259 I), namentlich der Insolvenzbeschlag (Rn. 459) und das Amt des Verwalters (Ausnahme: Rn. 521).

Der Plan kann den Verwalter auch zur **Fortführung schwebender Anfechtungsprozesse** ermächtigen (§ 259 III; vgl. Rn. 278, 460 f.). Dies geschieht dann im Zweifel auf Rechnung des Schuldners, d. h. auf seine Kosten – aber auch zu seinen Gunsten, wenn er den Prozess gewinnt. Der Plan kann (und sollte) daher vorsehen, dass das Erstrittene an die Gläubiger auszukehren ist.

2. Überwachung der Planerfüllung

Die Erfüllung des Plans steht oft erst an, wenn das Insolvenzver- 521
fahren aufgehoben ist. Dann ist der Verwalter entlassen und niemand kontrolliert. Der Plan kann daher vorsehen, dass der Verwalter für die Planerfüllung sorgt (§ 221 S. 2 Fall 1) oder diese doch gesondert überwacht (§ 260 I). Im letzten Fall behält der Verwalter sein Amt (vgl. § 261 I, auch zu Gläubigerausschuss und Insolvenzgericht). Die Überwachung gilt dem Schuldner, kann aber auf Übernahmegesellschaften (Rn. 430) erstreckt werden, soweit diese den Gläubigern verpflichtet sind (§ 260 III). Die Kosten trägt der Überwachte (§ 269). Die Überwachung ist öffentlich bekanntzumachen. Sie hat freilich **nur Kontroll- und Warnfunktion**.

Der Verwalter darf z. B. die Geschäftsunterlagen des Schuldners einsehen, der auch auskunftspflichtig ist (näher §§ 22 III, 97 f., 261 I 3). Der Verwalter *berichtet* über Stand und weitere Aussichten der Erfüllung (§ 261 II). Steht diese in Frage, so muss er das *anzeigen* (§ 262). Dann können die Gläubiger ihre Rechte wahrnehmen (Rn. 524 f.) und ggf. auch einen neuen Insolvenzantrag stellen!

Der Plan kann allerdings weiter gehen: Bestimmte Rechtsgeschäfte 522
des Schuldners – und selbst einer Übernahmegesellschaft! – können von der **Zustimmung des Verwalters** abhängig gemacht werden. Dann sind Geschäfte ohne Zustimmung unwirksam, solange die Überwachung währt (§§ 81 I, 263 S. 2; Rn. 182 ff.). Sie können gegenüber dem Schuldner auch nicht erfüllt werden (§§ 82, 263 S. 2). Der Zustimmungsvorbehalt ist öffentlich bekanntzumachen, damit der Verkehr geschützt ist (§ 267 II Nr. 2), und ggf. im Grundbuch einzutragen, damit redlicher Erwerb ausgeschlossen ist (§ 267 III 2).

Die Überwachung wird **aufgehoben**, wenn die ihr unterliegenden 523
Ansprüche erfüllt sind oder die Erfüllung zumindest gewährleistet ist oder wenn die Aufhebung des Insolvenzverfahrens drei Jahre zurückliegt und kein neuer Insolvenzantrag gestellt wurde (§ 268 I). Die Aufhebung ist bekanntzumachen, das Grundbuch entsprechend zu berichtigen (§ 268 II).

3. Nichterfüllung des bestätigten Plans

524 Die Nichterfüllung eines vorgesehenen Anspruchs hat mehrfache Folgen. Einerseits droht dem Schuldner ein **Verlust von Stundung und Teilerlass.** Gerät er nämlich gegenüber einem Insolvenzgläubiger *erheblich in Rückstand,* so leben für diesen Gläubiger die ursprünglichen Forderungen wieder auf (§ 255 I). „Erheblich" ist ein Rückstand erst, wenn trotz Fälligkeit, schriftlicher Mahnung und mindestens zweiwöchiger Nachfrist nicht gezahlt worden ist. Kommt es aber sogar zu einem *neuen Insolvenzverfahren,* bevor der Plan vollständig erfüllt ist, so sind Stundung bzw. Erlass für alle Insolvenzgläubiger hinfällig (§ 255 II). Der Plan kann freilich anderes bestimmen (§ 255 III; Grenze: Schuldnerschutz nach § 255 I!).

Zum Rückstand mit *streitigen Insolvenzforderungen* und *Ausfallforderungen* i. S. d. § 52 S. 2 vgl. § 256.

525 Andererseits ist – seit der Aufhebung des Verfahrens (Rn. 520) – die **Einzelzwangsvollstreckung** eröffnet. Damit sie erleichtert wird, gilt die *Insolvenztabelle* als Vollstreckungstitel.

Auch hier muss die Forderung festgestellt sein (Rn. 404 ff.). Der Schuldner darf sie im Prüfungstermin nicht bestritten haben. Dem steht es gleich, dass sein Widerspruch beseitigt werden konnte (§ 257 I 2; Rn. 423).

Oft werden die Insolvenzforderungen aber durch den Plan (z. B. durch Schulderlass) beschränkt worden sein. Dann ist auch die Vollstreckung beschränkt. Damit dies feststellbar ist, ist die Tabelle nur *i. V. m. dem Plan* Vollstreckungstitel (§ 257 I 1). Anders ist es, wenn der Schuldner erheblich in Rückstand war, so dass die Forderung nach § 255 wieder auflebte (Rn. 524): Wer dies glaubhaft macht, kann in vollem Umfang vollstrecken (§ 257 III).

Gegen Dritte – z. B. eine **Übernahmegesellschaft**, welche die Gläubiger befriedigen sollte (§ 260 III) – kann der Gläubiger nur nach allgemeinen Regeln vorgehen, z. B. mittels Klage oder i. R. eines weiteren Insolvenzverfahrens. Auch § 255 gilt nicht bei Verzug Dritter.

11. Kapitel. Restschuldbefreiung

§ 34. Grundlagen der Restschuldbefreiung

Literatur: *Hergenröder*, Schulden ohne Ende oder Ende ohne Schulden, DZWiR 2001, 397 ff.; *Knüllig-Dingeldey*, Nachforderungsrecht oder Schuldbefreiung, 1984; *Lösch*, Die Restschuldbefreiung nach der neuen Insolvenzordnung – „ein Freifahrtschein zum Schuldenmachen"?, JA 1994, 44 ff.; *Medicus*, Schulden und Verschulden, DZWiR 2007, 221 ff.; *Reill-Ruppe*, Anspruch und Wirklichkeit des Restschuldbefreiungsverfahrens, 2013.

I. Restschuldbefreiung als politische Grundentscheidung

Mit dem Ende des Insolvenzverfahrens muss keineswegs auch die 526
Haftung des Schuldners enden. In diesem Verfahren wird ja regelmäßig nur eine quotale Befriedigung erreicht. Im Übrigen bleibt den vormaligen Insolvenzgläubigern ein Nachforderungsrecht (§ 201 I; Rn. 420 f.). Für den Schuldner kann dies **lebenslange Haftung** bedeuten. Dieses Prinzip war bereits in der Konkursordnung von 1877 enthalten (§ 164 I KO) – und über 100 Jahre lang weitgehend unbestritten, obwohl das Ausmaß der Überschuldung und deren soziale Folgen seit langem offenkundig waren.

Erst seit 1990 fand **Kritik am Nachforderungsrecht** Gehör. Wir- 527
kung entfalteten einerseits Schlagworte wie „lebenslängliche Schuldverstrickung", „moderner Schuldturm" (vgl. Gottwald/*Schmidt-Räntsch*, 3. Aufl., § 76 Rn. 3), andererseits Hinweise auf die erhebliche sozialpolitische Brisanz: Millionen von Haushalten sind überschuldet, viele von Pfändung bedrohte Schuldner weichen in Schwarzarbeit und Schattenwirtschaft aus, und gerade für Familien mit Kindern kann Armut besonders belastend sein (vgl. Amtl. Begr. InsOÄndG, S. 11). Hinzu kam, dass ausländische Rechtsordnungen zunehmend eine Schuldbefreiung ermöglichten (großzügig z. B. in den USA: „discharge"; zu Reformbestrebungen s. aber *Springeneer*, VuR 2001, 207 ff.). Zum Teil sah man den Bürger auch benachteiligt gegenüber juristischen Personen, die keiner Nachforderung ausgesetzt sind, weil sie mangels Vermögens gelöscht werden (Rn. 421).

Nicht selten wurde aus Art. 1 I GG geradezu die Pflicht des Staates abgeleitet, den überschuldeten Bürger aus seiner hoffnungslosen Lage zu befreien und ihm einen wirtschaftlichen Neuanfang („fresh start“) zu ermöglichen (so wohl auch MünchKomm/*Stürner*, Einl. Rn. 93). Spät, aber mit großer Mehrheit beschloß der Deutsche Bundestag daher, die in § 1 formulierten Ziele des Insolvenzverfahrens durch einen S. 2 zu erweitern: „Dem redlichen Schuldner wird Gelegenheit gegeben, sich von seinen restlichen Verbindlichkeiten zu befreien.“ Der Sache nach führt dies zur „beschränkten Haftung“ des Menschen (*Balz*) – ähnlich wie bei juristischen Personen! Davon unabhängig kann der Schuldner auch durch einen Insolvenzplan von Restschulden befreit werden (Rn. 491, 663 ff.).

528 Über die **Tragfähigkeit dieser Kritik** lässt sich streiten. Eine *Gleichbehandlung natürlicher und juristischer Personen* ist jedenfalls verfassungsrechtlich kaum geboten. Denn dass letztere keiner Nachforderung ausgesetzt sind, ist die zwangsläufige Folge ihres – sachgerechten – Untergangs (s. auch *Häsemeyer*, FS Henckel, 1995, S. 353, 361). Zur *Menschenwürde* des Schuldners dürfte ein Existenzminimum gehören (vgl. auch Sozialstaatsprinzip, Art. 20 I GG). Dafür kann der Staat u. a. durch Vollstreckungsschutz sorgen, und das tut er auch, sogar großzügig (Rn. 152). Ob der Staat aber auch dann helfen muss, wenn der Schuldner wegen des Pfändungsschutzes an höheren Einkünften kaum interessiert ist und sich deshalb mit eher bescheidenen Lebensverhältnissen begnügt, ist eine andere Frage. Sie ist zu verneinen. Speziell Art. 1 I GG gibt kein Anrecht auf Entschuldung.

Dagegen spricht auch nicht die **Rspr. des BVerfG**. Dessen Ansicht, selbst *lebenslängliche Freiheitsstrafe* müsse dem Verurteilten eine „Hoffnung“ auf spätere Freiheit lassen (BVerfGE 45, 187, 245), erlaubt keine Parallele zur Überschuldung mit deren ganz anderer Eingriffsintensität (a. A. *Engelhard*, ZIP 1986, 1287, 1291). Die neue Judikatur zur *Überforderung von Bürgen* berücksichtigt zwar ebenfalls, dass der Schuldner sich (u. U. lebenslang) nicht aus eigener Kraft von seiner Schuldenlast befreien kann (*BVerfG* NJW 1994, 36, 38), dies aber nur unter besonderen Umständen und auch nur zum Schutz *vor* Verschuldung (zur Unterscheidung *Häsemeyer*, FS Henckel, 1995, S. 353, 359 f.). Im Übrigen geht diese Rspr. zu weit (s. *Isensee*, FS Großfeld, 1999, S. 485 ff.). Für die Entschuldung kommt hinzu, dass sie Art. 14 GG berührt.

Die Einführung der Restschuldbefreiung war also eine rein politische Entscheidung. Als solche hat sie einiges für sich (vgl. *Knüllig-Dingeldey*, a. a. O., S. 57 ff.).

Sie dürfte auch **verfassungsgemäß** sein (*Prütting/Stickelbrock*, ZVI 2002, 305 ff.; a. A. *AG München* ZInsO 2002, 994 ff. mit teils gewichtigen Gründen, dazu *BVerfG* NZI 2003, 162). Allerdings greift sie in entstandene Ansprüche der Insolvenzgläubiger ein und damit in Art. 14 I GG. Der Eingriff ist umso stärker, je weniger die Gläubiger im Insolvenzverfahren und in der sechsjährigen Wohlverhaltensphase befriedigt werden (s. auch Rn. 590 f.). Seit Erhöhung der Pfändungsfreibeträge (Rn. 152) müssen sie vermehrt damit rechnen, gar nichts zu erhalten, zumal sie das Befreiungsverfahren sogar noch finanzieren sollen (Rn. 591). Der Grundrechtseingriff wird jedoch relativiert: zwar weniger durch die früher oft „lockere" Kreditvergabepraxis, welche die Selbstverantwortung des Kunden durchaus nicht mindert (a. A. wohl *Pape/Grote*, ZInsO 2009, 605 f.), aber dadurch, dass der Gläubiger faktisch nur die *Chance* der Zwangsvollstreckung einbüßt. Denn sie ist heute ohnehin begrenzt – ein ernstes Problem (s. *Paulus*, ZRP 2000, 296) – und nach Insolvenzverfahren natürlich noch geringer. Dennoch verdienen die Gläubiger Schutz. Jedenfalls Missbräuche der Restschuldbefreiung müssen ausgeschlossen sein. Notfalls sind die §§ 286 ff. verfassungskonform auszulegen. 529

Übrigens gab es **Alternativen**, die für die Gläubiger weniger einschneidend sind (und den Schuldner weniger entlasten): Das *schweizerische Recht* erweitert lediglich den Vollstreckungsschutz: Ein Gläubiger, der im Konkurs nicht voll befriedigt wurde, kann aus einem „Verlustschein" (erneut) vollstrecken, wenn der Schuldner zu neuem Vermögen gelangt ist (Art. 265 SchKG; ähnlich § 18 II 3 GesO für die neuen Bundesländer bis 1998). Das *österreichische Recht* gewährt Restschuldbefreiung, binnen sieben Jahren aber nur, wenn mind. 10 % der Forderungen getilgt werden oder eine Befreiung gleichwohl der Billigkeit entspricht, im Übrigen nur nach Maßgabe einer bemerkenswert nuancierten Regelung und der Entscheidung des Gerichts (§ 213 IO).

Die **praktische Bedeutung** der Restschuldbefreiung ist erheblich: 530
Profitieren könnten von ihr Millionen überschuldete Bürger, und das Interesse scheint sehr groß zu sein (Rn. 2). Viele Antragsteller müssen aber bis zu sechs Jahre lang bereit sein, entweder zu arbeiten und sich mit Pfändungsfreibeträgen zu begnügen *oder* sich (als Arbeitsloser) um Arbeit zu bemühen. Nicht viele Schuldner trauen sich dies zu und halten es durch (laut *Ahrens*, ZVI 2011, 273, 274 max. 13 %). Die größte Aussicht auf Schuldbefreiung hat der nicht kleine Kreis von Schuldnern, die dem Arbeitsmarkt gar nicht zur Verfügung stehen.

II. Überblick über das Verfahren

531 Das Verfahren der Restschuldbefreiung hat **vier Phasen:**

• Mit dem Eröffnungsantrag stellt der Schuldner einen **Antrag** auf Restschuldbefreiung, dem er eine Abtretungserklärung beilegt: Er tritt die Arbeitseinkünfte, die er in den sechs der Insolvenzeröffnung folgenden Jahren („Abtretungsfrist“) erzielen wird, an einen (noch unbekannten) Treuhänder ab. Das Insolvenzgericht prüft die Zulässigkeit des Antrags; an ihr mag es fehlen, weil dem Schuldner schon früher einmal Restschuldbefreiung erteilt oder versagt worden war. Ein zulässiger Antrag führt zur sog. **„Eingangsentscheidung“** – eine Art *Zulassung zum Verfahren der Restschuldbefreiung:* Das Gericht stellt fest, dass der Schuldner Restschuldbefreiung erlangen wird, wenn er nach Beendigung des Insolvenzverfahrens weiteren Obliegenheiten nachkommt und kein Versagungsgrund vorliegt.

• Im anschließenden Insolvenzverfahren trifft den Schuldner bereits eine Erwerbsobliegenheit. Jeder Gläubiger kann – bis zum Schlusstermin (Rn. 456) – die Versagung der Restschuldbefreiung beantragen. Die **Entscheidung über Versagungsanträge** erfolgt indessen erst **nach dem Schlusstermin.**

• Wurde die Restschuldbefreiung bisher nicht versagt, so bestimmt das Gericht bei **Aufhebung des Insolvenzverfahrens** den Treuhänder, der die abgetretenen Bezüge des Schuldners einziehen soll. Er verteilt die ihm fortan zufließenden Gelder an die Gläubiger – u. U. jahrelang. In dieser Zeit hat der Schuldner wichtigen Obliegenheiten zu entsprechen, insbesondere (weiterhin) einer Erwerbstätigkeit nachzugehen: Gerade jetzt hat der Schuldner eine **Wohlverhaltensphase** zu bewältigen. Auch hier kann ihm die Restschuldbefreiung aber noch versagt werden, sei es weil ein früherer Versagungsantrag nachträglich geltend gemacht werden darf, sei es weil ein neuer Versagungsantrag Erfolg hat, der darauf gründet, der Schuldner sei einer späteren Obliegenheit nicht nachgekommen oder wegen einer Insolvenzstraftat verurteilt worden. Dann endet die Abtretungsfrist vorzeitig.

• Andernfalls endet sie erst mit der **Entscheidung über die Restschuldbefreiung** (§ 300). Entschieden wird spätestens am Ende der Abtretungsfrist, d. h. *sechs Jahre* nach Eröffnung des Insolvenzverfahrens. Hat der Schuldner jedoch die Kosten des Verfahrens berichtigt, wird spätestens nach *fünf Jahren* entschieden, nach ergänzender

Tilgung der Insolvenzforderungen i. H. v. mindestens 35 % schon nach *drei Jahren* und sogar *sofort*, wenn keine Forderung offen bleibt bzw. angemeldet wurde. Auch jetzt kann die Restschuldbefreiung noch versagt werden. Andernfalls wird sie erteilt.

• Eine *fünfte Phase* kann folgen, wenn ein Gläubiger binnen eines Jahres beantragt, die Restschuldbefreiung zu *widerrufen*, weil sich nachträglich ein (i. d. R. schwerer) Verstoß des Schuldners gegen seine Obliegenheiten herausgestellt hat.

Das Verfahren zur Restschuldbefreiung **geht mit dem Insolvenzverfahren einher**, jedenfalls mit dem Regelverfahren, ggf. auch mit einem Verbraucher-Insolvenzverfahren. Im Insolvenzplanverfahren ist es entbehrlich (Rn. 491 f.).

§ 35. Der Weg zur Restschuldbefreiung

Literatur: *Delzant/Schütze*, Die Restschuldbefreiung für Privatpersonen in den französischen Departements Bas-Rhin, Haut-Rhin und Moselle im Rahmen einer Privatinsolvenz (faillite civile), ZInsO 2008, 540 ff.; *Foerste*, Aktuelle Entwicklungen im Verbraucherinsolvenzrecht, in: Chr. Berger et. al. (Hrsg.), 10. Leipziger Insolvenzrechtstag, 2009, S. 112; *Frind*, Praxisprobleme des reformierten Privatinsolvenzverfahrens, ZInsO 2013, 1448 ff.; *Gaul*, Die Privilegierung des vorsätzlich geschädigten Deliktsgläubigers in der Insolvenz durch „Restschuldbefreiungsdispens“, GS Heinze, 2005, S. 193 ff.; Gottwald/*Ahrens*, S. 1050 ff.; *Hergenröder*, Entschuldung durch Restschuldbefreiungstourismus?, DZWiR 2009, 309 ff.; *Schmerbach*, Gesetz zur Verkürzung des Restschuldbefreiungsverfahrens und zur Stärkung der Gläubigerrechte verabschiedet – Ende gut, alles gut?, NZI 2013, 566 ff.; *Vallender*, Das Schicksal nicht berücksichtigter Forderungen im Verbraucherinsolvenz- und Restschuldbefreiungsverfahren, ZIP 2000, 1288 ff.

I. Allgemeines

Restschuldbefreiung ist nur für **natürliche Personen** vorgesehen (§ 286), also weder für juristische Personen noch für Personengesellschaften, die nach der Verfahrenseröffnung ohnehin meist gelöscht werden (Rn. 172). Sie steht aber keineswegs nur Verbrauchern offen, sondern auch Einzelunternehmern und Freiberuflern (Ärzte, Rechtsanwälte, Architekten), ferner persönlich haftenden Gesellschaftern, soweit sie nicht schon von einer Befreiung ihrer Gesellschaft profitieren (Rn. 493). 532

	Gesellschaften, Vereine	Personen, die regulärem Verfahren (§§ 1 ff.) unterliegen	Personen i. S. d. § 304 I 1
mögliche Schuldner/ Vermögensmassen	AG, GmbH, OHG, KG, GbR, Vereine	Kaufleute, Gewerbetreibende, Freiberufler, persönlich haftende Gesellschafter	Verbraucher, ehemalige Kleinunternehmer (Handwerker usw.)
Art des Insolvenzverfahrens	Regel- oder Planverfahren	Regel- oder Planverfahren	Verbraucher-Insolvenzverfahren
Nachforderungsrecht	grds. nicht (wegen Auflösung bzw. Löschung); soweit nach Planverfahren Fortbestehen und -haftung (Rn. 421): im Zweifel nicht (§ 227 I)	im Regelverfahren: ja (§ 201 I); im Planverfahren: im Zweifel nicht (§ 227 I, II)	ja (§ 201 I)
Restschuldbefreiung	im Regelverfahren: nein	im Regelverfahren: möglich (§§ 286 ff.)	möglich (§§ 286 ff.)

533 Sie setzt die **Durchführung eines Insolvenzverfahrens** voraus. Das zeigt schon § 286, wo von den „im Insolvenzverfahren nicht erfüllten Verbindlichkeiten“ die Rede ist. Restschuldbefreiung scheitert also, wenn der Insolvenzantrag mangels Masse (nach § 26 I 1) *abgewiesen* wird, weil der Schuldner derart mittellos ist, dass er nicht einmal die Verfahrenskosten aufbringen kann (Rn. 123). Sie scheitert auch dann, wenn dies später offenbar wird und deshalb das Insolvenzverfahren mangels Masse (nach § 207 I 1) *eingestellt* werden muss (Rn. 397).

§ 289 bestätigt das: Danach ist die Einstellung nur unschädlich, wenn sie wegen bloßer „Masseunzulänglichkeit“ (Rn. 398 f.) erfolgt.

Wichtig ist allerdings, dass eine *Stundung der Verfahrenskosten* deren Deckung gleichsteht (Rn. 589 ff.).

II. Der Weg zur vorläufigen Zulassung („Eingangsentscheidung“)

1. Anträge auf Restschuldbefreiung und Verfahrenseröffnung

Die Einleitung der Restschuldbefreiung erfordert **zwei Anträge des Schuldners:** denjenigen auf Schuldbefreiung (§ 287 I), aber auch einen (eigenen) Insolvenzantrag des Schuldners. Beide Anträge müssen *rechtzeitig gestellt* sein. 534

In der Praxis ist hier auf Details zu achten: Hat im **Regelverfahren** der *Schuldner* den Insolvenzantrag gestellt, so soll er den Antrag auf Restschuldbefreiung hiermit verbinden (§ 287 I 1). Er muss diesen Antrag spätestens binnen zwei Wochen stellen, nachdem das Gericht ihn (gemäß § 20 II) auf die Möglichkeit der Restschuldbefreiung hingewiesen hat (§ 287 I 2). – Falls ein *Gläubiger* den Insolvenzantrag gestellt hatte, ist der Schuldner darauf hinzuweisen, dass er zusätzlich einen Eigenantrag stellen müsste. (Hat nämlich der Gläubigerantrag schon zur Eröffnung des Insolvenzverfahrens geführt, so ist ein Eigenantrag nicht mehr zulässig, so dass auch Restschuldbefreiung ausscheidet.) Zur Stellung des Eigenantrags ist laut *BGH* eine angemessene Frist zu setzen, die aber keine Ausschlussfrist ist. Erst nach Eingang dieses Antrags soll die Zwei-Wochen-Frist für den Antrag auf Restschuldbefreiung anlaufen können (*BGH* ZInsO 2009, 1171, 1172).

Hat im **Verbraucher-Insolvenzverfahren** (§§ 304 ff.) der *Schuldner* den Insolvenzantrag gestellt, so soll er den Antrag auf Restschuldbefreiung damit verbinden (§ 305 I Nr. 2). Ggf. wird er aufgefordert, die Erklärung, ob er Restschuldbefreiung anstrebt, nachzuholen; geschieht dies nicht binnen eines Monats, so gilt sein Antrag als zurückgenommen (§ 305 III 2). – Hat ein *Gläubiger* den Insolvenzantrag gestellt, so erhält der Schuldner Gelegenheit, auch seinerseits Insolvenzantrag zu stellen (§ 306 III 1), für den wieder § 305 I Nr. 2 gilt und eine angemessene Frist zu setzen ist (Rn. 534). Stellt der Schuldner nun lediglich seinen Insolvenzantrag, so soll nach richterlichem Hinweis (§ 20 II) ein Antrag auf Restschuldbefreiung wegen § 287 I 2 offenbar nur noch binnen zwei Wochen nachholbar sein (*BGH* NJW 2005, 1434; anders h. L., s. *Foerste*, ZInsO 2009, 319 f.). 535

Der Antrag auf Restschuldbefreiung gefährdet die Insolvenzgläubiger. § 287 IV verlangt daher eine **Anhörung der Gläubiger**, die Forderungen angemeldet haben (und daher die Versagung der Schuldbefreiung beantragen könnten). Hierbei kann das Gericht wertvolle Hinweise bekommen, wenn über den Ausschluss der Restschuldbefreiung gestritten wird.

2. Beizulegende Abtretungserklärung

536 Dem Antrag ist eine Abtretungserklärung beizufügen, mit der der Schuldner seine pfändbaren Forderungen auf **Bezüge aus einem Dienstverhältnis für die Zeit von sechs Jahren** nach Eröffnung des Insolvenzverfahrens an einen vom Gericht zu bestimmenden Treuhänder abtritt (§ 287 II). Die Sechs-Jahres-Frist wird auch *„Abtretungsfrist"* genannt.

Die Abtretung ist umfassend. Einbezogen sind sogar Bezüge aus einer betrieblichen Altersversorgung (§ 850 II ZPO), überdies „laufende Bezüge", die anstelle von Arbeitseinkünften usw. erzielt werden (z. B. auf Rentenzahlungen, Arbeitslosengeld, gewisse Sozialleistungen usw.).

Erfasst werden sollen aber erst die **ab Ende des Verfahrens fälligen Bezüge** (*BGH* NZI 2010, 741). Daher irritiert, dass § 287 II von Bezügen spricht, die ab „Eröffnung" des Verfahrens anfallen; denn diese sind nach § 35 I Fall 2 Neuerwerb der Masse, also vom Insolvenzverwalter einzuziehen (Rn. 148). Daran soll § 287 aber nichts ändern; er soll nur klarstellen, dass Restschuldbefreiung binnen sechs Jahren ab Verfahrens*eröffnung* erlangt werden kann (Rn. 578), was redaktionell misslungen ist.

Die Abtretungserklärung ist weit mehr als nur eine „Anlage" zum Antrag: Sie ist das **Kernstück der Restschuldbefreiung,** gibt den Gläubigern nämlich die Aussicht, nicht nur aus der (ausgezehrten!) Insolvenzmasse, sondern auch aus den mittelfristigen Einkünften des Schuldners befriedigt zu werden, falls der Befreiungsantrag zulässig ist. Natürlich hilft die Abtretung nur, wenn der Zedent (Schuldner) wirklich Lohnforderungen usw. erwirbt, d. h. ein Arbeitsverhältnis aufrechterhält oder begründet. Dafür sorgt – flankierend – seine Erwerbsobliegenheit (Rn. 561 f.). Vor sonstigem „Leerlauf" der Abtretungserklärung schützt das Gesetz: Vereinbarungen des Schuldners, welche die Abtretung vereiteln oder beschränken würden, sind laut § 287 III unwirksam (Bsp.: Schuldner hatte mit Arbeitgeber ein Abtretungsverbot vereinbart, § 399 Fall 2 BGB). Und frühere Zessionen an Dritte, z. B. Sicherungsabtretungen künftiger Lohnansprüche an Banken, schaden ebensowenig: Sie scheitern an § 91 I (Rn. 263a).

3. Zulässigkeit des Antrags auf Restschuldbefreiung

537 Wie § 1 S. 2 programmatisch klarstellt, soll Restschuldbefreiung nur dem „redlichen" Schuldner möglich sein. Sie ist daher in vielen Fällen ausgeschlossen. Diese gelten teilweise als *Versagungsgründe,* die das Gericht nur auf Antrag Dritter, dann aber ohne zeitliche Be-

grenzung berücksichtigen soll (Rn. 547 ff.). Weitere **Hindernisse** können sich nach dem Gesetz aber **aus früheren Restschuldbefreiungsverfahren** ergeben (§ 287a II). Sie werden eher selten sein, sind aber von Amts wegen zu beachten. Damit frühzeitig Rechtsklarheit hergestellt wird, soll über solche Hindernisse bereits im Eröffnungsverfahren entschieden werden (BT-Drs. 17/11268, S. 24, 26), nämlich schon im Rahmen der Zulässigkeit des Antrags auf Restschuldbefreiung.

Zu diesem frühen Zeitpunkt wird es dem Gericht besonders schwerfallen, die dafür nötigen Informationen zu erhalten. Daher ist der Schuldner aufgefordert, selbst zu erklären, ob ein Ausschlussgrund nach i. S. d. § 287a II besteht (§ 287 I 3); zur Sanktion falscher Erklärungen s. Rn. 553.

• Ergibt sich ein solches Hindernis, so ist der Antrag des Schuld- 538
ners also gleich **als unzulässig abzuweisen.**

Dessen ungeachtet wäre das *Insolvenzverfahren* ggf. zu eröffnen. Dies kann der Schuldner freilich vermeiden: Nach § 287a II 2 ist ihm Gelegenheit zu geben, seinen Eröffnungsantrag rechtzeitig zurückzunehmen (Rn. 93). Der Grund ist, dass Schuldner, die nicht antragspflichtig sind, einen Insolvenzantrag meist nur stellen, um in den Genuss der Restschuldbefreiung zu kommen. Müssten sie aber befürchten, auch bei Unzulässigkeit der Restschuldbefreiung ein Insolvenzverfahren hinnehmen zu müssen, so wären sie wohl seltener zu Eigenanträgen bereit: Sinnvolle Verfahren würden unnötig verschleppt. Freilich sollte der Schuldner eigentlich selbst einschätzen können, ob Restschuldbefreiung nach § 287a II ausgeschlossen ist!

• Ist der Befreiungsantrag dagegen zulässig, so trifft das Gericht 539
die sog. **Eingangsentscheidung**: Es stellt fest, dass der Schuldner Restschuldbefreiung erlangt, wenn er den Obliegenheiten nach § 295 nachkommt und die Voraussetzungen für eine Versagung nach §§ 290, 297–298 nicht vorliegen (§ 287a I 1).

Entschieden wird jeweils durch **Beschluss**, der öffentlich bekannt 540
zu machen ist. Zuständig wäre an sich der Rechtspfleger (Rn. 38), ist hier aber der *Richter* (§ 18 I Nr. RPflG) – wegen der Tragweite der (verworfenen) Restschuldbefreiung. Eine *sofortige Beschwerde* steht nur dem Schuldner zu, d. h. gegen die Verwerfung seines Befreiungsantrags (§§ 6 I, 287a I 3).

Zu befinden ist über folgende Hindernisse:

a) Erteilung früherer Restschuldbefreiung in den letzten zehn Jahren

Unzulässig ist der Befreiungsantrag, wenn dem Schuldner eine Restschuld- 541
befreiung schon in den letzten zehn Jahren vor dem aktuellen Insolvenzantrag erteilt worden ist (§ 287a II 1 Nr. 1).

b) Versagung von Restschuldbefreiung in den letzten fünf Jahren wegen Insolvenzstraftat

542 Alternativ genügt es, dass dem Schuldner Restschuldbefreiung in den letzten fünf Jahren vor dem Insolvenzantrag nach § 297 versagt worden ist. Hier muss der Schuldner wegen einer Insolvenzstraftat (§§ 283–283c StGB) rechtskräftig zu einer (erheblichen) Geld- oder Freiheitsstrafe verurteilt worden sein, und zwar in dem Zeitraum zwischen dem Schlusstermin des damaligen Insolvenzverfahrens und dem Ende der damals laufenden Abtretungsfrist.

c) Versagung von Restschuldbefreiung in den letzten drei Jahren

543 In einigen Fällen ist der Befreiungsantrag bereits dann unzulässig, wenn dem Schuldner Restschuldbefreiung in den letzten drei Jahren vor dem aktuellen Insolvenzantrag oder danach versagt worden ist (§ 287a II 1 Nr. 2):

• So genügt eine Versagung nach § 290 I Nr. 5, also deshalb, weil der Schuldner im früheren Verfahren eine Auskunfts- oder Mitwirkungspflicht nach der InsO vorsätzlich oder grob fahrlässig verletzt hatte (Rn. 552).

• Dem entspricht Versagung nach § 290 I Nr. 6, also wegen vorsätzlich oder grob fahrlässig unrichtiger oder unvollständiger Angaben in der Erklärung, die im früheren Verfahren über Sachverhalte abzugeben war, welche zur Unzulässigkeit des Befreiungsantrags führen konnten (§ 287 I 3), oder in den Verzeichnissen, die seinerzeit nach § 305 I Nr. 3 vorzulegen waren (betr. Vermögen, Einkommen und Gläubiger des Schuldners und deren Ansprüche).

• Die Versagung kann auch nach § 290 I Nr. 7 erfolgt sein: weil der Schuldner seiner Erwerbsobliegenheit während des früheren Insolvenzverfahrens (Rn. 544 ff.) nicht entsprochen hatte, sich insoweit auch nicht entlasten konnte (näher Rn. 556) und dadurch die Befriedigung der Insolvenzgläubiger beeinträchtigte.

• In den letzten drei Fällen – damaliger Versagungsgrund nach § 290 Nr. 5, 6 oder 7 – genügt auch Versagung nach § 297a: dass also der jeweilige Versagungsantrag erst nach dem Schlusstermin (bzw. nach Einstellung gemäß § 211) gestellt werden konnte, aber dennoch rechtzeitig erfolgte.

• Ausreichend ist schließlich, dass die Versagung auf § 296 beruhte: weil der Schuldner eine der Obliegenheiten verletzt hatte, die nach Beendigung des früheren Insolvenzverfahrens zu erfüllen waren (Rn. 573), z. B. seine fortdauernde Erwerbsobliegenheit (§ 295 I Nr. 1).

III. Die Zeit des Insolvenzverfahrens

1. Frühe Erwerbsobliegenheit

544 Die Arbeitskraft des Schuldners gehört nicht zur „Masse". Der Insolvenzverwalter ist daher, trotz § 80, auch nicht berechtigt, den Schuldner zu einer Erwerbstätigkeit anzuhalten! Strebt der Schuldner allerdings Restschuldbefreiung an, so soll er schon im Insolvenzverfahren, also **ab Eröffnung des Verfahrens**, eine „angemessene Er-

werbstätigkeit" ausüben und sich – soweit ohne Beschäftigung – um eine solche bemühen, nämlich keine „zumutbare Tätigkeit" ablehnen (§ 287b). Dies ist zwar *keine* Arbeits*pflicht,* nämlich nicht durchsetzbar, wohl aber eine *Obliegenheit:* Ihre Verletzung gefährdet die Restschuldbefreiung.

Die Bestimmung „angemessener" Erwerbstätigkeit ist heikel, auch wegen ihrer Nähe zu den – politisch umstrittenen und variierenden – Zumutbarkeitsregeln im Sozial(versicherungs)recht. Die Erwerbsobliegenheit schützt aber die Grundrechte der Gläubiger (Rn. 529; *Ahrens,* ZInsO 2003, 197, 200). Für Einzelfragen mag die Rspr. zum *Unterhaltsrecht* ersten Anhalt geben (zur Leistungsfähigkeit des Unterhaltsschuldners vgl. Kommentare zu § 1603 BGB). Insolvenzrechtlich wird jedoch oft mehr verlangt werden können (s. auch *BGH* NZI 2012, 852; HK/*Landfermann,* § 295 Rn. 5 ff.). Von einem Schuldner, der binnen weniger Jahre befreit werden will, wird z. B. erwartet werden können, dass er in dieser Zeit arbeitet, statt sie für eine Ausbildung zu nutzen, nach deren Abschluss er zwar besser verdient, den Insolvenzgläubigern aber nichts mehr schuldet (vgl. *LG Darmstadt* ZInsO 2013, 1162, 1163 f.; *Foerste,* S. 124 f.). Dagegen wird eine – auch langjährige – Strafhaft die Restschuldbefreiung i. d. R. nicht hindern (*Foerste,* S. 122 ff.), es sei denn, dass sie trotz der Erwerbsobliegenheit in Kauf genommen wurde (*BGH* NZI 2010, 911 Rn. 11; *Menge,* ZInsO 2010, 2347 ff.).

An die Bemühungen des Schuldners stellt der Gesetzgeber *strenge Anforderungen:* Erwerbslose müssten eigene Initiativen entfalten. Anzunehmen sei selbst berufsfremde oder auswärtige Arbeit, notfalls auch eine Aushilfs- oder Gelegenheitstätigkeit (Amtl. Begr., S. 192). Demnach ist auch der Niedriglohnsektor zu nutzen, soweit er trotz der Pfändungsfreigrenzen (Rn. 152) Ertrag verspricht oder doch wenigstens die Chance zu beruflicher Verbesserung eröffnet; die Bezahlung muss (der Tätigkeit) freilich angemessen sein (*BGH* NZI 2012, 87, 88). Auch ein Umzug kann angebracht sein. Der Schuldner muss eine Vollzeittätigkeit anstreben (*AG Hamburg* NZI 2001, 103, 104). Auf seine familiären Pflichten ist gleichwohl Rücksicht zu nehmen (z. B. bei Kinderbetreuung, *BGH* ZInsO 2010, 105 f.). Neben laufendem Kontakt zur BA und stetiger Lektüre einschlägiger Stellenanzeigen sind zwei bis drei Bewerbungen pro Woche zu erwarten (*BGH* NZI 2012, 852 Rn. 8).

Seiner Erwerbsobliegenheit entspricht der Schuldner im Prinzip **545**
auch dann, wenn er – trotz Beschlagnahme seines Vermögens! – (weiterhin) eine **selbstständige Tätigkeit** ausübt. Denn auch sie hilft den Gläubigern: Wird sie vom Insolvenzverwalter geduldet („Positiverklärung" i. S. d. § 35 II 1), so fließen die Erträge ohnehin in die Masse

(Rn. 171a). Hat der Verwalter solche Erträge freigegeben („Negativerklärung" i. S. d. § 35 II 1), so stehen sie zwar dem Schuldner zu. Er hat aber **Ausgleichszahlungen** an den Verwalter zu leisten (§ 295 II, 35 II 2): Sie müssen die Gläubiger so stellen, als wenn er einer angemessenen abhängigen Tätigkeit nachginge.

Denn in diesem Fall fiele der pfändbare Teil der Lohnforderungen ohne weiteres in die Masse (§ 35 I Fall 2). Und bei selbstständiger Tätigkeit des Schuldners sollen die Gläubiger nicht schlechter stehen (BT-Drs. 16/3227, S. 17). Sie sollen aber auch nicht besser stehen. Deshalb ist nur der hypothetisch pfändbare Betrag des fiktiven Nettoeinkommens auszukehren. Und der – u. U. höhere – unternehmerische Gewinn verbleibt ohnehin dem Schuldner und dessen etwaigen Neu-Gläubigern (*BGH* NZI 2013, 797 Rn. 17).

546 Der Schuldner muss nicht stets für konstanten Ausgleich sorgen, denn Unternehmensgewinne schwanken naturgemäß. Solange er aber Gewinne erzielt, die wenigstens die hypothetischen „Erwerbseinkünfte" decken, muss er solche abführen, und zwar mindestens jährlich (*BGH* NZI 2012, 718 Rn. 14). Kann er hingegen erkennen, dass die Erträge dies nicht gestatten, so muss er sich um abhängige Erwerbstätigkeit bemühen (*BGH* a. a. O. Rn. 16). Im Übrigen mag ihm auch vorzuhalten sein, dass er sich auf das (erkennbar unangemessene?) unternehmerische Wagnis überhaupt eingelassen hatte.

2. Erstmögliche Versagung der Restschuldbefreiung

a) Versagungsantrag eines Insolvenzgläubigers

547 Da die Restschuldbefreiung nur dem redlichen Schuldner zuteilwerden soll (§ 1 S. 2), präzisiert § 290 I bestimmte – wichtige – Versagungsgründe. Sie werden allerdings nur auf Antrag eines Insolvenzgläubigers berücksichtigt. Der Antrag ist schriftlich zu stellen, und zwar während des Insolvenzverfahrens, spätestens **bis zum Schlusstermin** (§ 290 II 1; dort auch zur Masseunzulänglichkeit: § 211). Zudem muss der Gläubiger seine Forderung angemeldet haben (Rn. 406).

Wird sie darauf vom Insolvenzverwalter bestritten, so soll das Insolvenzgericht dem Gläubiger analog § 189 I eine Frist setzen, um die gerichtliche Klärung der Forderung einzuleiten. Wird diese Frist nicht genutzt, so ist der Versagungsantrag nach h. M. unzulässig (*LG Flensburg* NZI 2014, 165, 166).

548 Zudem muss der Gläubiger den **Versagungsgrund glaubhaft machen,** also dessen überwiegende Wahrscheinlichkeit belegen

(§ 290 II 1 Hs. 2; Rn. 89). Mehr ist nicht nötig; nur ausnahmsweise verlangt das Gesetz, dass die Gläubiger durch das unredliche Verhalten geschädigt wurden.

Oft werden sie freilich nicht einmal Kenntnis von dem Versagungsgrund erhalten. Meist sind sie auf **Hilfe des Verwalters** angewiesen. Hat dieser Anhalt für einen Versagungsgrund, so sollte er dies über das Gericht zur Gerichtsakte bringen (zur Akteneinsicht für Gläubiger: Rn. 42). Darauf ist er aber nicht beschränkt: Er hat – unter Wahrung der Schuldnerrechte – vornehmlich die Interessen der Gläubiger wahrzunehmen und daher zumindest das Recht, diesen auch Versagungsgründe mitzuteilen. Ihm obliegt weder die Zurückhaltung eines Gerichts noch die Förderung der Restschuldbefreiung. Dass diese nicht von Amts wegen versagt wird, heißt nicht, dass diejenigen, die intervenieren können, darüber von Amts wegen nichts erfahren dürfen.

b) Versagungsgründe des § 290

Die Liste der Versagungsgründe ist abschließend. Ausreichend ist laut 549

- **Nr. 1:** Der Schuldner ist in den letzten fünf Jahren vor seinem (jetzt vorliegenden) Eröffnungsantrag wegen einer **Insolvenzstraftat** (§§ 283–283c StGB) rechtskräftig zu einer (erheblichen) Geld- oder Freiheitsstrafe verurteilt worden. Diese Tat muss nicht in Zusammenhang mit dem laufenden Insolvenzverfahren stehen (*BGH* NJW 2003, 974 f.).

Auf Tilgungsfristen nach § 46 BZRG kommt es dank der Fünf-Jahres-Frist nicht (mehr) an (vgl. BT-Drs. 17/11268 S. 26).

- **Nr. 2:** Der Schuldner hat vorsätzlich oder grob fahrlässig **falsche schriftliche Angaben** über seine wirtschaftlichen Verhältnisse gemacht, um Kredite oder öffentliche Leistungen zu erhalten oder Leistungen an öffentliche Kassen zu vermeiden. Ausreichen sollen auch schriftliche Angaben Dritter, wenn sie mit Wissen und Billigung des Schuldners weitergeleitet wurden (so *BGH* NZI 2003, 662, 663). Die Angaben müssen in den letzten drei Jahren vor dem Insolvenzantrag oder danach erfolgt sein. 550

Beispiel: Bei Darlehnsaufnahme beziffert der Schuldner seine Vorschulden mit nur 4.500,– DM, während sie tatsächlich 42.000,– DM ausmachen (*AG Landau* ZVI 2004, 699 f.). Es genügt auch die Intention, durch Falschangaben Steuerzahlungen zu vermeiden (*BGH* ZInsO 2010, 1058 f.). Ob der Schuldner durch die Falschangaben tatsächlich einen Vermögensvorteil erlangte, ist belanglos, auch nach dem Normzweck der §§ 1 S. 2, 290 I Nr. 2.

551 • **Nr. 4:** Der Schuldner hat in den letzten drei Jahren vor dem Insolvenzantrag oder danach die Befriedigung der **Insolvenzgläubiger mindestens grob fahrlässig beeinträchtigt**, indem er unangemessene Verbindlichkeiten einging, Vermögen verschwendete oder die Verfahrenseröffnung künstlich verzögerte.

Beispiel: Der Schuldner veräußert sein Geschäft und finanziert mit dem Erlös eine aufwendige Urlaubsreise (*LG Düsseldorf* NZI 2004, 390), gibt seine (vom Verwalter schon für 1.500,– € verkaufte) Einbauküche zum Sperrmüll (*BGH* ZInsO 2009, 1506). Die Befriedigung ausgewählter Gläubiger mag unerwünscht sein, „Verschwendung" ist sie nicht (arg. § 130; *BGH* ZInsO 2009, 732, 733 f.). – Das Verbot, die Verfahrenseröffnung zu verzögern, ändert nichts daran, dass der Schuldner grundsätzlich keinen Insolvenzantrag stellen muss (Rn. 90). Es besagt daher nur, dass der Schuldner die Gläubiger nicht davon abhalten darf, rechtzeitig Insolvenzantrag zu stellen, z. B. durch Täuschung über seine wirtschaftliche Lage.

552 • **Nr. 5:** Der Schuldner hat mindestens grob fahrlässig seine **Auskunfts- oder Mitwirkungspflichten verletzt.** Solche Pflichten bestehen nicht nur im eröffneten Verfahren (Rn. 135, 138), sondern schon im Eröffnungsverfahren (§§ 20, 22 III 2) und sogar schon bei Stellung seines Insolvenzantrags (BT-Drs. 17/11268, S. 27).

Der Schuldner hat verfahrensrelevante Umstände **auch ohne besondere Nachfrage** zu offenbaren (*BGH* NZI 2010, 264), also z. B. seine Gläubiger (*BGH* NZI 2009, 65), anfechtungsrelevante Umstände, den Anfall einer Erbschaft bzw. Entnahmen aus ihr während des Verfahrens (*BGH* NZI 2006, 299 f.) oder frühere fehlerhafte Angaben (auch solche im Insolvenzantrag). Ein Verstoß muss von gewissem Gewicht sein (*BGH* NJW 2003, 2167, 2168); genügen soll aber das Verschweigen eines Treuhandkontos (*LG Aachen* ZVI 2005, 552 f.) oder von 192,– € Jahreseinkünften aus Tennisunterricht (*LG Mönchengladbach* ZInsO 2003, 955, 956 f.). Erst recht sind Nachfragen des Gerichts erschöpfend zu beantworten (*AG Hamburg* ZInsO 2001, 330, 332). Falsche Angaben verlieren aber an Gewicht, wenn der Schuldner sie aus eigener Initiative berichtigt, bevor sie beanstandet werden (*BGH* ZInsO 2010, 684 Rn. 6). Die **Mitwirkungspflicht** ist verletzt, wenn Vermögen verschoben oder Unterlagen zurückgehalten, gar vernichtet werden (*BGH* BeckRS 2011, 17763) oder pfändbare Einkünfte nicht an den Verwalter abgeführt werden (*BGH* NZI 2013, 904 f.).

553 • **Nr. 6:** Der Schuldner hat in einem Verbraucher-Insolvenzverfahren mindestens grob fahrlässig **falsche Angaben** gemacht **über frühere Befreiungsverfahren** (entgegen § 287 I 3; Rn. 541 ff.) oder **in Unterlagen nach § 305 I Nr. 3** (insoweit Spezialregelung gegenüber Nr. 5).

Es genügt, dass eine im Gläubigerverzeichnis bestrittene Forderung (näher *Pieper*, ZInsO 2010, 174 ff.) oder auch nur *ein* Gläubiger übergangen wird, wenn dessen Forderung erheblich ist, z. B. wegen ihrer Höhe von 5.000,– € trotz Gesamtforderungen von 525.000,– € (*LG Stuttgart* ZInsO 2002, 1097, 1099). In dem Verzeichnis über Vermögen und Einkommen sind auch Rechte an einem Grundstück (*AG Göttingen* NZI 2000, 92) und Einkünfte unterhalb des Pfändungsfreibetrags anzugeben (*OLG Celle* ZVI 2002, 29, 31). – Schädlich ist auch eine Falschangabe, die eine frühere Straftat verdecken soll. Vor Strafverfolgung ist der Schuldner nämlich analog § 97 I 3 geschützt (Rn. 136). Er hat ohnehin nur sein aktuelles Vermögen, im Zweifel aber nicht dessen Herkunft offenzulegen. – Rechtzeitige Berichtigung (nach §§ 305 III 1, 307 III 1) muss aber auch hier entlasten.

In der Praxis stehen Versagungsanträge nach § 290 I Nr. 5 und Verstöße gegen § 305 I Nr. 3 im Vordergrund.

• **Nr. 7:** Der Schuldner hat seine frühe **Erwerbsobliegenheit nach** 554
§ 287 b verletzt und dadurch die Befriedigung der Insolvenzgläubiger beeinträchtigt. Näher zu der Erwerbsobliegenheit Rn. 544 ff., zu Beweisfragen Rn. 556.

c) Entscheidung über den Versagungsantrag

Mit Versagungsanträgen ist während des gesamten Insolvenzver- 555
fahrens zu rechnen. Über alle Anträge soll daher erst **nach dem Schlusstermin** entschieden werden (§ 290 II 2), zumal dies die Justiz entlastet. Das kann dazu führen, dass Gläubiger wie Schuldner Monate, gar Jahre nach dem Versagungsantrag in Ungewissheit bleiben. Jedenfalls auf Bedenken gegen die Zulässigkeit eines Versagungsantrags (z. B. mangelnde Glaubhaftmachung) muss das Gericht rechtzeitig aufmerksam machen (§§ 139 ZPO, 4).

Die Entscheidung hängt davon ab, ob der Versagungsantrag be- 556
gründet ist: ob der Versagungsgrund zur **Überzeugung des Gerichts** feststeht. Die dafür maßgebenden Tatsachen sind *von Amts wegen festzustellen* (§ 5 I 1). Gelingt dies nicht, so scheidet eine Versagung aus (BGHZ 156, 139, 146 f.).

Das gilt auch bei angeblicher Verletzung der **Erwerbsobliegenheit** (§ 290 I Nr. 7). Über deren Erfüllung (Bemühungen um Arbeitsplatz usw.) muss der Schuldner jedoch Auskunft erteilen und deren Richtigkeit – auf Antrag des Gläubigers – an Eides Statt versichern. Wirkt er nicht mit, so ist die Restschuldbefreiung schon deshalb (!) zu versagen (§§ 290 I Nr. 7 a. E., 296 II 2, 3), und zwar ohne Rücksicht darauf, ob der behauptete Verstoß die Gläubiger benachteiligte (*BGH* ZInsO 2009, 2162 f., zu § 295 I Nr. 1). – Andernfalls ist *festzustellen,* dass die Erwerbsobliegenheit verletzt wurde. Gelingt das, so kann der Schuldner sich entlasten, indem er nachweist, dass ihn *kein Verschul-*

den trifft (§ 290 I Nr. 7 S. 2; Beweislastumkehr). Zwar sind auch entlastende Umstände schon von Amts wegen zu ermitteln (§ 5 I 1); bleibt das aber fruchtlos, so hat der Schuldner das Nachsehen.

557 Entschieden wird **durch Beschluss.** Zuständig ist wieder der *Richter* (§ 18 I Nr. RPflG) – wegen der Tragweite der Entscheidung:

• Entweder er **versagt die Restschuldbefreiung,** weist also den Antrag des Schuldners ab. Dann steht dem Schuldner *sofortige Beschwerde* zu (§§ 6 I, 290 III 1).

• Oder er **weist den Versagungsantrag zurück:** Dann steht jedem Gläubiger, der Versagung beantragt hatte, *sofortige Beschwerde* offen (§§ 6 I, 289 III 1). Im Übrigen gelangt das Verfahren in seine wichtigste Phase:

IV. Die Wohlverhaltensphase

Literatur: *von Gleichenstein*, 6 Jahre und kein Ende? Restschuldbefreiung und Wegfall des Insolvenzbeschlags am Neuerwerb nach Ablauf des Abtretungszeitraums im laufenden Insolvenzverfahren, ZVI 2009, 93 ff.; *Herrler*, Vermögenssicherung bei erbrechtlichem Erwerb während des Insolvenzverfahrens und in der Wohlverhaltensperiode, NJW 2011, 2258 ff.; *Heyer*, Strafgefangene im Insolvenz- und Restschuldbefreiungsverfahren, NZI 2010, 81 ff.

558 Von dem redlichen Schuldner (§ 1 S. 2) wird erwartet, dass er – über die Verteilung seines Vermögens hinaus – auch nach dem Insolvenzverfahren bemüht bleibt, Einkünfte zu erzielen, an denen die Insolvenzgläubiger teilhaben können. Bis zum Ende der Abtretungsfrist (Rn. 578) treffen ihn deshalb weitere Obliegenheiten (daher: „Wohlverhaltensphase“). Andererseits ist sicherzustellen, dass die zu Beginn des Verfahrens einem Treuhänder abgetretenen künftigen Bezüge den Gläubigern zugutekommen.

1. Bestimmung des Treuhänders

559 Dem Schlusstermin – und der Zurückweisung etwaiger Versagungsanträge (Rn. 555 ff.) – folgt die Schlussverteilung. Nun kann das Insolvenzverfahren enden: **mit dem Aufhebungsbeschluss** (§ 200). Zugleich bestimmt das Gericht einen Treuhänder, auf den die abgetretenen Lohnforderungen usw. übergehen (§ 288 S. 2). Vorschläge zur Person können Schuldner wie Gläubiger machen (§ 288 S. 1). Für Aufsicht und Entlassung des Treuhänders gelten §§ 58 f. entsprechend, doch kann jeder einzelne Gläubiger die Entlassung

verlangen (§ 292 III 2). Dem Treuhänder stehen Vergütung und Aufwendungsersatz zu (§ 293).

Die **Vergütung** (§§ 14 f. InsVV) beträgt mind. 100,– €/Jahr; sie erhöht sich bei Verteilung der durch Abtretung eingehenden Gelder an mehr als fünf Gläubiger um 50,– € „je 5 Gläubiger". Im Übrigen wird der Treuhänder an den vereinnahmten Beträgen prozentual beteiligt: i. H. v. 5 % an den ersten 25.000,– €, sodann i. H. v. 3 % an dem – seltenen – Mehrbetrag bis 50.000,– € und i. H. v. 1 % an höheren Beträgen. Soll der Treuhänder auch für *Überwachung* sorgen (§ 292 II), so erhält er zusätzlich 35,– €/Stunde (Regelsatz). – Zur **Haftung** des Treuhänders vgl. *OLG Celle* NZI 2008, 52 f.

Bei Beendigung seines Amtes muss der Treuhänder Rechnung legen.

2. Obliegenheiten des Schuldners

Zwischen der Aufhebung des Insolvenzverfahrens und dem Ende **560** der Abtretungsfrist hat der Schuldner im Interesse der Gläubiger wichtige Obliegenheiten zu beachten (§ 295). Deren Erfüllung ist übrigens vom Treuhänder zu überwachen, wenn der Gläubigerausschuss dies beschließt (näher § 292 II).

a) Fortdauernde Erwerbsobliegenheit

Im Vordergrund steht die Erwerbsobliegenheit (§ 295 I Nr. 1): Wie **561** schon im Insolvenzverfahren hat er auch weiterhin eine **„angemessene Erwerbstätigkeit"** auszuüben und sich – soweit ohne Beschäftigung – um eine solche zu bemühen, nämlich keine „zumutbare Tätigkeit" abzulehnen (näher Rn. 544 ff.).

Ist der Schuldner (weiterhin oder erstmals) **als Unternehmer** tätig, **562** so hat er **Ausgleichszahlungen** an den Treuhänder zu leisten. Sie müssen die Gläubiger so stellen, als wenn er einer angemessenen Erwerbstätigkeit nachginge (§ 295 II; Rn. 545): Auszukehren ist das fiktive Nettoeinkommen eines abhängig Beschäftigten, und auch dies nur i. H. d. hypothetisch pfändbaren Betrags (§ 850c ZPO). Ein überschießender Gewinn verbleibt dem Schuldner (und etwaigen Neugläubigern)! Zu den Unwägbarkeiten des unternehmerischen Erfolgs s. aber Rn. 546.

b) Erwerb von Todes wegen

Fallen dem Schuldner Erbschaften oder Schenkungen von Todes **563** wegen zu, so muss er den Wert hälftig dem Treuhänder, d. h. den Gläubigern, überlassen (§ 295 I Nr. 2), sich also bemühen, den Erwerb zu Geld zu machen (ggf. schwierig für Miterben: *BGH* NZI 2013, 191 ff.). Gleiches gilt für Vermächtnisse und Pflichtteilsansprüche.

Frage: Weshalb belässt man dem Schuldner die andere Hälfte der Erbschaft?

Der Gesetzgeber wollte einen Anreiz dafür setzen, dass Zuwendungen von Todes wegen überhaupt angenommen werden. Der Schuldner behält ja *während* des Insolvenzverfahrens die Rechtsmacht, Erbschaften auszuschlagen usw. (§ 83 I 1), und *nach* dem Verfahren sowieso. Ohne einen Anreiz würde der Schuldner daher durchweg ausschlagen, denn zugunsten seiner Gläubiger wird er kaum mehr Vermögen opfern, als § 295 verlangt!

Dessen ungeachtet kann Ausschlagung attraktiv bleiben: Beerbt der Schuldner seinen Vater, hat er aber selber Kinder, so führt eine Ausschlagung den Nachlass (wenigstens) ihnen ungeschmälert zu. Vgl. §§ 1924 I, II, 1953 II BGB.

564 Abweichend werden Erbschaften behandelt, die dem Schuldner noch *im laufenden Insolvenzverfahren* zufallen. Sie sind Neuerwerb (§ 35 I Fall 2), und der wird vollständig verwertet und verteilt (FK/*Ahrens*, § 287 Rn. 59, § 295 Rn. 43 ff.). Wer dies vermeiden will, muss schon den Erwerb verhindern, d. h. ausschlagen.

565 Hinzu kommen **Anzeige- und Auskunftsobliegenheiten** (§ 295 I Nr. 3):

- über *Wechsel von Wohnsitz oder Arbeitgeber* (damit der Treuhänder die Vorausabtretungen geltend machen kann);
- über *laufende Bezüge* i. S. der Abtretungserklärung (Rn. 536);
- über *Erwerb von Todes wegen* (Rn. 563);
- auf Verlangen über *Erwerbstätigkeit bzw. Arbeitsuche* zwecks Feststellung einer Obliegenheitsverletzung (eine solche muss der Gläubiger nämlich immerhin glaubhaft machen: § 296 I 3);
- auf Verlangen über *Bezüge und Vermögen* (wegen etwaiger Anhaltspunkte für Verstöße gegen andere Obliegenheiten, aber auch wegen der Chance etwaiger Nachtragsverteilungen).

566 Schließlich ist dem Schuldner **keine Befriedigung von Insolvenzgläubigern** gestattet (§ 295 I Nr. 4), denn dies ist dem Treuhänder vorbehalten.

2. Verwaltung und Verteilung der Einkünfte

567 Der **Treuhänder verwaltet** mehrerlei Einkünfte:

• Die *pfändbaren Bezüge des Schuldners* erwirbt er nach Maßgabe der Abtretungserklärung (Rn. 536), freilich erst dann, wenn er rechtskräftig in sein Amt eingesetzt ist (Rn. 559) und dieses auch annimmt oder zuvor sein Einverständnis erklärt hat.

Genau genommen erwirbt er die *Ansprüche des Schuldners* gegen dessen Schuldner (den Drittschuldner, z. B. den Arbeitgeber). Ob dieser Erwerb auf § 398 BGB beruht, ist freilich zweifelhaft. Zunehmend bewertet man die Abtretungserklärung als Prozesserklärung und den Forderungsübergang auf den Treuhänder als gesetzliche Folge seiner Bestellung und Amtsübernahme (*BGH* NZI 2006, 599, 600 f.). Der *pfändbare Teil* der Ansprüche ist analog § 36 I 2 zu bestimmen (§ 292 I 3; Rn. 152 ff.).

Der Treuhänder muss den Drittschuldner über die Abtretung unterrichten (§ 292 I 1). So lässt sich vermeiden, dass der Dritte befreiend an den Schuldner als Altgläubiger leistet (§§ 407, 412 BGB). Zahlt der Drittschuldner nicht, so hat der Treuhänder ihn in Verzug zu setzen, zu verklagen usw.

• Andererseits können dem Treuhänder auch *Leistungen des Schuldners* zufließen (Rn. 562 f.). Handelt es sich nicht um Gelder, sondern um sonstiges Vermögen (z. B. aus Erbschaften, Rn. 563), so muss der Treuhänder auch zur Verwertung befugt sein.

Die eingehenden Leistungen sind **zu verteilen** (§ 292 I 2). 568

Merke: Diese Verteilung ist **keine Masse-Verteilung** i. S. d. §§ 187 ff.! Denn das Insolvenzverfahren ist ja längst abgeschlossen (Rn. 559). Was dort zu verteilen war (einschließlich des Neuerwerbs, Rn. 536), ist verteilt worden: vom Insolvenzverwalter. Hier geht es um anderes: um die Verteilung *massefreier* Gelder.

• Zur Verteilung stehen allerdings nur **pfändbare Beträge** (§ 292 I 3), und die sind heute eher gering (Rn. 152). Wenn der Arbeitgeber dem Treuhänder mehr zahlte, leistete er (mangels Abtretung) an den Falschen, haftet also weiterhin dem Schuldner!

• Im Übrigen muss der Treuhänder vorrangig Beträge für **gestundete Verfahrenskosten** abführen, nämlich an die Landeskasse (§ 292 I 2, letzter Hs.; näher Rn. 590). Ausgenommen sind nur die Kosten eines beigeordneten Anwalts (Rn. 596).

• Soweit Gelder übrig bleiben, sind sie einmal jährlich **an die Gläubiger** zu verteilen. Grundlage ist das Schlussverzeichnis (Rn. 442; arg. § 205 S. 1). Aber: Nach allem wird für die Gläubiger meist wenig übrig sein!

Gläubiger, die ohnehin keine Ausschüttungen erwarten können, sollten eigentlich schon das **Insolvenzverfahren meiden** und freiwillig auf den Teil ihrer Forderungen verzichten, der ohnehin verloren ist, z. B. im Wege eines

Schuldenbereinigungsplans (Rn. 641). Das gilt jedenfalls bei individueller Erwerbsunfähigkeit des Schuldners, im Übrigen so lange, wie sich die Rahmenbedingungen nicht ändern, nämlich einerseits die Pfändungsfreibeträge hoch bleiben und andererseits eine Erwerbsobliegenheit nicht realisierbar ist, weil legale Arbeit nicht nachgefragt wird oder vermieden werden kann. Anders ist es, wenn ein Insolvenzverfahren nötig erscheint, um die Masse zu sichern, z. B. für Insolvenzanfechtung zu sorgen. Aber auch dann, wenn der Schuldner auf einem „Null-Plan" beharrt, mag der Druck, der in der Wohlverhaltensphase besteht, heilsam sein und den Gläubigern immerhin Chancen bieten.

569 Auch in der Wohlverhaltensphase gilt das Prinzip der **Gläubigergleichbehandlung**. Es bindet vor allem den Treuhänder. Nichtig sind aber auch Absprachen mit Insolvenzgläubigern, die einzelne Gläubiger begünstigen (§ 294 II), sofern dies die verteilbaren Gelder schmälert.

Vorteile kann sich der Schuldner der abgetretenen Bezüge auch nicht durch Aufrechnung verschaffen: Hat der Arbeitgeber alte Ansprüche gegen den Insolventen (z. B. wegen Vertragsverletzung), so kann er zwar scheinbar gegen die Lohnansprüche aufrechnen, obwohl sie nach § 287 II auf den Treuhänder übergegangen sind (§ 406 BGB). Doch § 294 III schließt dies aus.

570 Vor allem besteht ein **Vollstreckungsverbot** für Insolvenzgläubiger (§ 294 I), auch für solche, die nicht am Insolvenzverfahren teilgenommen hatten (*BGH* NZI 2006, 602). Es gilt aber *nicht für Neu-Gläubiger.* Wer also Ansprüche gegen den Schuldner erst nach Insolvenzeröffnung (§ 38) oder gar erst nach Aufhebung des Verfahrens erwarb, darf die Vollstreckung versuchen. Er wird allerdings wenig Erfolg haben. Denn die pfändbaren Bezüge des Schuldners sind – für bis zu sechs Jahren! – dem Treuhänder abgetreten. Und sonstiges Vermögen wird der Schuldner kaum erwerben: Zugreifen lässt sich nur auf Erbschaften (Rn. 563) und Erträge eines Selbstständigen (Rn. 562), soweit sie (noch) nicht dem Treuhänder überlassen sind. Nach allem kann es ratsam sein, mit Schuldnern, die auf Restschuldbefreiung warten, nur Bargeschäfte zu tätigen!

Übersicht: Befriedigung aus den abgetretenen Bezügen

Vermögensposition	auszukehren an	Zwangsvollstreckung zulässig
1. pfändungsfreier Anteil (§§ 850 ff. ZPO)	Schuldner	nein (§§ 850 ff. ZPO, 294 I)
2. gestundete Verfahrens-kosten	Landeskasse	nein (kein Schuldner-Vermögen)
3. etwaiger Rest	Insolvenzgläubiger	nein (kein Schuldner-Vermögen)

3. Vorzeitige Beendigung der Wohlverhaltensphase

Noch während der Wohlverhaltensphase kann das Insolvenzgericht die **Restschuldbefreiung versagen** (§ 299). Dann endet die Laufzeit der Abtretungen, so dass die zedierten Ansprüche an den Schuldner zurückfallen. Auch das Amt des Treuhänders endet. Und die Gläubiger unterliegen nicht mehr den Beschränkungen nach § 294. Eine vorzeitige Versagung ist öffentlich bekanntzumachen. Sie erfolgt aber nur *auf Antrag des Geschädigten.* 571

Die **Versagungsgründe** sind in §§ 296–298 abschließend aufgezählt. Schon deshalb bleiben andere Versagungsgründe außer Acht, selbst dann, wenn sie schon eine Eingangsentscheidung ausgeschlossen (Rn. 541 ff.) oder frühere Versagung gestattet (Rn. 549 ff.) hätten, damals aber übersehen wurden. Solche Versagungsgründe sind: 572

- **Verletzung einer Obliegenheit** i. S. d. § 295 (Rn. 560 ff.) seit dem Ende des Insolvenzverfahrens (§ 296). Sie muss die Befriedigung der Gläubiger beeinträchtigen und in dem Versagungsantrag eines Gläubigers vorgebracht werden (*BGH* ZInsO 2010, 391, 392). Dieser Antrag muss binnen eines Jahres ab Kenntnis der Verletzung eingehen (§ 296 I 2) und den Obliegenheitsverstoß samt Gläubigerbenachteiligung *glaubhaft machen* (Rn. 89). Dann ist es Sache des Schuldners, die Erfüllung seiner Obliegenheiten darzulegen und ggf. an Eides Statt zu versichern. Weigert er sich ohne hinreichende Entschuldigung, so ist die Restschuldbefreiung zu versagen (§ 296 II 2, 3), und zwar ohne Rücksicht darauf, ob der behauptete Verstoß die Gläubiger benachteiligte (*BGH* ZInsO 2009, 2162 f.). Im Übrigen ist der Obliegenheitsverstoß *festzustellen.* Gelingt dies, so kann Schuldner dartun, dass ihn *kein Verschulden* trifft (§ 296 I 1 Hs. 2). Ihn entlastet auch, dass er seinen Verstoß freiwillig aufdeckt, mit dem Treuhänder vereinbart, den vorenthaltenen Betrag in einem angemessenen und 573 überschaubaren Zeitraum vollständig auszugleichen, und diese Vereinbarung bisher auch eingehalten hat (*BGH* ZInsO 2010, 684, 685).

574 • **Verurteilung wegen einer Insolvenzstraftat** i. S. d. §§ 283–283c StGB zu einer (erheblichen) Geld- oder Freiheitsstrafe (§ 297). Die Verurteilung muss zwischen dem Schlusstermin und dem Ende der Abtretungsfrist Rechtskraft erlangt haben.

Verurteilungen *vor* dem Schlusstermin bleiben hier außer Acht, weil sie schon zur Versagung nach § 290 I Nr. 1 hätten führen können. Nun sollen sie nicht mehr schaden (Ausnahme: § 297a; dazu sogleich).

Auch hier ist ein Gläubigerantrag nötig. Mitunter werden die Gläubiger von der Straftat bzw. der späten Verurteilung aber gar nicht erfahren!

575 • **Nachträgliche Kenntnis von einem Versagungsgrund nach § 290 I** (i. E. § 297a). Nachträgliche Versagung setzt voraus, dass der Gläubiger, der sie beantragt, von dem – gerichtlich festzustellenden – Versagungsgrund erst nach dem Schlusstermin erfahren hat und den Antrag dann binnen sechs Monaten stellt. Dies ist zunächst einmal glaubhaft zu machen (Rn. 89).

576 • **Keine Deckung der Mindestvergütung des Treuhänders** für das Vorjahr (§ 298; Rn. 559), sofern der Treuhänder beantragt, deswegen die Schuldbefreiung zu versagen. Er muss dem Schuldner zudem schriftlich eine Zahlungsfrist von zwei Wochen gesetzt haben. Der Schuldner kann allerdings nachzahlen (§ 298 II). Wichtig ist, dass der Versagungsgrund *nicht bei Stundung der Verfahrenskosten* (Rn. 589) gilt.

577 Die **Entscheidung** obliegt dem Richter, soweit es um Anträge eines Insolvenzgläubigers geht (§ 18 I Nr. RPflG), im Übrigen dem Rechtspfleger. Gegen den Beschluss steht dem Antragsteller bzw. dem Schuldner die *sofortige Beschwerde* zu (§§ 6 I, 296 III, 297 II, 297a II, 298 III).

III. Erteilung der Restschuldbefreiung

1. Zeitpunkt der Entscheidung

578 Verstreicht die Wohlverhaltensphase ohne vorzeitige Versagung, so entscheidet das Insolvenzgericht endgültig über die Restschuldbefreiung (§ 300 I) – i. d. R. aber erst Jahre nach dem Insolvenzverfahren:

- spätestens **sechs Jahre nach Eröffnung des Insolvenzverfahrens** (Rn. 536), laut § 300 I 1 nämlich dann, „wenn die Abtretungsfrist … verstrichen ist“; auf Antrag des Schuldners jedoch
- schon **fünf Jahre nach Eröffnung des Insolvenzverfahrens,** wenn der Schuldner – bis dahin – immerhin die *Kosten* des Verfahrens berichtigt (§ 300 I 2 Nr. 3), und
- gar schon **drei Jahre nach Eröffnung des Insolvenzverfahrens,** wenn der Schuldner nicht nur die *Kosten* des Verfahrens berichtigt, sondern die Zuflüsse an den Insolvenzverwalter oder den Treuhänder während der Abtretungsfrist zusätzlich ermöglicht haben, die *Insolvenzforderungen i. H. v. mindestens 35 %* zu befriedigen (§ 300 I 2 Nr. 2).

Welche Forderungen dabei einzubeziehen sind, präzisiert § 300 I 4, 5. Dennoch kann die *Berechnung heikel* sein, denn Insolvenzforderungen sind erst tilgbar, wenn die Verfahrenskosten gedeckt sind (drastische Bsp. bei *Leipold*, ZInsO 2013, 2052 f.). Um diese nicht noch aufzublähen, sollten Zuwendungen Dritter (z. B. Familienangehöriger) dem Schuldner möglichst erst nach dem Insolvenzverfahren zufließen (*Stephan*, VIA 2014, 25, 27; vgl. Rn. 665).

Der Schuldner hat zudem die *Herkunft solcher Mittel offen zu legen*, die an den Treuhänder geflossen sind, von der Abtretungserklärung aber nicht erfasst wurden (§ 300 II). Auf diese Weise sollen „geplante“ Insolvenzen vermieden werden: Der Schuldner könnte frühzeitig Gelder zur Seite bringen und sie dem Insolvenzverwalter vorenthalten, um damit später die Restschuldbefreiung zu beschleunigen! Falsche Angaben bleiben allerdings ohne Sanktion (krit. daher *Frind*, ZInsO 2013, 1448, 1456; s. aber Fall 9).

- Auf Antrag des Schuldners ist sogar **sofort** zu entscheiden, wenn die *Kosten* des Verfahrens und auch die *sonstigen Masseverbindlichkeiten* (§ 55) berichtigt sind und *Insolvenzforderungen* entweder gar nicht angemeldet wurden oder ebenfalls vollständig befriedigt worden sind (§ 300 I 2 Nr. 1).

Soweit der Schuldner vorzeitige Restschuldbefreiung anstrebt (§ 300 I 2 Nrn. 1–3), hat er die entsprechenden Voraussetzungen zumindest glaubhaft zu machen (Rn. 89).

2. Versagungsgründe

Die nach § 300 gebotene Entscheidung *muss* aber nicht zur Rest- 579
schuldbefreiung führen. Vielmehr sind die Gründe, die erstmögliche (Rn. 549 ff.) oder doch vorzeitige Versagung (571 ff.) der Schuldbefreiung erlaubt hätten, **nach wie vor zu beachten:** Nach § 300 III ist – meist auf Antrag eines Insolvenzgläubigers – zu versagen:

- in Fällen des § 290 I (Rn. 549 ff.): Versagungsgrund im Zeitraum des Insolvenzverfahrens provozierte bis zum Schlusstermin einen Versagungsantrag;
- bei Verletzung einer Obliegenheit in der Wohlverhaltensphase (§§ 295 f.; Rn. 561 ff.),
- bei Verurteilung wegen einer Insolvenzstraftat, wenn jene erst nach dem Schlusstermin Rechtskraft erlangte (§ 297; Rn. 574),
- bei nachträglicher Kenntnis von einem Versagungsgrund nach § 290 I, die einen Versagungsantrag daher erst nach dem Schlusstermin provozierte (§ 297a; Rn. 575), sowie
- mangels Deckung der Mindestvergütung (§ 298; Rn. 576), jedoch nur auf Antrag des Treuhänders.

3. Verfahren

580 Vor der abschließenden Entscheidung ist den Beteiligten erneut rechtliches Gehör zu gewähren, zumindest schriftlich (§ 300 I 1; s. schon § 287 IV). Die **Entscheidung** trifft wiederum der Richter, soweit es um Anträge eines Insolvenzgläubigers geht (§ 18 I Nr. 3 RPflG), im Übrigen der Rechtspfleger. Sie ist öffentlich bekanntzumachen. *Sofortige Beschwerde* steht dem Schuldner gegen die Versagung der Restschuldbefreiung zu. Beschwerde gegen die Erteilung kann jeder Insolvenzgläubiger einlegen, der sich gegen eine vorzeitige Restschuldbefreiung (§ 300 I 2) gewehrt oder bei der Anhörung gänzliche Versagung beantragt hatte (§§ 6 I, 300 IV 2). Im Übrigen wird die Erteilung *rechtskräftig*, sobald die Beschwerdefrist (§§ 569 I ZPO, 4) abläuft.

4. Wirkung der Restschuldbefreiung

581 Eine Restschuldbefreiung wirkt **gegen alle Insolvenzgläubiger** (§ 301 I). Im Ergebnis ist also kein Nachforderungsanspruch mehr durchsetzbar – entgegen § 201 I. Wird dennoch eine Zwangsvollstreckung versucht, so kann der Schuldner sie mit der Vollstreckungsgegenklage abwehren (§ 767 ZPO).

Der jeweilige Anspruch bleibt aber immerhin **Naturalobligation**. Wird ein Gläubiger z. B. versehentlich befriedigt, so hat der Schuldner keinen Rückforderungsanspruch (§ 301 III; vgl. Rn. 518).

582 Selbst **unangemeldete Forderungen** sind verloren (§ 301 I 2). So wird vermieden, dass Gläubiger ihre Ansprüche „retten“, indem sie

sie verschweigen. Umgekehrt mag aber der Schuldner versuchen, missliebige Gläubiger zu verheimlichen und sie so von jeder Vermögensverteilung auszuschließen. Dies verstößt zwar gegen § 290 I Nr. 6, kann also auch nach § 297a relevant werden; wer Versagung beantragt, muss seine Forderung freilich angemeldet haben, soweit das nicht wegen der Arglist des Schuldners entbehrlich ist. Verstöße werden zudem unschädlich, sobald die Restschuldbefreiung rechtskräftig erteilt ist. Anders ist es, soweit der Schuldner übergangenen Gläubigern auf Schadensersatz haftet (dazu Rn. 585).

Diese umfassende Restschuldbefreiung hat jedoch fünf **Ausnah-** 583
men (§ 302): Durchsetzbar bleiben

- Verbindlichkeiten des Schuldners aus *vorsätzlicher unerlaubter Handlung* (§§ 823 ff. BGB; rechtsähnlich §§ 393 BGB, 850f II ZPO);
- Verbindlichkeiten des Schuldners aus *rückständigem gesetzlichen Unterhalt* (z. B. §§ 1361, 1569 ff., 1601 ff. BGB);
- *Steuerschulden,* soweit sie in Zusammenhang mit einer Steuerstraftat nach §§ 370, 373 f. AO stehen und der Schuldner wegen ihr rechtskräftig verurteilt worden ist;

Freilich müssen all diese Forderungen unter Angabe des Rechtsgrundes **zur Tabelle angemeldet** worden sein: Der Schuldner soll *nach* der Wohlverhaltensphase nicht noch mit Überraschungen rechnen müssen (Rn. 406; wichtig Rn. 423). Wurde diese qualifizierende Anmeldung versäumt, z. B. ein Anspruch wegen Betrugs zunächst nur als „Schadensersatzanspruch" angemeldet, so ist sie **nachholbar** (als Änderung der schlichten Anmeldung, § 177 I 3: *BGH* NZI 2008, 250 Rn. 12), freilich nur so lange, wie Forderungsanmeldungen überhaupt möglich sind (Rn. 407), also keinesfalls nach Ablauf der Abtretungsfrist (*BGH* NZI 2013, 906 Rn. 12 ff.).

- *Geldstrafen* und gleichgestellte Verbindlichkeiten i. S. d. § 39 I Nr. 3; denn ihnen soll sich der Schuldner nicht mittels Insolvenzverfahrens entziehen können;
- Ansprüche auf *Rückzahlung zinsloser Darlehen,* die dem Schuldner zur Begleichung der Kosten des Insolvenzverfahrens gewährt wurden. Solche Darlehensgeber (z. B. karitative und öffentliche Institutionen) werden begünstigt, weil sie auch die Staatskasse entlasten, nämlich eine Stundung der Verfahrenskosten (Rn. 589 ff.) entbehrlich machen oder doch verkürzen mögen.

Zur Abgrenzung: Durch Restschuldbefreiung entledigt der Schuldner sich 584
nur seiner Insolvenzforderungen (§ 38). **Ansprüche von Neu-Gläubigern** bleiben **unberührt.** Dazu gehören auch *Zinsansprüche* auf Insolvenzforderungen, soweit sie nach dem Insolvenzverfahren entstanden (sonst Insolvenz-

forderung) und entstehen konnten, weil die Hauptschuld noch nicht nach § 301 undurchsetzbar war (str.; FK/*Ahrens*, § 301 Rn. 6). Vor allem *Unterhaltsansprüche* bleiben erhalten. In der Wohlverhaltensphase können sie zu beträchtlicher Höhe auflaufen (auch auf Sozialämter übergehen, die „eingesprungen" sind) und so gleich wieder zu Zahlungsunfähigkeit führen. Das mag ein neues Insolvenzverfahren auslösen. Eine ergänzende Restschuldbefreiung könnte aber allenfalls Jahre später anschließen (§ 287a II 1 Nr. 1).

585 **Zur Vertiefung – Nachforderungsrecht übergangener Gläubiger?** Restschuldbefreiung befreit auch von unangemeldeten Forderungen (Rn. 582). Haftet der Schuldner aber wenigstens dann, wenn er zur Nicht-Anmeldung eines Gläubigers schuldhaft beigetragen hat? Wer seine Gläubiger bewusst um Ansprüche bringt, haftet ggf. nach § 823 II BGB i. V. m. §§ 13 I 3, 97 I 1, 290 I (auch i. V. m. §§ 156 StGB, 153 II, soweit man drittschützende Wirkung bejaht) und nach § 826 BGB. Selbst Fahrlässigkeit genügt, soweit ein Schuldverhältnis zum jeweiligen Gläubiger verletzt wird.

Von solchen Ersatzansprüchen befreit § 301 I nicht immer: Soweit sie *vor Insolvenzeröffnung* entstanden, erhält § 302 Nr. 1 immerhin Ansprüche aus vorsätzlicher Tat. Dass diese nicht angemeldet wurden, kann wegen der Arglist des Schuldners kaum schaden. *Später entstandene Ansprüche* (z. B. wegen Verschweigens im Verfahren, Rn. 135) sind nicht einmal Insolvenzforderungen (§ 38), bestehen also ohnehin fort – unabhängig vom Rechtsgrund. Ersetzbar ist freilich nur der Schaden, der dem Gläubiger entsteht, weil er bei Verteilungen der Masse und/oder in der Wohlverhaltensphase nicht berücksichtigt wurde (Quotenschaden). Ein Schadensersatzanspruch wegen Erschleichung der Restschuldbefreiung (§ 826 BGB) soll deren Wirkung für den übergangenen Gläubiger freilich vollends durchbrechen (*BGH* ZInsO 2009, 52; zu allem auch *Ahrens*, NZI 2013, 721 ff.).

586 Die Restschuldbefreiung soll dem Insolvenzgläubiger jedoch **nicht akzessorische Sicherungsrechte** gegen Dritte nehmen. Dies bedurfte einer Klarstellung. So ist für die Haftung des Bürgen ja stets der jeweilige Bestand der Hauptschuld maßgebend (§§ 767 I 1, 768 I 1 BGB). Bei Restschuldbefreiung schränkt der Gesetzgeber die Akzessorietät aber ein: Rechte gegen Bürgen, Mitschuldner, aus Pfandrecht, Hypothek (auch Grundschuld) oder aus einer Vormerkung werden durch die Schuldbefreiung *nicht berührt* (§ 301 II 1; ähnlich beim Insolvenzplan: Rn. 519). Der Gläubiger kann also aus der Sicherheit vorgehen, soweit er bisher nicht befriedigt wurde.

Andererseits soll die Restschuldbefreiung entlasten. Dieses Ziel darf nicht unterlaufen werden. Daher wird ein **Rückgriff des Sicherungsgebers** gegen den Schuldner (z. B. nach § 774 I 1 BGB) abgeschnitten (§ 301 II 2). Hier wird die Restschuldbefreiung also vom Sicherungsgeber finanziert (dazu schon Rn. 519 a. E.).

Abgrenzungsfragen wirft der Sonderfall auf, dass **Restschuldbefreiung vor Abschluss des Insolvenzverfahrens** zu erteilen ist. So mag sich ein Insolvenzverfahren vier Jahre lang hinziehen, während Restschuldbefreiung ggf. schon vorab geboten ist (§ 300 I 2 Nr. 2). Dann soll die Masse, die bis dahin akquiriert wurde, dem Insolvenzverwalter (d. h. den Gläubigern) verbleiben, während späterer Neuerwerb – entgegen § 35 I Fall 2! – teils schon dem Schuldner auszukehren ist, der jetzt ja nicht mehr haftet (näher § 300a). 587

5. Widerruf der Restschuldbefreiung

Ist die Restschuldbefreiung einmal erteilt, so kommt es eigentlich nicht mehr darauf an, ob dieser Beschluss richtig war: Seine Rechtskraft verbietet es, die Grundlagen der Schuldbefreiung in Zweifel zu ziehen. Hiervon macht § 303 jedoch Ausnahmen: 588

– wenn der Schuldner eine seiner **Obliegenheiten vorsätzlich verletzt** hat (Rn. 561 ff.) und dadurch die Befriedigung der Insolvenzgläubiger *erheblich* beeinträchtigt hat;

Die frühere *Versagung* der Restschuldbefreiung aus diesem Grunde wäre leichter möglich gewesen, laut § 296 I, 299, 300 III nämlich wegen *jeder* Beeinträchtigung der Gläubigerbefriedigung!

– wenn sich nachträglich herausstellt, dass der Schuldner während der Abtretungsfrist (Rn. 536) **wegen einer Insolvenzstraftat** nach Maßgabe des § 297 I (Rn. 574) **verurteilt** worden ist, oder dies auch nur nach Restschuldbefreiung wegen einer solchen, während der Abtretungsfrist begangenen Tat geschieht,

– wenn der Schuldner nach Befreiung von seinen Restschulden noch **Auskunft- oder Mitwirkungspflichten** (insb. nach § 290 I Nr. 5) **verletzt** hat (denkbar nur in den seltenen Fällen der Rn. 587).

Dann ist die Schuldbefreiung zu widerrufen, wenn ein Insolvenzgläubiger dies binnen eines Jahres nach Rechtskraft des Erteilungsbeschlusses beantragt (näher § 303 II). Der Sache nach ist dies eine Wiederaufnahme des Verfahrens (vgl. §§ 580, 582, 586 II 2 ZPO). Diese **Entscheidung** trifft stets der Richter (§ 18 I Nr. 3 RPflG), nach Gewährung rechtlichen Gehörs. Gegen sie steht dem Schuldner bzw. dem Antragsteller *sofortige Beschwerde* zu (§§ 6 I, 303 III 2).

Fall 9: Über die Schuldnerin S wurde im Mai 2011 das Insolvenzverfahren eröffnet. Sie beantragte Restschuldbefreiung. Nach dem Schlusstermin im Mai 2012 kann sie dem Treuhänder jedes Jahr beträchtliche Zahlungen zukommen lassen, mit denen die Insolvenzforderungen zu 38 % befriedigt werden können. S macht dem Treuhänder weis, die Gelder stammten von ihrem (eingeweihten) Schwiegervater. In Wahrheit verfügt S über ein ausländisches Bankguthaben, das sie im Juni 2012 von ihrem Mann geerbt, stets verheimlicht hatte und trotz ihrer Abhebungen noch zur Hälfte erhalten ist. Auf Antrag der S wird ihr am 1. Juli 2014 Restschuldbefreiung erteilt. Im Herbst 2014 kommt alles heraus. Was ist Gläubiger G zu raten?

Lösungshinweise:

Vorüberlegungen: Die Restschuldbefreiung hätte der S auf rechtzeitigen (bis zum Schlusstermin zu stellenden) Antrag irgendeines Gläubigers hin schon im Jahre 2012 versagt werden müssen (§ 290 II 2), denn sie hatte Vermögen verschwiegen (§ 290 I Nr. 5 oder 6). Auch noch in der Wohlverhaltensphase wäre womöglich vorzeitige Versagung denkbar gewesen (§ 299): bei damaliger nachträglicher Kenntnis des Versagungsgrundes nach § 290 I (§ 297a) oder wegen Verletzung der Obliegenheit des § 295 I Nr. 3 (Verheimlichung der Erbschaft?; s. u.). Ein darauf gestützter Versagungsantrag wäre jedenfalls bei abschließender Entscheidung über die Restschuldbefreiung (Juli 2014) erheblich geworden (§§ 296 I, 297a, 300 III). Diese Entscheidung ist inzwischen aber rechtskräftig (Rn. 580); auch zuvor wäre sie für G nicht anfechtbar gewesen, da er die Versagung schon bei der Anhörung hätte beantragen müssen (Rn. 580). Für G bleiben jedoch Auswege:

(1) *Antrag auf Widerruf der Restschuldbefreiung (§ 303 II)?*

(a) Nach § 303 I Nr. 1 wäre hinreichend, dass sich nachträglich die *Verletzung einer Obliegenheit* nach § 295 I Nr. 3 herausgestellt hat, wenn sie die Befriedigung der Gläubiger erheblich beeinträchtigt. Ob dafür das bloße Verschweigen einer Erbschaft genügt, ist allerdings umstr. (für verschwiegene Bezüge abl. *BGH* NZI 2010, 26, 27 f.); ausreichen sollte aber jedenfalls, dass zu dem Verschweigen eine falsche Erklärung i. S. d. § 300 II 2 hinzutritt. Dieser Verstoß beeinträchtigte die Befriedigung auch „erheblich", trotz der freiwilligen Zahlungen durch S, zumal das verheimlichte Guthaben weit höher ist (Verstöße sind überhaupt nur begrenzt heilbar: K. Schmidt/*Henning*, § 296 Rn. 21).

(b) Am Tatbestand des § 303 I Nr. 2 – *rechtskräftige Verurteilung wegen einer Insolvenzstraftat* (§ 297) – fehlt es bisher. Allerdings hat S sich strafbar gemacht (§ 283 I Nr. 1, VI StGB: „verheimlicht"), denn sie hätte die ihr zugefallenen Ansprüche gegen die Bank offenbaren müssen (erleichtert nach Rn. 136). Deshalb mag G vor der Verfolgungsverjährung (§ 78 III Nr. 5 StGB) vielleicht noch durch Strafanzeige erreichen, dass S rechtskräftig verurteilt wird, und darauf rechtzeitig (§ 303 II 1 Hs. 1: bis Juli 2015) den Antrag nach § 303 II stützen.

(2) *Durchbrechung der Rechtskraft des Beschlusses vom 1. Juli 2014 (§ 826 BGB)?* Unabhängig von der Möglichkeit eines Widerrufs, aber gedanklich vorrangig, ist zu erwägen, die Rechtskraft des Beschlusses über die Restschuldbefreiung gegenüber allen Insolvenzgläubigern (auch G) zu durchbrechen. Denn S wird auch gegenüber dem Insolvenzgericht (§ 300 II 1) falsche

Angaben über die Herkunft der Mittel gemacht haben, die sie dem Treuhänder überließ, und überdies eine falsche Erklärung über die Richtigkeit dieser Angaben abgegeben haben (§ 300 II 2). Damit täuschte sie das Gericht über eine Voraussetzung – *richtige* Herkunftsangaben! – der vorgezogenen Restschuldbefreiung. Ein solcher Verfahrensbetrug als vorsätzlich sittenwidrige Schädigung der unterliegenden Beteiligten durchbricht nach der Rspr. die Rechtskraft (*BGH* ZInsO 2009, 52; *Ahrens*, NZI 2013, 721, 726 ff.), was hier die verfrühte Restschuldbefreiung entfallen lassen müsste.

(3) *Antrag auf Nachtragsverteilung* (§ 203 I Nr. 3; Rn. 462)? Nach dem Schlusstermin des Insolvenzverfahrens wurde noch Masse ermittelt, nämlich der Anspruch gegen die Bank; etwaige während des Verfahrens aufgelaufene Guthabenzinsen mögen hinzukommen (Neuerwerb, § 35 I Fall 2). Insoweit ist Nachtragsverteilung möglich – wohl trotz der zwischenzeitlichen Restschuldbefreiung, wenn diese überhaupt Bestand hat. Etwaige *spätere* Zinsen unterlagen dagegen nie dem Insolvenzbeschlag. Sollten sie noch verfügbar sein, so scheidet heute aber auch ein Vollstreckungszugriff des G aus – dank der Restschuldbefreiung, wenn es denn bei ihr bleibt.

§ 36. Stundung der Verfahrenskosten

Literatur: *Ahrens*, Zu den erforderlichen Angaben des Schuldners im Stundungsverfahren und der Kostenvorschusspflicht des Ehegatten, NZI 2003, 558 ff.; *Graf-Schlicker*, Die Kostenhürde im Verbraucherinsolvenzverfahren, FS Uhlenbruck, 2000, S. 573 ff.

I. Grundgedanke

Die Restschuldbefreiung setzt voraus, dass ein Insolvenzverfahren **589** durchgeführt wird (Rn. 533). Wegen dieser **Hürde** blieb die Restschuldbefreiung nach Inkrafttreten der Insolvenzordnung zunächst ohne nennenswerte Bedeutung. Denn Millionen von Haushalten sind geradezu hoffnungslos überschuldet – und illiquide.

Vereinzelt wurde versucht, solchen Schuldnern **Prozesskostenhilfe** zu gewähren. Das setzt voraus, dass die allgemeine Verweisung in § 4 auf die ZPO-Vorschriften auch §§ 114 ff. ZPO für anwendbar erklärt. So weit hatte der Gesetzgeber jedoch nicht gehen wollen (vgl. *LG Bonn* ZIP 2000, 367, 369 f.). Auch spätere Reformüberlegungen hielten davon Abstand, vor allem wegen der „enormen Kostenlast“, die man für die Bundesländer befürchtete (*Graf-Schlicker*, WM 2000, 1984, 1990).

590 Man verfiel auf den **Ausweg**, das Kostenrisiko der Länder dadurch zu begrenzen, dass sie sich aus dem Schuldnervermögen vorrangig bedienen dürfen: Die Verfahrenskosten werden dem Schuldner unter bestimmten Voraussetzungen gestundet (§ 4a). Da sie notfalls vom Fiskus zu tragen sind, kann das Insolvenzverfahren Fortgang nehmen (§§ 26 I 2, 207 I 2), so dass die Hürde in Rn. 589 überwunden ist. Obwohl die Kosten bis zur Erteilung der Restschuldbefreiung gestundet sind, sollen sie aber möglichst schon vorher zu Lasten der Insolvenzgläubiger berichtigt werden: *während des Verfahrens* als Massekosten (§ 53) und in der *Wohlverhaltensphase* aus den Geldern, die dem Treuhänder zufließen (§ 292 I 2 letzter Hs.; deutlicher Amtl. Begr. InsOÄndG, S. 13). Ist die Kostenschuld nach den Jahren der Abtretungsfrist immer noch nicht beglichen, so wird sie bei Erteilung der Restschuldbefreiung fällig. Sie kann aber erneut gestundet werden (§ 4b). Erst wenn der Schuldner dauerhaft zahlungsunfähig bleibt, ist der Ausfall vom Fiskus zu tragen. Ausfälle sind allerdings die Regel.

591 Auf **Kritik** ist gestoßen, dass die Restschuldbefreiung sich in den meisten Fällen als sozialpolitisch motivierte Entschuldung auf Kosten von Gläubigern und Staat erweisen dürfte (vgl. *Kirchhof*, ZInsO 2001, 1, 13; MünchKomm/*Ganter/Lohmann*, Vor §§ 4a–4d Rn. 3 f.). So etwas steht dem Gesetzgeber allerdings frei. Immerhin unterstreicht die Stundungsregelung, wie sehr die Restschuldbefreiung in die Grundrechte der Gläubiger eingreift (Rn. 529).

Wie auch immer man die Stundungsregelung bewertet, für die Restschuldbefreiung und speziell die Verbraucherinsolvenz ist sie **wichtig** und etwas näher zu behandeln.

II. Bewilligung der Stundung

1. Voraussetzungen

592 Voraussetzung der Stundung ist einerseits die **Mittellosigkeit des Schuldners**: Sein Vermögen darf voraussichtlich nicht ausreichen, um die Verfahrenskosten mit einmaliger Zahlung zu decken (§ 4a I 1; *BGH* ZInsO 2004, 1307). Zum Vermögen, d. h. zur Masse, gehört auch pfändbarer Neuerwerb (§ 35 I Fall 2). Zu berücksichtigen sind daher auch die weiteren Arbeitseinkünfte des Schuldners. Das gilt unbeschadet der Globalabtretung an den Treuhänder (nach § 287 II), denn sie ist noch nicht wirksam (Rn. 567). Im Übrigen gelten nicht

die Bewertungsregeln für Prozesskostenhilfe (§ 115 ZPO), sondern die zur Antragsabweisung mangels Masse (§ 26 I; Rn. 120 f.). Ist die Mittellosigkeit im Stundungsantrag allerdings lücken- und widerspruchsfrei dargelegt, so soll das Insolvenzgericht diese Angaben ohne weitere Prüfung zugrundelegen (so *BGH* NJW-RR 2005, 775, 776).

Stundung kommt **nicht** in Betracht, wenn der Schuldner Anspruch auf einen **Kostenvorschuss des Ehegatten** hat (analog § 1360a IV BGB), weil seine Verschuldung im Wesentlichen in der Ehezeit entstand und zum Aufbau oder zur Erhaltung einer wirtschaftlichen Existenz der Eheleute diente oder aus sonstigen Gründen mit der gemeinsamen Lebensführung in Zusammenhang steht (BGHZ 156, 92, 96).

Die Stundung dient allein dazu, die Restschuldbefreiung zu fördern. Sie ist daher auf Schuldner beschränkt, die (gewisse) **Aussicht auf Restschuldbefreiung** haben (§ 4a I 1, 3): Der Schuldner muss natürliche Person sein. Er muss Restschuldbefreiung beantragt haben. Es darf kein Versagungsgrund nach § 290 I vorliegen; Stundung ist nämlich nicht nur in Fällen des § 290 I Nr. 1 ausgeschlossen (so scheinbar § 4a I 4), sondern auch dann, wenn ein anderer Versagungsgrund außer Frage steht (*BGH* NZI 2005, 232 f.), und erst recht bei Unzulässigkeit des Befreiungsantrags (wichtig § 287a II). Dazu soll der Schuldner sich erklären. Er muss außerdem die Stundung beantragen. 593

Insgesamt sind also **drei Anträge des Schuldners** nötig: (1) auf Eröffnung des Insolvenzverfahrens, (2) auf Restschuldbefreiung und (3) auf Stundung der Verfahrenskosten.

2. Gestundete Ansprüche

Die Stundung umfasst nach § 4a I 1 „die Kosten des Insolvenzverfahrens". Wer an der Praxis interessiert ist, hat jedoch genauer zu unterscheiden: 594

• Gestundet sind die **Gerichtskosten für das Insolvenzverfahren** (§§ 4a III Nr. 1a, 54 Nr. 1), vor allem die *Gebühren* für das Insolvenzverfahren, laut § 4a I 2 auch für Verfahren über die Restschuldbefreiung und – bei Verbraucher-Insolvenzen – über den Schuldenbereinigungsplan. Trotz der Stundung bleibt es bei dem Grundsatz des § 53: Gerichtskosten sind als Massekosten vorrangig zu befriedigen. Soweit sich Masse findet, muss dafür also auch hier gesorgt werden: während des Verfahrens vom Insolvenzverwalter bzw. Treuhänder

(Amtl. Begr. InsOÄndG, S. 28), aber auch in der weiteren Wohlverhaltensphase (Rn. 559).

595 • Auch die **Vergütungen und Auslagen des Verwalters** bzw. Treuhänders usw. sollen möglichst aus der Masse gedeckt werden (s. schon Rn. 77 a. E.). Soweit die Masse dafür nicht ausreicht, werden die Ansprüche dieser Funktionsträger jedoch nicht gestundet (Amtl. Begr. InsOÄndG, S. 20). Vielmehr erhalten Verwalter, Treuhänder usw. Sekundäransprüche gegen die Staatskasse (§§ 63 II, 73 II, 21 II Nr. 1). Diese wiederum kann etwaige Auslagen beim Schuldner als Gerichtskosten geltend machen (KV Nr. 9017). Und dieser *Erstattungsanspruch* ist gestundet (Rn. 594).

596 • **Ansprüche eines Rechtsanwalts**, den der Schuldner beizieht, sind nicht einmal Verfahrenskosten i. S. d. § 54.

Freilich ist dem Schuldner ein **Rechtsanwalt beizuordnen**, wenn dies „trotz der dem Gericht obliegenden Fürsorge erforderlich scheint" (§ 4a II 1). Das kann naheliegen, wenn der Schuldner im Verfahren nach § 290 oder § 296 für seine Restschuldbefreiung kämpft (großzügiger Amtl. Begr. InsO ÄndG, S. 21: „regelmäßig" erforderlich), ebenso in Fällen des § 175 II (*BGH* NZI 2004, 39 f.). Zu Einzelheiten vgl. § 121 III–V ZPO i. V. m. § 4a II 2.

Die Vergütung eines beigeordneten Rechtsanwalts kann gar nicht gegen den Schuldner geltend gemacht werden (§ 4a III Nr. 2). Stattdessen hat der Anwalt – reduzierte – Ansprüche gegen den Fiskus (§§ 45 ff. RVG). Soweit die Staatskasse an den Anwalt zahlt, erwirbt sie (kraft Legalzession) dessen Ansprüche gegen den Schuldner (§ 59 I 1 RVG). Dieser *Rückgriffsanspruch* ist ebenfalls gestundet (§ 4a III Nr. 1b).

3. Dauer der Stundung

597 Die Stundung bewirkt, dass die betroffenen Ansprüche **bis zur Erteilung der Restschuldbefreiung** nicht gegen den Schuldner geltend gemacht werden.

Freilich wird **für jeden Verfahrensabschnitt gesondert** gestundet (§ 4a III 2; vgl. auch § 119 I ZPO), d. h. für jeden Abschnitt, der besondere Kosten verursacht und für den bei der ursprünglichen Stundung noch nicht alle Umstände geprüft werden konnten, die der Restschuldbefreiung eventuell entgegenstehen. Bei Insolvenz eines Verbrauchers (Rn. 633 ff.) ist also sukzessive zu stunden: für das Eröffnungs-, das Schuldenbereinigungsverfahren, das Insolvenz- und das Restschuldbefreiungsverfahren (*BGH* NJW 2003, 3780, 3781). Das erlaubt die Korrektur von Fehleinschätzungen (z. B. einer Überschätzung der Masse) in späteren Verfahrensabschnitten.

Nach Erteilung der Restschuldbefreiung werden die Ansprüche insgesamt fällig. Aber auch jetzt wird der Schuldner sie regelmäßig nicht begleichen können. Dann ist eine **Verlängerung der Stundung** möglich. Das Gericht setzt angemessene Monatsraten fest (§ 4b I i. V. m. §§ 115 I– III, 120 II ZPO), jedoch maximal 48 Raten (§§ 115 II 4 ZPO, 4b I 2). 598

4. Entscheidung des Gerichts

Zuständig ist der *Richter,* sofern – wie meist – im Eröffnungsverfahren zu entscheiden ist (§ 18 I Nr. 1 RPflG; *AG Göttingen* ZVI 2002, 69, 70). Die Entscheidung ist mit **sofortiger Beschwerde** angreifbar (§ 4d). Der Schuldner kann auch rügen, dass ihm kein Anwalt beigeordnet wurde. Gegen eine Bewilligung der Stundung kann die Staatskasse angehen, jedoch nur wegen Verkennung der persönlichen oder wirtschaftlichen Verhältnisse des Schuldners (§ 4d II). 599

Die Entscheidung ist aber auch **jederzeit änderbar,** soweit sich die maßgebenden persönlichen oder wirtschaftlichen Verhältnisse wesentlich geändert haben (§ 4b II; näher § 120a I 2, 3 ZPO). Der Schuldner muss eine wesentliche Änderung von sich aus unverzüglich anzeigen. Eine dem Schuldner nachteilige Änderung über Stundung bzw. Ratenzahlung ist aber nur **binnen vier Jahren** ab Beendigung „des Verfahrens" zulässig (§ 4b II 4). Damit kann nur das Verfahren der Restschuldbefreiung gemeint sein, so dass ab deren Erteilung zu rechnen ist. 600

Für den typischen Fall, dass die Stundung fortdauert, bedeutet das: Da der Schuldner maximal 48 Monatsraten aufzubringen hat (§§ 115 II 4 ZPO, 4b I 2), muss er mit einer **Inanspruchnahme noch bis zu acht Jahre nach Restschuldbefreiung** rechnen. Das ist vertretbar, auch angesichts der Größenordnung der Kosten.

III. Aufhebung der Stundung

Hebt das Insolvenzgericht eine bewilligte Stundung auf, so entfallen die Wirkungen des § 4a III: Der Fiskus kann Gerichtskosten und übergegangene Ansprüche (Rn. 594 ff.) sofort gegen den Schuldner geltend machen, ein beigeordneter Anwalt (Rn. 596) die ihm verbliebenen Vergütungsansprüche. Gravierend ist, dass u. U. auch die **Restschuldbefreiung scheitert.** War das Insolvenzverfahren nämlich noch nicht eröffnet, so ist der Insolvenzantrag mangels Masse abzu- 601 weisen (§ 26 I 2 unanwendbar!). Und ein eröffnetes Verfahren ist einzustellen (§ 207 I 2 unanwendbar!). Sicher ist der Schuldner erst nach der Aufhebung des Insolvenzverfahrens.

602 Aufhebungsgründe sind in § 4c genannt. Ein solcher Grund zwingt aber nicht zur Aufhebung. Vielmehr „*kann*" das Gericht die Stundung aufheben. Dabei wird es sich am Zweck des jeweiligen Aufhebungsgrundes orientieren. Die Stundung ist aufhebbar, wenn

- der Schuldner vorsätzlich oder grob fahrlässig *unrichtige Angaben* über Umstände gemacht hat, die für die Eröffnung des Insolvenzverfahrens oder die Stundung maßgebend sind;
- der Schuldner trotz einer Aufforderung nach §§ 120a I 2, 3 ZPO, 4b II 3 *keine Erklärung über seine Verhältnisse* abgegeben hat;
- die persönlichen oder wirtschaftlichen *Voraussetzungen der Stundung objektiv fehlten* (Aufhebung nur binnen vier Jahren nach Restschuldbefreiung, Rn. 600);
- der Schuldner mit z. B. der Zahlung einer Monatsrate mehr als drei Monate *schuldhaft in Rückstand* ist;
- die *Restschuldbefreiung versagt* oder widerrufen wird;

603 – der Schuldner seine *Erwerbsobliegenheit verletzt,* ohne sich entlasten zu können (näher Nr. 4). Insofern wird eine Obliegenheit, die i. R. d. Restschuldbefreiung zu beachten ist (§§ 287b, 295 I Nr. 1), auf die Stundung erstreckt.

Auch nach § 4c Nr. 4 hat das Gericht *keine Pflicht zur Überwachung* der Erwerbsobliegenheit. Es muss erst reagieren, wenn Anhalt für einen Verstoß des Schuldners vorliegt, z. B. auf Hinweis eines Gläubigers. Zu Einzelheiten Rn. 544 f. und *BGH* NZI 2012, 852 f.

Gegen eine Aufhebung der Stundung steht dem Schuldner die **sofortige Beschwerde** offen (§ 4d I).

12. Kapitel. Besondere Verfahren

§ 37. Eigenverwaltung

Literatur: *Fröhlich/Bächstädt*, Erfolgsaussichten eines Insolvenzplans in Eigenverwaltung, ZInsO 2011, 985 ff.; Gottwald/*Haas/Kahlert*, S. 1275 ff.; *Pape*, Die Eigenverwaltung des Schuldners nach der Insolvenzordnung, in: KS, S. 767 ff.; *Siemon*, Das Eigenverwaltungsverfahren der USA auf dem Prüfstand und die Systemfrage für das deutsche Recht, ZInsO 2013, 1861 ff.

I. Einführung

Gleichbehandlung der Gläubiger setzt die Sicherung der Masse voraus. Im regulären Insolvenzverfahren verliert der Schuldner daher seine Verwaltungs- und Verfügungsmacht an den Verwalter. Nach §§ 270 ff. ist aber auch „Eigenverwaltung" des Schuldners möglich: Er kann ermächtigt werden, sein Vermögen weiterhin selbst zu verwalten und darüber zu verfügen, wenn auch nur unter Aufsicht eines sog. Sachwalters. Dann wird die Masse nicht beschlagnahmt! 604

Zugelassen ist Eigenverwaltung für *juristische Personen, Gesellschaften ohne Rechtspersönlichkeit* und in den Sonder-Insolvenzverfahren über Nachlass und Gesamtgut einer (fortgesetzten) Gütergemeinschaft, für *natürliche Personen* hingegen nur, soweit sie nicht in § 304 genannt sind (§ 270 I 3): keine Eigenverwaltung in Verbraucher-Insolvenzverfahren. Denn dort ist i. d. R. nur Liquidation des Vermögens möglich, also weder die Sanierung eines Unternehmens erreichbar noch die Erfahrung des Schuldners nutzbar, neutrale Verwaltung aber umso wichtiger.

Eigenverwaltung hat **Vorteile**: Nutzen lässt sich vor allem die Erfahrung des Schuldners, der sein Unternehmen meist so gut wie kein anderer kennt und auch mit der Branche vertraut ist. Bei Verwertung von Sicherungsgut ist auch die Kostenbeteiligung der Berechtigten reduziert (§ 282), ganz abgesehen davon, dass Liquidation unerwünscht ist, da Eigenverwaltung i. d. R. auf Fortführung des Unternehmens abzielt. Und die Verteilungsquote ist höher, weil der Sachwalter weniger Honorar bekommt, als einem Insolvenzverwalter 605 zustünde (ähnlich daher § 150b ZVG zur Einzelzwangsvollstreckung: Zwangsverwaltung durch den Schuldner!). Die Aussicht auf Eigenverwaltung mag dem Schuldner auch Anreiz sein, einen Insolvenzantrag, der ohnehin unvermeidlich ist, frühzeitig zu stellen (vgl. Amtl. Begr., S. 223). Dem stehen **Risiken** gegenüber: Insolvenz beruht nicht selten auf unternehmerischem Versagen. Dann ist zweifelhaft, ob dem Schuldner bzw. der bisherigen Geschäftsführung noch die Fortführung des Unternehmens oder auch nur dessen optimale Liquidation zugetraut werden kann. Zudem könnte der Schuldner Massegegenstände beiseite schaffen oder bestimmte Gläubiger bevorzugen.

All das hängt aber vom Einzelfall ab. Im Übrigen ist Eigenverwaltung von zahlreichen Schutzvorkehrungen begleitet.

II. Anordnung und Aufhebung

1. Anordnung

606 Die Anordnung wird entweder vom Gericht oder von den Gläubigern verantwortet. Ist sie **vom Gericht verantwortet**, so muss sie schon in dem Eröffnungsbeschluss enthalten sein (§ 270 I 1), kann also nicht noch nachträglich erfolgen. Diese Anordnung hat zwei Voraussetzungen (§ 270 II):

- Sie muss stets *vom Schuldner beantragt* sein.
- Es dürfen auch keine Umstände bekannt sein, die erwarten lassen, dass eine Eigenverwaltung die *Gläubiger benachteiligt,* z. B. die Masse gefährdet oder das Verfahren verzögert. Anhalt dafür mag geben, dass schwere Fehler des Schuldners bei der bisherigen Geschäftsführung auch dessen künftige Eignung in Frage stellen, ferner ein unverantwortliches Verhalten, gar Straftaten in der Krise, ggf. auch die Weigerung wichtiger Gläubiger, einen Sanierungsversuch zu unterstützen, solange die Geschäftsführung nicht in andere Hände gelegt wird.

Sofern ein vorläufiger Gläubigerausschuss eingesetzt wurde (Rn. 105a), muss das Gericht ihm Gelegenheit geben, sich zur Frage der Eigenverwaltung zu äußern (näher § 270 III 1). Unterstützen die Gläubiger den Antrag einstimmig, so gilt Eigenverwaltung als nicht nachteilig für die Gläubiger (§ 270 III 2): Sie ist in jedem Fall anzuordnen, selbst wenn das Gericht Bedenken hat.

Dennoch wird die Eigenverwaltung **Ausnahme** bleiben (im Jahre 2013 in nur 1,62 % der Unternehmensinsolvenzverfahren). Meist wird sie gar nicht erst beantragt oder kommt doch offensichtlich nicht in Betracht. 607

Zunehmende Bedeutung erlangt aber **Eigenverwaltung in größeren Verfahren**, zumal bei Unternehmen mit mehr als 20 Mio. € Vermögen und mehr als 100 Arbeitnehmern. Hier werden teilweise schon früh „die Weichen" gestellt, indem man in der Krise bereits den Vorstand auswechselt, z. B. gegen einen erfahrenen Insolvenzverwalter! Daran können auch Großgläubiger interessiert sein, die in der Krise verstärkt Einfluss gewinnen, ebenso eine Landes- oder Bundesregierung, die fiskalisch wie politisch „das Schlimmste" vermeiden möchte. In den geeigneten Fällen, zumal bei Aussicht auf Sanierung des Unternehmens, hilft sehr, dass der Weg zur Eigenverwaltung seit dem 01.03.2012 schon vor der Insolvenzeröffnung erleichtert wird, weil der Schuldner und interessierte Gläubiger im Eröffnungsverfahren bereits auf **vorläufige Eigenverwaltung** hinwirken können (§§ 270a f.; Rn. 626 ff.).

Hatte der Schuldner den Eröffnungsantrag gestellt und diesen auf *drohende* Zahlungsunfähigkeit gestützt (Rn. 112), so mag dieser erfreulich frühe Schritt auch darauf beruhen, dass der Schuldner gehofft hatte, ihm werde (vorläufige) Eigenverwaltung zugestanden werden. Geht diese Annahme fehl, weil das Gericht Eigenverwaltung für nachteilig hält, so soll daher nicht gleich das Verfahren eröffnet und ein Insolvenzverwalter eingesetzt werden. Vielmehr hat das Gericht seine Bedenken vor **Ablehnung** des Antrags auf Eigenverwaltung dem Schuldner mitzuteilen (§ 270a II) und ihm so Gelegenheit zu geben, den Eröffnungsantrag zurückzunehmen (Rn. 93). 608

Andernfalls müssten Schuldner befürchten, dass sie durch einen frühen Insolvenzantrag nicht profitieren, sondern sogar rascher entmachtet werden, als es nötig war (zur Antragspflicht s. Rn. 91!). Dies könnte Geschäftsführer davon abhalten, auch nur den Versuch zu wagen, ihr angeschlagenes Unternehmen im Wege der (vorläufigen) Eigenverwaltung frühzeitig zu sanieren. Deshalb der nachträgliche Fluchtweg!

Die Ablehnung der Eigenverwaltung muss das Gericht im Übrigen stets schriftlich begründen; die Gründe sind auch im Eröffnungsbeschluss mitzuteilen (§ 270 IV).

Wurde Eigenverwaltung abgelehnt, so wird das Gericht u. U. schon einen Insolvenzverwalter bestellt haben (§ 27 I 1). Trotzdem muss es **auf Antrag der Gläubiger** auch jetzt noch Eigenverwaltung anordnen, sofern der Schuldner zustimmt (§ 271 S. 1). Dafür genügt allerdings nicht, dass der Antrag auf der Gläubigerversammlung eine „Summenmehrheit" (§ 76 II) fand; auch die Mehrheit der abstimmenden Gläubiger muss ihn gebilligt haben. Dann spielt selbst eine schlechte Prognose i. S. d. § 270 II Nr. 2 keine Rolle mehr: Das Gericht ist gebunden (Ausnahme: § 78). Der bisherige Verwalter kann zum Sach- 609 walter bestellt werden. Die nachträgliche Anordnung ist öffentlich bekanntzumachen (§ 273).

2. Aufhebung

610 Die Anordnung der Eigenverwaltung ist nach § 272 I **in drei Fällen** aufzuheben:
- auf *Antrag der Gläubigerversammlung* (Nr. 1),
- auf *Antrag des Schuldners* (Nr. 3) oder
- auf Antrag eines Absonderungsberechtigten oder Insolvenzgläubigers, wenn Umstände bekannt geworden sind, die *Nachteile der Eigenverwaltung* für die Gläubiger erwarten lassen, und dem Antragsteller erhebliche Nachteile drohen (Nr. 2). Dies ist glaubhaft zu machen (Rn. 89).

Zuvor ist der Schuldner anzuhören. Auch eine Aufhebung ist öffentlich bekanntzumachen (§ 273). Sie ist mit sofortiger Beschwerde angreifbar (§ 272 II 3).

III. Insolvenzverfahren bei Eigenverwaltung

1. Grundsätze

611 Einerseits **behält der Schuldner seine Verfügungsmacht**: Er bleibt berechtigt, die Insolvenzmasse zu verwalten und über sie zu verfügen (§ 270 I 1). Entgegen §§ 80 ff. kommt es also nicht zum Insolvenzbeschlag. Daher besteht auch kein Anlass, die Masse vor redlichem Erwerb Dritter zu schützen (§ 270c S. 3: kein Insolvenzvermerk ins Grundbuch).

612 Andererseits steht der Schuldner unter **Aufsicht eines Sachwalters**.

Die **Rechtsstellung des Sachwalters** folgt weitgehend den Vorschriften über den Insolvenzverwalter (§ 274 I): Das Insolvenzgericht bestellt ihn (§ 270c S. 1; Rn. 48 ff.), kann bei der Auswahl aber an Vorgaben der Gläubiger gebunden sein (§§ 56a, 274 I; Rn. 48d, 105a). Der Sachwalter untersteht auch der Aufsicht des Gerichts (Rn. 50). Er erhält Vergütung und Auslagenersatz (Masseforderungen: § 54 Nr. 2), haftet aber auch für schuldhafte Pflichtverletzungen (Rn. 53 ff.).

Der Sachwalter hat nach § 274 II die *wirtschaftliche Lage* des Schuldners zu prüfen und die *Geschäftsführung* zu überwachen, ebenso *Ausgaben für die Lebensführung* (§ 278). Zu diesem Zweck muss der Schuldner dem Sachwalter Nachforschung ermöglichen und Auskunft geben (§§ 22 III, 274 II 2). Hat der Sachwalter Anhalt dafür, dass die Fortsetzung der Eigenverwaltung die Gläubiger benachteiligen wird, so muss er dies unverzüglich dem Insolvenzgericht *anzeigen*, ferner dem Gläubigerausschuss, mangels eines solchen den Gläubigern (i. E. § 274 III).

2. Verschränkung der Kompetenzen

Für diese Überwachung und für den Schutz der Gläubiger sorgt **613** eine ausdifferenzierte Verschränkung der Kompetenzen zwischen Schuldner, Sachwalter und Gläubigern.

Ist die Eigenverwaltung für eine **Gesellschaft** angeordnet worden, so basiert dies auch auf dem Vertrauen in die aktuelle Geschäftsleitung. Deren Geschäftsführung ist daher weder durch den Aufsichtsrat noch durch die Gesellschafterversammlung beeinflussbar. Auch die Abberufung von Geschäftsleitern ist nur wirksam, wenn der Sachwalter zustimmt; dazu ist er freilich verpflichtet, wenn den Gläubigern keine Nachteile drohen (§ 276a).

Die Befugnisse des selbst verwaltenden Schuldners folgen im Grundsatz den „allgemeinen Vorschriften" (§ 270 I 2) – den Regeln des regulären Verfahrens. Sie werden durch §§ 270c ff. aber modifiziert:

- Die Masse bleibt trotz der Insolvenzeröffnung im Besitz des Schuldners. Dieser inventarisiert auch und fertigt **Gläubigerverzeichnis und Vermögensübersicht** (§§ 151 ff.). Der Sachwalter prüft diese Unterlagen und erklärt jeweils schriftlich, ob Einwendungen zu erheben sind (§ 281 I 2).
- Im **Berichtstermin** (§ 29 I Nr. 1) berichtet der Schuldner. Der **614** Sachwalter nimmt dazu aber Stellung (§ 281 II).
- Einen **Insolvenzplan** kann die Gläubigerversammlung nach **615** Wahl vom Sachwalter oder vom Schuldner *ausarbeiten* lassen (§§ 157 S. 2, 284 I 1). Ergeht der Auftrag an den Schuldner, so wirkt der Sachwalter beratend mit. Sieht der Plan vor, dass seine *Erfüllung zu überwachen* ist (Rn. 521 ff.), so obliegt dies dem Sachwalter (§ 284 II).
- Da der Schuldner an die Stelle des Verwalters tritt, begründet er **616** auch **Masseverbindlichkeiten** i. S. d. § 55, wenn er handelt bzw. – als Eigenverwalter – Verträge abschließt oder gegenseitige Verträge (§ 103) erfüllt wissen will.

Jedenfalls die Haftung für Verträge beschränkt sich aber – wie beim Insolvenzverwalter – auf die Masse. Ob der Schuldner für solche Masseschulden auch *nach* dem Verfahren haftet, ist eine andere Frage (Rn. 403), die freilich i. d. R. zu bejahen sein wird.

617 • **Verbindlichkeiten außerhalb des gewöhnlichen Geschäftsbetriebs** soll der Schuldner allerdings nur eingehen, wenn der Sachwalter zustimmt (§ 275 I 1). Ein Verstoß macht das Geschäft nicht unwirksam, mag aber Anlass geben, die Eigenverwaltung aufzuheben (§ 272 I Nr. 2).

618 • **Verbindlichkeiten des gewöhnlichen Geschäftsbetriebs** darf der Schuldner eingehen (§ 270 I), es sei denn, dass der Sachwalter widerspricht (§ 275 I 2).

619 • Das Insolvenzgericht ordnet jedoch an, dass bestimmte Rechtsgeschäfte nur bei **Zustimmung des Sachwalters** wirksam sind, wenn die *Gläubigerversammlung* dies beantragt (§ 277 I 1).

Ausreichend ist auch der Antrag eines *Absonderungsberechtigten oder Insolvenzgläubigers,* wenn die Anordnung unaufschiebbar nötig ist, um Nachteile für die Gläubiger zu vermeiden. Das ist glaubhaft zu machen (§ 277 II).

Die Anordnung darf freilich nicht in ein generelles Verfügungsverbot münden! Wer ohne Zustimmung erwirbt, kann allenfalls gutgläubig erwerben oder seine Gegenleistung zurückfordern, soweit sie die Masse bereichert (§ 277 I 2 i. V. m. § 81 I 2, 3). Daher ist die Anordnung öffentlich bekanntzumachen und – zur Zerstörung des Rechtsscheins – z. B. im Grundbuch einzutragen (§ 277 III). Billigt der Sachwalter, dass der Schuldner eine Masseverbindlichkeit eingeht (Rn. 616), so haftet er analog § 61 für die Erfüllbarkeit (§ 277 I 3).

Frage: Was unterscheidet Geschäfte, die nach § 275 I untersagt sind, von solchen nach § 277 I 1?

Erstere sind wirksam. Letztere sind stets unwirksam, wenn nicht redlicher Erwerb hilft.

620 • Rechtshandlungen des Schuldners, die für das Verfahren **von besonderer Bedeutung** sind, bedürfen der Zustimmung des *Gläubigerausschusses* (§ 276 S. 1) – ebenso wie Rechtshandlungen eines Insolvenzverwalters (§ 160; Rn. 159). Die *Gläubigerversammlung* muss zustimmen, wenn ein Gläubigerausschuss nicht bestellt ist oder wenn das Gericht die Rechtshandlung vorläufig untersagt hat (§ 276 S. 2 i. V. m. §§ 160 I 2, 161 S. 2), aber auch dann, wenn ein Betrieb an besonders Interessierte veräußert werden soll oder eine Veräußerung

unter Wert glaubhaft gemacht ist (§§ 162 f.; deren Übergehung in § 276 S. 2 dürfte ein Redaktionsfehler sein).

• Über die **Erfüllung oder Kündigung von Rechtsgeschäften,** die beiderseits noch nicht vollständig erfüllt sind, entscheidet der *Schuldner,* soweit nach §§ 103–128 der Insolvenzverwalter zu entscheiden hätte (§ 279). Er soll allerdings einvernehmlich mit dem Sachwalter handeln. **621**

Soweit der **Betriebsrat** mitzuwirken hat, tritt der Schuldner ebenfalls an die Stelle des Insolvenzverwalters (§ 279). Die weitreichenden Rechte nach §§ 120, 122, 126 kann er aber nur mit Zustimmung des Sachwalters ausüben.

• Auch die **Einziehung von Forderungen** (Rn. 280 ff.) steht dem Schuldner zu, insoweit auch die **Aufnahme schwebender Prozesse** (Rn. 273 ff.). Jedoch ist eine *Gesamtschadensliquidation* und die Inanspruchnahme *mithaftender Gesellschafter* (Rn. 284 f.) dem Sachwalter vorbehalten (§ 280). Dieser kann auch die Kassenführung an sich ziehen (§ 275 II). **622**

• Die **Anmeldung von Insolvenzforderungen** (Rn. 406 ff.) erfolgt beim Sachwalter (§ 270c S. 2). Soweit es um die Feststellung für das Insolvenzverfahren geht, ist zum **Widerspruch** auch der Schuldner berechtigt (trotz § 178 I 2, da zugleich als Eigenverwalter!), vorsorglich aber auch der Sachwalter (§ 283 I) und ein Insolvenzgläubiger ohnehin. **623**

• **Insolvenzanfechtung** steht ebenfalls nur dem Sachwalter zu (§ 280). **624**

• Die Befriedigung der Massegläubiger (Rn. 394 ff.) und die **Erlösverteilung** (Rn. 441 ff.) sind dem Schuldner überlassen. Die dafür maßgebenden Verteilungsverzeichnisse prüft allerdings der Sachwalter (§ 283 II 2). Die Anzeige von **Masseunzulänglichkeit** hat gravierende Folgen für Altmassegläubiger; auch sie obliegt daher dem Sachwalter (§ 285). Dieser prüft zudem die **Schlussrechnung** (§ 281 I 2, III). **625**

Frage: Warum ist in § 274 I nicht auf § 61 verwiesen?
Für die Nichterfüllung von Masseforderungen kann der Sachwalter nicht haften, weil für diese grundsätzlich der Schuldner verantwortlich ist (s. o. und Rn. 616 ff.). Anders ist es bei Zustimmung zur Eingehung einer Masseforderung (Rn. 619).

IV. Exkurs: Eigenverwaltung im Eröffnungsverfahren

Literatur: *Brinkmann*, Haftungsrisiken im Schutzschirmverfahren und in der Eigenverwaltung, DB 2012, 1313 ff., 1369 ff.; *Buchalik*, Das Schutzschirmverfahren nach § 270b InsO, ZInsO 2012, 349 ff.; *Foerste*, Gläubigerautonomie und Sanierung im Lichte des ESUG, ZZP 125 (2012), 265 ff.; *Frind*, Wann ist (ein Ratschlag zur) Eigenverwaltung gerechtfertigt?, DB 2014, 165 ff.; *Horstkotte*, Öffentliche Bekanntmachung der vorläufigen Sachwalterschaft nach ESUG durch das Insolvenzgericht?, ZInsO 2012, 1161 ff.; *Marotzke*, Masseschuldbegründungskompetenz des Schuldners im eigenverwalteten Insolvenzeröffnungverfahren, DB 2013, 1283 ff.; *Schmittmann/Dannemann*, Schutzschirmverfahren versus Insolvenzanfechtung? ..., ZIP 2013, 760 ff.; *Thole/Brünkmans*, Die Haftung des Eigenverwalters und seiner Organe, ZIP 2013, 1097 ff.; *Zipperer/Vallender*, Die Anforderungen an die Bescheinigung für das Schutzschirmverfahren, NZI 2012, 729 ff.

626 Mit der Einführung der Eigenverwaltung (im Rahmen der InsO) hatte der Gesetzgeber die Hoffnung verbunden, die Aussicht auf Fortführung der Geschäfte werde für den Schuldner Anreiz sein, den Insolvenzantrag früher zu stellen, als dies leider oft beobachtet wird (Rn. 605). Diese Hoffnung hat jedoch getrogen – wohl auch deshalb, weil nach Eingang eines Insolvenzantrags i. d. R. erst einmal ein vorläufiger Insolvenzverwalter eingesetzt wurde, der Schuldner also jedenfalls in den drei Monaten, die bis zur Insolvenzeröffnung meist vergehen, (öffentlich!) „entmachtet“ wurde und deshalb weiterhin davor zurückschreckte, zeitig Insolvenzantrag zu stellen. Der Gesetzgeber hat daher nachgeholfen, um auch die Chancen einer **Unternehmenssanierung** zu erhöhen: Seit dem 01.03.2012 kann der Schuldner darauf hinwirken, dass er trotz eines Insolvenzantrags weitgehend „Herr im Hause“ bleibt: dass die **Eigenverwaltung** gleichsam **vorverlegt** wird. Dies wird mittlerweile – jedenfalls bei größeren Insolvenzen – in hohem Maße angestrebt. Es scheint sogar, dass die Möglichkeit vorläufiger Eigenverwaltung die Insolvenzpraxis in wichtigen Verfahren geradezu umwälzt. Das Gesetz unterscheidet zwei Formen vorläufiger Eigenverwaltung:

1. Schlichte vorläufige Eigenverwaltung

627 In der Praxis **z. Z. bevorzugt** wird der Weg des § 270a: Strebt der Schuldner für das spätere Insolvenzverfahren Eigenverwaltung an und ist dieser Antrag nicht gerade „offensichtlich aussichtslos", so soll seine Verfügungsmacht schon im Eröffnungsverfahren erhalten bleiben. Das Gericht soll weder ein allgemeines Verfügungsverbot (Rn. 96, 98) verhängen noch einen Zustimmungsverwalter (Rn. 103a) einsetzen. Dem Schuldner wird lediglich ein „vorläufiger Sachwalter" zur Seite gestellt. Dieser überwacht die Geschäftsführung, muss außergewöhnlichen Geschäften zustimmen und darf bedenklichen Geschäften widersprechen; er ist auch anzeigepflichtig, wenn er eine Gefährdung der Gläubiger feststellt, doch an der Geschäftsführung wirkt er nicht mit (§§ 270a I 2, 274 f.). Ernannt wird der vorläufige Sachwalter vom Gericht (§ 270a I 2 i. V. m. §§ 56, 274 I). Sofern ein vorläufiger Gläubigerausschuss eingesetzt wurde, kann dieser dem Gericht freilich Vorgaben für die Auswahl machen (§ 270a I 2 i. V. m. §§ 56a, 274 I; Rn. 105a). Im Ergebnis bleibt der Schuldner also fast „sein eigener Herr"!

Das nützt ihm freilich wenig, wenn die vorläufige Eigenverwaltung oder 628
der Insolvenzantrag bekannt wird. Dann werden die Geschäftspartner mit Insolvenzeröffnung rechnen und sich oft zurückziehen; denn § 270a ändert nichts daran, dass alle in dieser Zeit entstehenden Ansprüche bloße Insolvenzforderungen werden (§ 38). Nach vordringender Ansicht soll das Insolvenzgericht daher die **Ermächtigung** geben können, in bestimmten Fällen **Masseschulden zu begründen** (*Klinck*, ZInsO 2014, 365 ff.). Obwohl solches gerade nicht in § 270a, sondern nur in Schutzschirmverfahren vorgesehen ist, soll diese Lücke durch Analogie zu § 22 II 1 (Rn. 103) oder zu § 270b III geschlossen werden.

2. Schutzschirmverfahren

Nochmals verstärkt wird die Position des Schuldners, wenn für 629
sein Unternehmen Sanierung in Betracht kommt (Rn. 630 f.). Hat der Schuldner Eigenverwaltung beantragt, so bestimmt das Insolvenzgericht auf Antrag eine maximal **dreimonatige** Frist zur Vorlage eine Insolvenzplans (§ 270b I; zwecks Vorbereitung der Sanierung!). In dieser Phase findet wiederum **vorläufige Eigenverwaltung** statt, die auch hier ein vorläufiger Sachwalter begleiten soll. Sie wird aber in vierfacher Hinsicht privilegiert:

(1) Dem Schuldner wird *keinerlei vorläufige Insolvenzverwaltung* zugemutet (§ 21 II 1 Nr. 1 ist unanwendbar: § 270b II 3).

(2) Auf die *Auswahl des vorläufigen Sachwalters* (als Kontrolleur der Geschäftsführung!) erhält der Schuldner wesentlichen Einfluss:

Schlägt er eine bestimmte Person vor, so ist das Gericht daran gebunden, es sei denn, dass die Person für das Amt offensichtlich (!) nicht geeignet ist, was das Gericht dann zu begründen hätte (§ 270b II 2).

(3) Auf Antrag des Schuldners muss (!) das Insolvenzgericht das bewegliche Vermögen des Schuldners *vor Vollstreckungsmaßnahmen schützen* (§§ 21 II 1 Nr. 3, 270b II 3 Hs. 2). Der Schuldner kann jetzt also wirtschaften, ohne Zugriffe der Gläubiger befürchten zu müssen!

(4) Er kann sich zudem ermächtigen lassen, *Masseverbindlichkeiten zu begründen* (§ 270b III 1). Folge: Diejenigen Forderungen, die in der Phase vorläufiger Eigenverwaltung entstanden, erstarken bei späterer Insolvenzeröffnung zu Masseschulden (§§ 55 II, 270b III 2).

Während dies für die schlichte vorläufige Eigenverwaltung nicht vorgesehen (und daher umstr.!) ist (Rn. 628), reicht der Schutzschirm also weiter: So kann der Schuldner seine Bonität wesentlich verbessern (s. aber §§ 208 f.!) und die Furcht möglicher Geschäftspartner vor den Folgen einer Insolvenzeröffnung wenigstens lindern. Von einer Ermächtigung zu Masseverbindlichkeiten profitieren aber z. B. auch Arbeitnehmer, deren Dienste der Schuldner weiterhin in Anspruch nimmt (§§ 55 II 2, 270b III 2).

630 Ein solcher „Schutzschirm" wird dem angeschlagenen Unternehmen aber nur zuteil, wenn seine **Sanierung möglich** erscheint. Sie darf daher „nicht offensichtlich aussichtslos" sein (§ 270b I 1). Nötig ist weiter, dass der Schuldner selbst den Insolvenzantrag gestellt hat (ein Zeichen für Verantwortungsbewusstsein!) und dass entweder Überschuldung vorliegt (Rn. 114) oder Zahlungsunfähigkeit droht (Rn. 112), diese aber noch nicht eingetreten ist (denn das würde eine Sanierung gefährden).

631 Dass die angestrebte Sanierung nicht offensichtlich aussichtslos ist und auch ein Insolvenzgrund, aber keine Zahlungsunfähigkeit vorliegt, muss sich aus einer **Bescheinigung** ergeben, die von **einer in Insolvenzsachen erfahrenen Person** stammt und mit Gründen versehen ist (§ 270b I 3). Als geeignete Aussteller nennt das Gesetz beispielhaft Steuerberater, Wirtschaftsprüfer und Rechtsanwälte. Sie müssen aber Insolvenzerfahrung, möglichst auch Sanierungserfahrung haben und dürfen dem Schuldner nicht allzu nahe stehen.

Die Bescheinigung soll es dem Gericht ermöglichen, sowohl die Überschuldung usw. als auch die Sanierungsfähigkeit des Unternehmens nachzuvollziehen. Überprüfungen der Bescheinigung, auch der Anknüpfungstatsachen, die der Aussteller seinen Schlussfolgerungen zugrundelegt, sollen daher entbehrlich sein, zumal die Beiziehung eines Sachverständigen kostbare Zeit in Anspruch nehmen kann (BT-Drs. 17/5712, S. 40 f.: mit der Bescheinigung erbringe der Schuldner den „Nachweis"; umstr.); bei Anhalt für Defizite der Bescheinigung kann das anders sein. Der Aussteller trägt daher eine große Verantwortung. Bei schuldhaft falscher Bescheinigung haftet er für die Schäden, die Gläubigern durch den Schutzschirm, z. B. mangels zügiger Einsetzung eines vorläufigen Insolvenzverwalters, entstehen (vgl. *Brinkmann,* DB 2012, 1313, 1315 ff.).

Welche Anforderungen an die **Begründung** einer positiven Prognose zu stellen sind, ist noch wenig geklärt. Der Gesetzgeber verlangt kein umfassendes Sanierungsgutachten. Zu erwarten ist aber eine Darstellung der wirtschaftlichen Lage, der Krisenursachen und plausibler Ansätze zu deren Überwindung; dafür wird oft auch bedeutsam sein, ob die wichtigsten Gläubiger das Sanierungskonzept unterstützen (zu allem K. Schmidt/*Undritz,* § 270b Rn. 4 f.).

In einigen Fällen ist der **Schutzschirm vorzeitig aufzuheben** und 632
gleich über die Insolvenzeröffnung zu entscheiden (§ 270b IV 1), zumal dann, wenn die angestrebte *Sanierung aussichtslos* wird. Dafür genügt nicht ohne weiteres, daß der Schuldner – nach bisher nur drohender Zahlungsunfähigkeit – nun tatsächlich illiquide wird. Im Einzelfall mag dies aber durchaus die Sanierung vereiteln; Schuldner wie vorläufiger Sachwalter haben den Eintritt der Zahlungsunfähigkeit daher unverzüglich dem Gericht anzuzeigen (§ 270b IV 2). In jedem Fall soll das Schutzschirmverfahren enden, wenn dies ein vorläufiger *Gläubigerausschuss beantragt* (zu ihm Rn. 105c; §§ 21 II 1 Nr. 1a, 270b II 3). Gibt es keinen Gläubigerausschuss, so genügt auch der *Antrag eines Absonderungsberechtigten oder Insolvenzgläubigers,* falls Umstände bekannt werden, die erwarten lassen, dass das Schutzschirmverfahren zu Nachteilen für die Gläubiger führen wird (z. B. wegen hoher Verluste bei der Fortführung des Unternehmens).

§ 38. Verbraucher-Insolvenzverfahren

Literatur: *Büttner,* Private Vermögensverwaltung – Abgrenzung zwischen Regel- und Verbraucherinsolvenz, ZInsO 2011, 2201 ff.; *Dawe,* Verbraucherdarlehen und Restschuldversicherung im Insolvenzverfahren, NZI 2008, 513 ff.; *Ehlers,* Der Insolvenzschuldner und seine Familie, ZInsO 2013, 1386 ff.; Gottwald/*Ahrens,* S. 1228 ff.; *Lissner,* Der außergerichtliche Einigungsversuch – Notwendigkeit oder staatliche Subvention?, ZInsO 2014, 229 ff.; *Uhlenbruck,* Der Insolvenzgrund im Verbraucherinsolvenzverfahren, NZI 2000, 15 ff.

I. Einführung

1. Zweck des Verbraucher-Insolvenzverfahrens

633 Das bislang dargestellte Regelinsolvenzverfahren erschien dem Gesetzgeber ursprünglich wenig geeignet, um auch Verbraucherinsolvenzen zu bewältigen. Das Verfahren für Verbraucher war deshalb stark vereinfacht: Nach früherem Recht war kein Insolvenzverwalter, sondern ein sog. Treuhänder zu bestellen, der aber kein Absonderungsgut verwerten sollte und sich – mangels besonderen Auftrags der Gläubiger – auch nicht um Insolvenzanfechtung zu kümmern hatte. Insolvenzpläne (§§ 217 ff.) waren ausgeschlossen. Vielmehr musste der Schuldner schon vorgerichtlich versuchen, sich mit seinen Gläubigern auf eine Bereinigung der Schulden zu einigen: in einem „Schuldenbereinigungsplan“. Auf entsprechende Einigung sollte notfalls das Insolvenzgericht hinwirken, falls später Insolvenzantrag gestellt wurde.

Dieses Konzept ist mit dem Gesetz zur Verkürzung des Restschuldbefreiungsverfahrens und zur Stärkung der Gläubigerrechte weitgehend aufgegeben worden: Seit dem 01.07.2014 dient das Verbraucher-Insolvenzverfahren nur noch dazu, die **einvernehmliche Schuldenbereinigung zu fördern**. So erfreulich das klingt, im Kern geht es regelmäßig um weitgehende Verzichte der Gläubiger! Zu diesem Zweck strebt das Gesetz – weiterhin – einen Schuldenbereinigungsplan an; findet dieser keine Zustimmung, so steht es den Beteiligten heute aber frei, sich noch auf einen Insolvenzplan zu einigen. Auch die anderen Besonderheiten der Verbraucherinsolvenz sind entfallen.

2. Das Verbraucher-Insolvenzverfahren im Überblick

634 Das Verbraucher-Insolvenzverfahren (§§ 304 ff.) – im Folgenden auch „Verbraucherverfahren“ genannt – hat drei Phasen:

(1) Der Schuldner soll sich zunächst **außergerichtlich um Schuldenbereinigung bemühen**, vorher also auch keinen Insolvenzantrag stellen. Dabei kann er sich z. B. von einer Schuldnerberatungsstelle unterstützen lassen. Gelingt die Schuldenbereinigung (z. B. im Wege eines Teilverzichts der Gläubiger), so wird ein Insolvenzverfahren nicht mehr durchgeführt.

Die Obliegenheit zur außergerichtlichen Einigung besteht auch dann, wenn ein *Gläubiger* einen Insolvenzantrag stellt *und der Schuldner* nun auch seinerseits Insolvenzantrag stellt: Dann ruht das Verfahren über beide Anträge.

Stellt der Schuldner freilich keinen Insolvenzantrag, so mündet das Verbraucherverfahren in ein gewöhnliches Insolvenzverfahren, s. u. (3).

(2) Blieben die Bemühungen um Schuldenbereinigung erfolglos, so stellt (spätestens jetzt) der Schuldner Insolvenzantrag und legt u. a. einen Schuldenbereinigungsplan vor. Auf dessen Grundlage **wirkt das Insolvenzgericht auf einvernehmliche Schuldenbereinigung hin**: Die Insolvenzgläubiger werden aufgefordert, ihre im Plan bezeichneten Forderungen zu überprüfen und zu ergänzen. Schweigen gilt als Zustimmung. Der Plan ist angenommen, wenn ihm alle Gläubiger zustimmen oder wenigstens die Hälfte zustimmt und das Gericht die fehlenden Stimmen wegen „Obstruktion" ersetzt. Dann ist der Plan Vollstreckungstitel. Der Insolvenzantrag gilt als zurückgenommen.

(3) Andernfalls mündet das Verbraucherverfahren in ein **Insolvenzverfahren**: Das Insolvenzgericht entscheidet über die Eröffnung des Verfahrens.

Strebt der Schuldner zugleich **Restschuldbefreiung** an, so muss er durch rechtzeitigen Antrag (Rn. 534 f.) darauf hinwirken, dass sie ihm bei Aufhebung des (vereinfachten) Insolvenzverfahrens angekündigt wird.

II. Anwendungsbereich des Verbraucher-Insolvenzverfahrens

1. Gesetzliche Kriterien

Der **Personenkreis**, für den das Verbraucherverfahren bestimmt ist, ergibt sich aus § 304, freilich nicht auf den ersten Blick. 635

§ 304 I lautet: „Ist der Schuldner eine natürliche Person, die keine selbstständige wirtschaftliche Tätigkeit ausübt oder ausgeübt hat, so gelten für das Verfahren die allgemeinen Vorschriften, soweit in diesem Teil nichts anderes bestimmt ist. Hat der Schuldner eine selbstständige wirtschaftliche Tätigkeit ausgeübt, so findet Satz 1 Anwendung, wenn seine Vermögensverhältnisse überschaubar sind und gegen ihn keine Forderungen aus Arbeitsverhältnissen bestehen."

Wichtig ist, dass § 304 I 1 die dort Genannten auf das *Verbraucherverfahren* verweist: auf die „allgemeinen Vorschriften" (des Regelverfahrens) nämlich nur insoweit, wie im 9. Teil der Insolvenzordnung nichts anderes bestimmt ist. Erfasst sind zwei Gruppen:

636 • § 304 I 1 richtet sich an Menschen, die **Verbraucher sind und waren**, also eine selbstständige wirtschaftliche Tätigkeit weder ausgeübt haben noch ausüben. In diese Gruppe gehört folglich nicht, wer unternehmerisch (gewerblich oder freiberuflich) tätig ist oder war, und sei es in Nebentätigkeit nennenswerten Umfangs (*BGH* NZI 2011, 410 f.).

Einem **Gesellschafter**, der persönlich unbeschränkt haftet, ist die unternehmerische Tätigkeit seiner Gesellschaft (OHG, KG, GbR) zuzurechnen. Denn seine Verschuldungsstruktur wird ebenso komplex sein, und das ist nach dem Normzweck entscheidend. Gesellschafter einer Kapitalgesellschaft (AG, GmbH usw.) können jedenfalls dann als Unternehmer gelten, wenn sie mindestens 50 % der Anteile halten (Mehrheitsgesellschafter). Nur dann sind auch **Gesellschafter-Geschäftsführer** und andere Organmitglieder trotz ihrer Anstellung unternehmerisch tätig (vgl. *BGH* NJW 2006, 917, 918). Andere Gesellschafter unterliegen bei persönlicher Insolvenz eher dem Verbraucherverfahren.

637 • § 304 I 2 bezieht zusätzlich Menschen ein, die **früher wirtschaftlich selbstständig tätig** waren. Auch Nebentätigkeiten sind erfasst, hier unabhängig vom Umfang (*AG Hamburg* NZI 2004, 675). Die bisherige unternehmerische Tätigkeit muss aber beendet sein, und zwar schon im Zeitpunkt des Insolvenzantrags (*BGH* NJW 2003, 591 f.). Ein Alt-Unternehmer ist freilich nur unter zwei Bedingungen erfasst:

638 (1) Seine *Vermögensverhältnisse sind überschaubar.* Das sind sie laut § 304 II „nur“, wenn er *max. 19 Gläubiger* hatte, als der Insolvenzantrag gestellt wurde. Freilich können die Vermögensverhältnisse selbst bei nur 16 Gläubigern unüberschaubar sein (z. B. bei streitigen Ansprüchen oder komplexen Anfechtungssachverhalten). § 304 II nennt also eine notwendige, keine hinreichende Bedingung (Amtl. Begr. InsO ÄndG, S. 30).

Dies kann dazu führen, dass bereits die Klärung der richtigen Verfahrensart einen gewissen Aufwand verursacht. Das ist nicht ideal. Abhilfe kann – eine bessere Lösung vorausgesetzt – aber nur politisch erfolgen.

639 (2) Gegen den Alt-Unternehmer dürfen *keine Forderungen aus Arbeitsverhältnissen* bestehen. Dazu gehören auch Ansprüche von Sozialversicherungsträgern und Finanzämtern aus Arbeitsverhältnissen (*BGH* NJW 2006, 917, 919). Ein Ausschluss vom Verbraucherverfahren ist freilich nur gerechtfertigt, wenn das Arbeitsverhältnis der

unternehmerischen Tätigkeit entstammt: Lohnansprüche einer Putzhilfe für die Privatwohnung usw. sind belanglos.

2. Wahl der falschen Verfahrensart

Für die Praxis kommt es auf die Wahl der richtigen Verfahrensart an: 640

Will ein *Schuldner* Insolvenzantrag stellen, so hat er im Verbraucherverfahren, aber auch nur dort, dem Antrag wichtige Unterlagen beizufügen. Soweit diese fehlen und trotz Aufforderung auch nicht ergänzt werden, gilt sein Antrag als zurückgenommen (§ 305 III 2).

Will ein *Gläubiger* Insolvenzantrag stellen und ist das Verbraucherverfahren einschlägig, so muss er u. a. damit rechnen, dass sich die Insolvenzeröffnung verzögert, weil dem Schuldner Gelegenheit gegeben wird, eine einvernehmliche Schuldenbereinigung zu versuchen (§ 306 III).

Gelegentlich kommt es aber zu einer falschen Verfahrenswahl. Leider sind deren **Folgen kaum geregelt**, wohl nicht einmal bedacht worden und umstritten. Dabei ist zu unterscheiden (vgl. K/P/B/*Wenzel*, § 304 Rn. 4 ff.):

• Ein **allgemein gehaltener Insolvenzantrag** wird vom Gericht in der Verfahrensart behandelt, die jeweils einschlägig ist. So ist in Verbraucherverfahren nach § 305 III bzw. § 306 III zu verfahren. U. U. befolgt der Schuldner eine Aufforderung nach § 305 III 1 deshalb nicht, weil er das Regelverfahren für einschlägig hält. Dann löst er die *Rücknahmefiktion* aus (§ 305 III 2); sie ist grds. unanfechtbar (Rn. 647). Ein *Eröffnungsbeschluss* im falschen Verfahren ist jedenfalls für den Schuldner anfechtbar (§ 34; Uhlenbruck/*Vallender*, § 304 Rn. 34).

• Der **Antrag auf Eröffnung eines „Verbraucherverfahrens"** ist, wenn nur das Regelverfahren statthaft ist, nach h. M. bindend (§§ 308 ZPO, 4), aber *unzulässig*. Er ist also zurückzuweisen, wenn an ihm trotz richterlichen Hinweises festgehalten wird. Diese Abweisung ist aber mit sofortiger Beschwerde anfechtbar (§§ 6 I, 34 I), bei Eigenantrag auch für den Schuldner (*BGH* NZI 2013, 540 Rn. 11). Sie ist vermeidbar, wenn beantragt wird, zur richtigen Verfahrensart überzugehen (§§ 263 ZPO analog, 4). Ein entsprechender Hilfsantrag ist von Anfang an möglich.

• Für den **Antrag auf Eröffnung eines „Regelverfahrens"** gilt, wenn nur das Verbraucherverfahren statthaft ist, Entsprechendes: Auch dieser Antrag ist nach h. M. *unzulässig*, also zurückzuweisen, wenn der Antragsteller auf ihm beharrt (bei Schuldner-Anträgen trotz § 306 I 1: Rn. 644). Soll stattdessen zum Verbraucherverfahren übergegangen werden, so ist vor dessen Eröffnung nach § 305 bzw. § 306 III zu verfahren.

• Die **Eröffnung in einer anderen als der gewählten Verfahrensart** ist unzulässig (§ 308 I ZPO) und ermöglicht die sofortige Beschwerde (*BGH* NZI 2013, 540 Rn. 8).

Übersicht: Etappen des Verbraucherverfahrens

Schuldner-Initiative

Gläubiger-Initiative
↓
Insolvenzantrag des Gläubigers
↓
Gericht gibt dem Schuldner Gelegenheit, auch seinerseits Insolvenzantrag zu stellen

- Schuldner stellt Antrag
  ↓
  1. Verfahren über beide Anträge ruht (§ 306 III 2)
  2. Fortgang nach §§ 305 ff.
- Schuldner stellt keinen Antrag (→ III.)

I. Versuch außergerichtlicher Schuldenbereinigung
auf Grundlage eines Plans (§ 305 I Nr. 1)

- falls erfolglos (→ II.)
- falls erfolgreich: Vergleich zw. Schuldner u. Gläubigern

II. Insolvenzantrag des Schuldners
– samt Unterlagen i. S. d. § 305 I (insb. der Bescheinigung einer „geeigneten Stelle" über Scheitern des außergerichtlichen Einigungsversuchs)
– samt etwaigen Antrags auf Restschuldbefreiung
Folge: erneuter, nun **gerichtlich moderierter Versuch einer Schuldenbereinigung** auf Grundlage eines Schuldenbereinigungsplans, während Eröffnungsverfahren zunächst ruht (§ 306 I 1)

- falls Annahme des Plans scheitert oder nicht aussichtsreich ist (→ III.)
- falls Plan angenommen wird bzw. fehlende Zustimmung ersetzt wird:
  1. Plan wirkt wie Prozessvergleich (§ 308 I 2)
  2. Eröffnungsantrag/Eröffnungsanträge gelten als zurückgenommen

III. Fortsetzung des Eröffnungsverfahrens (§ 311)

- Abweisung des Antrags
- Eröffnung des Insolvenzverfahrens (ggf. samt Ankündigung der Restschuldbefreiung)
  Durchführung des Insolvenzverfahrens, ggf. auch als Insolvenzplanverfahren (§§ 217 ff.)

III. Verfahren bei Insolvenzantrag des Schuldners

1. Außergerichtlicher Versuch der Schuldenbereinigung

Bevor der Schuldner einen Insolvenzantrag stellt, muss er versuchen, sich mit seinen Gläubigern über die Schuldenbereinigung zu einigen (arg. § 305 I Nr. 1). In diesem Zusammenhang erwartet das Gesetz einen **„Plan“**, auch als Nachweis der Bemühungen. Der Plan muss jedenfalls die Schulden, die Gläubiger und die diesen unterbreiteten Vorschläge (Höhe und Zeitpunkt von Zahlungen) ausweisen. Möglich ist jede Regelung, die zu angemessener Schuldenbereinigung führt, z. B. Verzichte, Stundungen, Abschläge auf streitige Forderungen, Anpassungsklauseln (z. B. für den Fall der Arbeitslosigkeit), speziell Besserungsklauseln (für den Fall, dass der Schuldner später noch zu Einkommen oder Vermögen kommen sollte). Für den Fall, dass der Schuldner seine Zusagen im Plan (z. B. über Ratenzahlungen) später nicht einhält, mag der Gläubiger eigenes Entgegenkommen an Bedingungen oder Verfallklauseln knüpfen. 641

Umstritten ist, ob der Schuldner sich auf einen **Null-Plan** – Inhalt: die Gläubiger bekommen nichts! – beschränken darf (so die ganz h. M., s. nur *OLG Karlsruhe* NZI 2000, 163; abl. *Arnold*, DGVZ 1996, 129 ff.). Dies hängt eigentlich vom Fall ab: Wer wegen Alters, Krankheit usw. auf Sozialhilfe angewiesen ist oder jedenfalls mittelfristig keine pfändungsfreien Einkünfte haben wird, kann natürlich wenig bieten. Im Übrigen erfordert ein Einigungsversuch jedoch ernsthafte Vorschläge, vor allem die Bereitschaft des Schuldners, den Gläubigern, von denen er Opfer erwartet, mit eigenen Anstrengungen entgegenzukommen (z. B. mit Teilzahlungen aus künftigen pfändbaren Einkünften). Wer sich solche Einkünfte verschaffen könnte, zumal durch Erwerbstätigkeit (Rn. 544 ff.), müsste dies in den Plan einbeziehen. Die h. M. versteht § 305 I Nr. 1 jedoch weniger inhaltlich als formal (*OLG Schleswig* NZI 2000, 165, 166).

Der Inhalt des Gesamtplans muss jedem anzusprechenden Gläubiger bekanntgemacht werden. Bei alldem kann sich der Schuldner unterstützen lassen, besonders günstig durch eine der Schuldnerberatungsstellen (Rn. 643), die aber oft überlaufen sind.

Der Einigungsversuch **scheitert**, wenn auch nur ein Gläubiger widerspricht, nach der Fiktion in § 305a aber auch dann, wenn ein Gläubiger die Zwangsvollstreckung betreibt, nachdem schon über den Plan verhandelt worden war. Folgt später ein Insolvenzantrag, so darf der Versuch vorgerichtlicher Schuldenbereinigung *höchstens* 642 *sechs Monate zurückliegen.* Andernfalls ist ein neuer Versuch zu unternehmen.

2. Gerichtlich moderierter Versuch der Schuldenbereinigung

643 War die Schuldenbereinigung gescheitert, so soll sie nochmals mit Hilfe des Insolvenzgerichts versucht werden. Zuständig ist der *Richter*, nicht der Rechtspfleger (§ 18 I Nr. 1 RPflG). Der Schuldner leitet diese Phase mit seinem **Insolvenzantrag** ein (§ 305). Er kann sich dabei, wie im gesamten Verbraucherverfahren, von einer „geeigneten Person" vertreten lassen (§ 305 IV). Die Beiordnung eines Rechtsanwalts muss Ausnahme bleiben (§ 309 II 4).

Geeignete Personen bzw. Stellen hat inzwischen jedes Bundesland bestimmt (kraft § 305 I Nr. 1; i. E. Gottwald/*Ahrens*, § 82 Rn. 11 f.). Dies sind z. B. in Niedersachsen: Rechtsanwälte, Steuerberater und -bevollmächtigte, Wirtschaftsprüfer, vereidigte Buchprüfer sowie Schuldnerberatungsstellen, soweit sie von Gemeinden, Kreisen, Kirchen oder Verbänden der Wohlfahrtspflege getragen werden, im Übrigen nach Anerkennung durch ein Landesamt.

644 Wichtig ist, dass das **Eröffnungsverfahren ruht**, bis über die Schuldenbereinigung entschieden ist (§ 306 I; möglichst nicht länger als drei Monate). Bis dahin muss auch offenbleiben, ob der Insolvenzantrag begründet ist. Das entlastet die Justiz von Prüfungen, die sich später u. U. als überflüssig erweisen.

Sogleich festzustellen ist jedoch die *Zulässigkeit des Antrags* (Rn. 92). § 306 I scheint zwar auch dies zu untersagen, ist aber zweckentsprechend einzuschränken (*Henckel*, ZIP 2000, 2045, 2051). Andernfalls müsste das Schuldenbereinigungsverfahren selbst dann versucht werden, wenn das Verfahren später als unzulässig abzubrechen wäre – eine unsinnige Belastung der Justiz.

Steht die Zulässigkeit fest, so kann das Gericht auch **Sicherungsmaßnahmen** anordnen (§ 306 II 1; Rn. 95 ff.), z. B. einen vorläufigen Insolvenzverwalter bestellen.

645 Jedoch ist alsbald die **Fortsetzung** des Eröffnungsverfahrens anzuordnen, wenn eine Schuldenbereinigung nach der freien Überzeugung des Gerichts scheitern wird (§ 306 I 3). Anlass zu dieser Prognose besteht erfahrungsgemäß **sehr oft**, zumal dann, wenn dem Gericht ein Null-Plan (Rn. 640) vorgelegt wird.

a) Vom Schuldner vorzulegende Unterlagen

646 Mit dem Insolvenzantrag (oder unverzüglich nach ihm) hat der Schuldner wichtige Unterlagen vorzulegen. Dabei sind die **Formulare zu verwenden** (§ 305 V 2), die durch Rechtsverordnung vom

17.2.2002 eingeführt worden sind (BGBl. I S. 703 ff., Hinweisblatt S. 735 ff.; Vordrucke abrufbar unter www.justiz.de/Formulare).

Hat der Schuldner diese **Formulare unvollständig** vorgelegt oder ausgefüllt, so fordert das Gericht zu unverzüglicher Ergänzung auf (§ 305 III 1). Kommt der Schuldner dem nicht binnen eines Monats nach, so gilt sein Insolvenzantrag als zurückgenommen (Folge: Rn. 93). Diese **Rücknahmefiktion**, auch ein diesbezüglicher Hinweis oder Beschluss des Gerichts, ist grds. unanfechtbar (*BGH* NJW 2004, 67, 68 f.). Anders sollte es sein (analog § 34 wegen Ähnlichkeit der Fiktion mit Ablehnung der Verfahrenseröffnung), wenn die Fiktion auf die Nichterfüllung von Auflagen gestützt wird, die in den Formularen keine Grundlage finden. **647**

Vorzulegen sind: **648**

- eine **Bescheinigung über den erfolglosen Versuch einer Schuldenbereinigung** in den letzten sechs Monaten (Rn. 641). Sie muss von einer geeigneten Person oder Stelle (Rn. 643) stammen, damit u. a. Gefälligkeitspapiere ausgeschlossen sind (näher § 305 I Nr. 1). Der Schuldner hat auch den früher vorgeschlagenen Plan beizufügen und dessen Scheitern zu erläutern.
- ein **Antrag auf Restschuldbefreiung** (Rn. 534 f.) oder die Erklärung, dass Schuldbefreiung nicht beantragt werden soll. So erfahren z. B. die Gläubiger, ob ihnen ein Forderungsverlust droht, falls auch der anschließende Versuch einer Schuldenbereinigung misslingt. **649**
- **Vermögens-, Einkommens-, Gläubiger-, Forderungsverzeichnisse** und eine Vermögensübersicht samt einer Erklärung über die Richtigkeit der Angaben. Dabei kann auf Forderungsaufstellungen der Gläubiger Bezug genommen werden. Derartige Aufstellungen müssen die Gläubiger dem Schuldner (gegliedert nach Hauptforderung, Zinsen und Kosten) auf eigene Kosten übermitteln (§ 305 II 2)! **650**

Grund: Viele Überschuldete stecken angesichts ihrer Probleme „den Kopf in den Sand", verlieren den Überblick über Rechnungen, Mahnungen und Mahnbescheide und wissen einfach nicht mehr, wem sie was schulden. Daran soll die Schuldenbereinigung nicht scheitern. Da sie dennoch meist scheitert (s. u.), sind die Gläubiger später ohnehin gezwungen, im Insolvenzverfahren ihre Forderungen zu beziffern und anzumelden, wenn sie an der Masseverteilung und – vor Restschuldbefreiung – an Zahlungen in der Wohlverhaltensphase teilhaben wollen.

Laut dem amtlichen Vordruck (Rubrik 63) soll der Schuldner zugleich über anfechtbare Handlungen i. S. d. §§ 132–134 berichten (Rechtsgrundlage dafür wohl erst *im* Eröffnungsverfahren: §§ 20, 22 III 3).

651 • ein **Schuldenbereinigungsplan**. Dieser kann alle Regelungen enthalten, die zu einer angemessenen Schuldenbereinigung führen (Rn. 641). Der vorgelegte Plan kann dem früheren Plan für die vorgerichtliche Schuldenbereinigung entsprechen, obwohl diese misslungen ist!

Die Praxis lässt selbst einen **„Null-Plan"** genügen (*BGH* NZI 2014, 34, 35 f. m. w. N.; vgl. Rn. 641). Ein solcher wird **immer häufiger** vorgelegt, seitdem die Pfändungsfreibeträge erhöht wurden (Rn. 152). Da er kaum Aussicht auf Annahme hat, setzen die Gerichte das Verfahren in aller Regel nach § 306 I 3 fort.

Für ungesicherte Gläubiger sollte der Plan aber annähernd gleiche Behandlung vorsehen; sonst kann seine Annahme gefährdet sein (Rn. 656 a. E.).

652 Der Plan muss auch darüber informieren, inwieweit Sicherheiten der Insolvenzgläubiger „berührt werden sollen" (§ 305 I Nr. 4 Hs. 2). Das klingt so, als könnten Gläubiger und Schuldner über diese Sicherheiten frei verfügen. Tatsächlich können sie das kaum. Soweit ein Gläubiger nämlich laut Plan auf seine Forderung verzichtet, erlöschen zwingend auch die **akzessorischen Sicherheiten** (Bürgschaften, Pfandrechte, Hypotheken; z. B. § 767 I 1 BGB); andere Sicherheiten (z. B. Sicherungseigentum) wären ebenfalls freizugeben. Dies ist auch durch abweichende Bestimmung im Plan nicht vermeidbar, ggf. aber durch Vereinbarung mit dem *Sicherungsgeber.* Wer sich auf den Plan einlässt, soll davon aber wenigstens erfahren. Er muss zudem damit rechnen, dass ein Gläubiger, der seine Sicherheit durch den Plan verlieren würde, den Plan verhindert (s. u. Rn. 657).

Gänzlich unberührt bleiben akzessorische Sicherheiten nur von einem *Insolvenzplan* (Rn. 519) und einer *Restschuldbefreiung* (Rn. 586). Denn dort überbrückt das Gesetz den Wegfall der Forderung.

b) Vorbereitung der Entscheidung über den Plan

653 Das Gericht veranlasst die **Zustellung des Plans** und der Vermögensübersicht an die Gläubiger, welche der Schuldner benannt hat (§ 307 I). Zugleich fordert es jeden Gläubiger auf, binnen eines Monats zum Plan und zu den bei Gericht einsehbaren Verzeichnissen (Rn. 650) Stellung zu nehmen und speziell die Angaben über seine Forderungen zu überprüfen und ggf. zu ergänzen. Jeder Gläubiger ist auch darauf hinzuweisen, dass unterbliebene Stellungnahmen als Zustimmung zum Plan gelten (§ 307 II) und dass unterbliebene Ergänzungen zum Verlust der Forderung führen können (§§ 307 I, 308 III 2).

Eine **Versäumung der Monatsfrist** ist also riskant. Diese ist allerdings eine „Notfrist“ (§ 307 I 1). Ein Gläubiger, der sie schuldlos versäumt, kann daher Wiedereinsetzung in den vorigen Stand erlangen (§§ 233 ff. ZPO, 4).

Soweit ein Gläubiger dem vorgelegten Plan widerspricht oder abweichende Vorschläge macht, kann eine **Änderung oder Ergänzung des Plans** sinnvoll sein. Hierzu hat das Gericht dem Schuldner Gelegenheit zu geben (§ 307 III), ggf. auch mit konkreten Empfehlungen. Dank seiner Autorität kann das Gericht hier einigen Einfluss haben, übrigens auch – vielleicht sogar: vor allem – auf die Gläubiger: Das ist der Unterschied zu vorgerichtlicher Schuldenbereinigung. 654

c) Annahme des Schuldenbereinigungsplans

Die Annahme des Schuldenbereinigungsplans setzt die **Zustimmung sämtlicher Gläubiger** voraus (§ 308 I 1; anders beim Insolvenzplan: § 244). Ein einziger Gläubiger kann den Plan also scheitern lassen! 655

Auch hier ist aber die **Zustimmung ersetzbar** (§ 309), freilich nur auf Antrag des Schuldners oder eines Gläubigers und nach Anhörung des opponierenden Gläubigers. Voraussetzung ist, dass mindestens die Hälfte der Gläubiger, die der Schuldner benannt hat, dem Plan mit Kopf- und Summenmehrheit zustimmt. 656

In zwei Fällen scheidet eine Ersetzung aus (§ 309 I 2):

(1) Ein opponierender Gläubiger wird im Verhältnis zu den übrigen Gläubigern *nicht angemessen beteiligt* (vgl. § 245 II; näher Rn. 507 ff.).

Das hängt auch davon ab, ob bzw. in welcher Höhe *konkurrierende Insolvenzforderungen* bestehen. Diese hatte der Schuldner zu beziffern (Rn. 650). Kann der Gläubiger jedoch glaubhaft machen, dass an diesen Angaben ernsthafte Zweifel bestehen, und hängt davon seine angemessene Beteiligung ab, so ist seine Zustimmung nicht ersetzbar (§ 309 III).

Insbesondere darf der Plan einzelne Insolvenzgläubiger nicht deutlich besser oder schlechter behandeln (arg. § 245 II Nr. 3; *OLG Celle* ZInsO 2001, 374, 376), auch nicht mittels Zuordnung zu bestimmten Gruppen (zurückhaltender *OLG Frankfurt* NZI 2002, 266, 267).

(2) Ein opponierender Gläubiger wird durch den Plan voraussichtlich *schlechter gestellt,* als er bei Durchführung des Insolvenzverfahrens samt etwaiger Restschuldbefreiung stünde (vgl. § 245 I Nr. 1; Rn. 505 f.). Insoweit soll „im Zweifel“ angenommen werden, dass die Einkommens-, Vermögens- und Familienverhältnisse des Schuld- 657 ners, die zur Zeit des Antrags gegeben sind, während des Verfahrens andauern (§ 309 I 2 Nr. 2).

Zeichnen sich allerdings *Änderungen der Verhältnisse* ab, sind diese maßgeblich. Strebt der Schuldner z. B. Restschuldbefreiung an, so dass ihn Erwerbsobliegenheiten treffen, und sind Erwerbseinkünfte wahrscheinlich, so müssen sie einbezogen werden.

Eine Prognose über Resultate des Insolvenzverfahrens setzt natürlich voraus, dass dieses überhaupt eröffnet werden wird. Insofern ist (trotz Rn. 644 schon hier!) die *Erfolgsaussicht des Insolvenzantrags* zu bewerten.

Gegen eine Ersetzung der Zustimmung steht dem opponierenden Gläubiger die *sofortige Beschwerde* zu, gegen eine Ablehnung der Ersetzung dem Antragsteller (§ 309 II 3).

d) Wirkungen des Schuldenbereinigungsplans

658 Das Insolvenzgericht stellt die Annahme des Plans durch Beschluss fest. Der festgestellte Plan wirkt wie ein gerichtlicher Vergleich (§ 308 I 2). Er ist also **Vollstreckungstitel** (zuzustellen nach § 308 I 3).

Ein Insolvenzverfahren ist jetzt i. d. R. nicht mehr nötig. Damit hat sich der **Insolvenzantrag erledigt**, ebenso ein etwaiger Antrag auf Restschuldbefreiung: Diese Anträge gelten als zurückgenommen (§ 308 II). Zuvor angeordnete Sicherungsmaßnahmen (Rn. 644) sind aufzuheben (§ 25 I).

659 **Nicht bedachte Gläubiger** können trotz der Schuldenbereinigung weiterhin Erfüllung verlangen, freilich nur, soweit die Forderung weder in dem Verzeichnis des Schuldners (Rn. 650) noch bei der Planerstellung berücksichtigt worden ist (§ 308 III 1). Solche „vergessenen" Gläubiger können wegen der Rücknahmefiktion gezwungen sein, ein neues Insolvenzverfahren zu beantragen. All das gilt jedoch nicht, soweit Forderungen außer Acht blieben, weil ein Gläubiger entgegen Rn. 652 das Forderungsverzeichnis nicht ergänzte (näher § 308 III 2).

Nach § 310 sind **den Gläubigern keine Kosten zu ersetzen**, die im Zusammenhang mit dem Schuldenbereinigungsplan (§§ 305 ff.) entstehen. Insoweit hilft also auch § 39 I Nr. 2 nicht. Dies soll den Schuldner entlasten und das Interesse der Gläubiger an außergerichtlicher Einigung steigern.

3. Übergang zum Insolvenzverfahren

660 Während der zweiten Phase des Verbraucherverfahrens ruhte das gerichtliche Eröffnungsverfahren (Rn. 644). In der Praxis wird es zwar oft gleich fortgesetzt, weil einvernehmliche Schuldenbereinigung aussichtslos erscheint (Rn. 645). Erweist sich aber erst später,

dass der bei Gericht eingereichte Plan nicht angenommen wird, so ist das Verfahren jetzt **wieder aufzunehmen** (§ 311): In beiden Fällen muss zunächst festgestellt werden, ob der Insolvenzantrag überhaupt begründet ist (Rn. 108–122). Für das eröffnete Verfahren gelten die allgemeinen Regeln (Rn. 25 bis 87, 135 bis 468). Nur wenige Besonderheiten sind anzusprechen:

a) Schriftliches Verfahren

Bei Insolvenz eines Verbrauchers werden i. d. R. die Voraussetzun- **661** gen des § 5 II 1 gegeben sein, so dass das Verfahren schriftlich durchzuführen ist (Rn. 41). Zur Förderung des Ablaufs kann das Gericht freilich (auch partiell) anderes anordnen.

b) Verlängerte Rückschlagsperre

Um die Masse vor Vollstreckungsmaßnahmen zu schützen, hilft **662** die Rückschlagsperre des Regelverfahrens frühestens einen Monat vor dem Eröffnungsantrag (Rn. 168). Dieser Zeitraum wird bei Verbraucherinsolvenzen **auf drei Monate** verlängert (§ 88 II), damit der Versuch vorgerichtlicher Schuldenbereinigung nicht durch vorpreschende Gläubiger gestört wird: Geschützt ist das Quartal vor dem Insolvenzantrag *des Schuldners* (deutlich BT-Drs. 17/11268, S. 22 f.; so auch noch § 312 I 3 a. F.), d. h. vor der zweiten Phase des Verbraucherverfahrens. Auch dieser Zeitraum mag aber noch zu kurz sein. Denn der Gesetzgeber wollte Vollstreckungen während der gesamten ersten Phase ausschließen, und eine vorgerichtliche Schuldenbereinigung kann länger als drei Monate dauern.

Die Sperre wird daher **durch § 305a flankiert:** Der Versuch vorgerichtlicher **663** Schuldenbereinigung gilt als gescheitert, wenn ein Gläubiger in dieser Zeit die Vollstreckung betreibt. Darauf gestützt, kann der Schuldner eine Bescheinigung i. S. d. § 305 I Nr. 1 erhalten, den Insolvenzantrag also vorzeitig stellen. Da dieser im Zweifel zur Verfahrenseröffnung führt, ist die Rückschlagsperre recht wahrscheinlich. Das macht eine Vollstreckung unattraktiv, denn deren Kosten hat der Gläubiger vorzuschießen.

c) Vier Wege des Verbrauchers zur Restschuldbefreiung

Hat der Verbraucher ein Insolvenzverfahren initiiert, so strebt er **664** regelmäßig auch Befreiung von seinen restlichen Schulden an. Das hätte er im Wege **einvernehmlicher Schuldenbereinigung** erreichen können (Rn. 641), am ehesten **mit Hilfe des Gerichts** (Rn. 643–659). Ist beides aber gescheitert, so bleibt ihm als sicherer Weg nur das Verfahren der **Restschuldbefreiung (§§ 286 ff.)** mit der Last der meist mehrjährigen Wohlverhaltensphase (Rn. 558 ff.), das freilich schon frühzeitig zu beantragen war (§ 287 I; Rn. 649). Dessen ungeachtet kann nach allgemeinen Regeln (§§ 217 ff.) auch im Verbraucher-Insolvenzverfahren ein **Insolvenzplan** vorgeschlagen werden, der gleichfalls zur Restschuldbefreiung führt, wenn der Plan nichts anderes vorsieht (Rn. 491 f.).

665 Ist der Schuldner überhaupt bereit, seinen Gläubigern nennenswert entgegenzukommen, so hat er die **Alternative**, ihnen entweder frühzeitig – zumal außergerichtlich! – entsprechende Schuldenbereinigungspläne anzubieten oder diese unattraktiv zu halten, um erst später – z. B. im eröffneten Insolvenzverfahren – einen Insolvenzplan vorzulegen. Beide Wege unterscheiden sich erheblich (lesenswert *Frind*, ZInsO 2014, 280 ff.; *Stephan*, VIA 2014, 25 ff.; s. auch *Rugullis*, NZI 2013, 869 ff.; *Baczako*, ZVI 2013, 209 ff.):

- Gemeinsam ist ihnen allerdings, dass sie den Schuldner meist deutlich schneller entlasten als ein Verfahren der Restschuldbefreiung (Rn. 578).
- Dieses befreit zudem nicht von Schulden, die wegen oder im Kontext einer vorsätzlichen Straftat entstanden sind (näher § 302), während ein Schuldenbereinigungs- oder ein Insolvenzplan grds. auch hier hilft. Eben deshalb können gefährdete Gläubiger einen solchen Plan freilich blockieren, wenn er sie schlechter stellt als § 302 (vgl. § 251 I bzw. § 309 I 2 Nr. 2).
- Ist das Insolvenzverfahren schon eröffnet und erwartet der Schuldner im laufenden Verfahren eine Drittzahlung, die seine Restschuldbefreiung beschleunigen soll (Rn. 578), so ist ihm (auch aus Kostengründen) dringend zu raten, diesen Zufluss zur Grundlage eines Insolvenzplans zu machen oder zu verzögern (*Stephan*, VIA 2014, 27).
- Ein Insolvenzplan bindet auch Insolvenzgläubiger, die keine Ansprüche angemeldet haben (§ 254b), der Schuldenbereinigungsplan nicht (§ 308 III). Umgekehrt erhalten solche Nachzügler aber auch die Rechte, die der Insolvenzplan für Forderungen gleicher Art vorsieht (*BGH* NZI 2013, 84 Rn. 10); dies kann zu Rückstellungen zwingen und in krassen Fällen sogar die Erfüllung des Plans gefährden (*Stephan*, VIA 2014, 26).
- Nur der Insolvenzplan belässt den Gläubigern auch Zugriff auf Sicherheiten (§ 254 II bzw. Rn. 652).
- Die Erstellung, Annahme und Bestätigung eines Insolvenzplans werden aber oft aufwendiger, jedenfalls störanfälliger als Schuldenbereinigung nach §§ 305 ff. sein (s. auch *Frind*, ZInsO 2014, 282 ff.). Dass der Plan die Gläubiger u. U. in *einer* Gruppe (§ 222) zusammenfassen kann, muss den Mehraufwand nicht ausgleichen. Auch das Insolvenzgericht mag deshalb eine ablehnende Haltung signalisieren (*Stephan*, VIA 2014, 26). Gerade nach Verbraucherinsolvenzen ist zudem mit „Apathie" der Gläubiger zu rechnen; an ihr scheitert ein Insolvenzplan eher (§ 244 I) als ein Schuldenbereinigungsplan (§ 307 II, III 2).

• Nur das Schuldenbereinigungsverfahren kann ohne Insolvenzeröffnung (mit deren Bekanntmachung und Schufa-Eintragung!) gelingen.

Nach allem ist der optimale Weg zur Restschuldbefreiung nicht leicht zu ermitteln: Er wird ganz **vom Einzelfall abhängen**. Soweit sich ein Schuldenbereinigungsverfahren empfiehlt, ist zu beachten, dass es heute meist als aussichtslos gilt, weshalb die Insolvenzgerichte diesen Umweg gern vermeiden (Rn. 645). Der Schuldner tut deshalb gut daran, frühzeitig eine *Ausnahmesituation* zu belegen, z. B. nachzuweisen, dass die Gläubiger dem außergerichtlich angebotenen Plan schon immerhin mit Kopf- und Summenmehrheit zugestimmt haben: dass also das Gericht befugt sein wird, die noch fehlenden Zustimmungen zu ersetzen (Rn. 656 f.).

IV. Verfahren bei Insolvenzantrag des Gläubigers

Beantragt ein Gläubiger die Eröffnung des Verfahrens, so soll der Weg zur einvernehmlichen Schuldenbereinigung ebenfalls offenstehen. Hier ist er aber nicht obligatorisch, sondern davon abhängig, dass auch der Schuldner einen (weiteren) Insolvenzantrag stellt. Das Insolvenzgericht muss daher **Gelegenheit zu einem Schuldnerantrag** geben (§ 306 III 1). Mit diesem Antrag soll der Schuldner dann wieder einen etwaigen Antrag auf Restschuldbefreiung verbinden (Rn. 649). **666**

• **Bei einem Schuldnerantrag** *ruht das Verfahren* über die Eröffnungsanträge von Schuldner *und* Gläubiger (§ 306 I, III 2). Der Schuldner hat zunächst eine „außergerichtliche Einigung“ zu versuchen (Rn. 641 f.). Es folgt die zweite Phase des gerichtlich moderierten Einigungsversuchs. Sind die dafür nötigen Unterlagen des Schuldners (§ 305 I) unvollständig und fordert das Gericht zur Ergänzung auf, so hat er hierfür drei Monate Zeit (§ 305 III 3) – zwecks Verhandlung mit den Gläubigern. **667**

• **Ohne Schuldnerantrag** nimmt das vom Gläubiger eingeleitete Verfahren seinen Lauf, denn das Ruhen ist nicht angeordnet. Also ist *sogleich das Insolvenzverfahren* durchzuführen (Rn. 660 ff.). **668**

§ 39. Insolvenzverfahren über Sondervermögen

I. Insolvenzverfahren über den Nachlass

Literatur: *Busch*, Schnittstellen zwischen Insolvenz- und Erbrecht, ZVI 2011, 77 ff.; Gottwald/*Döbereiner*, S. 2132 ff.; *Harder/Müller-Freienfels*, Grundzüge der Erbenhaftung, JuS 1980, 876 ff.; *Marotzke*, Die Stellung der Nachlassgläubiger in der Eigeninsolvenz des Erben, FS G. Otte, 2005, S. 223 ff.; *Messner*, Dissonanzen zwischen Insolvenz- und Erbrecht, ZVI 2004, 433 ff.; *Vallender*, Doppelinsolvenz: Erben- und Nachlassinsolvenz, NZI 2005, 318 ff.

1. Einführung

669 Mit dem Tode geht das Vermögen des Erblassers auf den Erben über und tritt zu dessen Eigenvermögen hinzu (§ 1922 BGB). Schon vorher mag der Erbe Schulden gehabt haben; entsprechende Gläubiger heißen „Eigengläubiger". Andererseits haftet der Erbe auch für die Schulden des Erblassers: für die Ansprüche der Nachlassgläubiger (§§ 1967, 2058 ff. BGB). Wenn das Vermögen nicht ausreicht, um die Schulden zu tilgen, sind **mehrere Konstellationen** denkbar:

670 • Ein Eigengläubiger oder ein Nachlassgläubiger beantragt die Eröffnung des Insolvenzverfahrens über „das" Vermögen des Schuldners. Dies führt zu einem normalen *Insolvenzverfahren über das Gesamtvermögen* (bestehend aus Eigenvermögen und Nachlass). Hier werden Nachlass- und Eigengläubiger mit gleicher Quote befriedigt.

671 • Da der Schuldner vornehmlich mit Nachlassgläubigern konfrontiert ist, entschließt er sich zur *Ausschlagung der Erbschaft* (§§ 1942 ff., 1953 BGB), um solche Gläubiger gänzlich abzuwehren oder wenigstens sein Eigenvermögen vor ihnen zu schützen. So wird er Nachlass und Nachlassschulden wieder los.

Das ist natürlich nicht mehr möglich, wenn er die Erbschaft bereits angenommen hat oder die sechswöchige Ausschlagungsfrist verstreichen ließ (§§ 1943 f. BGB). Beides kann er aber ggf. anfechten, z. B. wegen Irrtums über eine Überschuldung des Nachlasses (§§ 119 II, 1954 ff. BGB).

672 • Der Nachlass ist überschuldet, doch kann oder will der Erbe die Erbschaft nicht (mehr) ausschlagen. Dann bleibt eine *Haftungsbeschränkung auf den Nachlass* möglich. Sie setzt zweierlei voraus: (1) Der Schuldner darf noch nicht unbeschränkt haften (§ 2013 I

BGB), sei es wegen Versäumung einer ihm vom Nachlassgericht gesetzten Inventarfrist (§ 1994 I 2 BGB), sei es wegen Inventaruntreue (§ 2005 BGB). (2) Vor allem muss ein Insolvenzverfahren über den Nachlass eröffnet werden (§ 1975 BGB; alternativ: Nachlassverwaltung).

Ein solches **Nachlass-Insolvenzverfahren** beschränkt sich auf die (noch vorhandenen) Nachlassgegenstände, d. h. nur auf einen Teil des Schuldnervermögens als „Sondermasse" (§§ 11 II Nr. 2, 315 ff.). Das sonst geltende Prinzip der Universalinsolvenz (Rn. 25) wird also durchbrochen. Dieses Verfahren hat mehrere **Funktionen**: 673

- Es *schützt den Erben* davor, dass Nachlassgläubiger auf sein Eigenvermögen zugreifen (§ 1975 BGB).
- Es *schützt Nachlassgläubiger* davor, dass ihre Haftungsmasse durch Eigengläubiger des Erben aufgezehrt wird (§ 325). Dies war zu Lebzeiten des Verstorbenen ausgeschlossen und soll sich durch die Erbfolge nicht ändern. Jeder Nachlassgläubiger kann daher das Nachlass-Insolvenzverfahren einleiten lassen.
- Es dient natürlich auch der *gemeinsamen Befriedigung* der Nachlassgläubiger und
- dem *Erhalt eines Unternehmens* (§ 1 S. 1), das zum Nachlass gehören mag.

Es soll jedoch **keine Restschuldbefreiung** ermöglichen. Denn der Erbe hatte bereits die Chance einer Haftungsbeschränkung (Rn. 672). Wenn er sie nicht nutzte und daher unbeschränkt haftet, muss er dies hinnehmen – bis hin zu einem (weiteren) Insolvenzverfahren über sein Eigenvermögen (Rn. 675 ff.). Im Anschluss an *dieses* Verfahren steht ihm allerdings die Restschuldbefreiung offen, wenn die üblichen Voraussetzungen gegeben sind (bei Inventaruntreue § 302 Nr. 1 beachten!).

Bei einem **Verkauf der Erbschaft** haftet der Käufer den Nachlassgläubigern. Die Haftung des Erben besteht zwar fort (§ 2382 BGB). Für ein Nachlass-Insolvenzverfahren gilt dennoch allein der *Käufer* als Schuldner (§ 330 I). Als solcher kann auch nur er einen Insolvenzantrag stellen, der Erbe nur, falls er Insolvenzgläubiger ist (dazu § 330 II). 674

2. Verhältnis zum allgemeinen Insolvenzverfahren

Ein Insolvenzverfahren nur über den Nachlass schließt nicht aus, dass ein Insolvenzverfahren über das Eigenvermögen des Erben (nach allgemeinen Regeln) eröffnet wird (§ 331 I): Beide **Verfahren können zusammentreffen.** 675

Beispiele: Der Erbe haftet den Nachlassgläubigern unbeschränkt. Der Erbe war schon vor dem Erbfall zahlungsunfähig oder ist es inzwischen.

Wird gegen den Erben sogleich ein allgemeines Insolvenzverfahren eröffnet, so erstreckt es sich zunächst auf das gesamte Vermögen (Rn. 670). Wird zusätzlich ein Nachlass-Insolvenzverfahren eröffnet, so löst sich die Sondermasse aus der Masse des Erstverfahrens heraus.

So können die *Nachlassgläubiger* die Eigengläubiger fernhalten. U. U. wollen aber die *Eigengläubiger* die Nachlassgläubiger vom Eigenvermögen fernhalten. Jedoch sind sie nicht befugt, die Eröffnung des Nachlass-Insolvenzverfahrens zu beantragen. Befugt wäre eigentlich der Erbe (§ 317 I). Da ihm aber die Verwaltungsbefugnis entzogen wurde (§ 80), muss den Antrag der Insolvenzverwalter stellen, der im allgemeinen Verfahren amtiert.

676 Eine **Teilhabe an beiden Verfahren** ist seltener: *Eigengläubiger* des Erben können nicht am Nachlass-Insolvenzverfahren teilnehmen (Rn. 673). Umgekehrt können *Nachlassgläubiger* auf das Eigenvermögen des Erben zugreifen, wenn dieser unbeschränkt haftet (§ 2013 I BGB). Dann muss ihnen auch ein Insolvenzverfahren über Eigenvermögen offenstehen. Dabei werden sie allerdings wie Absonderungsberechtigte behandelt: Im Eigen-Insolvenzverfahren können sie Forderungen nur anmelden, soweit sie im Nachlass-Insolvenzverfahren ausgefallen sind oder gar nicht an ihm teilnehmen (§ 331 I i. V. m. § 52; Rn. 87).

677 Beim **Tod des Schuldners nach Verfahrenseröffnung** geht das bisherige Regelverfahren in ein Nachlass-Insolvenzverfahren über. An die Stelle des bisherigen Schuldners tritt dessen Erbe.

3. Eigenheiten des Nachlass-Insolvenzverfahrens

678 Das allgemeine Insolvenzverfahren wird durch §§ 315 ff. erheblich modifiziert: Die **Zuständigkeit** des Insolvenzgerichts folgt allgemeinen Grundsätzen (Rn. 35 ff.). Maßgeblich sind aber nicht die Verhältnisse des aktuellen Schuldners (des Erben), sondern die des Erblassers zur Zeit seines Todes (§ 315).

679 Den **Insolvenzantrag** kann jeder *Erbe* und jeder *Nachlassgläubiger* stellen, zudem ein Nachlassverwalter bzw. -pfleger und ein Testamentsvollstrecker, der den gesamten Nachlass verwaltet (§ 317 I). Seitens des Erben kann der Antrag zu jeder Zeit gestellt werden, von Gläubigern dagegen nur binnen zwei Jahren seit Annahme der Erbschaft (§ 319).

Grund: Danach werden Nachlass- und Eigenvermögen oft vermengt sein, was die Erfassung der Sondermasse erschwert.

Für Erben, Nachlasspfleger und -verwalter besteht sogar eine **Antragspflicht** (§§ 1980, 1960 f. bzw. 1985 II 2 BGB; dort auch zur Schadensersatzpflicht). Offensichtlich wird Nachlass also anders als sonstiges Vermögen natürlicher Personen (Rn. 90) behandelt.

Eröffnungsgrund ist laut § 320 die *Zahlungsunfähigkeit* 680 (Rn. 109 ff.), bei Insolvenzantrag auf Erbenseite auch *drohende Zahlungsunfähigkeit* (Rn. 112 f.). Im Übrigen genügt stets *Überschuldung* des Nachlasses.

Dies ist systemkonform, sofern eine juristische Person erbt (vgl. § 19 I), letztlich aber auch, wenn Menschen erben. Denn diese können ihre Erbenhaftung i. d. R. beschränken (Rn. 672). Von ihnen ist daher – anders als sonst (Rn. 114 f.) – nicht zu erwarten, dass sie die Überschuldung durch eigene äußerste Anstrengungen noch beseitigen.

Die **Masse** ist nach allgemeinen Regeln zu bestimmen (§§ 35 ff.). 681 Auszugehen ist also von dem Vermögen, das *bei Eröffnung des Verfahrens* zum Nachlass gehört. Demnach kommt es nicht auf den Vermögensstand zur Zeit des Erbfalls an! Das birgt die Gefahr eines Vermögensschwundes zwischen Erbfall und Insolvenzeröffnung. Dem begegnet das Gesetz auf mehrerlei Weise:

- Auch **Surrogate** gehören zum Nachlass (Rn. 150).
- Der Erbe mag nach dem Erbfall Nachlassgegenstände **an Dritte übertragen** haben. Solche Verfügungen sind wirksam (s. auch § 2041 BGB). Sie können freilich anfechtbar sein (§§ 129 ff.). Im Übrigen gilt der Erbe als „Beauftragter" der Nachlassgläubiger, soweit er *nach Annahme* der Erbschaft verfügte (§ 1978 I 1 BGB). Das dadurch Erlangte muss er also herausgeben (§§ 667, 1978 II BGB). Soweit er *vor Annahme* verfügte, soll er haften, als hätte er ein fremdes Geschäft (der Gläubiger) ohne Auftrag wahrgenommen, also z. B. auf Schadensersatz (§§ 677, 1978 I 2 BGB).

Hatte der Erbe bereits einzelne *Nachlassgläubiger befriedigt*, so ist entscheidend, ob er annehmen durfte, der Nachlass würde ausreichen, um sämtliche Schulden zu tilgen (§ 1979 BGB; vorbehaltlich einer Anfechtung!). Die Erfüllung von Pflichtteils-, Vermächtnisansprüchen oder Auflagen ist sogar wie eine Schenkung anfechtbar (§ 322 i. V. m. § 134).

- Ging der Nachlass an eine Erbengemeinschaft, so kann sie einige 682 (oder gar sämtliche) Gegenstände **auf Miterben übertragen** haben („Erbauseinandersetzung"). Eine solche Verteilung schließt das Insolvenzverfahren aber nicht aus (§ 316 II). Die Verfügungen der Erbengemeinschaft (Gesamthand) an die Miterben werden also ignoriert: Verteilte Nachlassgegenstände bleiben „Masse“ und sind dem Insolvenzverwalter herauszugeben (Rn. 156).

683 • Wird nach dem Erbfall die **Zwangsvollstreckung** in Nachlassgegenstände betrieben, so entsteht dadurch kein Absonderungsrecht i. S. d. § 50 I (§ 321). Diese Regelung entspricht einer Rückschlagsperre, ist aber nicht an die Monatsfrist des § 88 I gebunden, also strenger! Gelingt es dem Gläubiger allerdings, sich dank der Vollstreckung vor Verfahrenseröffnung zu befriedigen, so verbleibt ihm das Erlangte (wie bei § 88) – vorbehaltlich einer Anfechtung (Rn. 309).

Zwangsvollstreckung *nach Verfahrenseröffnung* ist schon nach allgemeinen Regeln unwirksam (§ 89).

684 Die **Masseverbindlichkeiten** werden über §§ 54 f. hinaus erweitert (§ 324 I), z. B. um persönliche Aufwendungen des Erben nach § 1978 III BGB sowie um Kosten der Beerdigung und Testamentseröffnung. Bei Masseunzulänglichkeit sind diese Ansprüche allerdings stets in der letzten Rangklasse zu befriedigen (§ 324 II; Rn. 401).

685 Für **Insolvenzgläubiger** gelten die bekannten Grundsätze (§§ 38 f.). Sie werden aber ergänzt:

• Gläubiger kann *auch der Erbe* sein. Im Allgemeinen erlöschen zwar die Ansprüche des Erben gegen den Verstorbenen, denn mit dem Todesfall wird der Erbe sein eigener Schuldner („Konfusion“, vgl. § 1976 BGB). Das ist aber nur sinnvoll, wenn der Erbe seinem Schuldner auch wirtschaftlich nachfolgt. Bei Nachlassinsolvenz muss er daher wie jeder andere Gläubiger behandelt werden (§ 326 I).

686 • *Ansprüche auf Pflichtteil, aus Vermächtnis und Auflagen* sind nur *nachrangig* (§ 39 I) und sogar erst an letzter Stelle zu befriedigen (§ 327 I).

Grund: Diese Forderungen richten sich gegen den Erben als solchen und dürften daher in *diesem* Insolvenzverfahren eigentlich gar nicht bedient werden (§ 325). Wenn das dennoch geschehen soll, darf es den Gläubigern des Erblassers wenigstens nicht schaden.

Übersicht: Allgemeines und Nachlass-Insolvenzverfahren

	Nachlass des verstorbenen Schuldners, beerbt von Herrn E (jetzt Vermögen des E)	**Eigenvermögen des Herrn E**
bei allgemeinem Insolvenzverfahren („über Vermögen des Herrn E")	Teil der Gesamtmasse für Nachlass- wie Eigengläubiger	Teil der Gesamtmasse für Nachlass- wie Eigengläubiger
bei bloßem Nachlass-Insolvenzverfahren	Sondermasse nur für Nachlassgläubiger („Schuldner" ist E)	unberührt von Insolvenzverfahren; E kann Übergriffe auf Eigenvermögen abwehren (§ 771 ZPO)
bei Eröffnung zweier Insolvenzverfahren (über Nachlass wie Eigenvermögen)	Sondermasse nur für Nachlassgläubiger („Schuldner" ist E)	Sondermasse für Eigengläubiger; auch für Nachlassgläubiger, falls E als Erbe unbeschränkt haftet („Schuldner" ist E)

II. Insolvenzverfahren über das Gesamtgut

Güterstand der Ehegatten ist kraft Gesetzes die *Zugewinngemeinschaft:* Die Vermögen der Ehegatten bleiben dinglich getrennt, so dass die Vermögensbestände sich unterschiedlich entwickeln können. Erzielt ein Gatte während der Ehe einen höheren Zugewinn als der andere, so ist dies u. U. (vor allem bei Scheidung) schuldrechtlich auszugleichen (§ 1378 BGB). Durch Ehevertrag kann aber auch ein anderer Güterstand vereinbart werden (§ 1408 BGB): Die sog. *Gütertrennung* führt nicht etwa zur „Trennung" der Gütermassen – das wäre nichts Neues –, sondern u. a. dazu, dass ein Zugewinnausgleich ausgeschlossen ist. Umgekehrt führt *Gütergemeinschaft* zu einem gemeinsamen Vermögen der Gatten. 687

Bei **Gütergemeinschaft** sind allerdings fünf Vermögensmassen zu unterscheiden (§§ 1416 ff. BGB): 688

- das *Gesamtgut* beider Ehegatten (Gesamthandsgemeinschaft), wobei die Verwaltung des Gesamtguts dem einen oder dem anderen Ehegatten allein, aber auch beiden Gatten gemeinschaftlich zustehen kann (§§ 1421 ff., 1450 ff. BGB);

- das *Sondergut* eines jeden Ehegatten (nicht übertragbares, also auch unpfändbares Gut, d. h. keine Masse!) und
- das *Vorbehaltsgut* eines jeden Gatten (Vermögen, das kraft Ehevertrags oder Bestimmung eines Dritten, der es dem Gatten verschafft, nicht Gesamtgut werden soll).

689 Soweit ein **Insolvenzverfahren über das Vermögen eines Ehegatten** eröffnet wird, gehört zur Masse dieses Schuldners zumindest dessen Vorbehaltsgut. Hinsichtlich des Gesamtguts ist zu unterscheiden:

• Verwaltet der *Schuldner* es allein, so fällt es ebenfalls in seine Masse (§ 37 I 1). Das ist bemerkenswert, weil das Gesamtgut gesamthänderisch gebundenes Vermögen beider Gatten (also fremdes Vermögen!) ist.

• Verwaltet der *andere Gatte* das Gesamtgut allein, so gehört es nicht zur Masse des Schuldners (§ 37 I 3).

• Verwalten *beide Gatten* das Gesamtgut gemeinschaftlich, so wird es durch ein Insolvenzverfahren über den Schuldner ebenfalls nicht berührt (§ 37 II).

690 Zum Ausgleich unterliegt das **Gesamtgut bei gemeinschaftlicher Verwaltung** einem besonderen Insolvenzverfahren (Partikular-Verfahren, Rn. 34). In diesem Verfahren sind formal beide Ehegatten „Schuldner“. Es ist aber eben auf ihr Gesamtgut als **Sondermasse** beschränkt (§ 333). Insolvenzgläubiger sind hier nur Gesamtgutsgläubiger i. S. d. §§ 1459 ff. BGB. Insolvenzgrund ist die Zahlungsunfähigkeit des Gesamtgutes (i. E. § 333 II 2, 3).

691 Liegt sie vor, so sind oft auch die Ehegatten insolvent, denn für Gesamtgutsverbindlichkeiten haftet jeder Gatte als Gesamtschuldner (§ 1459 II BGB). Dann sind weitere *Insolvenzverfahren über das Eigenvermögen* jedes Gatten denkbar. Jedoch können solche Ansprüche, solange das Gesamtgut-Insolvenzverfahren dauert, nur von dem dort amtierenden Verwalter geltend gemacht werden (§ 334; wie bei § 93).

692 Bei **fortgesetzter Gütergemeinschaft** (§§ 1483 ff. BGB), d. h. beim Tode eines Ehegatten, kann der überlebende Gatte – ähnlich dem Erben – seine persönliche Haftung nach § 1489 I, II BGB auf das Gesamtgut beschränken wollen. Auch hier kann es daher zu einem Insolvenzverfahren kommen, das sich auf die Sondermasse Gesamtgut beschränkt. Insoweit gelten die §§ 315–331 analog (§ 332 I); vgl. Rn. 675 ff.

13. Kapitel. Spezielle Fragen

§ 40. Hinweise zum Internationalen Insolvenzrecht

Literatur: *Flessner*, Internationales Insolvenzrecht in Deutschland nach der Reform, IPRax 1997, 1 ff.; *Gottwald*, Internationales Insolvenzrecht, in: FS 50 Jahre Bundesgerichtshof, 2000, Bd. 3, S. 819 ff.; *Oberhammer*, Von der EuInsVO zum europäischen Insolvenzrecht, KTS 2009, 27 ff.; *Westphal/Götker/Wilkens*, Grenzüberschreitende Insolvenzen, 2005.

I. Einführung

Der grenzüberschreitende Geschäftsverkehr nimmt stetig zu. Immer wichtiger wird daher auch, ob Insolvenzverfahren über Staatsgrenzen hinausgreifen. Für Deutschland stellen sich zwei Fragen: Gilt unser Insolvenzrecht – z. B. die Eröffnung eines Verfahrens, der Insolvenzbeschlag, Sicherungsmaßnahmen – auch im Ausland? Wirkt umgekehrt ein im Ausland eröffnetes Insolvenzverfahren auch bei uns? Für beide Fragen ist danach zu unterscheiden, ob ein Staat für seine Maßnahmen die Geltung im Ausland überhaupt anstrebt und – wenn ja – ob der andere Staat diese Geltung auf seinem Territorium hinnimmt. Letzteres ist, kraft Völkerrechts, ausschließlich die Angelegenheit des fremden Staates. Eine Öffnung zum Ausland nennt man *Universalitätsprinzip*, eine Beschränkung auf das eigene Staatsgebiet *Territorialitätsprinzip*. 693

Rechtssystematisch ist zu unterscheiden zwischen der internationalen Zuständigkeit, ein Insolvenzverfahren zu eröffnen, der Anerkennung eines ausländischen Insolvenzverfahrens und dem Kollisionsrecht, d. h. den Regeln, die für ein Insolvenzverfahren mit Auslandsberührung maßgeblich sind.

Die kollisionsrechtlichen Fragen waren früher nur ganz unvollständig geregelt. Seit 2002 gilt jedoch die **EG-Verordnung über Insolvenzverfahren** (EuInsVO). Sie regelt die meisten wesentlichen Probleme einheitlich für das Gebiet der Europäischen Union, und zwar im Sinne einer gestuften Universalität. Ergänzend hat auch der deutsche Gesetzgeber gehandelt: Im Jahre 2003 ist das **Gesetz zur**

Neuregelung des Internationalen Insolvenzrechts in Kraft getreten (vgl. §§ 335–358 InsO). Dieses autonome Recht gilt in erster Linie für grenzüberschreitende Insolvenzverfahren im Verhältnis zu Staaten, die nicht der EU angehören (sog. Drittstaaten). Es folgt dem Universalitätsprinzip, allerdings nicht schrankenlos (Amtl. Begr. IntInsR, S. 24 f.).

Die auf grenzüberschreitende Insolvenzen **anwendbare Rechtsordnung** ist festzustellen, indem die eingreifenden Kollisionsnormen anhand bestimmter Anknüpfungspunkte ermittelt werden (sog. Qualifikation). Dabei haben die Kollisionsnormen der EuInsVO – als unmittelbar anwendbares Gemeinschaftsrecht – Vorrang vor dem deutschen Internationalen Insolvenzrecht (§§ 335 ff.). Die einschlägige Kollisionsnorm verweist dann im Grundsatz auf das deutsche oder ausländische Sachrecht, nach dem der Fall zu beurteilen ist.

II. EG-Verordnung über Insolvenzverfahren

Literatur: *Albrecht*, Die Reform der EuInsVO nimmt Fahrt auf – der Änderungsvorschlag der Europäischen Kommission in der Übersicht, ZInsO 2013, 1876 ff.; *Beck*, Verwertungsfragen im Verhältnis von Haupt- und Sekundärinsolvenzverfahren nach der EuInsVO, NZI 2006, 609 ff.; *Cranshaw*, Grenzüberschreitende Anfechtungsklagen, ZInsO 2012, 1237 ff.; *Ehricke*, Das Verhältnis des Hauptinsolvenzverwalters zum Sekundärinsolvenzverwalter bei grenzüberschreitenden Insolvenzen nach der EuInsVO, ZIP 2005, 1104 ff.; *Ehricke/Ries*, Die neue Europäische Insolvenzverordnung, JuS 2003, 313 ff.; Gottwald/*Gottwald/Kolmann*, S. 2289 ff.; *Herchen*, Die Befugnisse des deutschen Insolvenzverwalters hinsichtlich der „Auslandsmasse" nach In-Kraft-Treten der EG-Insolvenzverordnung, ZInsO 2002, 345 ff.; *Hergenröder*, Internationales Verbraucherinsolvenzrecht, ZVI 2005, 233 ff.; *Mankowski*, Bestimmung der Insolvenzmasse und Pfändungsschutz unter der EuInsVO, NZI 2009, 785 ff.; *ders.*, Gläubigerstrategien zur Fixierung des schuldnerischen Centre of Main Interests (COMI), ZIP 2010, 1376 ff.; *Pannen*, Aspekte der europäischen Konzerninsolvenz, ZInsO 2014, 222 ff.; *Paulus*, EuInsVO: Änderungen am Horizont und ihre Auswirkungen, NZI 2012, 297 ff.; *Smid*, Voraussetzungen der Eröffnung eines deutschen Sekundärinsolvenzverfahrens – Geltendes Recht und Reformpläne, ZInsO 2013, 953 ff.; *Vallender*, Aufgaben und Befugnisse des deutschen Insolvenzrichters im Verfahren nach der EuInsVO, KTS 2005, 283 ff.; *M.-P. Weller*, Die Verlegung des Center of Main Interest von Deutschland nach England, ZGR 2008, 835 ff.

694 Am 31.05.2002 ist die Verordnung (EG) Nr. 1346/2000 des Rates vom 29.05.2000 über Insolvenzverfahren in Kraft getreten (ABl. EG Nr. L 160 v. 30.06.2000, S. 1; im Internet: http://europa.eu.int/eur-lex/de unter Eingabe der Amtsblatt-Nr.). Damit besteht ein relativ ausgefeiltes **Kollisionsrecht für Insolvenzverfahren in den EU-Mitgliedstaaten** (zu den Konsequenzen für deutsche Insolvenzverwalter anschaulich *Paulus*, NZI 2002, 505 ff.). Die EuInsVO gilt unmittelbar in jedem Mitgliedstaat, bisher freilich *nicht für Dänemark*, für Drittstaaten ohnehin nicht. Im Übrigen sind bestimmte Branchen ausgenommen, z. B. Versicherungsunternehmen und Kreditinstitute. Ausführungsbestimmungen zur EuInsVO enthält nunmehr Art. 102 EGInsO. Soweit dennoch Regelungslücken bleiben, sind §§ 335 ff. ergänzend anwendbar, es sei denn, dass die EuInsVO Sonderregeln enthält (Amtl. Begr. IntInsR, S. 12 f.).

1. Haupt- und Partikular-Verfahren

Das neue EU-Recht folgt dem Prinzip der eingeschränkten Universalität: Ein **Hauptinsolvenzverfahren** wirkt grundsätzlich in allen Mitgliedstaaten (Rn. 698 ff.), dies aber nur bedingt, soweit in anderen Mitgliedstaaten ein Partikular-Verfahren eröffnet wird. Das Leitprinzip formuliert Art. 3 I EuInsVO: Für die Eröffnung „des Insolvenzverfahrens“ – als Hauptinsolvenzverfahren (Art. 27 S. 1 EuInsVO) – sind international die Gerichte des Mitgliedstaats zuständig, in dessen Gebiet der Schuldner den Mittelpunkt seiner hauptsächlichen „Interessen“ hat (leicht abweichend § 3 I 2: „Tätigkeit“!). 695

Der **Mittelpunkt der hauptsächlichen Interessen**, nach dem englischen Text der Verordnung (*centre of main interest*) oft auch **„COMI“** genannt, ist der Ort, an dem der Schuldner, auch für Dritte feststellbar, gewöhnlich der Verwaltung seiner Interessen nachgeht (*EuGH* NZI 2011, 990 Rn. 47). Bei Einzelunternehmen wird dies die gewerbliche Niederlassung sein, bei Gesellschaften der Ort, an dem die Aufsichts- und Kontrollorgane die Verwaltungsentscheidungen treffen. Dies geschieht – nach der Vermutung des Art. 3 I 2 EuInsVO – am Ort des satzungsmäßigen Sitzes (für Tochtergesellschaften: *EuGH* NZI 2006, 360 f. m. Anm. *Kammel*, S. 334 ff.); zu der – anspruchsvollen – Widerlegung dieser Vermutung s. *EuGH* NZI 2011, 990 Rn. 51 ff.

Bei *Arbeitnehmern*, die jenseits der Grenze angestellt sind, ist der Ort ihres Wohnsitzes maßgeblich.

Das Hauptverfahren erfasst – im Ansatz – das dem Schuldner gehörende *Vermögen in allen Mitgliedstaaten.*

Dessen ungeachtet kann in einem Mitgliedstaat, in dem kein Hauptverfahren möglich ist, ein besonderes **Verfahren über das inländische Vermögen** des Schuldners eröffnet werden, wenn dieser dort eine Niederlassung (Art. 2 lit. h EuInsVO) hat. 696

Dafür maßgebend sind einerseits *Effizienzgewinne* (Erwägungsgrund Nr. 19 der EuInsVO). Andererseits könnten *dingliche Rechte* nur schwer in ein Insolvenzverfahren mit universeller Geltung einbezogen werden. Denn nach IPR unterliegen sie dem Recht der belegenen Sache, das in den einzelnen Mitgliedstaaten oft differiert. Auch die EuInsVO respektiert diese nationalen Vorschriften (Rn. 704).

Die Wirkungen dieses Verfahrens beschränken sich auf das Vermögen, das im Eröffnungsstaat belegen ist (Art. 3 II 2 EuInsVO). Die Insolvenzmasse eines Hauptverfahrens reduziert sich entsprechend. Im Übrigen ist zu unterscheiden:

- *Vor einem Hauptverfahren* kann ein **Partikularinsolvenzverfahren** eröffnet werden. Ein solches ist eigentlich unerwünscht (Erwägungsgrund Nr. 17 der EuInsVO), aber immerhin zulässig, falls ein Hauptverfahren am Mittelpunkt der hauptsächlichen Interessen ausscheidet oder falls das Partikular-Verfahren von einem Gläubiger beantragt wird, der in dem betreffenden Staat seinen Wohnsitz bzw. Sitz oder gewöhnlichen Aufenthalt hat oder dessen Forderung aus dem Betrieb der Niederlassung resultiert (Art. 3 IV EuInsVO).
- *Nach Eröffnung des Hauptverfahrens* kann ein **„Sekundär-Insolvenzverfahren"** eröffnet werden (Art. 3 III, 16 II, 27 EuInsVO; näher Rn. 705 ff.). Es ist ohne weiteres zulässig, muss aber stets zur Liquidation des Schuldnervermögens führen. Letzteres kann nachteilig sein (Rn. 427) und ist daher fragwürdig.

Frage: Kann über einen Schuldner, dessen hauptsächliche wirtschaftliche Interessen in England liegen, in Deutschland ein Partikular-Verfahren eröffnet werden, wenn der Schuldner hier zwar keine Niederlassung, aber *Vermögen* hat?

Nach der EuInsVO ist dies nicht möglich. Denkbar wäre es zwar nach § 354, d. h. im Verhältnis zu Drittstaaten. Diese Norm ist aber wegen des Vorrangs der EuInsVO unanwendbar (*Kemper*, ZIP 2001, 1609, 1613).

2. Voraussetzungen einer Verfahrenseröffnung

697 Die Voraussetzungen einer jeden Insolvenzeröffnung – sei es als Haupt-, sei es als Partikular-Verfahren – ergeben sich aus dem Insolvenzrecht des **Mitgliedstaates, in dem entschieden wird**, ob eröffnet werden soll (Art. 4 I, 28 EuInsVO). Das gilt auch für die Frage, bei welcher Art von Schuldnern ein Verfahren zulässig ist (Frankreich z. B. kennt kein Insolvenzverfahren für Verbraucher).

Hat der Schuldner den Mittelpunkt seiner hauptsächlichen Interessen (Art. 3 I EuInsVO) in Deutschland, so ist die deutsche Justiz zwar international zuständig. Ob ein deutsches Gericht auch örtlich zuständig ist, ergibt sich aber erst aus § 3, ggf. also „aus dem Mittelpunkt einer selbstständigen wirtschaftlichen Tätigkeit“ des Schuldners. Ist danach kein Gerichtsstand gegeben, so folgt er aus Art. 102 § 1 I EGInsO: Dort wird auf den Mittelpunkt der „Interessen“ abgestellt, nun also (auch insoweit!) die europarechtliche Anknüpfung bevorzugt. Das zuständige Insolvenzgericht eröffnet ein Hauptverfahren nur unter den Voraussetzungen der §§ 13 ff., 16 ff.

3. Wirkungen des Insolvenzverfahrens in Mitgliedstaaten

a) Anerkennung der Verfahrenseröffnung

Die Eröffnung eines Insolvenzverfahrens durch das Gericht eines **698**
Mitgliedstaats (Rn. 695 f.) ist in allen übrigen Mitgliedstaaten anzuerkennen (Art. 16 I, 17 EuInsVO; zur Bekanntmachung s. Art. 21, 40 EuInsVO). Das gilt auch, wenn in den übrigen Staaten ein Verfahren wegen der Eigenschaft des Schuldners nicht eröffnet werden könnte.

Beispiel: Wird in Deutschland ein Verfahren über Herrn H. eröffnet, so muss dies auch in einem EU-Staat anerkannt werden, der Insolvenzverfahren über das Vermögen natürlicher Personen nicht vorsieht.

Die Eröffnung eines Hauptverfahrens (Art. 3 I EuInsVO) entfaltet in jedem anderen Mitgliedstaat die **Wirkungen, die das Recht des Eröffnungsstaates vorsieht** (Art. 17 I EuInsVO) – freilich nach Maßgabe der EuInsVO und vorbehaltlich eines Partikular-Verfahrens in anderen Staaten. Wird in mehreren Mitgliedstaaten ein Hauptverfahren erwogen, so bindet die Entscheidung des Gerichts, das zuerst ein Hauptverfahren eröffnet (Erwägungsgrund Nr. 22 der EuInsVO, Art. 102 § 3 I EGInsO).

Anerkannt werden auch die weiteren Entscheidungen des eröff- **699**
nenden Gerichts zur *Durchführung und Beendigung des Insolvenzverfahrens* (samt der Bestätigung eines Vergleichs) sowie zur *Herausgabevollstreckung* gegen den Schuldner, zur *Sicherung* der Masse und zu deren *Verwertung* im Wege der Zwangsvollstreckung (Art. 25 I EuInsVO, Art. 102 § 8 EGInsO). Ausgenommen sind Inhaftierungen und Einschränkungen des Postgeheimnisses. Die Vollstreckung soll nach Art. 31–51 EuGVÜ erfolgen (vgl. heute Art. 38–58 EuGVVO). Wurde zur Sicherung der Masse ein *vorläufiger Verwalter* bestellt, so kann er in jedem anderen Mitgliedstaat die nach dessen Recht möglichen Sicherungsmaßnahmen für das Vermögen beantragen, das sich dort befindet (Art. 38 EuInsVO).

Grenze jeder Anerkennung ist allerdings der nationale **ordre public** (Art. 26 EuInsVO).

b) Verweisung auf das Insolvenzrecht des Eröffnungsstaates

700 Auch für das Insolvenzverfahren und seine Wirkungen – das materielle Insolvenzrecht – gilt grds. das Recht des Eröffnungsstaates (Art. 4 I, II EuInsVO). Diese „*lex fori concursus*" ist **umfassend**: Sie regelt etwaige Insolvenzantragspflichten (h. M.), die Massezugehörigkeit samt Schranken (zum Pfändungsschutz s. *Mankowski*, NZI 2009, 785 ff.); die Folgen der Eröffnung für Verfügungsmacht und schwebende Verträge des Schuldners, für die Rechtsverfolgung der Gläubiger; die Insolvenzanfechtung (*BGH* NJW 2009, 2215 ff.) u.Ä.; die anmeldungsbedürftigen Forderungen, deren Rang, Prüfung und Feststellung; die Insolvenzaufrechnung; die Erlösverteilung; die Rechte solcher Gläubiger, die nach Verfahrenseröffnung kraft dinglichen Rechts oder Aufrechnung teilweise befriedigt wurden; die Beendigung des Insolvenzverfahrens (auch durch Vergleich) und ihre Wirkungen samt eines Nachforderungsrechts (also auch umgekehrt einer Restschuldbefreiung); die Kostentragung für das Verfahren.

Für **Anfechtungsklagen** gegen Gegner mit Sitz in einem anderen Mitgliedstaat sind laut *EuGH* analog Art. 3 I EuInsVO die Gerichte des Staates zuständig, in dem das Verfahren eröffnet wurde (NJW 2009, 2189 f.; krit. *Stürner/Kern*, LMK 2009, 278572); bei uns soll (richtlinienkonform, nämlich analog § 3) das Amts- bzw. Landgericht am Ort der Insolvenzeröffnung entscheiden (*BGH* NJW 2009, 2215 Rn. 16 ff.). Die Gerichte des Eröffnungsstaates sollen sogar dann zuständig sein, wenn der Anfechtungsgegner in einem Drittstaat ansässig ist (*EuGH* NJW 2014, 610, 611 f.; dazu *Baumert*, NZI 2014, 106), nicht aber für abgetretene Anfechtungsansprüche (*EuGH* ZInsO 2012, 1039 ff.).

701 Die **Befugnisse des Verwalters,** der sich durch Urkunde ausweist (Art. 19 EuInsVO), richten sich ebenfalls nach dem Recht des Eröffnungsstaates (Art. 18 I 1 EuInsVO), es sei denn, dass im anderen Staat ein Partikular-Verfahren eröffnet ist. Der Verwalter darf z. B. Massegegenstände, die er in anderen Staaten vorfindet, entfernen, soweit es sich nicht um Sicherungsgut oder Vorbehaltseigentum handelt (Art. 18 I 2 EuInsVO). Er kann von jedem Gläubiger, der nach Eröffnung eines Hauptverfahrens aus Massegegenständen befriedigt wird, die im anderen Staat belegen sind, die Herausgabe des Erlangten fordern (Art. 20 I EuInsVO). Das gilt auch bei Zwangsvollstreckungen, aber wieder nicht für Sicherungsgut und Vorbehaltseigentum. Umgekehrt wird befreit, wer ohne Kenntnis der Verfahrenseröffnung in ei-

nem Staat nicht an den Verwalter, sondern in einem anderen Mitgliedstaat an den Schuldner leistet (Art. 24 EuInsVO; vgl. § 82!). Stets muss der Verwalter aber das Recht des anderen Staates respektieren, auch soweit dort etwa schon Sicherungsmaßnahmen getroffen wurden und soweit es um die Art und Weise der Masseverwertung geht (§ 18 I 1 EuInsVO). Zwangsmittel sind ihm untersagt (Art. 18 III EuInsVO); er muss sich also der Vollzugsorgane des jeweiligen Mitgliedstaates bedienen.

Die **Anmeldung von Forderungen** steht auch solchen Gläubigern offen, die ihren gewöhnlichen Aufenthalt, Wohnsitz oder Sitz nicht im Eröffnungsstaat, sondern in einem anderen Mitgliedstaat haben (Art. 39 EuInsVO). 702

Bekannte Gläubiger sind unverzüglich über die Verfahrenseröffnung zu unterrichten (näher Art. 40 II EuInsVO). Wer anmeldet, soll seine Forderung spezifizieren, Kopien etwaiger Belege beifügen und erklären, ob bzw. welche Vorrechte oder Sicherheiten beansprucht werden (Art. 41 EuInsVO; zur Amtssprache Art. 42 II EuInsVO).

c) Sonderanknüpfungen

Das Recht des Eröffnungsstaates (Rn. 700) tritt in einigen Fällen zurück: An die Stelle der „lex fori concursus" treten „Sonderanknüpfungen", die für Vertrauensschutz und Rechtssicherheit sorgen sollen. Sie verweisen teilweise auf **nationales Kollisionsrecht**. Dies gilt z. B. für 703

- Rechte des Verkäufers gegen den Schuldner aus *Eigentumsvorbehalt,* wenn die Sache sich zur Zeit der Verfahrenseröffnung im Gebiet eines anderen Mitgliedstaates befindet (Art. 7 I EuInsVO); umgekehrt bleibt trotz Insolvenz des Verkäufers dem Käufer der Erwerb möglich (Art. 7 II EuInsVO, freilich Sachnorm; vgl. § 107 I!);
- *dingliche Rechte* eines Gläubigers oder Dritter an Gegenständen, die sich zur Zeit der Eröffnung im Gebiet eines anderen Mitgliedstaates befinden (Art. 5 EuInsVO), also z. B. Rechte zur Befriedigung aus Pfandrecht, Hypothek, Sicherungseigentum und -abtretung, die demnach von der Insolvenzeröffnung nicht berührt werden (h. M.), ggf. aber einer Insolvenzanfechtung ausgesetzt sind (Art. 5 IV EuInsVO); Entstehung und Inhalt solcher Rechte folgen dem Recht, das nach der Kollisionsnorm des Staates maßgeblich ist, in dem das dingliche Recht geltend gemacht wird (K. Schmidt/*Brinkmann*, Art. 5 Rn. 7; anders h. M.), so dass deutsche Gerichte im Falle des Art. 43 EGBGB auf die Belegenheit der Sache abstellen werden;

• eine Befugnis zur *Aufrechnung* nach dem Recht, das für die Forderung des Schuldners maßgeblich ist (Art. 6 EuInsVO); zu diesem Recht gehört nicht nur das (nach IPR zu ermittelnde) Zivilrecht der Hauptforderung, sondern auch dessen Modifikation durch das jeweilige Insolvenzrecht (näher *Ehricke/Ries*, JuS 2003, 313, 316).

704 Teilweise wird auf das jeweilige **nationale Sachrecht** verwiesen, so für

• *eintragungspflichtige Rechte* an Immobilien, Schiffen oder Luftfahrzeugen; hier gilt das Recht des Mitgliedstaats, unter dessen Aufsicht das Register geführt wird (Art. 11 EuInsVO);

• *Verträge über Erwerb oder Nutzung unbeweglicher Sachen;* sie unterliegen dem Recht des Mitgliedstaats, in dem die Sache belegen ist (Art. 8 EuInsVO);

Beispiel: Hatte S sein in München gelegenes Grundstück an G verkauft und wird nun in Italien ein Hauptinsolvenzverfahren über S eröffnet, so richten sich die Folgen für den Kaufvertrag nach deutschem Kauf- und Insolvenzrecht: Ggf. hat der in Italien eingesetzte Insolvenzverwalter ein Wahlrecht (§ 103 I), es sei denn, dass der Anspruch des G auf Eigentumsverschaffung durch Auflassungsvormerkung gesichert wurde (§ 106 I, Art. 5 III EuInsVO).

• *entgeltliche Verfügungen,* die der Schuldner nach der Eröffnung über Grundstücke oder eintragungspflichtige Schiffe, Luftfahrzeuge oder Wertpapiere trifft; hier gilt das Recht des Staates, in dem das Grundstück liegt bzw. das Register geführt wird (Art. 14 EuInsVO);

Da das Recht des betreffenden Staates u. U. gutgläubigen Erwerb ermöglicht, kann der Verwalter allerdings beantragen, dass **Insolvenzvermerke** eingetragen werden, bzw. hierum ersuchen (Art. 22 EuInsVO, Art. 102 § 6 EGInsO).

• die *Insolvenzanfechtung* u.Ä., wenn der durch die anfechtbare Handlung Begünstigte nachweist, dass die Handlung als solche (kraft IPR) dem Recht eines anderen Staates als des Staates der Verfahrenseröffnung unterliegt und nach diesem Recht auch in keiner Weise angreifbar ist (Art. 13 EuInsVO; *Prager/Keller*, NZI 2011, 697 ff.);

• *Arbeitsverträge,* für die das Recht bestimmend bleibt, dem der Vertrag (nach IPR) als solcher unterliegt (Art. 10 EuInsVO);

• *anhängige Prozesse* über Gegenstände oder Rechte der Masse; maßgeblich ist das Recht des Staates, in dem der Prozess anhängig ist (Art. 15 EuInsVO).

4. Besonderheiten bei Sekundärverfahren

Im Folgenden wird der Verwalter des Hauptinsolvenzverfahrens als Haupt-Verwalter, die Gläubiger in Sekundär-Insolvenzverfahren als Sekundär-Gläubiger bezeichnet, usw. 705

Die **Eröffnung** eines Sekundärverfahrens (Rn. 696) erfolgt auch auf Antrag des Haupt-Verwalters (Art. 29 lit. a EuInsVO). Die Insolvenz des Schuldners wird nicht mehr geprüft (Art. 27 S. 1 EuInsVO), da sie schon für das Hauptverfahren festgestellt wurde. Hängt ein Sekundärverfahren (wie in Deutschland: Rn. 120) von der Deckung der Verfahrenskosten ab, so kann das Gericht einen Kostenvorschuss oder Sicherheit verlangen (Art. 30 EuInsVO).

Die **Anmeldung von Forderungen** ist in beiden Verfahren mög- 706
lich. Für Anmeldung im jeweils anderen Verfahren soll vorsorglich der Verwalter sorgen (näher Art. 32 II EuInsVO; Vollmacht analog § 341 III). Hat ein Gläubiger in einem Verfahren eine Quote auf seine Forderung erhalten, so wird er in anderen Verfahren bei der *Verteilung* erst berücksichtigt, wenn vergleichbare Gläubiger hier die gleiche Quote erlangt haben (Art. 20 II EuInsVO).

Die **Verwalter** in Haupt- und Sekundärverfahren **müssen kooperieren** (Art. 31 EuInsVO). Sie haben einander über alles zu unterrichten, was für das jeweils andere Verfahren bedeutsam sein kann, z. B. über die angemeldeten Forderungen und deren Prüfung. Ein Verwalter kann im jeweils anderen Verfahren wie ein Gläubiger mitwirken, auch in der Gläubigerversammlung (Art. 32 III EuInsVO). 707

Der Haupt-Verwalter soll Gelegenheit erhalten, Vorschläge zur **Verwertung im Sekundärverfahren** zu machen (Art. 31 III EuInsVO). Auf seinen Antrag setzt das Gericht, welches das Sekundärverfahren eröffnet hat, die Verwertung ganz oder teilweise aus, es sei denn, dass dies offensichtlich nicht im Interesse der Haupt-Gläubiger ist (Art. 33 I EuInsVO). Bei Aussetzung können dem Haupt-Verwalter angemessene Maßnahmen zum Schutz der Sekundär-Gläubiger aufgegeben werden. Verbleibt im Sekundärverfahren nach Erfüllung der dort angemeldeten Forderungen ein Überschuss (eher theoretisch!), so ist dieser dem Haupt-Verwalter auszukehren (Art. 35 EuInsVO).

Soll das Sekundärverfahren mit einem **Sanierungsplan, Vergleich** o.Ä. enden, so muss der Haupt-Verwalter dem zustimmen oder wenigstens feststehen, dass die vorgeschlagene Maßnahme die finanziellen Interessen der Haupt-Gläubiger nicht beeinträchtigt. Während einer Aussetzung der Verwertung darf ein Sanierungsplan usw. ohne entsprechenden Vorschlag des 708

Haupt-Verwalters nicht einmal zur Abstimmung gestellt werden (Art. 34 I, III EuInsVO). Stundungen und Schuldbefreiungen im Rahmen des Sekundärverfahrens binden in anderen Insolvenzverfahren nur, wenn *alle* betroffenen Gläubiger dem Vergleich usw. zustimmen (Art. 34 II EuInsVO; näher Art. 102 § 9 EGInsO).

III. Deutsches Internationales Insolvenzrecht

Literatur: Amtl. Begr. IntInsR (BT-Drs. 15/16), S. 13 f., 18 ff. (sehr instruktiv); Gottwald/*Gottwald/Kolmann*, S. 2319 ff.; *Hergenröder*, Internationales Verbraucherinsolvenzrecht, ZVI 2005, 233, 241 ff.; *Hergenröder/Gotzen*, Insolvenzrechtliche Anerkennung des US-Chapter 11-Verfahrens, DZWiR 2010, 273 ff.; *Liersch*, Deutsches Internationales Insolvenzrecht, NZI 2003, 302 ff.; *Paulus*, Deutsches Internationales Insolvenzrecht …, in: KS, S. 1430 ff.

709 Das deutsche Internationale Insolvenzrecht (§§ 335 ff.) gilt vor allem im Verhältnis zu Drittstaaten, also zu Staaten, die nicht der EU angehören, aber einschließlich Dänemarks (Rn. 694). Dieses autonome Recht übernimmt die Regeln der EuInsVO in wesentlichem Umfang. Von einer vollständigen Übernahme hat der Gesetzgeber jedoch bewusst abgesehen: Das die EuInsVO tragende Vertrauen in Rechtsstaatlichkeit und Funktionsfähigkeit der Justiz sei gegenüber Drittstaaten nicht in jedem Fall gerechtfertigt.

1. Deutsche Insolvenzverfahren

710 Auch gegenüber Drittstaaten gilt, dass ein Insolvenzverfahren und seine Wirkungen grundsätzlich nach dem Recht des Eröffnungsstaates zu beurteilen sind (§ 335; vgl. Art. 4 I EuInsVO). Wird also in Deutschland ein Insolvenzverfahren eröffnet, weil ein inländisches Gericht zuständig ist (§ 3; Rn. 36 f.), so soll dieses Verfahren **grenzüberschreitend wirken** und insbesondere das weltweite Vermögen des Schuldners erfassen. Falls ein fremder Staat das deutsche Verfahren oder bestimmte Wirkungen nicht anerkennt, ist das nicht zu ändern. U. U. lässt es sich aber ausgleichen.

Beispiele: Der Schuldner hat den Insolvenzverwalter zu unterstützen, soweit die Masse verwaltet oder verwertet werden soll (§ 97 II). Er muss dem Verwalter daher eine Vollmacht erteilen, wenn dessen Rechtsmacht im Ausland nicht anerkannt wird (*BGH* NJW-RR 2004, 134, 135 f.).

Wird in Deutschland ein Insolvenzverfahren über das Vermögen des S eröffnet, der auch Vermögen im Staat X hat, und vollstreckt ein in Deutschland ansässiger Gläubiger dort, weil der Staat X das deutsche Verfahren und deshalb auch ein Vollstreckungsverbot nicht anerkennt, so ist der Gläubiger aus Sicht des deutschen Rechts ungerechtfertigt bereichert: Er muss dem Verwalter das Erlangte herausgeben (§ 342 I), ggf. auch Schadensersatz leisten (§ 826 BGB).

Andererseits wird der **universelle Geltungsanspruch relativiert.** 711
Wie nach der EuInsVO unterliegen *Kauf- und Mietverträge* über Grundstücke dem Recht des Staates, in dem das Grundstück belegen ist (§ 336 S. 1), *Arbeitsverhältnisse* dem Recht, das nach deutschem IPR für diese maßgebend ist (§ 337), und eine Befugnis zur *Aufrechnung* dem Recht, das für den (Haupt-)Anspruch des insolventen Schuldners bestimmend ist (§ 338). Auch eine *Insolvenzanfechtung* soll nicht nach der „lex fori concursus" (den §§ 129 ff.) erfolgen, wenn der Anfechtungsgegner nachweist, dass die Rechtshandlung ausländischem Recht unterliegt und danach in keiner Weise angreifbar ist (§ 339).

Sind deutsche Gerichte nicht nach § 3 zuständig, so ist dennoch ein 712
Partikular-Verfahren denkbar (§ 354), d. h. ein Insolvenzverfahren, das sich auf das inländische Vermögen begrenzt. Es ist nur auf Antrag des Gläubigers und in zwei Fällen zulässig:

- Der Schuldner hat im Inland immerhin eine *Niederlassung*.
- Der Schuldner hat hier *sonstiges Vermögen* und der Gläubiger *besonderes Interesse* an einem inländischen Verfahren, da er im ausländischen Verfahren voraussichtlich erheblich schlechter stehen würde.

In Partikular-Verfahren sind Insolvenzpläne erschwert und Restschuldbefreiungen ausgeschlossen (§ 355).

2. Ausländische Insolvenzverfahren

Der Grundsatz, dass das Insolvenzverfahren und seine Wirkungen 713
dem Recht des Eröffnungsstaates unterliegen (§ 335), gilt auch für Verfahren, die im Ausland eröffnet werden (Universalitätsprinzip). Folgerichtig werden solche Verfahren bei uns **ohne weiteres anerkannt** (§ 343 I 1). Dies steht freilich unter doppeltem Vorbehalt:

- Es gilt nicht, wenn das Gericht, das im Ausland eröffnet hat, dafür *„nach deutschem Recht" nicht zuständig* war. Prüfstein ist also die spiegelbildliche Übertragung der deutschen internationalen Zuständigkeit ins Ausland: Das Gericht muss nach § 3 – würde die Norm im Ausland gelten – zuständig gewesen sein, d. h. deshalb, weil der Schuldner im Bezirk dieses Gerichts seinen allgemeinen Gerichtsstand bzw. den Mittelpunkt seiner selbstständigen wirtschaftlichen Tätigkeit usw. hatte.

• Die Anerkennung darf auch nicht zu Ergebnissen führen, die „mit wesentlichen Grundsätzen des deutschen Rechts" unvereinbar sind („*ordre public*"), insbesondere gegen Grundrechte verstoßen.

714 **Wirkungserstreckung** ist vor allem für die Insolvenzeröffnung angeordnet: Deren Voraussetzungen können bei uns nicht überprüft werden. Vielmehr hat ein deutsches Insolvenzgericht (§ 348) die Verfahrenseröffnung auch hier bekanntzumachen (näher § 345). Selbst etwaige Sicherungsmaßnahmen (vor Insolvenzeröffnung!) werden anerkannt (§ 343 II; „Amtshilfe" nach § 344), zudem – im Ansatz – alle weiteren Folgen, die das Verfahren nach dem fremden Recht hat, so z. B. die Befugnisse des Insolvenzverwalters, der seine Bestellung nur noch nachweisen muss (§ 347), und ein Verlust an Verfügungsmacht (aber Gutglaubensschutz nach § 349), weshalb die zuständigen Stellen zu ersuchen sind, die Verfügungsbeschränkung im Grundbuch usw. einzutragen (§ 346). An den Schuldner kann auch im Inland nicht mehr befreiend geleistet werden (aber Gutglaubensschutz nach § 350). Ein inländischer Rechtsstreit wird unterbrochen (§ 352 I; Bsp.: *BGH* ZInsO 2009, 2145 ff. – USA). *Schranken* erfährt die Anerkennung durch §§ 336 ff.: Die Ausnahmen für Grundstückskauf/-nutzung, Arbeitsverhältnisse, Aufrechnung und Insolvenzanfechtung gelten auch bei ausländischen Insolvenzverfahren (und schützen dann praktisch oft Inländer!). Ergänzend wahrt § 351 Aus- und Absonderungsrechte, die unser Recht zuerkennt und an Gegenständen bestehen, die sich bei Verfahrenseröffnung im Inland befanden. Wichtig ist auch, dass die *Vollstreckung* von Entscheidungen im ausländischen Verfahren (z. B. über Auskunftspflichten, Mitwirkung des Schuldners, Bestätigung eines Vergleichs) ein deutsches Vollstreckungsurteil voraussetzt (§ 353; anders Art. 25 EuInsVO).

715 Trotz Anerkennung eines ausländischen Insolvenzverfahrens können deutsche Insolvenzgerichte noch ein **Sekundär-Insolvenzverfahren** eröffnen (§ 356). Dieses beschränkt sich auf das inländische Vermögen. Seine Eröffnung erfordert nicht, dass Insolvenz festgestellt ist, denn dies ist schon im Ausland geschehen. Den Eröffnungsantrag (§ 13) kann auch der ausländische Verwalter stellen (§ 356 II). Der Sekundärverwalter kooperiert mit dem ausländischen Kollegen (näher § 357). Ein im Sekundärverfahren erzielter Überschuss ist dem Verwalter im Hauptverfahren herauszugeben (§ 358).

§ 41. Wichtige praktische Probleme des Insolvenzrechts

I. Unterhaltsansprüche im Insolvenzverfahren

Literatur: *Keller*, Der Unterhaltsanspruch als Insolvenzforderung und die Stellung des Unterhaltsgläubigers im Insolvenzverfahren, NZI 2007, 143 ff.; *Kohte*, Die Behandlung von Unterhaltsansprüchen nach der Insolvenzordnung, in: KS, S. 1161 ff.

Kraft Gesetzes kann Familienunterhalt (§§ 1360 ff. BGB), Verwandtenunterhalt (§§ 1601 ff. BGB; meist: Kindesunterhalt), Trennungs- und Nachscheidungsunterhalt (§§ 1361, 1569 ff. BGB) oder Unterhalt für die Mutter (§ 1615l BGB) geschuldet sein. Hat der Schuldner einen solchen Anspruch, so fällt dieser nicht in die Masse (Rn. 153). Doch wie sind Unterhaltsansprüche **gegen den Schuldner** zu behandeln? Das hängt wesentlich davon ab, wann sie entstehen. Die Unterhaltspflicht wurzelt zwar oft in Umständen, die vor Insolvenzeröffnung eingetreten sind. Doch die Pflicht zur *monatlichen* Unterhaltsleistung (s. nur § 1612 III BGB) entsteht jeweils neu. Daraus folgt: 716

• Unterhaltsansprüche **für die Zeit bis zur Verfahrenseröffnung** sind *Insolvenzansprüche*. Jedwede Einzelzwangsvollstreckung ist daher ausgeschlossen (§ 89 I). Pfändbar sind nur Lohnansprüche des Schuldners für die Zeit *nach* dem Insolvenzverfahren (Rn. 165), und auch das nur in Höhe der Differenz zwischen dem allgemeinen Pfändungsfreibetrag und dem Existenzminimum des Schuldners (§ 89 II 2 i. V. m. § 850d ZPO). Unterhalt für die Vergangenheit kann ohnehin nur geltend gemacht werden, soweit der Schuldner verklagt, in Verzug gesetzt (nämlich gemahnt; § 286 II Nr. 1 BGB unanwendbar!) oder zur Auskunft aufgefordert worden war (§ 1613 BGB). Bei Restschuldbefreiung droht zudem Verlust aller Ansprüche, es sei denn, dass die Unterhaltspflicht vorsätzlich verletzt wurde (§ 302 Nr. 1 i. V. m. §§ 823 II BGB, 170 StGB). 717

• Unterhaltsansprüche **für den Zeitraum des Verfahrens** sind *keine Insolvenzansprüche* (Rn. 60; *OLG Koblenz* FamRZ 2002, 31, 32). Der Gläubiger nimmt also nicht am Verfahren teil, obwohl er von der Unterhaltszahlung existenziell abhängig ist. 718

§ 40 bestätigt dies noch. Danach können Unterhaltsansprüche während des Verfahrens nur geltend gemacht werden, soweit der **Schuldner als Erbe des Verpflichteten** haftet (Bsp.: Der Mann, welcher seiner geschiedenen Frau Unterhalt schuldet, stirbt und wird laut Testament von seiner Lebensgefährtin beerbt, so dass diese in gewissem Umfang haftet, § 1586b BGB). Das ist eher selten.

Mit Verfahrenseröffnung kann sich allerdings auch der Unterhaltsanspruch verändern. Er hängt nämlich von der Leistungsfähigkeit des Schuldners ab, die der *BGH* nach dem Pfändungsschutz bemisst, der mit Geltung des § 36 i. V. m. §§ 850c, 850 I ZPO – auch im Interesse der Unterhaltsgläubiger – gewährleistet ist (NJW 2008, 227 Rn. 23 f.).

719 Durch *Einzelzwangsvollstreckung* können solche Neu-Gläubiger jedenfalls nicht auf die Masse zugreifen (Rn. 163), in gewissem Umfang aber auf das massefreie Vermögen. Dieses ist zwar grundsätzlich unpfändbar, doch für Unterhaltsgläubiger – und nur für sie – ist die Pfändbarkeit erweitert (Rn. 164): Sie dürfen Forderungen des Schuldners bis zur Grenze seines Existenzminimums pfänden (§ 850d ZPO), übrigens auch für die Zeit nach dem Verfahren (Rn. 165). Beides hilft nur beschränkt. Allerdings ist die allgemeine Pfändungsfreigrenze hoch (Rn. 152) und bei Unterhaltsverpflichtung noch höher (§ 850c I 2 ZPO), so dass u. U. auf beachtliche Differenzbeträge zugegriffen werden kann.

720 • Unterhaltsleistungen **für die Zeit nach dem Verfahren** können an sich regulär durchgesetzt werden. Oft wird der Schuldner aber Restschuldbefreiung anstreben. Dann sind ihm seine pfändbaren Bezüge in der Wohlverhaltensphase – sechs Jahre lang – wiederum entzogen, da er sie einem Treuhänder abtreten musste (Rn. 536). Auch hier bleibt den Unterhaltsgläubigern daher nur der Zugriff auf die Differenz nach § 850d ZPO.

Andererseits kann die Restschuldbefreiung den Gläubigern auch Chancen bieten. So sind Unterhaltsansprüche oft dadurch reduziert, dass der Schuldner andere hohe Verpflichtungen abzutragen hat, die seine Leistungsfähigkeit mindern (§ 1603 BGB). Würden solche Altschulden bei Restschuldbefreiung entfallen, so könnte der Schuldner also mittelfristig seine Leistungsfähigkeit erhöhen. Wer Kindesunterhalt schuldet, soll daher auch eine **Obliegenheit zur Einleitung des Insolvenzverfahrens** haben (*BGH* NJW 2008, 851, 852 f.). Erfüllt er sie, so erhöht sich seine Leistungsfähigkeit mit Erteilung der Restschuldbefreiung, oft aber schon vorher, da sogleich Pfändungsschutz erreichbar ist (Rn. 718). Erfüllt er sie nicht, so wird das Familiengericht entsprechend werten, die Leistungsfähigkeit nämlich fingieren, da sie ohne Obliegenheitsverstoß eingetreten wäre.

Nach allem haben Unterhaltsgläubiger kein leichtes Los. Ihre Gleichbehandlung mit anderen Gläubigern ist zwar konsequent (Rn. 8 ff.), jedoch **rechtspolitisch zweifelhaft.** Denn Unterhaltsgläubiger sind bei Verzug – stärker als alle anderen Gläubiger – existenziell bedroht, so dass sie meist Sozialhilfe in Anspruch nehmen werden. Hierfür zahlt der Steuerzahler. Fließt also den anderen Insolvenzgläubigern Geld zu, bevor die Unterhaltsansprüche erfüllt sind, so wird dies vom Staat subventioniert! Nach dem früheren Konkursrecht durften Unterhaltsgläubiger wegen ihrer laufenden Ansprüche wenigstens noch auf den Neuerwerb zugreifen. Nach der Insolvenzordnung stehen sie schlechter, weil Neuerwerb heute ja in die Masse fällt. 721

Immerhin kann auch **Unterhalt aus der Masse** gewährt werden (als Masseanspruch, § 209 I Nr. 3), und zwar für den Schuldner (§ 100 I), für vertretungsberechtigte persönlich haftende Gesellschafter einer Personengesellschaft (§ 101 I 3) und ihre Familie. Hierüber entscheidet die *Gläubigerversammlung,* jedoch nach freiem Ermessen. Zuvor kann der *Insolvenzverwalter* mit Zustimmung des Gläubigerausschusses den „notwendigen" Unterhalt als Existenzminimum gewähren (näher § 100 II). Ist Eigenverwaltung angeordnet, so darf der *Schuldner* bzw. Gesellschafter die Mittel, die ihm und seiner Familie (§ 100 II 2) eine „bescheidene Lebensführung" gestatten, sogar selber der Masse entnehmen (§ 278), freilich überwacht vom Sachwalter (§ 274 II). 722

II. Ordnungspflichten im Insolvenzverfahren

Literatur: *Kebekus*, Altlasten in der Insolvenz – aus Verwaltersicht, NZI 2001, 63 ff.; *W. Lüke*, Umweltrecht und Insolvenz, in: KS, S. 706 ff.; *Pape*, Altlastenbeseitigungsansprüche und Ersatzvornahmekosten im Insolvenzverfahren – Masseschuldansprüche oder Insolvenzforderungen, FS Kreft, 2004, S. 445 ff.; *K. Schmidt*, Keine Ordnungspflicht des Insolvenzverwalters? ..., NJW 2010, 1489 ff.; *Segger*, Die Erfüllung immissionsschutzrechtlicher Nachsorgepflichten in der Insolvenz, 2000; *Tetzlaff*, Altlasten in der Insolvenz, ZIP 2001, 10 ff.

Wer ein Unternehmen betreibt, hat oft auch öffentlich-rechtliche Pflichten zum Schutz der öffentlichen Sicherheit zu erfüllen. Solche Ordnungspflichten mögen im Ordnungsrecht wurzeln oder durch Verwaltungsakt konkretisiert werden. Wie Ordnungspflichten in der 723

Insolvenz zu behandeln sind, ist gesetzlich nicht explizit geregelt. Das Verhältnis beider Regelungsbereiche – hier hoheitliches Handeln im öffentlichen Interesse, dort der Grundsatz der Gläubigergleichbehandlung mit spärlichen Ausnahmen – wirft daher zahlreiche schwierige Fragen auf. Diese bekommen auch noch einen politisch-emotionalen Akzent, wenn bei Unternehmensinsolvenzen **Altlasten zu bewältigen** sind. Denn dann steht in Frage, ob für diese Umweltrisiken (und oft auch für Umweltsünden des Schuldners!) die Masse auf Kosten der anderen Gläubiger oder die öffentliche Hand aufkommen muss. Hier können die Fragen nur skizziert werden. Dabei ist zu unterscheiden zwischen der Ordnungspflichtigkeit, die zum Erlass einer Grundverfügung berechtigt, und der Durchsetzung einer Ordnungspflicht (durch Ersatzvornahme) samt der Kostenhaftung, ferner zwischen der Inanspruchnahme des Schuldners und des Insolvenzverwalters.

1. Ordnungspflichtigkeit

724 Streitig ist bereits, ob die Ordnungspflicht überhaupt eine **anmeldbare „Forderung“** ist. Unter § 38 fallen zwar durchaus auch öffentlich-rechtliche Ansprüche wie z. B. Steuer- und Abgabenforderungen. Ordnungspflichten werden aber teilweise als bloße „Pflichten“ behandelt, die keinem Gläubiger zugeordnet seien (*K. Schmidt*, ZIP 1997, 1441, 1444; *OVG Greifswald* ZIP 1997, 1460, 1462 f.). Diese Sichtweise erscheint allzu formal, da die zuständige Behörde ein Tun bzw. Unterlassen verlangen kann.

Eine *Unterlassens*pflicht des Schuldners kann allerdings nicht ausreichen, da sie nicht gegen sein Vermögen gerichtet wäre, so dass der Massebezug fehlen würde. Die Pflicht muss sich überhaupt auf *„vertretbare“ Handlungen* beziehen (vgl. § 887 ZPO), die also von jedem Dritten vorgenommen werden könnten. Das ist aber der Fall, soweit eine Gefahrenlage eingetreten ist, zu deren Beseitigung der Schuldner verpflichtet ist: Maßnahmen des Umweltschutzes sind Dritten möglich. Eben deshalb geht die Behörde ja ggf. auch zur Ersatzvornahme über.

Sekundär erscheint auch, dass die Ordnungspflicht keine Geldzahlung aufgibt. Denn insoweit ist eine Umrechnung in Geld möglich (§ 45).

725 Ordnungspflichten, die an **nachinsolvenzlich entstehende Gefahren** anknüpfen, sind freilich *Masseschulden,* soweit dafür der Insolvenzverwalter als Handlungsstörer verantwortlich ist (§ 55 I Nr. 1, Rn. 79; allg. M.): Er mag das Gefahrenpotential bzw. Umweltschäden

noch ausgeweitet haben (dazu *Petersen*, NJW 1992, 1202, 1206) oder selbst Betreiber der gefährlichen Anlage geworden sein, indem er den ursprünglichen Betriebszweck verfügungsbefugt fortsetzte (*BVerwGE* 126, 326, 329), was übrigens auch ein „starker" vorläufiger Verwalter vermag (*VGH Kassel* NJW 2010, 1545 f.). Im Übrigen haftet der Verwalter als Zustandsstörer, jedenfalls so lange, wie der Insolvenzbeschlag andauert.

Uneinheitlich bewertet werden **vorinsolvenzlich entstandene Ge-** 726
fahren, die nach Insolvenzeröffnung fortdauern.

• Das *BVerwG* unterscheidet wie folgt: Eine Ordnungspflicht, die durch früheres *Schuldner-Verhalten* ausgelöst wurde, geht nicht auf den Verwalter über, kann also nur Insolvenzforderung sein. Genügt für die Ordnungspflicht hingegen, dass der Verwalter *Zustandsstörer* ist (z. B. nach § 4 III 1 BBodSchG), so gilt sie als Masseverbindlichkeit (*BVerwGE* 122, 75, 79 f.; im Erg. ebenso *K. Schmidt*, BB 1991, 1273 ff.), solange der Insolvenzbeschlag andauert (dazu Rn. 728).

War der Schuldner vor Insolvenzeröffnung erfolglos herangezogen worden, kann hier eine **neue Beseitigungsanordnung** gegen den Verwalter ergehen. Wenn der Insolvenzverwalter daraufhin Masseunzulänglichkeit ankündigt (§ 208; vielleicht gerade wegen der Altlast), müsste die Behörde sich durch weiteren Bescheid sogar einen *Neumasse-Anspruch* (§ 209 I Nr. 2) verschaffen können! Diese Rspr. bindet die Praxis. Den Insolvenzverwaltern bereitet sie aber erhebliche Schwierigkeiten (vgl. *Tetzlaff*, NZI 2003, 642 f.).

• Von anderer Seite wird die Ordnungspflicht dem zivilrechtlichen Beseitigungsanspruch (§ 1004 BGB) gleichgestellt; soweit hier *Aussonderung* in Betracht komme, sei auch die Ordnungspflicht vorrangig zu erfüllen (*Stürner*, FS Merz, 1992, S. 563, 569 ff., freilich differenzierend; abl. *Segger*, S. 115 ff.).

• Nach überwiegender Ansicht sind Ordnungspflichten wegen 727
vorinsolvenzlicher Gefahrenlagen *nur Insolvenzforderungen* (BGHZ 150, 305, 317 f., obiter dictum; *Häsemeyer*, FS Uhlenbruck, 2000, S. 101 f., 108 ff.; KS/*Lüke*, S. 722 ff.). Das hat einiges für sich: Eine Ordnungspflicht entsteht nicht erst (und von neuem), wenn eine Beseitigungsverfügung usw. erlassen wird. Denn für eine Insolvenzforderung genügt allgemein, dass zur Zeit der Verfahrenseröffnung wenigstens ihr Rechtsgrund angelegt ist (Rn. 59). Entsprechend muss für die Ordnungspflicht ausreichen, dass die jeweilige Gefahrenlage eingetreten und der Schuldner „Störer" war, auch wenn z. B. mehrere Störer festgestellt wurden und die Behörde noch nicht entschieden hatte, wer inwieweit in Anspruch zu nehmen sei.

728 Soweit eine Ordnungspflicht *des Verwalters* zu bejahen ist, steht in Frage, ob ihre **Grundlage entziehbar** ist. Zu denken ist an eine *Freigabe* des kontaminierten Grundstücks oder des Abfalls. Sie ist nach h. M. auch bei einer Gesellschaftsinsolvenz möglich (Rn. 172 ff.). Und mit Freigabe der Sache, die Ordnungspflichten auslöst, soll auch die Verwalterhaftung enden (so *BVerwGE* 122, 75, 80 ff.; a. A. *Häsemeyer*, Rn. 13.20), selbst nach vorheriger Entsorgungsverfügung (*OVG Lüneburg* NJW 2010, 1546 f.). Dies wäre zwar durch Eigentumsaufgabe (Dereliktion) meist nicht möglich (vgl. etwa § 7 III Nds.SOG); mit ihr soll die Freigabe aber nicht vergleichbar sein.

2. Durchsetzung der Ordnungspflicht

729 Soweit die Ordnungspflicht des Insolvenzverwalters *Masseschuld* ist (Rn. 725 f.), gilt dies auch für Kosten einer Ersatzvornahme.

Sieht man Ordnungspflichten, die vorinsolvenzlich entstanden, hingegen als *Insolvenzforderungen* an (Rn. 727), so scheidet auch eine Verwaltungsvollstreckung aus. Denn das Vollstreckungsverbot nach § 89 I gilt auch für öffentlich-rechtliche Ansprüche. Eine Ersatzvornahme kann demnach zwar vor Insolvenzeröffnung zulässig sein, später aber nur insoweit, wie sie die Masse nicht belastet. Daraus resultierende Kostenersatzansprüche bleiben Insolvenzforderungen, sind also zur Tabelle anzumelden.

Diese Kosten werden durch die Insolvenzquote praktisch nie zu decken sein. Die hier vertretene Ansicht führt also dazu, dass die Umweltgefahr auf Staatskosten zu beseitigen ist. Soweit das zu Wertsteigerungen der Masse führt, müssen diese abgeschöpft werden: § 25 BBodSchG gewährt Ausgleichsansprüche. Diese können Masseschulden sein (§ 55 I Nr. 3; näher KS/*Lüke*, S. 730 f.).

Paragraphenverzeichnis

Die Zahlen verweisen auf die Randnummern dieses Buches.
Hauptfundstellen sind kursiv gesetzt.

InsO

InsO

ZPO

Sachverzeichnis

Die Zahlen verweisen auf die Randnummern dieses Buches.
Hauptfundstellen sind *kursiv* gesetzt.